御手洗東洋

舳艫千里

蒲江浦　御手洗家の歩み

海鳥社

舳艫千里

「舳艫」は、船のへさき（船首）と、とも（船尾）。「千里」は、果てしなく続くこと。前の船の船尾に後の船の船首が連なるように、果てしなく続く様子。

【題字揮毫】金子卓義

（社）日展評議員、（財）毎日書道会理事、（社）創玄書道会理事長、（社）全国書美術振興会理事、日本詩文書作家協会副理事長、洪鳳社代表同人ほか。学校書道教科書（光村図書）ほか著書多数。

自序

御手洗家の先祖の歩みを解明してみたいという思いは、中学生の頃から何となく考えていた。そして、機会あるごとに文献を集めて楽しんでいたが、これをまとめようという時間はなかなか取れず、今日に及んでしまった。何といっても、開業医というものは自分の時間がない。やっと八十歳になって、公務から解放され、病院も子供に任せられる状態になったので、この際、まとめてみようと決心した次第である。

朝な夕な、庭を眺め、裏山、由加サン、王子神社と、四百年余の昔、先祖の人々が眺めていたであろう自然林の山を眺めながら、小早川との戦いに敗れ、一族が米入津に移住し、さらに分かれて、監物信武が蒲江に居を構えて以来、意義深いこの地で私が生活しているということに対して、先祖に感謝する気持ちと、この間、四百余年の先祖の歩みを明らかにしたいという気持ちが高まってきた。

同じ思いがあったのであろう、十一代目の当主嘉蔵信正は、嘉永三（一八五〇）年戊九月吉日、桐のタンスを作り、その中に系図と多くの古文書を残してくれていた。先祖の人たちが蒲江に居を構え、しだいに勢力を延ばして、この地方の豪族として生活の基盤を作り、治安の安定に努力し、守護神としての王子神社、菩提寺としての東光寺の発展・充実に力を尽くし、戦乱の世を佐伯氏・毛利氏に協力して乗り切り、江戸時代の終わり頃には地方文化の向上に尽力している。「蒲江八景」はその頃にできたものである。

毛利氏が城を築いた慶長九（一六〇四）年には、鰯を献上してその効用を説き、「佐伯の殿様、浦でもつ」といわれるようになったのは有名な話である。

今回は、佐伯氏時代と、毛利藩初代・二代・三代の触れ書を中心にしたが、次回は、大庄屋と住民との関わり合いを書いてみたいと思う。
この本を作るにあたっては、森猛先生のご指導のおかげであり、心から感謝しております。

平成十七年四月吉日

御手洗東洋

舳艫千里

蒲江浦御手洗家の歩み

目次

蒲江浦御手洗家の歴史

【史料編】 蒲江浦御手洗家文書

＊本文中、文献からの引用および古文書の翻刻にあたっては常用漢字体を用いた。

蒲江八景

「蒲江八景」は、御手洗玄太夫が、風光明媚な蒲江の景色を基に漢詩・和歌を作りたいと考え、優れた漢詩を多く残す秋月橘門に願い出、中国の「瀟湘（しょうしょう）八景」に準じて作られた。橘門父子を中心に、学芸に優れた佐伯藩の学者文人のほか、四教堂教授明石大助を招き、両三日滞在中、蒲江湾と付近の島々を周遊し、優れた風景八カ所を選んで漢詩と和歌を作った。

烽台晴嵐（背平山）　青龍秋月（青龍山）
館島落雁（屋形島）　鰐州夕照（深島）
東光晩鐘（東光寺）　鷹山夜雨（高山）
粒嶼帰帆（粒島）　轟山暮雪（轟山）

＊は碑のあるもの

烽台晴嵐

「烽台晴嵐」の碑（背平山頂）

背平山頂より屋形島、日向灘を望む

高山海岸より背平山を望む。遙かに深島が見える

青龍秋月

明治末期の蒲江港。松の並木が見える

現代の蒲江港

青龍山。松の大木５，６本とアコウの大木が見える（明治末期頃）

館島落雁

「館島落雁」の碑

背平山上より屋形島，日向の岬を見る

蒲江海岸より粒島，屋形島を見る

「鰐州夕照」の碑。高山海岸より遙かに深島を望む

日向灘に浮かぶ深島。伝承によれば，この島はかつての御手洗水軍の根拠地という。その水軍の船つなぎ場という入江は深く，自然の条件は極めて良い。帆を倒せば，中の船は海上から全く見えず，水軍の寄地としては絶好の場所と言えよう。しかも，この船つなぎ場の地名がミタライであった。また明治20年頃，耕作中の島民が人骨や甲冑の破片，寛永通宝などを掘り出したことがあるという（『宮崎県総合博物館　離島調査報告書〈二〉島野浦の歴史と民族　付 大分県深島・屋形島』より）。

上空から見た深島。後方に屋形島，蒲江が見える

東光晩鐘

文化10（1813）年に建設された当時の東光寺（明治末期の写真）

明治末期の東光寺

新築される前の東光寺

現代の東光寺。上より
山門，本堂，墓地

「鷹山夜雨」の碑

高山の海岸

高山海岸より元猿海岸，日向灘を見る

粒嶼帰帆

「粒嶼帰帆」の碑

蒲江港より粒島を望む

漁獲した魚の荷揚げ

大漁旗を揚げて港に

「轟山暮雪」の碑

轟トンネル付近（南国の蒲江では珍しい雪景色）

轟山山頂付近

轟山の道路

御手洗氏ゆかりの旧跡

蒲江浦王子神社・第一鳥居

王子神社・第二鳥居

王子神社

蒲江浦七軒株の先祖神（王子神社境内，72，161頁参照）

「奉寄進諸願成就　蒲江浦之住御手洗　与三右衛門敬白　元祿四年未六月十五日」（王子神社）

右志者為天長地久御願成就
奉再興　王子三所大権現御宝殿　壱宇
任往古之例奉再興所仍如件

信心大檀那　蒲江住　御手洗三太郎信吉
東光寺旦那　当所氏子五拾壱人
神主　疋田権太夫盛次
船宿　米良三右衛門
大工　又右衛門
寛文弐年壬寅霜月十五日

寛文２（1166）年の棟札（王子神社）

上棟　奉建立神楽殿社頭厚栄氏子安全常盤堅磐守幸給氏子中
宝暦八戊寅歳
願主　大庄屋　御手洗又左衛門清原信長
同　御手洗与三右衛門清原富重
神主　疋田権太夫平盛喜
十二月吉良辰
施主善男善女人
大工　下野村　富木惣吉
同掘物　蒲江浦　御手洗惣右衛門清原常正

【表】

御堅立八尋殿柱者大久高志板者厚久広志

【裏】

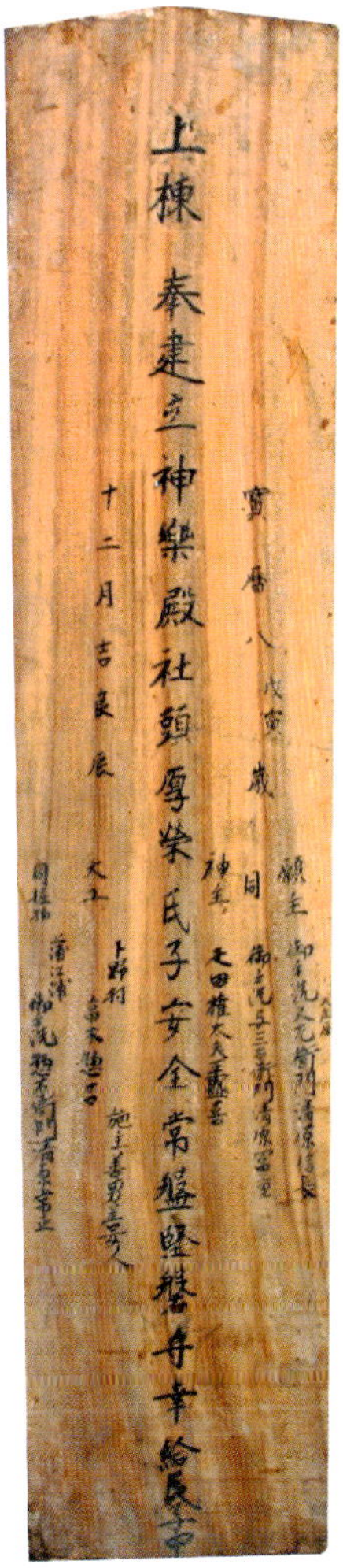

宝暦 8（1758）年の棟札
（王子神社）

奉造立　大権現宮拝殿
正徳三癸巳年
十月吉良辰
神主　疋田若狭守
蒲江浦庄屋　御手洗弥太郎
倉橋大工　友沢吉右衛門
同所大工　嶋田与太夫
同所木挽　松原次郎兵衛

正徳 3（1713）年の棟札
（王子神社）

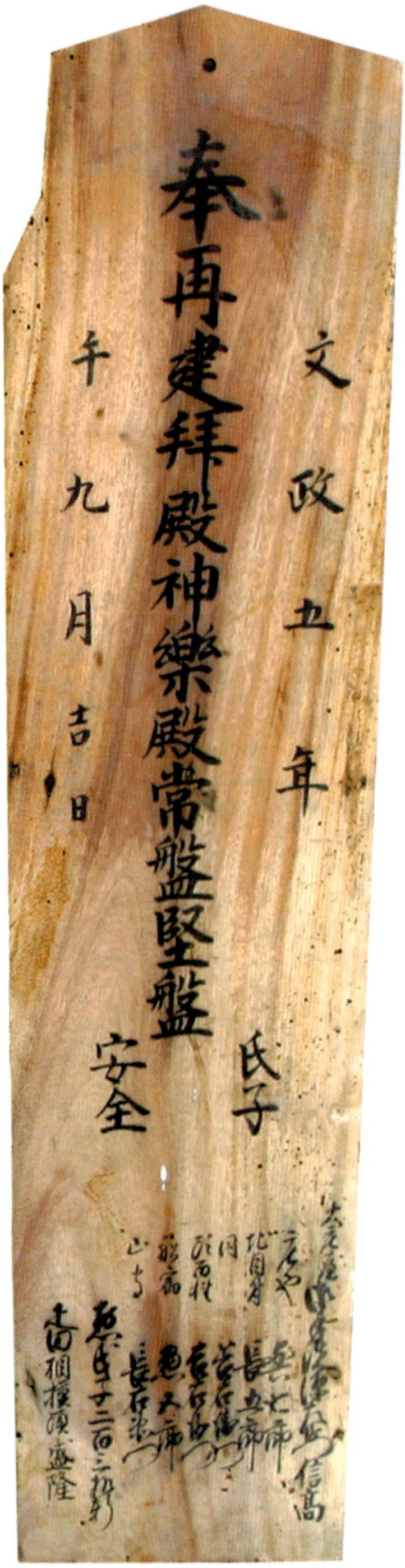

文政５（1822）年の棟札
（王子神社）

文政五年
奉再建拝殿神楽殿常盤堅盤
氏子
安全
午九月吉日

大庄屋　御手洗源左衛門信高
庄や　与七郎
地目付　長五郎
同　善右衛門
頭百姓　吉右衛門
船宿　惣五郎
山守　長右衛門
惣氏子　二百三拾軒
疋田相模頭盛隆

【表】

上棟　社頭厚栄　氏子長久

棟梁　当所　久四郎
城下　源治
当所　儀平
木挽　当所　安右エ門
惣肝煎　長五郎
同　清三郎
同　浅吉

【裏】

高山に六反田を開墾した
記念碑（219頁参照）

高山に水田を開墾するために馬に乗って自宅より通った際，馬に飼い葉や水をやった場所に建立されたお地蔵さん

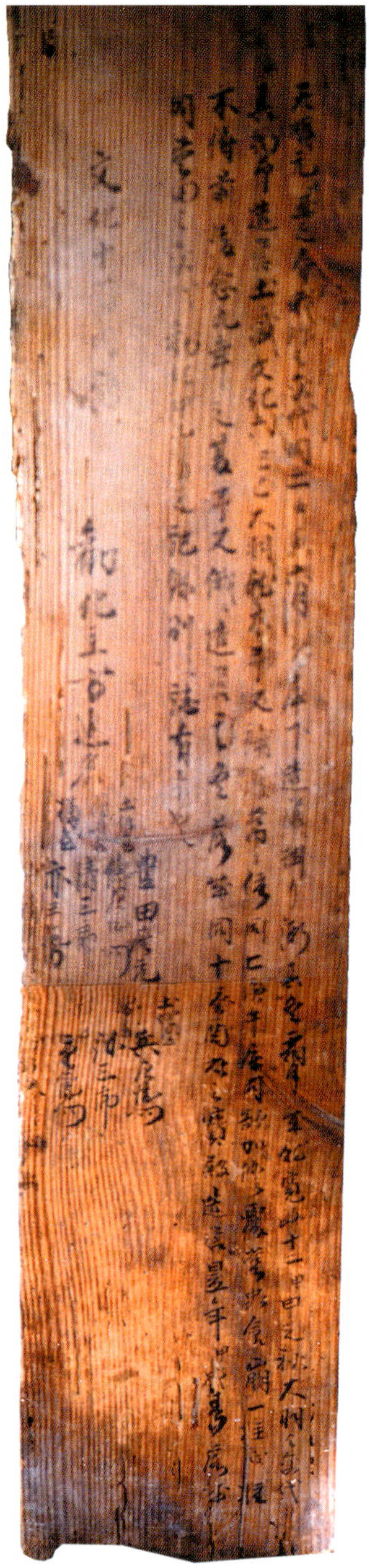

【裏】

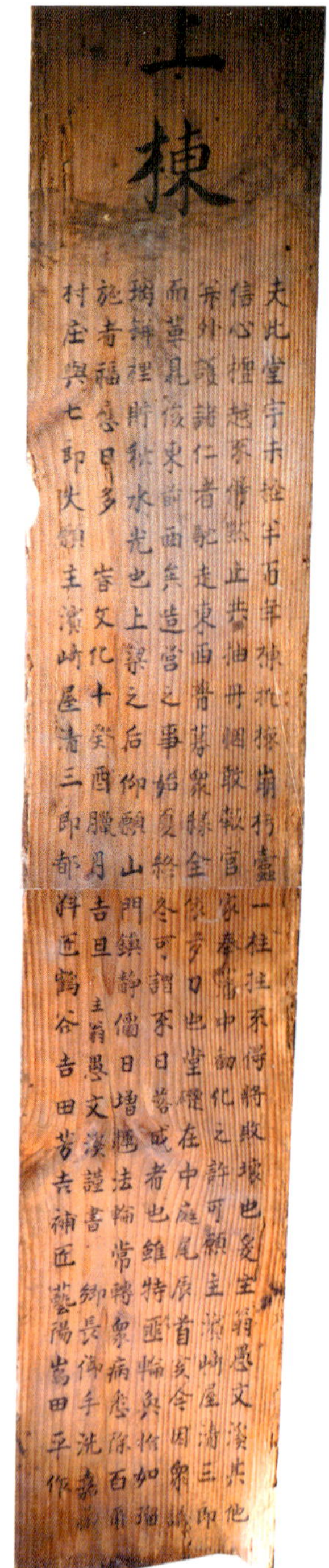

【表】

文化10（1813）年，御手洗家11代の祖・嘉蔵信正が
郷長の時代に本堂を新築した時の棟札（東光寺）

上棟

夫此堂宇未在半百年棟折壊崩朽蠹一柱枉不得将敗壊也爰主翁愚文渓其他
信心檀越不得黙止共抽丹悃敢報官家奉藩中勧化之許可願主浜崎屋清三郎
并外護諸仁者馳走東西普募衆縁全依多力也堂礎在中庭尾辰首亥今因衆議
而革目(鼎)折後東前西矣造営之事始夏終冬可謂不日落成者也雖特匪輪奐恰如瑠
璃錺裡貯秋水光也上梁之后仰願山門鎮静僊(遷)日増輝法輪常転衆病悉除百爾
施者福応日多旹(時)文化十癸酉臘月吉旦　主翁愚文渓謹書　郷長御手洗嘉蔵
村庄与七郎大願主浜崎屋清三郎都料匠鶴谷吉田芳吉補匠芸陽寫田平作

【表】

天明元辛丑之春(?)□□与交代同二壬寅六月□庫(?)下造営ニ掛り漸其冬霜月ニ成就寛政十二甲申(庚)之秋大羽与交代
其(?)初(?)于造営土蔵(カ)文化六己巳大羽就木予又□□節修同七庚午屢同欲加修覆嘗虫食崩一柱茂軽
不得前後念九年之夏予又俄ニ造営其冬落成同十癸酉常(?)之(?)宝殿造営昱(翌)年甲戌春落成
同豊田与交代勧化中乙(カ)□記格別ニ誌有之也

文化十一甲戌霜(カ)□　勧化主方連(?)衆(?)

土佐屋(カ)　豊田座(カ)元
濱崎屋　伝(カ)左衛門尉
桶屋　清三郎
亦三(カ)□□衛(カ)

土佐屋　兵左衛門尉
岡(カ)本(カ)　弥三郎
□　金(カ)右衛門尉

【裏】

一字一石之塔。寛政７（1795）年１月より８月にかけて疱瘡が流行し，28人が死亡。また，翌寛政８年には疫痢の流行による死亡者が出て村民の不安が高まった。これを憂慮して御手洗家７世の孫，大庄屋御手洗源太夫が願主となり，法華経日蓮上人を遙拝して梅の実大の小石６万9384個に法華経の全文を記して地中に埋め，祈願の塔を建立した。（220～21頁参照）

八大龍王廟。八大龍王社は祭神大綿津見命を奉鎮し，「文政二年卯三月吉日」(1829)，大庄屋御手洗源左衛門が建立，組内の高橋盛彦，疋田清麿の両神官に管理を委嘱した。寛政７(1795)年龍神祭を営み，余興に角力36番の取組を行い岩戸神楽を奉納，また天上幣を港の入口粒島に奉納した。しかるところ，文政２年３月より８月上旬に及び鰹・鰯が大漁であった。爾来，漁民は廟前に毎年祭りを催して賑わった。最近はこの祭りも中止されている。(228頁参照)

尾高智神社・第一鳥居（宮崎県延岡市北浦町三川内橋ケ谷）
（147頁「十二　佐伯氏と御手洗氏」および229頁参照）

尾高智神社・第二鳥居

尾高智神社・第三鳥居

尾高智神社・社殿

尾高智神社・社殿への道

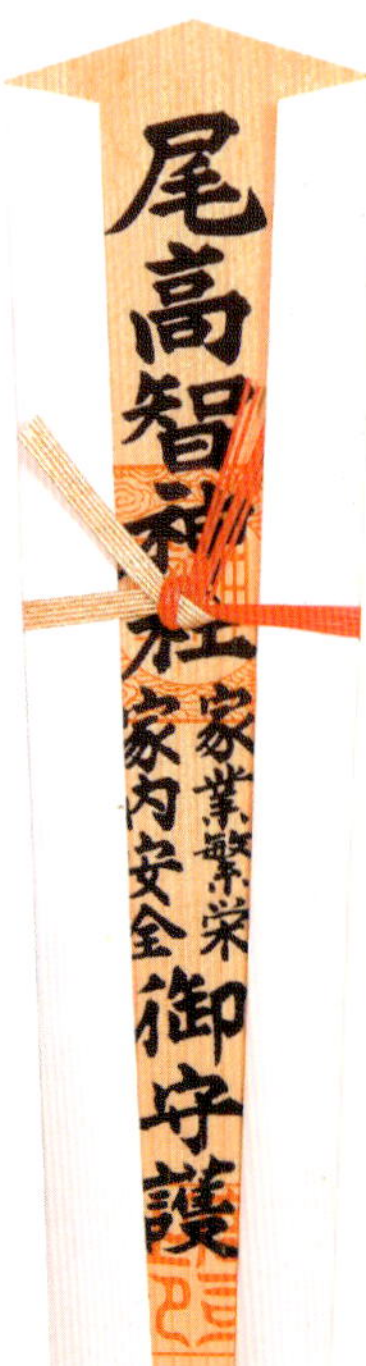

御札

佐伯惟治の墓（尾高智神社）

秋月家の墓（宮崎県東諸県郡国富町十日町，豊松墓地。「蒲江八景」の編著者秋月橘門先生祖先の墓）

柄本章氏（右）と。お墓に案内していただき，秋月家の多くの文献や業績について，懇切に説明していただいた。（1997年７月27日。193頁「十七　高鍋藩上方下方騒動と秋月橘門」参照）

御手洗家所蔵物

先祖伝来の鏡

銅鏡。御手洗家の初代・監物信武が蒲江に移住の際に，持参したと思われる。鏡の箱は和紙で作り，漆を塗った円い箱の中に収められ，付着していて鏡は箱から出せないが，箱の裏には赤い漆で「御盥玄太夫蔵」と書かれている。

鏡

鎗２本。１本は初代が持ってきた物といわれている。今１本は６代目の弥太郎が毛利藩と内藤藩の漁場紛争の調停の功績により，毛利氏より拝領したものである。(212頁参照)

ハゼが原漁場。「宇土崎－深島－斗枡崎を結ぶ三角海域は，暖流黒潮に乗った魚群が，日向灘から北上して豊後水道に向うにあたり，必ずといってよいほど回遊の通路に当たっている。したがって昔からこの三角海域は，蒲江の浦々と宮野浦付近の漁師たちの，入会漁場には格好であった。このため，しばしば網代(あじろ)争いで流血の闘争をくり返したほどであった」(『蒲江町史』より)

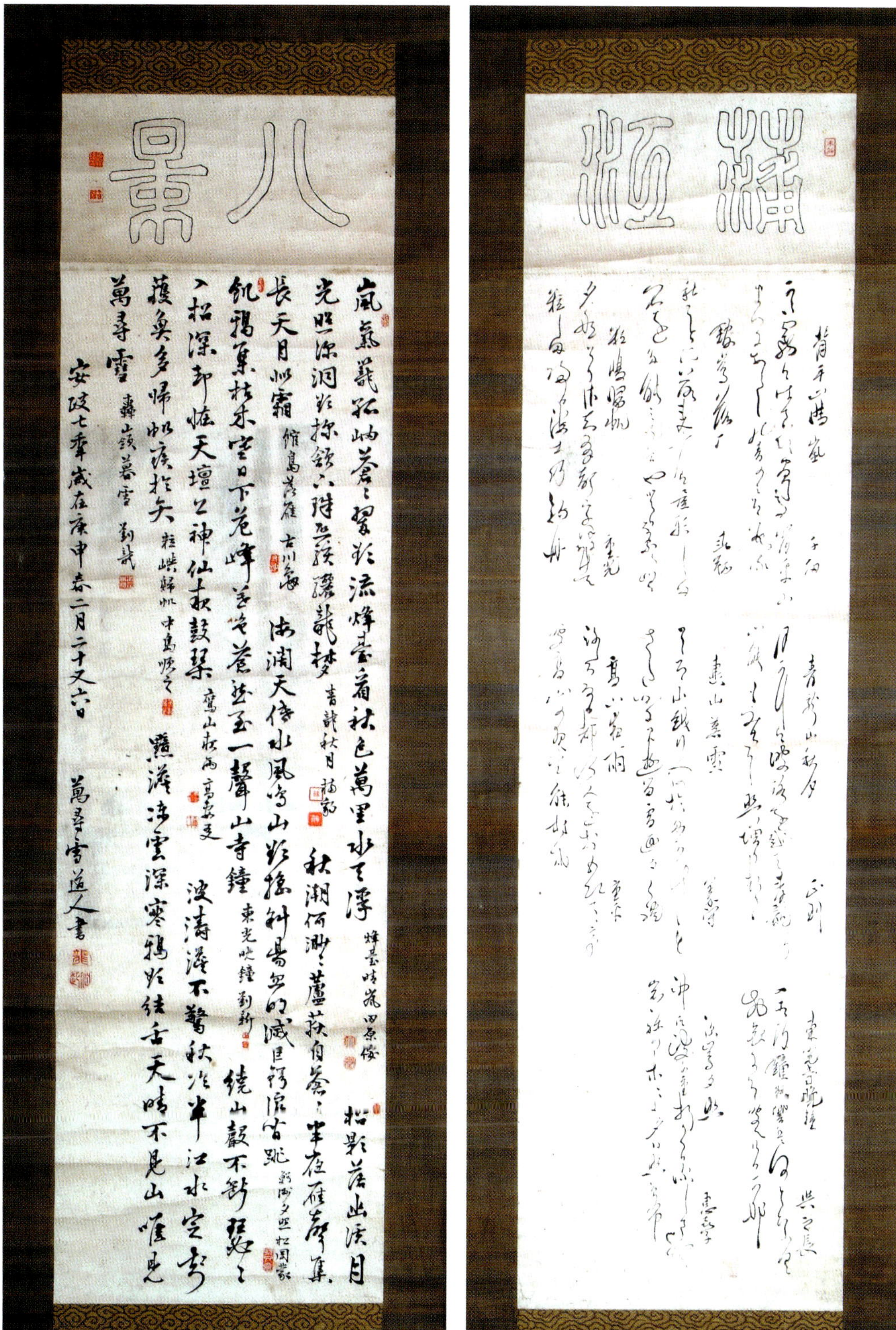

「蒲江八景」の掛け軸

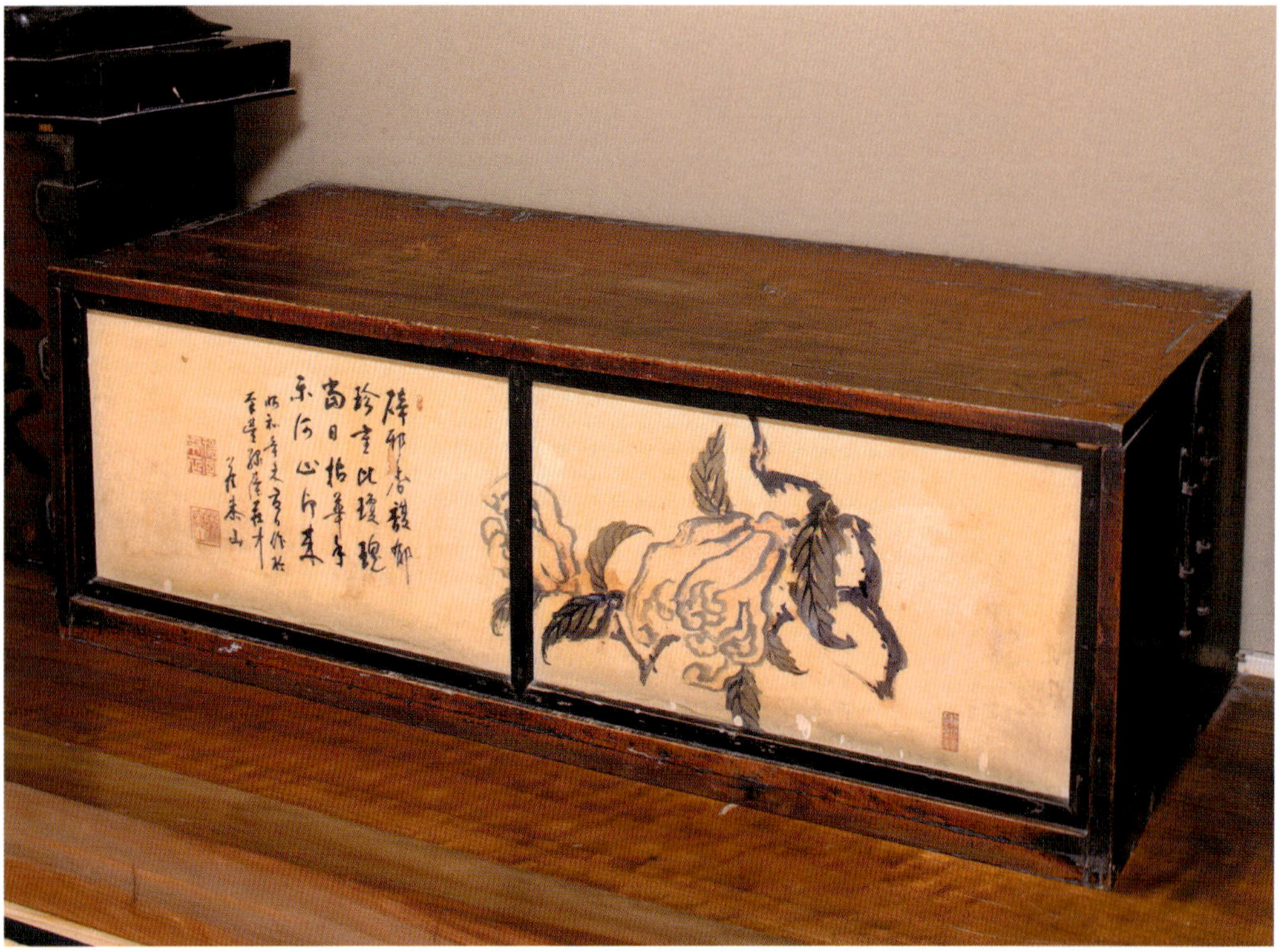

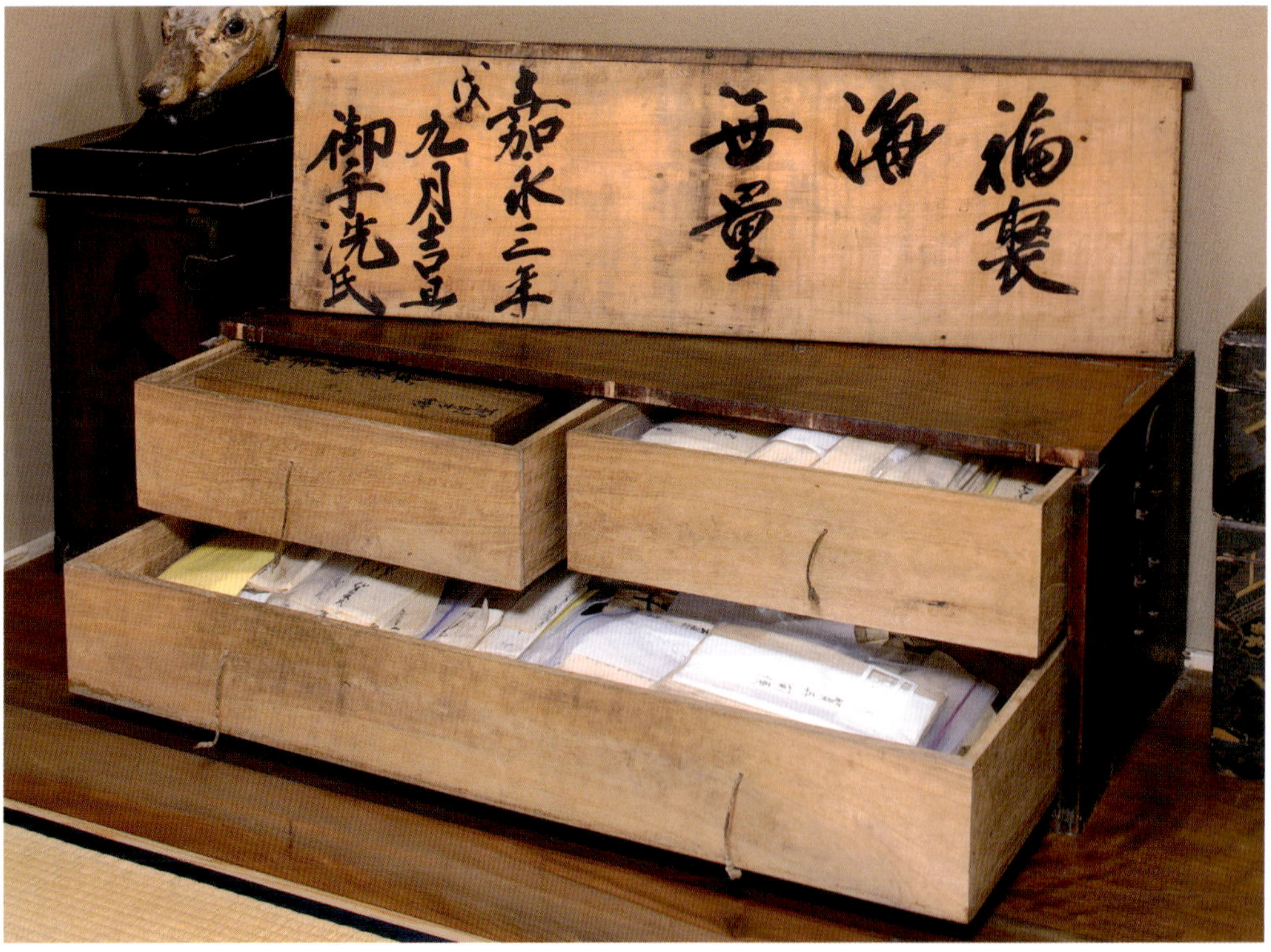

御手洗家古文書収納箪笥（史料編 28参照）

【裏】

【表】

佐伯惟治・千代鶴の位牌

初代・監物信武の墓

【裏】

【表】

初代の位牌
源光院真岳宗金上座　清光院観月妙照大姉

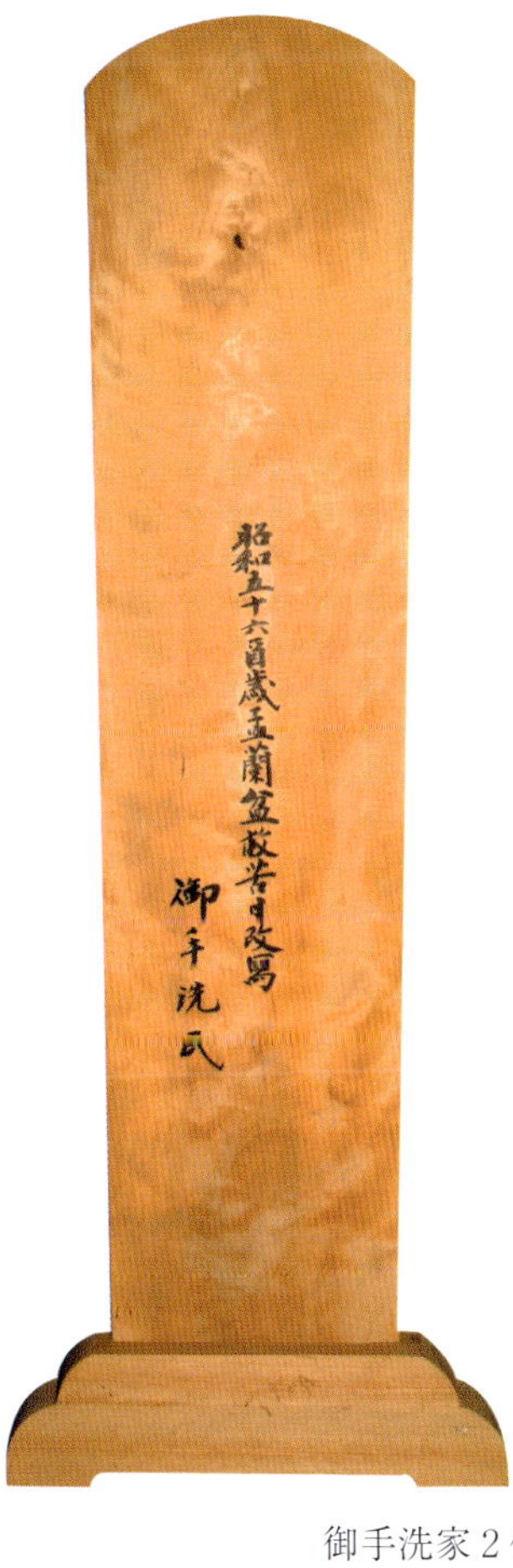

御手洗家２代から13代まで一族の世々の法名
を記載した位牌（菩提寺の東光寺に保管）

蒲江浦由加様（242頁参照）

由加神社幸霊串

由加様に奉納された全国各地の御札（蒲江浦由加様）

御手洗家の庭と裏山

御手洗家の庭と裏山

蒲江浦御手洗家の歴史

一　壬申の乱と埴氏改御手洗氏

五世紀初め頃、大和の大王が難波地方に移り、大型前方後円墳を築いていた。河内古市郡羽曳野丘陵の古市古墳群には応神天皇陵古墳、堺の百舌鳥古墳群には仁徳天皇陵古墳、履中天皇陵古墳などの中期の大型古墳が数多く残っている。大伴氏はこの頃、摂津・和泉地方の豪族として台頭していたらしい。

辛亥（四七一）年、獲加多支鹵（わかたける）大王（雄略天皇）は、関東から筑紫に及ぶ王権を確立していた。[1] 大王は平群臣真鳥を大臣とし、大伴連室屋・物部連目を大連としていた。[2]

丁亥（五〇七）年、この頃大伴金村らは、男大迹王を越前三国から迎えた。巨勢男人が大臣、大伴金村・物部麁鹿火が大連であった。[3]

宣化丁巳（五三七）年、大伴連沙手彦は、任那に渡り、百済を救援した。[4]

欽明庚申（五四〇）年、大伴連金村は、任那問題で失脚し、摂津の住吉に引退したという。[5] 大伴氏は、金村の時もっとも栄えたが、金村は対朝鮮政策をあやまり、物部氏に非難されて引退した。

欽明壬午（五六二）年、大伴連狭手彦は、高句麗と戦った。[6] 大伴金村の子の磐・狭手彦・咋らは、軍事的には活躍していたが、政界は物部・蘇我両氏の時代となっていた。

舒明四（六三二）年十月、大伴連長徳（馬養）は、唐国使高表仁が難波に至った時、これを江口に迎え、船三十二艘、鼓吹旗幟を整餝した。[7]

（1）江田船山古墳出土鉄刀銘・稲荷山古墳出土鉄剣銘
（2）雄略即位前紀安康三年十一月十三日条
（3）継体紀元年正月四日条
（4）宣化紀二年十月朔日条
（5）欽明紀元年九月五日条
（6）欽明紀二十三年八月条
（7）舒明紀四年十月四日条。「大伴連長徳」（竹内理三ほか編『日本古代人名辞典』第二巻、吉川弘文館、昭和三十四年）

大化五（六四九）年四月、大伴連長徳は、大紫位に叙せられ、右大臣に任ぜられた[8]。大伴氏は、金村の失脚後、一時衰えていたが、大化改新に際して蘇我氏が没落すると、再び頭角をあらわしてきた。

斉明七（六六一）年一月、斉明天皇らは、百済救援のため、筑紫に向かう途中、伊予の熟田津に滞留せられた[9]。この時の一行の具体的なコースは、難波津から山陽道沿いに大伯海（おほくのうみ）（岡山県邑久郡沖）を通過の後、そのまま当時は島嶼であった児島（岡山県児島半島）北側の内海水路を通るか、あるいは、いったん讃岐国多度津（香川県仲多度郡多度津町）、宇多津（香川県綾歌郡宇多津町）を経由するかして、鞆（広島県福山市鞆）付近に達し、次に、そこから弓削島、岩城島、大三島を経て、高縄半島西岸に出、沿岸部を地乗りしつつ南下し、熟田津に至ったと考えられている。さらに、大崎下島の御手洗（広島県豊田郡豊町）を経て、斎灘（いつき）を縦断し、津和地（愛媛県温泉郡中島町津和地島）から屋代島の家室（山口県大島郡東和町）に達し、筑紫へ向かったものと推定されている[10]。大崎下島の御手洗は、古代以来、瀬戸内海航路の重要な拠点となっていた。

天智十（六七一）年十月、大海人皇子は、出家して吉野へ出発した[11]。大海人は、舒明天皇の第三皇子。母は、皇極天皇（重祚して斉明天皇）。中大兄皇子（天智天皇）の実弟である。母斉明と中大兄が百済救援のために筑紫に行幸されている間、大海人は、中央にあって、すでに地位・声望ともに高かった。中大兄（天智天皇）即位の際、皇太子となったが、両者の間は、皇嗣問題などをめぐって、必ずしも円満ではなかったという。この年一月、天智天皇の第一皇子大友皇子が太政大臣となり、五人の重臣が左右大臣・御史大夫に任ぜられた[12]。身の危険を察した大海人は、出家して吉野に隠遁したのである。

十二月、天智天皇（四十六歳）、近江宮で崩御[13]。

弘文元（六七二）年六月、大海人は、吉野を脱出して東国に向かった[14]。高市皇子・大津皇子が近江から駆けつけて合流し、近江朝（大友皇子＝弘文天皇）との間に壬申の乱が勃発した。

（8）孝徳紀大化五年四月二十日条

（9）斉明紀七年正月条

（10）岡田利文「海賊の跳梁」（『愛媛県史　古代Ⅱ・中世』昭和五十九年）

（11）天智紀十年十月十九日条

（12）天智紀十年正月五日条

（13）天智紀十年十二月三日条

（14）天武即位前紀元年六月条

大伴連馬来田は、心を吉野側によせ、病と称して倭（大和）の家に退いていたが、大海人皇子が吉野を発し東国に赴くに及んで、倭には弟の吹負を留めて、自らは大海人を追って、これに合流した(15)。『御手洗氏系図』の冒頭に、「大伴家略実記並埴氏改御手洗証説」（史料編 参考1 参照）と題する一文が掲げられている。これによると（以下、意訳）、

豊後国臼杵城主大伴馬来田は、九州探題であったが、不慮にして、舎弟大伴金烏の鎧にかかって横死した。金烏は、馬来田の家督を押領し、自ら臼杵城に入って、大野城も兼帯し、筑紫九州の探題を勅許せられ、その後、天智天皇第六の皇子大友の「扶起」によって、探題に兼ねて、筑前太宰府の帥をも賜った。かつて皇子が、「只今、一家骨肉の好（よしみ）を成す、文字、ともに、吾が友の字を授く」と仰せられて以来、大友と改めた。大友金烏は、去々歳（白鳳二年（六七三））より太宰府に在留していた。在番の月も満ちたので、守護を都府楼に残し、天武天皇御宇白鳳四年八月三日、臼杵に帰城した。その頃、大伴金道は、路辺で父馬来田が讎（あだ）を報んと欲し、既に危うきに及んで、狐がこれを救った。大友金烏は、人王三十九代天智天皇・同四十代天武天皇両朝の間の人である。大友金烏を真鳥と改め、常に、出立の粧に不敵の兵七人を従えていた。すべて、陰謀を企てる人の経略である。白鳳の頃から朝敵となった。その後、大伴金道に勅詔を下したまひて、滋藤の弓に白羽の鏑矢を掛けて、心中祈念して、「日本三神の神霊、別して、吾が本国の氏神、唯今、力を添へ、朝敵真鳥を凶させたまへ」と言って矢を放つと、実に神霊に過たず、手応えして、真鳥の鎧の真ん中を射込んだ。鬼神を拉（ひし）ぐ真鳥も、神力擁護の弓勢には叶わず、真っ逆様に落ちた。後ろを見れば、猛火の煙が城中に氤氳（いんうん）としていた。今、天命是までと思い、岩窟の影に坐し、刀を腹に突き立つれば、金道・木菟弱（つくわか）は、「公（おおやけ）には朝敵退治、私には君父の讎を報ぜん」と、主従して刀を刺し通した。埴（はに）雅郎は、後（しりへ）に立ち回り、真鳥が首を掻落とし、金道に向かって、「我が母姉が

（15）天武紀元年六月二十六日条、同二十四日条、『日本書紀』（日本古典文学大系）同日条頭注四一

仇を討たんがために、年来、敵に仕えて反間の謀の事を成す。終に事畢りぬ。日頃、真鳥が膝下に仕へて、威を振るいし恩比の為め、介錯殉死す」と大音声に罵り、腹一文字に掻切り、同枕に伏した。居合わせた諸軍は、埴雅郎が死を惜しむといえども、「一生義心を勵む大丈夫、今日、功成り、名遂げて、生を貪らず、真に斯くあるべし」と、一同に鎧の袖を濡らしたのであった。雅郎が末孫は、氏を御手洗と改めた。且つ、天智天皇第一の十市皇女の局に、御手洗という者があった。大和国大伴吹負が女である。かつて皇女は、〔この女を〕埴雅郎の妻に降し置かれていた。その腹に産する子なる故、母の名をかたどり、氏を御手洗と改めた。末葉は、今の御手洗である。

という。この記事には実在の人物が登場するが、史実と異なる記述も少なくない。まず、大和の朝臣である大伴馬来田を豊後臼杵城主とするのは、あまりにも不自然であり、まして九州探題であったというのも史実ではない。ここに、大伴馬来田は「不慮ニ掛テ二舎弟大伴ノ金烏カ鑓ニ一横死ス矣」とあるが、天武紀十二（六八三）年六月条には、「六月の丁巳の朔己未に、大伴連望多（馬来田）薨せぬ。天皇、大きに驚きたまひて、則ち泊瀬王を遣して弔はしめたまふ。仍、壬申の年の勲績及び先祖等の時毎の有功を挙げて、顕に寵賞したまふ。乃ち大紫位を贈ひて、鼓吹を発して葬る」とあり、横死とはされていない。また、「其後天智天皇第六ノ皇子大友ノ依テ二扶起ニ一探題ニ相兼テ賜フ二筑前太宰府ノ帥ヲ一」とあるが、『日本書紀』(16)によると、

○天智七年（六六八）七月「以二栗前王一、拝二筑紫率一」
○天智八年正月九日「以二蘇我赤兄臣一、拝二筑紫率一」
○天智十年正月五日「以二大友皇子一、拝二太政大臣一。以二蘇我赤兄臣一、為二左大臣一」
○天智十年六月「以二栗隈王一、為二筑紫率一」
○天武五年（六七六）九月十二日「筑紫大宰三位屋垣王、有レ罪流二于土佐一」

(16) 以下、『日本書紀』は坂本太郎ほか校注『日本書紀』下（日本古典文学大系）岩波書店、昭和四十年

とあって、この時期の筑紫大宰率は、栗前（隈）王→蘇我赤兄→栗隈王→屋垣王と継承されており、大友金鳥が大宰（筑紫）率であったとは認められない。また、「企ニル陰謀一ヲ（略）自ニリ白鳳ノ頃一ロ成ニル朝敵一ト」とあるが、その陰謀の具体的内容は示されておらず、やや唐突な記事になっている。もっとも、大友真鳥については、『平家物語』や『太平記』にも見え、伝説のモデルとなった人物がいた可能性はまったくないとはいえない。

【史料1】 鎌倉中期成立　信濃前司行長カ『平家物語』(17)　巻五　朝敵揃（てうてきぞろへ）

夫我朝に朝敵のはじめを尋れば、やまといはれみこと（日本磐余）の御宇四年、紀州なぐさ（名草）の郡高雄村に一の蜘蛛あり。身みじかく、足手ながくて、ちから人にすぐれたり。人民をおほく損害せしかば、官軍発向して、宣旨をよみかけ、葛の網をむすんで、つゐにこれをおほひころす。それよりこのかた、野心をさしはさんで朝威をほろぼさんとする輩、大石山丸、大山王子、守屋の大臣、山田石河、曾我いるか（入鹿）、大友のまとり（真鳥）、文屋宮田、橘逸成、ひかみ（氷上）の河次、伊与の親王、太宰少弐藤原広嗣、ゑみ（恵美）の押勝、佐あら（早良）の太子、井上の広公(18)、藤原仲成、平将門、藤原純友、安部貞任・宗任、対馬守源義親、悪左府・悪衛門督にいたるまで、すべて廿余人、されども一人として素懐をとぐる物なし。かばねを山野にさらし、かうべを獄門にかけらる。（下略）

ここに列記されている人物を整理してみると、
①大石山丸＝文石（あやし）小麻呂　雄略十三年八月、誅せらる。
②大山王子＝大山守皇子　応神天皇死後、菟道稚郎子と争う。
③守屋大臣＝物部守屋　用明二年七月、蘇我氏と争う。
④山田石河＝蘇我倉山田石川麻呂　大化五年三月、誅せらる。

(17) 高木市之助ほか校注『平家物語』上（日本古典文学大系）岩波書店、昭和三十四年

(18) 広公の二字、屋代本、正節本は「皇后」に作る

⑤曾我入るか＝蘇我入鹿　大化元年六月、誅せらる。
⑥大友まとり＝大友真鳥（仁賢十一年十一月、平群真鳥？）
⑦文屋宮田＝文室宮田麻呂　承和十年十二月
⑧橘逸成　承和九年七月、伊豆に流さる。
⑨氷上河次＝氷上川継　延暦元年閏正月、伊豆国に流さる。
⑩伊与親王＝伊予王　平城天皇大同二年十一月、自殺。
⑪太（大）宰少弐藤原広嗣　聖武天皇天平十二年十一月、誅せらる。
⑫ゑみの押勝＝恵美押勝　天平宝字八年九月、僧道鏡と争う。
⑬佐あらの太子＝早良廃太子　延暦四年、藤原種継事件。
⑭井上の広公（皇后）＝井上内親王　宝亀三年、廃后（光仁皇后）。
⑮藤原仲成　嵯峨天皇弘仁元年九月、誅せらる。
⑯平将門　天慶三年、敗死。[19]
⑰藤原純友　天慶四年、殺さる。[20]
⑱安部貞任・宗任　前九年の役。康平五年、源頼義に殺さる。
⑲対馬守源義親　堀河天皇朝、鎮西で濫妨。康和四年、配流。
⑳悪左府＝藤原頼長　保元の乱。保元元年、傷死。
㉑悪衛門督＝藤原信頼　平治の乱。平治元年、斬殺。

となって、ほぼ時代順に列記されている。ここに見える大友まとり（真鳥）を、岩波・日本古典文学大系の補注は、仁賢天皇十一年十一月に誅せられた平群真鳥の誤りか、としているが、蘇我入鹿より後に位置しており、少なくとも大化改新以後の人物であろう。「大伴家略実記并埴氏改御手洗証説」（『御手洗氏系図』）にあるように、天智・天武天皇間の人物とする方が当を得ている。もっとも、『太平記』にな

(19) 平将門については、「四　承平・天慶の乱と佐伯氏」の項参照
(20) 藤原純友については、「四　承平・天慶の乱と佐伯氏」の項参照

ると、かなり記載順に乱れがある。

【史料2】 応安四年頃大成 小島法師カ『太平記』[21] 巻十六 日本朝敵の事（新訳日本文学叢書）

夫日本開闢の始を尋ぬれば、二偽（ぎ）已に分れ、三才漸く顕れて、人寿二万歳の時、伊弉諾、伊弉册の二の尊遂に妻（め）神夫（を）神と成つて、天下にあまくだり、一女三男を生み給ふ。〔略〕されば天照太神より、以来継体の君九十六代、其間に朝敵と成つて滅し者を数ふれば、神日本磐余彦（あれひこ）天皇御宇天平四年に、紀伊国名草郡に、長二丈余の蜘蛛あり、足手長して力人に超えたり。〔略〕又天智天皇の御宇に、藤原千方といふ者ありて、金鬼、風鬼、水鬼、隠形鬼（おんぎやうき）といふ、四の鬼を使へり。金鬼は其身堅固にして、矢を射るに立ず。風鬼は大風を吹かせて、敵城を吹破る。水鬼は洪水を流して、敵を陸地に溺す。隠形鬼は其形を隠して、俄に敵を拉（くぢ）ぐ。〔略〕朱雀院の御宇承平五年に、将門といひける者、東国に下りて、相馬の郡に都を立て、百官を召し仕ふて、自ら平親王と号す。官軍挙りて是を討たんとせしかども、其身皆鉄にて、矢石にも傷られず、剣戟にも痛まざりしかば、諸卿僉議ありて、俄に鉄の四天を鋳奉り、比叡山に安置し、四天合行の法を行はせらる。故に天より白羽の矢一筋降りて、将門が眉間に立ちければ、遂に俵藤太秀郷に首を捕られてけり。其首獄門に懸けて曝すに、三月まで色変せず、眼をも塞がず、常に牙を嚙みて斬られし五体、何れの処にかあるらん、此所に来れ、頭続きて今一軍せんと、夜な〳〵呼はりける間、聞く人是を恐れずといふ事なし、時に道過ぐる人是を聞きて、

将門はこめかみよりぞ斬られける俵藤太がはかりごとにて

と詠みたりければ、此頭から〳〵と笑ひけるが、眼忽に塞りて、其尸（かばね）遂に枯れにけり。此外大石山丸、大山皇子、大友真鳥（まどり）、守屋大臣、蘇我入鹿、豊浦大臣、山田石川左大臣、長屋右大臣、豊（とよ）成（なり）伊予親王、氷上川継、橘逸勢、文屋宮田、江美押勝、井上皇后、早良太子、大友皇子、藤原仲

(21) 幸田露伴校訂『新訳太平記』（新訳日本文学叢書 第六編）中央出版社、昭和四年

成、相馬将門、天慶純友、康和義親、宇治悪左府、六条判官為義、悪右衛門督信頼、安陪貞任宗任、清原武衡家衡、平相国清盛、木曾冠者義仲、阿佐原八郎為頼[22]、時政九代の後胤高時法師に至るまで、朝敵となりて叡慮を悩し、仁義を乱るもの、皆身を刑戮の下に苦め、尸を獄門の前に曝さずといふことなし。

（以下略。ルビは繁雑を避けて適宜省略した）

古浄瑠璃の曲名にも、「大友真鳥」があり、寛文二（一六六二）年刊の上総少掾藤原正信と、翌寛文三年刊の出羽掾藤原信勝の正本が現存する[23]。この古浄瑠璃の大筋は、九州探題大友真鳥の謀反を高村正道・兼道父子が打倒せんとするもので、最後には己の運命を悟った真鳥が、自分の首を兼道に与えるというものである。

また、豊後臼杵の加島英国著「温故年表録[24]」寛保元（一七四一）年条に、「六月祇園祭礼練踊順番狂言題号　大友真鳥実記　掛町」とあり、十八世紀になると、地方の芸能の中にも、大友真鳥の話が取り入れられていた。

大友真鳥叛逆のことは、大分県国東町田深浄土宗西林寺本堂本尊前の扁額にも見える。

【史料3】 明和六年　安松甚右衛門「西林寺御本尊由来[25]」（台宜雄ほか『武蔵町史（改訂版）』）

西林寺御本尊由来

御本尊座像御丈一尺六寸恵心僧都の御作なり。之此の如来の儀は六郷の内丸小野村に惣名中山より山号を山中山、寺号を東光寺とし寺料三十六石、本堂護摩堂講堂イラカを並べ寺中に坊中の数十二軒御座候所の御本尊なり。唯今は寺跡坊中跡共に作り畑となり、右の石□斗り荒々残り御座候

東光寺因縁の儀は、屋山の長安寺に古の帳面の中に御座候趣承り申候、蔵所に大友真鳥叛逆に

(22) 浅原八郎為頼の内裏乱入については、本書129頁参照

(23) 森末義彰ほか編『国書総目録』（補訂版）第一巻、岩波書店、平成元年

(24) 加島英国著・飯島利太写「温故年表録」（『臼杵史談』第十六号）。久多羅木東浦「旧藩時代に於ける臼杵祇園神幸祭年表」（『臼杵史談』第八号。『臼杵史談』第一巻、歴史図書社、昭和五十三年）

(25) 台宜雄ほか『武蔵町史』昭和三十七年（平成二年改訂版）

て大小名、神社仏閣大破に及び寺料を没収し、坊中も散り無住と相成、御本尊様ばかり御残り遊ばされ、雨露懸り中趣に御座候。（中略）

明和六年酉二月

安松甚右衛門（印）

西林寺様

もっとも、ここにも大友真鳥の叛逆が、具体的にどのようなものであったかは、示されていない。寛政十（一七四一）年に豊後岡藩の侍医唐橋世済が、藩主中川久持の命を承けて『豊州志』の編纂事業に着手し、その折蒐集した史料を纏めた『豊州誌』巻之上に、「真鳥実記」が収録されている。

【史料4】 成立年・作者未詳「真鳥実記」（岡藩唐世済編撰『豊州誌』[26]巻之上）

真鳥実記

人皇三十九代天智天皇元年夏五月朝庭ノ御沙汰トシテ百済国王ノ為ニ援兵ヲ差向ラル是ハ先帝斉明天皇ノ御宇新羅王大唐ト心ヲ合セ大軍ヲ率テ百済ヲ襲来リ其城ヲ攻落シ国王ヲ禽ニシ新羅ニ以テ還リ遂ニ害ス其太子豊璋ハ乱ヲ避テ日本ニ来ル其臣大将軍福信国ノ為ニ忠ヲ尽シ国中辺塞ノ狐城ヲ守テ興復ノ志有テ援兵ヲ日本ニ請事頻ナリ時ハ斉明天皇七年ナリ朝廷議シテ兵ヲ援ク当時大和ノ国本宮ニ皇居在マシテ軍勢催促シ筑前国朝倉

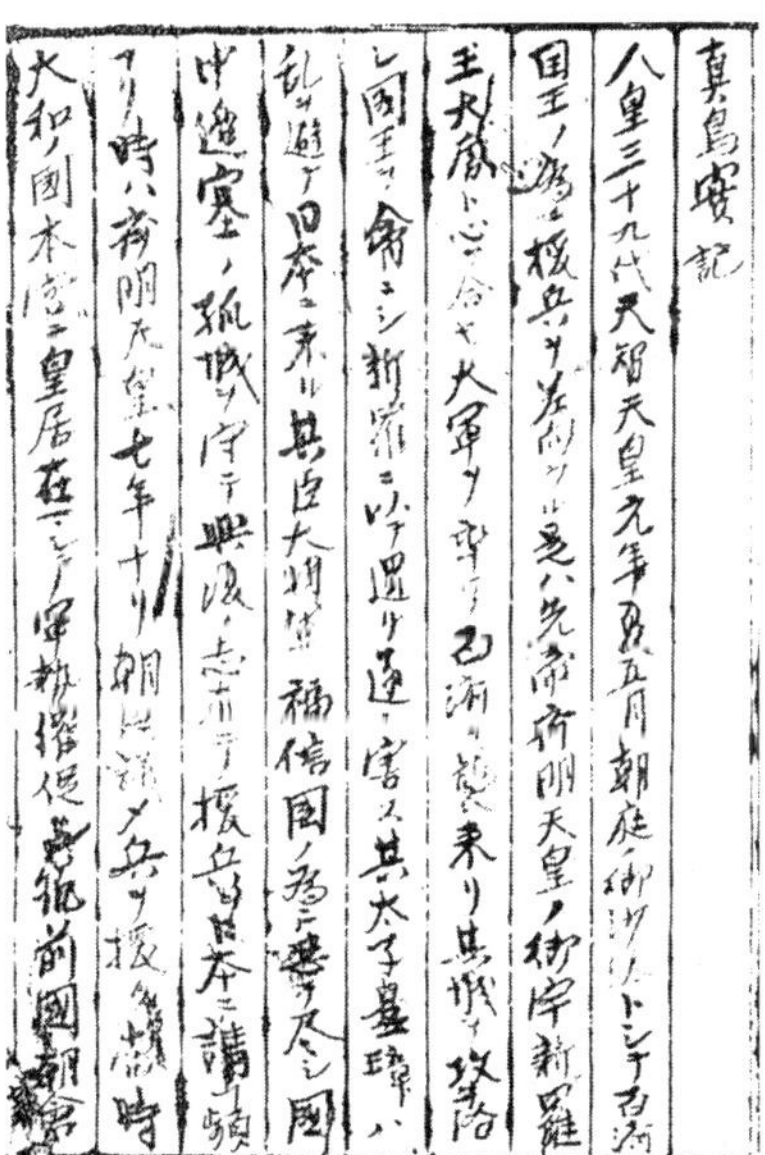
真鳥實記
人皇三十九代天智天皇元年夏五月朝庭御沙汰トシテ百済
国王ノ為ニ援兵ヲ差向ラル是ハ先帝斉明天皇ノ御宇新羅
王大唐ト心ヲ合セ大軍ヲ率テ百済ヲ襲来リ其城ヲ攻落
シ国王ヲ禽ニシ新羅ニ以テ還リ遂ニ害ス其太子豊璋ハ
乱ヲ避テ日本ニ来ル其臣大将軍福信国ノ為ニ忠ヲ尽シ国
中辺塞ノ狐城ヲ守テ興復ノ志有テ援兵ヲ日本ニ請事頻
ナリ時ハ斉明天皇七年ナリ朝廷議シテ兵ヲ援ク当時
大和ノ国本宮ニ皇居在マシテ軍勢催促シ筑前国朝倉

（26）大分県立図書館蔵

ニ行宮ヲ営ミ朝倉山ノ神木ヲ伐テ経営不日ニシテ成ル其年
五月九日斉明天皇同太子葛城王子共ニ此処ニ遷幸アル
黒木ノ御所ト称シ又木ノ丸殿ト云是ナリ又朝倉ニ近キ苅
萱ノ里ニ関所ヲ置キ人ノ姓名ヲ糺シ公家武家農工ニ至リ
師ニ従フ志有ルモノヲ募ル或先祖由アル武士ノ筑紫ニ流
落セル者累年ノ夙志ヲ得テ馳加ル者甚多シ時ニ天皇
御脳(悩)有リ是神木ヲ伐シ朝倉ノ神ノ祟ナリト云其年七月
遂ニ崩御シ玉フ皇子素服シテ朝政ヲ執リ是ニ因テ百済
ノ事暫ク止ミヌ其翌天智元年太(大)和ノ国ニ還幸ス
又福信ノ請ニ因リ朝臣阿曇(アヅミ)比良夫河辺百枝(イ)穂積五
百(ホ)枝等ヲ筑紫ヘ差下サレ再ヒ軍卒ヲ集メラル豊後ノ
国ノ佐伯連(ムラジ)男大伴馬来田(ダ)同弟金烏伊予国司宇麻
道(ジ)一党土佐国山地大国阿波ノ真人広純讃岐道ノ師百(モヽ)
島豊後ノ太宰和田丸筑前ノ大串飯縄筑後ニ阿蘇栗
隈豊前国ニハ文屋広島肥前熊主肥後ノ磐(イハ)橋日向
丹裳(ニモ)ノ朝臣小虫大隅ニ奈毛木ノ守主薩摩ノ軽ノ大臣春
光ヲ首トシ、南海西海ノ豪士湟卒皆従フ
俗ニ伝フ百合弱其後玄界島ニテ郎等別府野心ヲ
起シ其主ヲ害セシト云
大伴ノ家ハ紀氏ニシテ遠祖ヲ武内宿禰トシ其子ヲ
木菟(ツク)宿禰トシ其子ヲ真鳥ノ宿禰トス皆功アル

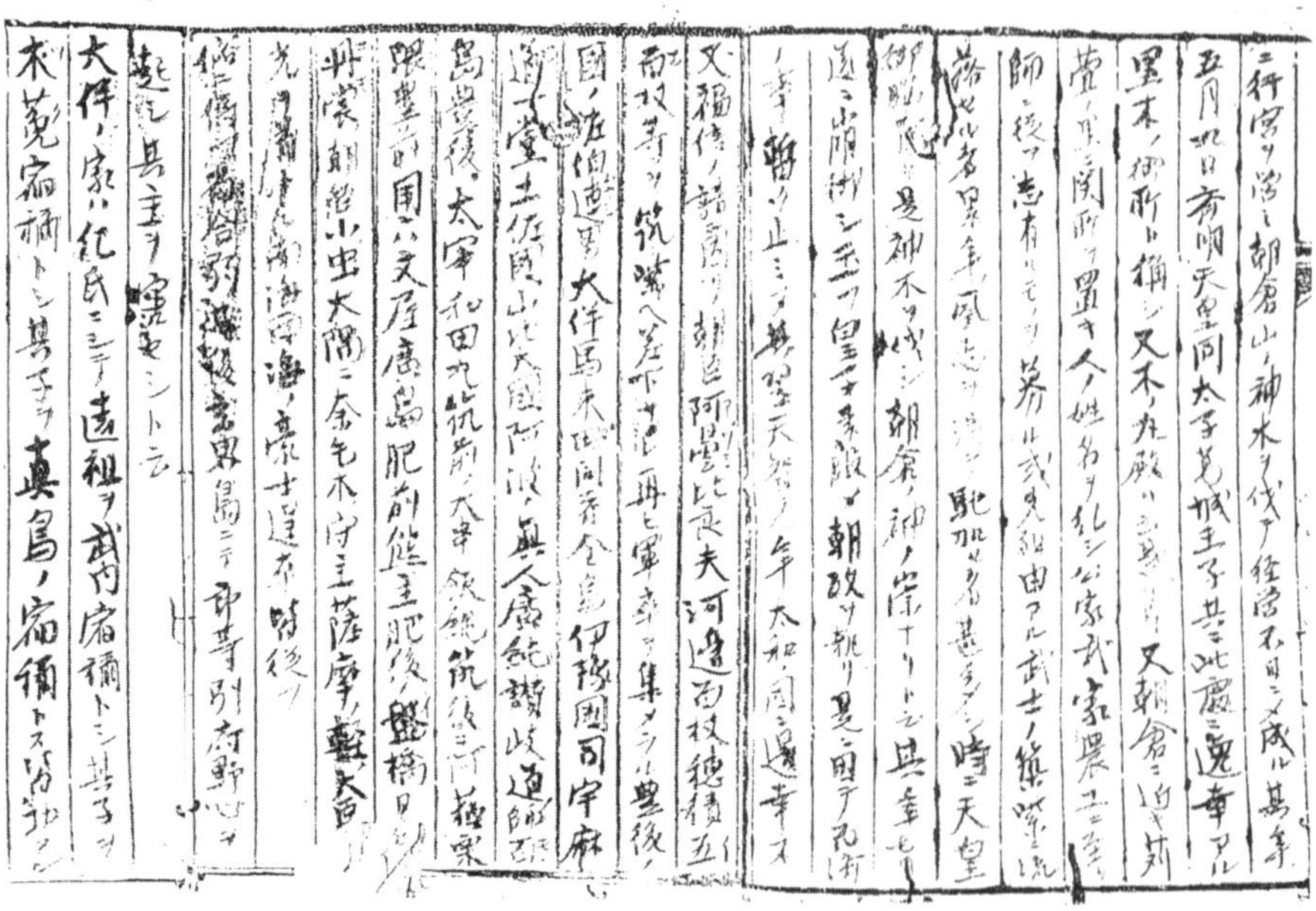

「真鳥実記」(『豊州誌』巻之上，大分県立図書館蔵)

英雄ナリ真鳥ハ武烈天皇ノ朝ニ仕ヘテ官大臣ニ
昇リ時ニ平郡(群)ノ大臣ト称シ朝野挙テ憚ラル故金烏
名ヲ改テ遠祖ノ真鳥ヲ己カ名トス云
臼杵ノ城ノ一ノ木戸巌石峻シキ砥石坂鼈(トンガメ)池
太平記巻十六日本古今朝敵ノ人ヲ挙称スル中ニ大友真鳥
ヲ以テ大友皇子ノ前ニ列シ武烈ニ仕ヘシ真鳥宿禰トス誤レリ

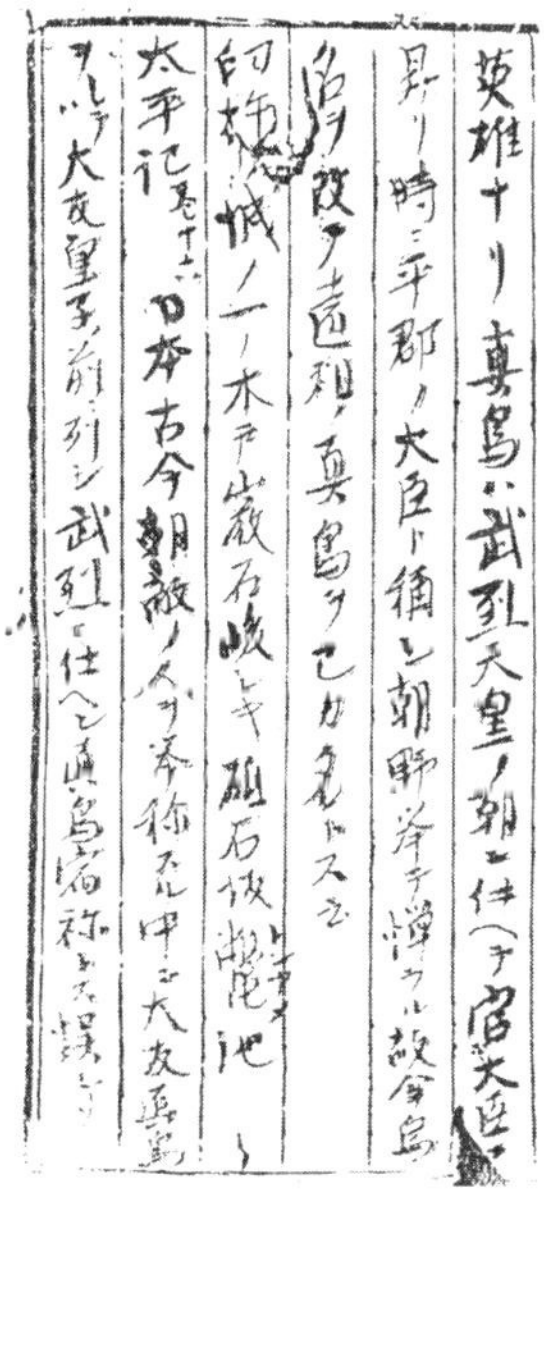

これによると、「人皇三十九代天智天皇元年夏五月、朝廷の御沙汰として、百済国王のために援兵を差し向けられた。先帝斉明天皇の御宇、新羅王が大唐と心を合わせ、大軍を率いて百済に襲来し、その城を攻め落とし、国王を擒(とりこ)にして新羅に還り、遂に害した。その子豊璋は、乱を避けて日本に来た。その臣大将軍福信は、国のために忠を尽くし、国中の辺塞の孤城を守って、興復の志を有して、援兵を日本に請うこと頻(しきり)であった。時は、斉明天皇七年のことである。朝廷は、議して兵を授けた。当時、大和の国の本宮に皇居があって、軍勢を催促し、筑前国朝倉に行宮を営み、朝倉山の神木を伐って、経営は不日にして成った。その年五月九日、斉明天皇・同太子葛城王子は、ともに此処に遷幸された。黒木の御所と称し、また木の丸殿というのが、これである。また、朝倉に近い苅萱の里に、関所を置き、人の姓名を糺し、公家・武家・農工に至り、師に従う志あるものを募った。あるいは、先祖に由ある武士の筑紫に流落した者、累年の夙志を得て馳せ加わる者が甚だ多かった。時に、天皇に御悩あり、これは、神木を伐し、朝倉の神の祟りだ、という。その年七月、遂に崩御あそばされ、皇子は、素服して朝政を執り、これによって、百済のことは暫く止んだ。その翌天智元年、大和の国に還幸された。また、福信の請に因り、朝臣安曇比良夫・河辺百枝・穂積五百枝などを筑紫へ差し下され、再び軍卒を集められた。豊後の国の佐伯連(むらじ)男は、大伴馬来田・同弟金烏・伊予国司宇麻道　党、土佐国

山地大国、阿波の真人広純、讃岐道の師百島、豊後の太宰和田丸、筑前の大串飯縄、筑後に阿蘓栗隈、豊前国には、文屋広島、肥前熊主、肥後の磐橋、日向丹裳ノ朝臣小虫、大隅に奈毛木守主、薩摩の軽の大臣春光を首とし、南海・西海の豪士湜卒は、皆従った。俗に伝える。百合弱は、その後、玄界島にて郎等別府が野心を起こし、その主を害したという。大伴の家は、紀氏にして、遠祖を武内宿禰とし、その子を木菟宿禰とし、その子を真鳥の宿禰とした。皆、功ある英雄である。真鳥は、武烈天皇の朝に仕えて官大臣に昇り、時に平群の大臣と称し、朝野挙げて憚られた。故に、金烏は、名を改て、遠祖の真鳥を己が名とすと云う。『臼杵城の一の木戸、巌石峻しき砥石・坂鼈池（混記）』。『太平記』巻十六の日本古今朝敵の人を挙称する中に、大友真鳥を以て、大友皇子の前に列し、武烈に仕えし真鳥宿禰とする。これは誤りである」という。

埴氏については、神代紀上第五段一書第二に、「土神埴山姫」が見える。ハニは、土器や染色に使うネバ土のことであり、埴氏は、土師氏に通じる。しかし、ここは、越智姓河野氏の一族埴生氏に関連するものではあるまいか。埴生氏は、伊予国温泉郡埴生郷（のち伊予郡に所属）より起こるという（『山口県史　史料編　中世[27]』史料解題）。

御手洗信夫「御手洗家の祖先[28]」には、

「また、佐藤（蔵太郎）氏[29]はわが家に現存する『清原系図』の前文にも、多少ともこだわったかと思われる。それによれば、御手洗の前身は埴氏であった。帰化族のような姓であるが、それはともかく、埴氏は大和の大伴氏の家臣で、大伴氏が太宰府に赴任する際に随行して九州へ来たこと、大伴氏の内紛にあずかって解決に功績があったこと、大和国大伴家から妻を迎えたが、子がなく母方にあやかって氏を御手洗と改め、子々孫々御手洗を名のるようになったこと、などが記されている。その他いろいろあるが、ただこの記事の文脈は史学に暗いものが読んでも、竹に木を接いだように不自然なところがあって、いかにも拵えものの色合いが濃い。家系図に常套的な粉飾の文章と思われる。この点に

（27）森茂暁ほか『山口県史 史料編 中世2』平成十三年

（28）御手洗信夫『わが一生』（社会保険出版社、昭和五十八年）所収

（29）安政二年、佐伯藩士の子として生まれ、明治十四年に上京して報知新聞社に入社。以後、大阪毎日新聞社、神戸新報、八雲新報などに勤務し、小説などを発表したが、のちに郷土史に取り組み、『佐伯志』、『町村沿革誌』などを編纂した

ついて御手洗一而氏は、『清原系図』の前文は破棄すべきものだとされている。同氏の意見は一族の間に遺されている、他のより詳細な系図も調べておられ、それらと比見して下された見識と受けとられる」

とある。御手洗一而「御手洗姓氏についての考察」[30]によると、竹野浦の「大伴家略実記」では、その作成は宝暦四年四月上旬となっているという。御手洗氏は、「この実記は、内容を問うまでもなく、御手洗姓を大和朝の時代に位置づけるための粉飾である。天武天皇の皇子舎人親王を出自とする清原氏の系譜[31]が別系統であることは明白であるため省くが、これだけの系譜を作るにはかなりの史書を必要とする。その時期に、現在流布の系図も整理作成されたと思われるが、この宝暦年間は、佐伯毛利藩の藩学隆盛の時期と一致している。四教堂の史籍を参考にして苦労したものと思われるが、整理する以上、元の系図がなければならない」と述べておられる。しかし、この原話は古く、清原姓御手洗氏が、伊予の河野氏らとともに瀬戸内海を舞台に活動していた時代には、すでに成立していたのではあるまいか。

(30) 御手洗一而「御手洗姓氏についての考察」(塩月佐一編『佐伯史談』第一三七号、昭和五十九年)

(31) 清原姓御手洗系図については、「二　八色の姓と清原姓御手洗系図」の項参照

二　八色の姓と清原姓御手洗系図

天武十三（六八四）年十月、諸氏の族姓を改めて、八色の姓を定めた。守山公など十三氏に、真人の姓を授けた。天武紀十三年条に、

冬十月の己卯の朔に、詔して曰はく、更諸氏の族姓を改めて、八色の姓を作りて、天下の万姓を混す。一つに曰はく、真人。二つに曰はく、朝臣。三つに曰はく、宿禰。四つに曰はく、忌寸。五つに曰はく、道師。六つに曰はく、臣。七つに曰はく、連。八つに曰はく、稲置。是の日に、守山公・路公・高橋公・三国公・当麻公・茨城公・丹比公・猪名公・坂田公・羽田公・息長公・酒人公・山道公、十三氏に、姓を賜ひて真人と曰ふ。

とある。

十一月、大三輪君など五十二氏に、朝臣の姓を授けた。天武紀十三年条に、

十一月の戊申の朔に、大三輪君・大春日臣・阿倍臣・巨勢臣・膳臣・紀臣・波多臣・物部連・平群臣・雀部臣・中臣連・大宅臣・粟田臣・石川臣・桜井臣・采女臣・田中臣・小墾田臣・穂積臣・山背臣・鴨君・小野臣・川辺臣・櫟井臣・柿本臣・軽部臣・若桜部臣・岸田臣・高向臣・宍人

臣・来目臣・犬上君・上毛野君・角臣・星川臣・多臣・胸方君・車持君・綾君・下道臣・伊賀臣・阿閉臣・林臣・波弥臣・下毛野君・佐味君・道守臣・大野君・坂本臣・池田君・玉手臣・笠臣、凡て五十二氏に、姓を賜ひて朝臣と曰ふ。

とある。

十二月、大伴連など五十氏に、宿禰の姓を授けた。天武紀十三年条に、

十二月の戊寅の朔己卯に、大伴連・佐伯連・阿曇連・忌部連・尾張連・倉連・中臣酒人連・土師連・掃部連・境部連・桜井田部連・伊福部連・巫部連・忍壁連・草壁連・三宅連・児部連・手繦丹比連・靫丹比連・漆部連・大湯人連・若湯人連・弓削連・神服部連・額田部連・津守連・県犬養連・稚犬養連・玉祖連・新田部連・倭文連〈倭文、此をば之頭於利と云ふ。〉・氷連・凡海連・山部連・矢集連・狭井連・爪工連・阿刀連・茨田連・田目連・少子部連・菟道連・小治田連・猪使連・海犬養連・間人連・春米連・美濃矢集連・諸会臣・布留連、五十氏に、姓を賜ひて宿禰と曰ふ。

とある。

天武十四年六月、大倭連など十一氏に、忌寸の姓を授けた。天武紀十四年条に、

六月の乙亥の朔甲午に、大倭連・葛城連・凡川内連・山背連・難波連・紀酒人連・倭漢連・河内漢連・秦連・大隅直・書連、并て十一氏に、姓を賜ひて忌寸と曰ふ。

とある。八色の姓は、真人・朝臣・宿禰・忌寸・道師・臣・連・稲置の八級から成っているが、道師については所見がない。ともあれ、この八色の姓の制度は、従来の臣・連・村主などの姓を改めて、新しい王朝の身分制度を樹立しようとするものであった。

「御手洗氏系図」の冒頭には、

御手洗氏系図

紋三頭左巴

人王四十代天武天皇

清原朝臣

とある。清原氏は、天武天皇の第五皇子舎人親王の子孫とされる。ここには清原朝臣とあるのみで、具体的なことについては不明であるが、系図の冒頭を天武天皇朝に位置づけているのは、この天武朝の八色の姓制定を念頭に入れてのことかと思う。ちなみに、豊後国海部郡小浦の渡辺氏も清原姓という。御手洗一而「米水津湾の黎明期」(『米水津村誌』[1])に、

「一般によく知られている『粟嶋神社』の由緒であるが、南北朝時代に、後醍醐天皇が皇子懐良(かねなが)親王を征西将軍として九州へ派遣する話に始まる。親王は興国二年(一三四一)春、伊予の忽那島をたち、九州入りを決行する。その途中、『海上に暴風起こり、怒濤(どとう)天に漲(みなぎ)り殆ど船を覆(くつがえ)さんとせし時、清原朝臣倍重(御供武士)紀州粟嶋の宮を遙拝し、この船をして無事速やかに海岸に着かせ玉ひなば、一宇の神社を建立せんと祈願せしかば、尊神その忠魂に感動し、たちまち豊州の海部郡米水津村内小浦の浜に漂着す。よって直ちに一宇を建築す。是れ即ち我が粟嶋神社なり。(略)』。以上は、粟嶋神社の由緒であるが、この御供武士が渡辺左衛門尉と伝えられ、いつの日かこの渡辺一族が小浦に住みつき、

(1) 高宮昭夫ほか編『米水津村誌』米水津村、平成二年

現在でも小浦は渡辺姓が過半数を占めている」

とある。

天平宝字八（七六四）年、大原真人都良麻呂（つらまろ）は、浄原真人浄貞の氏姓名を賜った[2]。

延暦元（七八二）年、右馬頭小野縄手女に、男子（繁野のち夏野）が誕生した。父は、舎人親王の曾孫（一説に孫）小倉王[3]。五男。

延暦十（七九一）年、石浦王（舎人親王の孫）の息男である長谷は、清原真人の氏姓を賜った。

延暦十七年十二月二十四日、友上王に清原真人の姓を賜った[4]。

延暦二十二（八〇三）年、繁野は内舎人に任ぜられた。

延暦二十三年六月二十一日、小倉王の息男繁野に清原真人の姓を賜わり、繁野の名を夏野と改めた[5]。

弘仁十四年条『公卿補任』[6]清原夏野伝頭書に、

「〔頭書云〕延暦廿三六甲子（く）小倉王上表云。得愚息内舎人繁野。及小倉兄別王孫。内舎人山河等款云々。依去十七年十二月廿四日友上王賜姓故事。同蒙清原真人姓。又繁野名語触皇子。改繁曰夏云。許之」

とある。

弘仁十一（八二〇）年四月、嵯峨天皇は、父桓武天皇の遺業をうけつぎ、藤原内麻呂の息冬嗣、藤原葛野麻呂、秋篠安人らに命じて、『弘仁格』（十巻）・『弘仁式』（四十巻）を編纂させた[7]。大宝元（七〇一）年から弘仁十（八一九）年に至る詔・勅・官符を類別編集したもので、官府での活用をめざして、格・式を法典化しようとしたのである。官府の故事・遺例を採択し、これを取捨して各官司ごとに類別させ、天皇はこれを諸官庁に示して、検討させた。

弘仁十二（八二一）年一月、藤原冬嗣・良峯安世らは、嵯峨天皇の命によって、恒例・臨時の朝儀を定めた『内裏式』（三巻）を撰上した[8]。

(2)『続日本紀』天平宝字八年十月八日条

(3)清原夏野伝、『公卿補任』弘仁十四年条

(4)『日本後紀』延暦二十三年六月二十一日条

(5)同前

(6)黒板勝美編『公卿補任』第一篇（新訂増補国史大系）吉川弘文館、昭和四十六年

(7)藤原冬嗣「弘仁格式序」（『類聚三代格』巻第一〔『国史大系』25〕吉川弘文館、昭和十一年）

(8)藤原冬嗣ほか「内裏式」（『群書類従』第六輯）弘仁十二年

弘仁十四（八二三）年四月、嵯峨天皇、譲位。大伴親王（淳和天皇）が即位した。[9]大伴氏は、天皇の名（大伴）を避けて、大伴宿禰を伴宿禰と改めた。[10]ついで、正良親王（仁明天皇）が皇太子となった。

（9）『日本紀略』弘仁十四年四月条
（10）『日本紀略』弘仁十四年四月二十八日条

三　蒲江浦王子大権現と神仏混淆

天長二（八二五）年、豊後国海部郡蒲江浦の王子大権現が鎮座せられたという。佐伯市葛区居住疋田正人所蔵の「当浦日記」第一丁の冒頭に、

当浦王子大権現御棟札記
右（古カ）棟札天長二巳年御鎮座之年と相見候得と不明

とある。蒲江浦は、風光明媚なリアス式海岸に位置しており、地形は複雑で、平地が少なく、陸上交通には不便をきたすことが少なくないが、瀬戸内海の南の出入り口にあたり、海上交通は古くから発達している。弥生時代中期の甕の破片が、蒲江町竹野浦河内字丸山の遺跡から出土している（『米水津村誌』[1]）。また、弥生時代後期の土器や土師器・須恵器も出土するという。蒲江地方でも、少なくとも二千年以上前から人々の生活が営まれている。

神が人間の要望に応じて世の苦しみを救い正義を実現させるために地上に姿を現すという思想が、ヒンドゥー教の信仰形態にある。これが権化といわれるものであるが、権化の考え方は仏教にもある。日本では、「仏または菩薩が、人間を利益・救済せんがために、各所に神となって現れる（権現）」という思想となった。すでに奈良時代に神仏混淆あるいは神仏習合の現象が現れていた。蒲江浦の王子

（1）高宮昭夫ほか編『米水津村誌』米水津村、平成二年

大権現の起源については未詳ではあるが、天長二年に鎮座せられたとするこの記事は、蒲江浦の歴史を考える上で重要である。『蒲江町史』[2]に、

さて、蒲江浦の発祥について、連綿と伝えられている七軒株の物語がある。それは王子神社の境内、東光寺から墓地の下を斜めにのぼって鳥居をくぐった左手に、写真のような小さな社が並んでいる[3]。これが紀州（紀伊国＝和歌山県）からはじめて蒲江浦にやって来た七軒の先祖神をまつったもので、子孫の人々が今も大切にまつりつづけているという。

いつのころか、なにかの事情で紀州を後にした七軒の人々が、海路土佐を経て蒲江浦にやって来て、手馴れた漁猟生活で住みついたという。恐らく泊浦の地下（じげ）のあたりであろう。ありそうな話で、泊浦の住人は立地事情から見て、農耕よりも漁猟を主とした人々であろうことは、容易に想像される。

とある。なお、東光寺も天長二年の創建と伝え、古くは天台宗に属し、神仏混淆が行われていたという。

天長九（八三二）年十一月、藤原緒嗣が左大臣に任ぜられ、清原夏野が右大臣となった[4]。

天長十（八三三）年二月、清原夏野らは、『令義解』を完成させた[5]。格・式が法典化されて、吏務に供されるようになっても、『養老令』は基本法典として保持されていた。しかし、八世紀以来、その個々の条文についての法家（法律専門家）の解釈がいろいろに分かれて、紛糾の状を呈していた。淳和朝では、明法博士額田今足の建策に従って令文の解義の統一を計ることにした。当代のすぐれた法家

・学識者が、この事業に充てられた。

この月、淳和天皇、譲位。正良親王（仁明天皇）即位。恒貞親王、立太子[6]。

（2）羽柴弘ほか編『蒲江町史』大分県南海部郡蒲江町、昭和五十二年

（3）口絵27頁参照

（4）『公卿補任』天長九年条

（5）井上光貞「日本律令の成立とその注釈書」『律令』〔日本思想大系〕岩波書店）

（6）『続日本後紀』天長十年二月条

六月、弟村王（舎人親王の曾孫）の子の美能王は、美能を改めて岑成とし、清原真人の姓を賜った。

十二月七日、左京人六世王豊宗・豊方ら七人に姓清原真人を賜った。(7)

この年、清原夏野らは、『内裏式』を修補した。(8) 以後、この書は朝儀の基本として珍重された。

天長十一（八三四）年一月三日、承和と改元。

十二月十八日、『令義解』（十巻）を施行した。(9) 本書の解釈は、令と同様の効力があった。

この年、藤原緒嗣（六十一歳）が左大臣、清原夏野（五十三歳）が右大臣、藤原三守（五十歳）が大納言で、清原長谷（六十一歳）は参議であった。(10)

承和四（八三七）年十月、清原夏野（五十六歳）、没。(11) 彼は、『内裏式』の改訂、『日本後紀』、『令義解』の編纂に参画し、地方政治への献策、親王任国の制定などに功があった。

この頃、在原業平は、まだ幼い少年であったが、大御息所の女性に恋をしたという。『伊勢物語』(12) 六十五段に、

119　恋せじと御手洗河（みたらし）にせし禊神はうけずもなりにけるかな

という歌が収録されている。もとより、この『伊勢物語』の記事が、歴史的事実をきちんと伝えているとは思われないが、ここに「御手洗河」という固有の地名が出ていて注目される。奈良時代以前の文献には、「手洗」とか「洗御手」といった用語は見えるが、固有名詞としての「御手洗」は、管見では見えない。在原業平が詠んだという御手洗河は、賀茂の御手洗川であろう。御手洗姓の起源を考える時、この「御手洗河」は、注目すべきものと思われる。「御手洗」は、「みたらし」と読み、神社のほとりの泉水をいい、手を洗うという意味よりも、本来は、「神水の垂れ落ちる川」という意味で、御手洗川と言ったのであろう。物集高見・高量の『広文庫』(13) で指摘されているように、神の御手なら、御

(7)『続日本後紀』天長十年十二月七日条
(8)「内裏式」下（『群書類従』第六輯）
(9) 早川広八「令義解」（『国史大辞典』14、吉川弘文館、平成五年）
(10)『公卿補任』天長十年条
(11)『続日本後紀』承和四年十月七日条
(12) 平安中期成立、作者未詳。秋山虔校注『伊勢物語』（新日本古典文学大系）岩波書店
(13) 物集高見・物集高量『広文庫』名著普及会、大正五年（昭和五十二年覆刻版）

という字が用いられてしかるべきではあろうが、神社に参拝する人が手を洗うという意味での「手洗」に、御の字を冠して「御手洗」というのは、やや不自然である。神山より流れ出る水、または神前の川の水で禊祓いをするところから、「御手洗川」というようになったのであろう。初めは「みたらし」であったが、「御手洗」の字が当てられたために、やがて「みたらし」、「みたらい」の読みが併用されるようになったものと思われる。もとより「御手洗川」は、賀茂に固有のものではなく、『義経記』[14]には、「羽黒権限(現)」の御手洗川が見え、伊勢神宮の御手洗川も著名である。

嘉承二（八四九）年八月五日、左京人六世善淵王・善永王・常名王・貞固王・有道王・永城王・有敏王・岑雄王・岑行王・弘岑王・忠臣王・正臣王・常影王・茂影王・有統王・有助王・有基王らに姓清原真人を賜った。[15]十一月二日、左京人讃岐守従四位下長田王・弾正大弼従四位下岑成王に姓清原真人を賜った。[16]この年以来、周防国屋代荘の開発領主の子孫は、当荘惣公文職に補任されたという。[17]

嘉承三年五月十七日、従四位下清原長田が、大宰大弐に任ぜられた。[18]

この年、天武天皇の四代の孫貞代王の子である有雄に、清原真人の氏姓が与えられた。

この頃、諸王を中心に、清原真人の賜姓が行われている。

貞観二（八六〇）年一月十六日、従四位上清原岑成が、大宰大弐に任ぜられた。[19]

（14）室町初～中期成立、作者未詳。岡見正雄校注『義経記』（日本古典文学大系）岩波書店

（15）『続日本後紀』嘉祥二年八月五日条

（16）『続日本後紀』嘉祥二年十一月二日条

（17）小川国治ほか編『角川日本地名大辞典　山口県』角川書店、昭和六十三年。本文一一四頁【史料10】参照

（18）『日本文徳天皇実録』嘉祥三年五月十七日条

（19）『日本三代実録』貞観二年正月十六日条

四　承平・天慶の乱と佐伯氏

延喜十三（九一三）年四月十日、源満仲、誕生。母は、橘繁古（一説に繁藤）女、あるいは武蔵守藤原敏有（一説に敦有）女という(1)。父は、源経基。

延喜十六年五月七日（一説に四日）、源満仲の祖父貞純親王（六十四歳、一説に三十二歳）が、死去した。桃園親王とも号した。これは、この親王が、一条大宮桃園池において、七尺の龍となる由を時の人の多くが夢に見たので、桃園と号すのであろう、という(2)。

延長八（九三〇）年九月、醍醐天皇は譲位せられ、寛明親王（朱雀、八歳）が即位し、幼帝の外舅左大臣藤原忠平が摂政となり、久しく続いていた天皇親政が中絶し、摂政が台閣を主宰した(3)。

承平元（九三一）年頃、下総国猿島郡石井を拠点として勢力をつちかっていた平将門は、叔父の良兼と不和に陥っていた。この頃、西国では、海賊が横行していた。

承平二年四月、疫病、流行。追捕海賊使の事が定められた(4)。

十二月、備前国は、海賊のことを奏した(5)。

承平三年十二月、海賊横行により、南海道諸国に警固使を派遣した(6)。

この年、京に盗賊多く、左大史坂上経行は、皇嘉門前で群盗に襲われた(7)。

承平四年五月頃から、中央政府は、山陽・南海（四国）の藤原純友らの海賊の討伐を問題にしはじめていた(8)。

(1)『尊卑分脈』三―六二
(2)『大日本史料』第一編之四、延喜十六年五月七日条
(3)同前、第一編之六、延長八年九月条
(4)「貞信公記抄」承平二年四月二十八日条
(5)同前、承平二年十二月十六日条
(6)『扶桑略記』承平三年十二月十七日条
(7)『大日本史料』第一編之六、承平三年正月二十三日条
(8)『日本紀略』承平四年五月九日条、『扶桑略記』承平四年五月九日条・同七月九日条・同五年正月九日条など

七月、武蔵国と諸家の兵士を海賊追捕に派遣した(9)。

十月、追捕海賊使を定めた(10)。

冬、海賊は、伊予国喜多郡の不動穀を奪った(11)。

承平五年二月、平将門は、平真樹（まさき）らとともに、常陸大掾平国香・同前大掾源護（まもる）の連合軍と常陸に戦い、国香と、護の三人の息は、戦死した(12)（平将門の乱、始まる）。

十月、平将門は、護との関係で戦いを挑（いど）んできた平良正を、常陸に破った(13)。良正は、良兼に援助を求めた。護は、使者を上京させて、将門の挙兵を中央政府に訴えた。

十二月、政府は、源護・平将門らを召喚した(14)。

承平六年六月、海賊は、伊予国日振島に集まった（藤原純友の乱始まる）。摂政藤原忠平らは、故参議紀長谷雄の息紀淑人（よしひと）を伊予守とし、海賊懐柔の策として、同前掾藤原純友に宣旨を下して、相共に海賊を帰順させた。この懐柔策は、純友配下の首魁小野氏彦・紀秋茂・津時成ら合わせて三十余人のものを海賊集団から離脱させることに成功した。政府は、これらの無法者の犯状をきびしく追及しないばかりか、田畑・衣食の料を給して、彼らのために、農業のてだてを講じた(15)。

この月、平良兼は、下総介という官職をおびる身でありながら、兵を率（ひき）いて常陸に向かい、そこで再挙のために奔走して、平良正と水守の営所で合流し、平将門と争うことをためらっていた常陸掾平貞盛を説いて、味方にひきいれた。良兼らは、数千の兵をもって、下野に出た。将門は、敵の動きを知って、北上してこれと戦い、良兼を下野に破ったが、敗走する良兼のために、わざわざ退路をひらいた(16)。

八月、藤原忠平は、太政大臣となったが、引き続き摂政した(17)。

九月、源護と平将門・真樹の双方に、政府からの召喚命令が届いた。

十月、平将門は、上京して、前年二月の事件について、しきりに陳弁した。藤原忠平らは、検非違

(9)『扶桑略記』承平四年七月二十六日条
(10)『日本紀略』承平四年十月二十二日条
(11)『扶桑略記』承平五年正月九日条
(12)『大日本史料』第一編之六、承平五年二月是月条
(13)『将門記』・『大日本史料』第一編之六、承平五年十月二十一日条
(14)『大日本史料』第一編之六、承平五年十二月二十九日条
(15)北山茂夫『日本の歴史4 平安京』中央公論社、昭和四十年
(16)同前
(17)『大日本史料』第一編之七、承平六年八月十九日条

使庁の報告にもとづいて、これを微罪として処断した(18)。

承平七年正月、朱雀天皇は、十五歳に達し、元服式を執り行った(19)。

四月、平将門は、恩赦によって刑罰を免(まぬが)れた。将門は、京・畿内で、かえって合戦の勇者としての誉を得て、帰国の途についた(20)。

八月、平良兼は、平将門不在の間に、兵力の糾合に成功し、将門を、子飼(こかい)の渡(わたし)に襲い、常羽御厩を焼いた(21)。一時、将門は、不利の状況に陥った。

九月、平将門は、立ち直って、平良兼を服織宿に破り(22)、十月、常陸国真壁の地に良兼を襲い、これを破ったが、決定的勝利を収めるには至らなかった。この合戦の後、将門は、藤原忠平に対して良兼の暴状を訴えた。

十一月、朝廷は、平将門追捕の官符を下した(23)。

この月、富士山が爆発した(24)。

十二月、平将門は、平良兼と戦い、勝利した(25)。良兼の被(こうむ)った打撃は深く、ついに再起できなかった。

承平八（九三八）年二月、常陸掾平貞盛は、坂東に身の置きどころを失い、東山道を経て京に逃れようとした。この情報をつかんだ平将門は、朝廷に告訴されることをおそれ、みずから百余騎を率いて貞盛のあとを追い、信濃国小県(ちいさがた)郡の国分寺のほとりで、京へと急ぐ貞盛とその従者に追いつき、合戦に及んだが、とうとう貞盛を遁走させてしまった。貞盛は、上京して、朝廷に将門の暴状を哀訴した(26)。

四月、京中に大地震があり、内膳司の建物が倒壊して、圧死者が四人も出た。陰陽寮の人々はそれを占い、東西に兵乱が起こることを予言した(27)。

五月に入ると、朱雀天皇は、心身に不調をきたして、憂慮された(28)。二十二日、朝廷は、うちつづく厄運・地震・兵革から逃れようとして、天慶と改元した(29)。

(18) 同前、承平七年四月七日条
(19) 『大日本史料』第一編之七、承平七年正月四日条
(20) 『将門記』、『今昔物語』二十五、『将門純友東西軍記』および同注（17）
(21) 『大日本史料』第一編之七、承平七年八月六日条
(22) 同前、承平七年九月十九日条
(23) 同前、承平七年十一月五日条
(24) 『日本紀略』承平七年十一月条
(25) 『大日本史料』第一編之七、承平七年十二月十四日条
(26) 同前、天慶元年二月是月条
(27) 同前、天慶元年四月十五日条
(28) 同前、天慶元年五月二日条
(29) 同前、天慶元年五月条

この月、朝廷は、橘近安らの追捕を武蔵国などに命じた[30]。

六月、平貞盛は、平将門追捕の官符を手に入れて、東国に下った。しかしこの頃、将門の勢力は大きくのびていて、貞盛は、すぐには手出しができず、よい時機の到来を待つよりほかに道はなかった[31]。

この年、空也は、都で念仏を唱えた[32]。

天慶二（九三九）年三月、平将門は、隣国武蔵国の権守興世王・武蔵介源経基と足立郡司武蔵武芝の争いの調停にあたった[33]。事の発端は、武蔵権守興世王と介の源経基が、正任の長官がまだ到着しないのに、諸郡内を巡視しようとしたところにあった。武芝は、受領の企てが、これまでの慣行を無視した専断行為であると反対した。興世王・経基は、武芝の訴えを退けた。彼らは兵仗を発して強引に部内を巡視した。武芝は、兵力で阻止すれば合戦になるから、その居館を出て、山野にかくれていた。受領とその手兵は、武芝の所々の舎宅、縁辺の民家を襲い、略奪をほしいままにした[34]。武芝は、受領らに対して、さきに虜掠（りょうりゃく）せらるるところの私物の返還を迫った。しかし、興世王・経基らは、かえって合戦の準備をいそいでいた。この噂を耳にした将門は、「彼此（かし）が乱を鎮め」ようと、調停にのりだした。将門は、自分の兵を率いて、武芝が潜んでいるところに出かけた。将門は、紛争を調停したいと述べ、武芝の同意を得、ともに国府に赴き、やがて権守興世王が姿を見せたので、将門は両者の不和を解こうとつとめた。興世王は、調停にのってきた。やがて、手打ちの酒宴がはじまった。しかし、介の経基は、将門・武芝のでかたを警戒して付近の山に籠っていた。武芝がつれてきた軍兵の一部が、どうした手違いからか、にわかに経基の営所を包囲した。経基は、この挙に驚いて、任地をぬけだして、京に向かった[35]。将門は、調停に失敗し、武蔵の国府から兵をひきあげた。この時、将門は、反逆を企てようとしたわけではなかったが、経基は、包囲された時、これは、武芝の口車にのせられて、興世王と将門が結託して、経基の殺害を企てたのだと即断した。経基は、上京して、朝廷に興世王と将門らの謀反を報告した。忠平は、使者を将門のもとに遣わして、御教書を届け、謀反が事実である

(30)『大日本史料』第一編之七、天慶元年五月二十三日条
(31) 同注(15)
(32) 歴史学研究会編『日本史年表』岩波書店
(33)『大日本史料』第一編之七、天慶二年三月二日条
(34) 同注(15)
(35) 同注(15)

か否かの報告を求めた(36)。

三月末、平将門は、藤原忠平の御教書に接したが、この度は陳弁のための上京はしなかった。

四月、北坂東のかなたの出羽国でも、夷俘(いふ)の反乱が起こった(37)。

五月、平将門は、陳弁のために上京するかわりに、常陸・下総・下野・武蔵・上野の五国の国府に依頼して、将門の謀反が無実であることを証明した公文書を書いてもらった。将門は、それを摂政藤原忠平のもとに提出し、忠平の糾問に対して、無実であることを陳状した。六月、平将門にかけられた政府の嫌疑は、五カ国の公文書によって晴らすことができた(38)。

この頃、平良兼は、病床に臥して、再起がおぼつかなく、髪をおろして仏門に入り、まもなく他界した(39)。平貞盛には、便りになる近親がいなくなった。その頃、北坂東の平氏の流れをくむものは、将門に靡(なび)くか、それとも中立という慎重な態度を持していた。貞盛は、将門一派の監視の目を潜(くぐ)り、味方を求めて、北坂東の豪族の間を遍歴しなければならなかった。

八月、出羽国の夷俘の反乱はまだ、終息しなかった。

この月、朝廷は、尾張国から、その国守が射殺されたという報告をうけとっていた(40)。

十月、摂政藤原忠平は、出羽の俘囚の乱への一対策として、陸奥国守に平維扶(これすけ)を起用し、維扶は、東山道を経て、下野国府に着いた。平貞盛は、新任の陸奥守維扶とは知り合いの仲だったので、いちどは維扶にしたがって、その任地に赴こうと企てたが、将門の追跡がきびしく、断念して、身を隠した。

十一月、平将門は、常陸住人藤原玄明が貢租を納めず国司の追捕を受けて将門に助けを求めたことから、常陸国府を焼き払い(41)、興世王の勧めに従い、関八州を併せようと、十二月には、下野国府を攻め、さらに上野国府を攻め取り、新皇と称し、下総猿島郡石井郷に王城を営み、除目を行って、文武百官を任じ、一族を関東の国司とした。しかし、肝心の軍制の強化には手をつけなかった(42)。

(36)『大日本史料』第一編之七、天慶二年三月二十五日条

(37)同前、天慶二年四月十七日条

(38)同注(15)

(39)『大日本史料』第一編之七、天慶二年六月是月条

(40)同前、天慶二年八月十一日条

(41)同前、天慶二年十一月二十一日条

(42)同前、天慶二年十二月十一日・同十五日条

この月、朝廷は、前伊予掾藤原純友を召喚した[43]。

この年の末、藤原忠文（六十七歳）は、ようやく参議になることができた[44]。

天慶三（九四〇）年一月一日、また、東海・東山・山陽道の追捕使が任命された[45]。

東海道使　藤原忠舒
東山道使　小野維幹
山陽道使　小野好古

東海・東山道使は、平将門討伐の人事であり、山陽道使は、藤原純友に対するものであった。

一月中旬、朝廷は、参議修理大夫藤原忠文（六十八歳）に右衛門督を兼ねさせて、征東大将軍とした[46]。忠文は、緒嗣の曾孫にあたり、父は参議枝良であった。彼は、年齢・経歴からみて、平将門討伐の大将軍の任を果たし得るような人物ではなかった。

正月中旬、平将門は、兵馬に休養を与える暇もなく、五千の兵を帯して、再び常陸国に、残敵を掃蕩するために乗り込んだ。常陸国の北部に位置する那珂・久慈両郡に勢力をはっていた藤原氏は、将門をその国境に出迎え、盛大な宴をはって労った[47]。

二月一日、新皇平将門は、みずから少数の随兵を率いて、藤原秀郷らの本拠の下野をめざして、馬を走らせた[48]。

二月の初め、朝廷は、藤原純友に従五位下を授け、これを懐柔しようと試みた。しかし、純友の一味は、淡路国を襲い、官辺の兵器類を奪い去った[49]。

二月八日、征東大将軍藤原忠文は、朱雀天皇から節刀を授けられて、征途についた[50]。

十三日、下野押領使藤原秀郷と平貞盛は、連合して平将門を攻め、将門は、下野に兵を進めたが敗れ、十四日、下総猿島で敗死した[51]。

大将軍藤原忠文は、征途で、貞盛・秀郷らが新皇を敗死させたという報に接した。源経基も平将門

(43)『大日本史料』第一編之七、天慶二年十二月二十一日条
(44)『公卿補任』天慶二年条
(45)『大日本史料』第一編之七、天慶三年正月一日
(46) 同前、天慶三年正月十九日条
(47) 同前、天慶三年正月是月条
(48) 同前、天慶三年二月一日条
(49) 同前、天慶三年二月三日条
(50) 同前、天慶三年二月八日条
(51) 同前、天慶三年二月十四日条

鎮定に向かっていたが、将門の死により途中で帰京した[52]。

二月下旬、追捕凶賊使小野好古は、朝廷に、藤原純友が海路をとって京に攻め上ろうとしている由を奏上した[53]。天皇らは、この時まだ平将門の敗死を知らなかった。宮廷は、再度の衝撃をうけ、連日、会議と修法に明け暮れた。藤原忠平らは、摂津の要衝山崎・川尻（淀川の河口）などに警固使を置いて、平安京防備の態勢を固めようとした[54]。

二月二十五日、信濃国の急使が、朝廷に平将門らの死を伝えた[55]。

三月五日、藤原秀郷から、平将門滅亡の報告が朝廷に届いた[56]。その四日後、秀郷と貞盛に、それぞれ従四位下、従五位下を与えて、その勲功に報いた[57]。秀郷の使者が将門の首をもたらしたので、政府は、それを都人の群集する東市のわきの樹にくくりつけて晒し者にした。

四月に入ると、東方の岐曾・碓氷などに特設された警固使が解任され[58]、ようやく平時の状況に復しつつあった。

六月、何者かの手によって、漢文体の『将門記』が書かれた。

八月、藤原純友らは、伊予国・讃岐国を虜掠した。純友らは、官兵の抵抗を排して、讃岐の国府に攻め入り、政庁官舎に放火し、公私の財物を略奪した。藤原国風は、警固使坂上敏基を招いて、隣の阿波国に逃れ、さらに淡路国に移り、使者を京に派して、この合戦の顚末を急報した。それから国風は、武勇の士を招いて、兵力を立て直し、讃岐国に帰って、政府軍の到来を待った[59]。

その後、海賊の頭株であった藤原恒利が、国風を頼ってやって来た。恒利は、純友の次将として海賊団のなかで重きをなしていたが、どうしたわけか、純友に背いて政府の側に付いたのである。

この月、藤原純友配下の別の海賊らによって、備後国の船舶が焼き払われた。この頃純友らは、摂津方面から瀬戸内海中部の沿海諸国に活動の場を移していたらしい。

小野好古は、追捕山陽・南海両道凶賊使となった。追捕使の次官には、大宰大弐源経基を起用した。

(52)「将門純友東西軍記」『大日本史料』第一編之七、天慶三年二月十四日条
(53)『大日本史料』第一編之七、天慶三年二月二十二日条
(54)「貞信公記抄」天慶三年二月二十三日条。『大日本史料』同日条
(55)『大日本史料』第一編之七、天慶三年二月二十五日条
(56) 同前、天慶三年三月五日条
(57) 同前、天慶三年三月九日条
(58) 同前、天慶三年四月六日条
(59) 同前、天慶三年八月十八日条

さらに、判官（じょう）は藤原慶幸（よしゆき）、主典（さかん）は大蔵春実（おおくらはるざね）であった[60]。
十一月七日、賊が、周防鋳鉄司（鋳銭司）を焼いた[61]。
十一月十六日、藤原秀郷は、押領使から一躍、下野守に抜擢された[62]。秀郷は、この度の合戦を通して、武力的基礎をひろげた。藤原忠平らは、大乱後の坂東の行政をもっぱら秀郷に委任した。

御手洗氏の先祖は、藤原氏とする説がある。御手洗信夫「御手洗家の祖先[63]」に、

「また、佐藤氏[64]は、御手洗の紋章である『左三つ巴』は、これも大和から出たものとしているが、確証はない。巴の紋はむしろ関東地方に多いようである。また御手洗一而氏のいう御手洗を藤氏の出とする説も、藤原秀郷以来、藤原の姓が関東一円に広がったことなどからみても肯ける意見のように思われる」

とある。太田亮『姓氏家系大辞典[65]』の「御手洗ミタラシ」の項に、「1藤原姓　甲州の東八代郡の名族にて、武田信虎家臣に御手洗新七郎正重あり、小石和筋小山城主也。その男越前正吉・簡十郎、信玄に仕ふ。その男五郎兵衛直重（家康家臣）也。家紋丸に折入、五三の桐、鳩酸草。又下り藤丸。その後は『直重－五郎兵衛家重－同忠重（宗明）－同正近－新太郎正矩』にして、五百石也」とあり、藤原姓御手洗氏は、甲州武田氏の家臣であり、瀬戸内海の御手洗氏との関係は明らかでない。

天慶四年一月、伊予国は、海賊の前山城掾藤原三辰の首を進送した[66]。
二月、讃岐国は、海賊の次将藤原恒利の投降と、海賊を伊予国で破ったことを報告した[67]。
五月、追捕使小野好古は、伊予国にあって、藤原純友らの行方を捜していたが、海賊団による大宰府攻略の報がもたらされた。好古は、急使に託して、この大事件を朝廷に奏上した。その直後、参議藤原忠文を征西大将軍とした[68]。

小野好古らの武装した船団は、九州東北部に着岸し、そこから陸路をとって、大宰府へと急いだ。藤原慶幸・大蔵春実らも、恒利、伊予国の橘遠保らを伴って、伊予国から船出し、長門の海峡を経て、

(60)「扶桑略記」天慶三年十一月二十一日条。『大日本史料』第一編之七、天慶三年八月二十七日条
(61)『大日本史料』第一編之七、天慶三年十一月七日条
(62)同前、天慶三年十一月十六日条
(63)御手洗信夫『わが一生』（社会保険出版社、昭和五十八年）所収
(64)佐藤蔵太郎
(65)太田亮『姓氏家系大辞典』第三巻、角川書店、昭和三十八年
(66)『大日本史料』第一編之七、天慶四年正月二十一日条
(67)同前、天慶四年二月九日条
(68)同前、天慶四年五月十九日条

筑前国博多湾に上陸しようとした。だが、そこはすでに、海賊の勢によって固められていた。春実らは、敵前上陸の挙に出て、海賊の陣に突撃した。激しい合戦は、湾の海岸から海賊らの船に広がった。追捕使の軍は、多くの敵兵を倒し、海賊の船に放火して、これを焼き払った。純友の率いた衆は、ひどい混乱に陥った。春実らが捕獲した海賊船は、八百余艘の多きにのぼり、箭（や）が命中して死傷した者は、数百人に達した。(69)

純友は、その子重太丸（しげたまる）とともに、乱戦の中を辛うじて脱出し、伊予国に逃げ帰った。(70)

六月、伊予国の警固使橘遠保は、藤原純友を逮捕し、京に護送するつもりでその身を禁固したが、二十九日、獄中で死亡した。(71) 死因は不明であるが、あるいは自殺したのかもしれない。しかし、『本朝世紀』(72)によると、「西国凶賊（藤原純友）の次将藤原文元と佐伯是基らは、討滅の日に一族を率いて遁走し、いまだ捕らえられず、密かに伊予国に入って海辺の郡に害をなした」とある。

七月七日、藤原純友の首が、朝廷に送達された。(73)

八月十七、十八の両日、賊徒が大宰府管内の日向国に襲来して合戦となり、官軍に利あって、凶賊を討殺するうちに、西国の賊首佐伯是基を生け捕った。藤原貞包が是基を生捕り賊を射殺した賞によって、この年九月二十日に筑前権掾に任ぜられているので、この是基生捕りに最も活躍した人物だったようである。(74)

九月六日、同じく『本朝世紀』によると、賊徒が豊後国海部郡佐伯院に襲来し、申時（午後四時頃）から酉刻（午後六時頃）に至るまで合戦し、賊首桑原生行（なりつら）を生捕り、賊徒を打ち殺して、「馬船絹綿戎具雑物」を押収し、翌七日、合戦日記を相副えて大宰府に送った。生行は、合戦の日に、数カ所を疵つけられ、わずかに存命していたが、大宰府に送るために禁固していたところ、八日になってついに死去した。この旨を認めた「豊後国からの書状」が十六日に大宰府に到着した。その日、追討凶賊使権少弐藤原朝臣経基は、豊後国に、ただちに生行の首を斬り、大宰府に進送せよと命じた。源経基は、

(69) 北山茂夫『日本の歴史4 平安京』中央公論社、昭和四十年
(70)『大日本史料』第一編之七、天慶四年五月二十日条
(71) 同前、天慶四年六月二十日条
(72) 平安末期成立、藤原通憲編
(73)『大日本史料』第一編之七、天慶四年七月七日条
(74)『本朝世紀』天慶四年九月二十日・同十一月二十九日条

海賊桑原生行を捕らえ、海賊三善文公を殺した。大宰府に送られた生行の首は、日向国における合戦の日に捕獲した佐伯是基と一緒に京都に送るために、しばらく大宰府に留められ、是基と一緒に京都に送られた。この桑原生行は、安閑二年紀に見える豊国の桑原屯倉の遺称地「桑原」を名字の地とする豊後の古豪だったのではあるまいか。『本朝世紀』には、「馬船絹綿戎具雑物」を押収したとあり、古くから大野川河川および別府湾から西瀬戸にかけての海運を勢力基盤として活躍していた人物ではなかったかと思われる。(75)

十月、海賊藤原文元を但馬国で殺した。(76)

十一月二十九日、佐伯是基は、生きたまま左衛門府に送付され、ただちに検非違使に仰せて左獄所に下された。(77)

(75) 森猛『九州西瀬戸古代史論攷』海鳥社、平成十四年

(76)『本朝世紀』天慶四年十月二十六日条

(77) 同前、天慶四年十一月二十九日条

五　源満仲と御手洗氏

天暦元（九四七）年十月五日、女御藤原述子（のぶこ）は、懐妊中疱瘡にかかり、東三条第で逝去した[1]。述子は、藤原実頼女。実頼は、村上天皇即位のはじめから、娘述子を女御として後宮に送り込んでいたが、ついに皇子の誕生をみないまま、亡くなってしまった。

天暦三年八月十四日、関白藤原忠平（七十歳）、逝去[2]。忠平は、温厚篤実な氏の長者であり、村上天皇の母方の伯父として、関白を勤めていた。その忠平が亡くなり、その子実頼（五十歳）と師輔（四十二歳）の兄弟が、左右大臣として、筆頭の地位を占めることになった。実頼は謹厳で陰性、師輔は社交的で陽性であったという[3]。

天暦四年五月二十四日、藤原師輔女安子に男子（憲平親王＝冷泉天皇）が誕生した[4]。父は、村上天皇（二十五歳）。この時、村上天皇には、中納言藤原元方の娘で更衣となっていた祐姫との間に、第一皇子広平親王が生まれていた。しかし元方は、春宮の外祖父となるには、あまりにも非力であった。元方は、藤原南家の生まれで、祖父は公卿にもなれなかった人であり、父菅根は学者出身で、五十三歳になってやっと公卿の最末席にたどりついてすぐに死んでしまい、元方は、ようやく中納言になっていた。

七月二十三日、憲平親王、立太子[5]。憲平親王は、異母兄の広平親王をさしおいて、生後わずか三カ月で、皇太子となった。

（1）『大日本史料』第一編之九、天暦元年十月五日条。野口孝子「藤原述子」（古代学協会・古代学研究所編『平安時代史事典』本編下、角川書店、平成六年）

（2）『大日本史料』第一編之九、天暦三年八月十四日条

（3）土田直鎮『日本の歴史5　王朝の貴族』中央公論社、昭和四十年

（4）『大日本史料』第一編之九、天暦四年五月二十四日条

（5）同前、天暦四年七月二十三日条

天暦五（九五一）年十月三十日、村上天皇は、宮中の梨壺に撰和歌所を設け、その別当に、藤原師輔の長男蔵人左近衛少将伊尹を任命した。[6] その仕事は、『万葉集』に訓点を施し、『後撰和歌集』を撰集することであった。当時の人々にとって、『万葉集』は、すでに読解しにくくなっていた。その『万葉集』に訓点をつけ、それと、延喜の『古今和歌集』のあとをうけて、第二の勅撰集『後撰和歌集』を編もうというのである。撰和歌所のメンバーは、河内掾清原元輔・近江掾紀時文（貫之の息）・讃岐掾大中臣能宣・学生源順に、御書所預の坂上望城の、いわゆる梨壺の五人であった。彼らは、平安初期には名流であったが、今は衰えて、受領級の中以下に位置していた。[7]

天暦七年三月二十一日、大納言正三位民部卿藤原元方、没。[8] 元方は、自分の孫であり、かつ村上天皇の第一皇子である広平親王を皇太子に立てることができなかった怨みを呑んで、この世を去った。さらに、祐姫も、広平親王も、相次いで亡くなってしまった。やがて、都の人々は、以後、次々に発生する奇怪な出来事を、元方の怨みによる怨霊の祟りと意識するようになった。元方の祟りの第一とされたのは、皇太子憲平親王の狂気であった。人々が初めておかしいと気づいたのは、憲平親王が、一日中、鞠を蹴って天井の梁にうまく乗せようとしていたのを見てからだという。また、ある時は、清涼殿のそばの番小屋に座り込んでみたり、父村上天皇からの手紙の返事に男根の絵を描いたりした。[9] これこそ大納言元方の物怪の仕業との風評に、あらゆる祈禱が行われたが、効果はなかった。

天暦十一（九五七）年四月二十二日、左大臣は藤原実頼、右大臣は藤原師輔（五十歳）であった。皇太子を私邸に擁していた右大臣師輔は、女御安子の主催のもとに、藤壺で五十の寿を慶祝する儀式をとりおこなった。[10] 村上天皇もその賀宴に姿をあらわした。天皇は、みずから盃をとって大臣に与えた。式楽は鳴り響き、大臣の嫡孫（伊尹の息）の小童は舞いを披露した。天皇は、大臣以下、殿上の侍従以上のものに禄を与え、とくに右大臣には左・右馬寮の馬五疋を贈って、祝意を表した。師輔の五十の賀のために、諸方から屏風が右大臣に献じられたが、その一帖によせて、清原元輔（『枕草子』

(6)『大日本史料』第一編之九、天暦五年十月三十日条

(7)北山茂夫『日本の歴史4　平安京』中央公論社、昭和四十年

(8)『大日本史料』第一編之九、天暦七年三月二十一日条

(9)土田直鎮『日本の歴史5　王朝貴族』中央公論社、昭和四十年

(10)『大日本史料』第一編之十、天徳元年四月二十二日条

の著者清少納言の父）は、

千歳経ん君しいまさばすへらぎ（天皇＝村上）のあめのしたこそうしろやすけれ

と言祝いだ。(11)

天暦十一（九五七）年十月二十七日、天徳と改元。

天徳四（九六〇）年五月四日、右大臣藤原師輔（五十三歳）、没。(12)春宮の外祖父として、兄の左大臣実頼をもしのぐ実力者となっていた師輔が、この世を去った。世人は、これも元方の祟りとした。

十月二日、平将門の男入京の風聞により、源満仲らに捜索させた。(13)

応和元（九六一）年十一月四日、源経基（四十五歳）、没。(14)

応和四年四月二十九日、皇后藤原安子（三十八歳）、没。(15)

康保四（九六七）年五月二十五日、聖帝のほまれ高かった村上天皇（四十二歳）が、清涼殿で崩御。(16)憲平親王（冷泉天皇、十八歳）が即位した。(17)さきに外祖父師輔を失い、続いて母安子が他界し、そして今、父村上天皇を亡くした上に、物の怪に取り憑かれた狂気の人と風評される冷泉天皇の即位であった。

六月二十二日、藤原実頼が関白となった。(18)しかし、実頼は、冷泉天皇の外祖父故師輔の兄であり、天皇の外戚ではなかった。皇后安子の兄弟、すなわち、天皇の伯父・叔父にあたる伊尹・兼通・兼家は、伊尹が権中納言に昇ったばかりで、あとの二人は、まだ公卿にもなっていなかった。

十二月、藤原実頼が太政大臣となり、源高明（五十四歳）が左大臣、藤原師尹が右大臣（四十八歳）となった。(19)高明は、延喜十四（九一四）年、醍醐天皇の皇子として生まれた。村上天皇の異母兄にあたるが、母は右大弁源唱女更衣周子で、関白太政大臣藤原基経女穏子を母に持つ成明（村上天皇）とは格段の差があった。高明は、延喜二十（九二〇）年、七歳の時、他の六人の皇子皇女とともに、源

(11) 同注（7）

(12)『大日本史料』第一編之十、天徳四年五月四日条

(13) 同前、第一編之十、天徳四年十月二日条

(14) 同前、第一編之十、応和元年十一月四日条

(15) 同前、第一編之十一、康保元年四月二十九日条

(16) 同前、第一編之十一、康保四年五月二十五日条

(17) 同前、第一編之十二、康保四年五月二十五日条

(18) 同前、第一編之十二、康保四年六月二十二日条

(19) 同前、第一編之十二、康保四年十二月十三日条

朝臣の姓を賜わって、臣下の列に入っていた。しかし彼は、成長するにつれて、その学才の名声が高まり、村上天皇にも尊重され、藤原師輔もその娘を高明の妻とし、これが亡くなると、引き続きその妹を後妻に入れるほど、親密な関係を結んでいた。そして、今、左大臣にまで進んだのである。しかし、師輔が没し、村上天皇も崩御せられ、有力な後ろ盾がいなくなった今、自分自身の学才と人望によって立つほかはないという状況にあった。[20]

師尹は、師輔の同母弟ではあったが、彼には七歳年上の同母兄師氏がいた。当然、その師氏の方が先に立って昇進していたのであるが、天暦二（九四八）年、突然、兄師氏を含めた先任者五人を飛び越えて師尹が権中納言に昇進し、以後、その差を保ったまま昇進を続けていた。[21] 彼が、何故このような破格の昇進を遂げることができたのか、その理由はよくわからないが、後に、「腹悪シキ人」と評されており、[22] 相当の野心家だったようである。

安和元（九六八）年八月二十三日以前、藤原秀郷の男の前相模権介千晴は、武蔵介平義守に暴行された。[23]

十二月、藤原千晴の弟千常は、信濃国で乱を起こした。[24]

安和二（九六九）年三月、源満仲らの密告により、藤原千晴らを流罪にし、ついで源高明を大宰権帥に左遷し、天皇の弟で高明の聟の為平親王の家司等の昇殿を停めた[25]（安和の変）。この事件の真相は不明ではあるが、当時、事件の糸を引いていたのは、右大臣師尹だという評判であった。満仲は、この安和の変に際して、藤原氏に協力することによって勢力を延ばし、清和源氏発展の基礎を築いたといわれ、一方、秀郷流藤原氏は、中央における活躍の道が閉ざされ、東国にその基盤を築くことになった、といわれる。

八月十三日、冷泉天皇、譲位。[26] 守平親王（円融）が即位した。[27]

天禄元（九七〇）年、源満仲は、多田院を創建し、その子僧侶賢を開山としたという。[28] 源頼光・頼

(20) 同注（3）
(21)『公卿補任』
(22) 同注（3）
(23)『大日本史料』第一編之十二、安和元年八月二十三日条
(24) 同前、第一編之十二、安和元年十二月十八日条
(25) 同前、第一編之十二、安和二年三月二十五日条
(26) 同前、第一編之十二、安和二年八月十三日条
(27) 同前、第一編之十三、安和二年八月十三日条
(28) 同前、第一編之十三、天禄元年是歳条

信・頼義・義家の霊を祭り、源氏の菩提所となった。

天禄四（九七三）年四月二十三日、源満仲第が、賊に放火された[29]。

寛和二（九八六）年八月十五日、源満仲（七十五歳）、出家[30]。法名満慶。嘉永五年二月の御手洗玄太夫栄信書置稿本（史料編[20]参照）に、

一不動明王尊像一体
　但太（多）田満仲公御作
　　由来書別ニ有之

とあって、御手洗家に伝来する不動明王尊像一体は、多田満仲公の御作だとある。今、その真偽のほどは定かでないが、御手洗家に多田満仲作といわれる尊像が伝来しているのは、御手洗氏が、畿内や瀬戸内海を舞台に活動している間に、清和源氏と何らかの接点があったことを物語るものではあるまいか。

(29) 同前、第一編之十四、天延元年四月二十三日条
(30) 同前、第二編之一、寛和二年八月十五日条

六　姥岳伝説と御手洗氏

長徳二（九九六）年一月十六日、内大臣藤原伊周・権中納言隆家は、従者に花山法皇を射させた。(1)四月二十四日、伊周は大宰権帥に、隆家は出雲権守に左遷させられた。(2)

筑後国山門郡原町村田吉蔵蔵本「大神系図」(3)によると、

「大織冠鎌足十三代儀同三司伊周女は、一条院長徳二年四月二十四日、父大臣の左遷によって、豊後国塩田大夫という者に預けられた。その後、姫のもとに、夜々通う男があって、既に懐胎した。大夫夫婦は怪しんで、通い来る男は何者かと問うたところ、姫は、『来るを見て帰るを知らず』と答えた。大夫婦は、『朝別れて帰る時に験（しるし）を付けて、慕い見たまへ』と教えた。姫は教えに任せて、朝別れに至り、男の着たる水色の狩衣の裾に賤の緒手巻を針に付けて、跡を慕ひ行くに、豊後・日向の境、姥岳という嵩の下、大なる窟の内に入った。女は窟の口に行って、『御姿を見参（まい）らせむ為に、これ迄、慕い奉る』といった。時に、窟の内より答へて、『我は是、人の形にあらず、汝、吾を見ば、胆魂も身に添うまじくぞ、早く帰るべし』云々という。姫は重ねて、『縦ひ如何なる御姿なるとも、日比（ごろ）の情、いかでか忘れ侍るべし、互いに今一度見、見へ奉らむ』と口説いた。その時、窟の内より、臥長五～六尺、跡枕に十四～五丈ばかりの大蛇が、動揺して出てきた。暫くあって、大蛇は、窟の内に這い入って、『吾は、これ、この神なり。君に通じて、子孫一姓を遣わす。今、胎（はらむ）ところの者は、男子なり。かならず、九国を領（し）らすべし。弓矢・打物取って、九州二島にならぶ者あるまじく、姓をば大神、名をば大太と称

(1)『大日本史料』第二編之二、長徳二年正月十六日条
(2) 同前、長徳四年四月二十四日条
(3) 渡辺澄夫ほか編『大分県史　中世篇Ⅰ』昭和五十七年

すべし、子孫、九国に列居すべし』云々と言った。姫は、帰って、幾程もなく男子を産んだ。大太夫婦は養育した。大蛇は、すなわちこれ、嫗岳大明神の化身である」とある。つまり、この伝説によると、大神氏は嫗岳大明神の子孫だというのである。

　御手洗信夫「御手洗家の祖先」（『わが一生』）に、「何年か前に、私は郷土史家の佐藤鶴谷氏にわが家の出自をたずねてみたことがあった。佐藤氏は家にも来られて、古文書の類に目を通されたし、それまでも他の資料についての予備的な所見もあったかと思われる。氏は端的にいうと、御手洗は大賀（おおが）、あるいは緒方（おがた）の同族だとみているのであった。どういう根拠によるものか、いずれ詳しいことを聞いてみるつもりであったが、またの来訪を約束して、それが果たされないうちに亡くなられてしまった。参考にはならないまでも、一つの所見として書きとどめておく。大賀といえば豊後に名だたる豪族である。緒方もその一族で、ともに『荘』の支配的な家系として知られている。偶然といおうか、同じ大分県の県境の祖母山・傾（かたむき）山系から発する大野川の、大野郡の流域に、なぜか『御手洗』という姓が集中的に分布している。この辺は荘園時代の緒方荘、大野荘のあったところである。佐藤氏はおそらくこの地域の御手洗姓が、私たちの御手洗となんらかの関係があるものと考えたのであろうか。しかし、事実は両者の間にまったく縁故関係は存在しない」とある。

「大神系図」によると、三田井・由布院・吉野・阿南・惟任・松尾・小原・大津留・武宮・橋爪・早稲田・田尻・入倉・十時・植田・麦生・吉藤・太田・野津原・光吉・田吹・雨川村・大野・大牟田・朽網・敷戸・臼杵・緒方・戸次・佐伯・堅田・加来・佐賀・野尻・高野・二宮・高松氏が、大神氏から分出しているが、御手洗氏は見えない。御手洗氏を大賀（大神）・緒方と同族だとする根拠を、筆者も寡聞にして知らない。

七　清原姓御手洗氏

長徳三年（九九七）、源満仲（八十五歳）、卒。[1]

長和五（一〇一六）年一月二十九日、三条天皇、譲位。[2]敦成親王（後一条天皇）、即位。敦明親王、立太子。[3]藤原道長が摂政となった。

この頃、清原家は、中原家とともに、明経道（みょうぎょう）（中国の経書専攻）を世襲する家として固まってきた。令制の大学寮における学問は、経学が本科であり、教科書も『論語』、『孝経』が必須で、選択科目としては、『礼記』、『春秋左氏伝』、『毛詩』、『周礼』、『儀礼』、『周易』、『尚書』があったが、奈良時代中期に文章・明法の二道に分かれた。平安時代には、本科であった経学も明経道と呼ばれるに至り、明経・明法・文章・算道の四学科となっていたが、平安初期以来、文章道（紀伝道）の隆盛におされて、次第に衰微していた。

治安二（一〇二二）年、後一条院御宇、関白藤原頼通の時代、御手洗氏の祖先に清原保俊なる者がいたという（『御手洗家系図』）。

【史料5】『御手洗家系図』

仁王六十八代後一条天皇御宇保
治安二年壬戌　俊

（1）『大日本史料』第二編之三、長徳三年是歳条
（2）同前、第二編之九、長和五年正月二十九日条
（3）同前、長和五年正月二十九日条

紋左三頭巴

本国予州越智本郡

○清原朝臣昌秀

康和四歳四月七日逝道

五位上

形ア（部）左エ門昌綱

三良左エ門昌宗

小治良信成

【史料6】『御手洗氏系図』

御手洗氏系図

紋三頭左巴

人王四十代天武天皇

清原朝臣

人王六十六代後一条院御宇

治安二壬戌御手洗若狭守

信秀（ヒデ）世々相嗣（ツグ）

御手洗若狭守　信秀――此ノ間五百余歳世々相嗣――末孫玄番　信恭（タカ）

清原家は、舎人親王の孫・小倉王の子に始まる系統と、舎人親王の子・貞代王を祖とする系統とがあるといい、判然としないところもあるが、平安初期には、右大臣を出すほどに栄え、その後、深養父が出て、その孫清原元輔は、梨壺の五人の一人・三十六歌仙の一に数えられ、その娘清少納言は、随筆『枕草子』の著者として著名である。

御手洗信夫「御手洗家の祖先」(『わが一生』)には、「系図の上限が、室町初期の御手洗信秀であるから、源平合戦に加わった祖先は、信秀の生存期をさらに二百年余りさかのぼることになろう。御手洗一而氏の話によれば、御手洗の出は藤氏であり、関東の御家人であったという。おそらく氏の言われることが、より真に近いものと思われる」とあるが、『御手洗家系図』の冒頭は、清原系図になっている。

康和四(一一〇二)年四月七日、清原朝臣(御手洗)昌秀が、逝去した。系図には「五位上」とあるが、正五位上か従五位上か、わからない。昌秀には、形部左エ門昌綱・三良左エ門昌宗・小治良信成の三子があった。

八　源平の争乱と御手洗氏

仁平元（一一五一）年頃、佐々木盛綱、誕生[1]。父は佐々木秀義。第三子。盛綱の兄定綱の子広綱が『御手洗氏系図』に見える（後述）。

仁平四（一一五四）年十月二十八日、久寿と改元。

十一月二十六日、源為朝が九州で乱行したため、父の為義が解官された[2]。

この年、『御手洗系図』によると、十印房幸源が誕生した（藤原本系図の没年から逆算）。母は未詳。父は藤八郎大夫義幸。

長寛二（一一六四）年、河野通信、誕生（『平家物語』の記述により逆算）。父は、伊予国住人河野信清。嫡子。

治承四（一一八〇）年二月二十一日、安徳天皇、践祚[3]。四月九日、後白河法皇の皇子以仁王（三十歳）は、平氏追討の令旨を発した[4]。

四月二十七日、源頼朝は、伊豆の北条の館をおとずれた叔父源行家から、以仁王の令旨を受けた。

五月十一日、周防国大島郡屋代荘は、崇徳天皇の皇后皇嘉門院聖子が管領する最勝金剛院領であったが、九条兼実の長男良通へ譲与された[5]。

五月二十六日、以仁王・源頼政（七十六歳）らは、平氏打倒をはかって挙兵したが、園城寺から南都へ逃れる途中、宇治で敗死した[6]。

（1）『尊卑分脈』三―四三八　宇田源氏盛綱に、「仁安元十七〈十六歳〉」とある。
（2）『史料綜覧』久寿元年十一月二十六日条。森猛『九州西瀬戸中世史論攷』海鳥社、平成八年
（3）『史料綜覧』治承四年二月二十一日条
（4）同前、治承四年四月九日条
（5）『平安遺文』三九一三
（6）『史料綜覧』治承四年五月二十五日・同二十六日条

六月三日、平清盛は、安徳天皇を奉じて福原（ふくはら）に遷都した[7]。

八月十七日、新都福原では、興福寺の僧綱（そうごう）の処分と、寺領の処分を決定して[8]、以仁王挙兵に関する最後の措置がとられた。一方この日、源頼朝は、伊豆国在庁北条時政（ほうじょうときまさ）の援助を得て、伊豆国守平時兼（ときかね）の目代山木兼隆（やまきかねたか）を急襲し、源家再興の旗揚げをしたが[9]、二十三日、石橋山で大庭景親に敗れ[10]、安房に渡った。

九月七日、熊野別当湛増（くまののべっとうたんぞう）が平家に背き、弟湛覚（たんがく）を攻め、所領の人家数千宇を焼き払った[11]。

この日、源（木曾）義仲は、信濃国木曾の山中に挙兵し[12]、越後の城氏を討った。

同十九日、筑紫にも反逆者があらわれたとの情報が入った。鎮西は、平忠盛（ただもり）以来、平氏が勢力を扶植してきたところであり、源氏の挙兵とは関係なく反逆者があらわれたのである。武田信義も甲斐に挙兵した[13]。いまや、全国的な内乱の様相が強まってきた[14]。

十月に入ると、甲斐源氏武田信義（のぶよし）は、駿河（するが）に進出して、平氏方の目代橘遠茂（とおしげ）や、長田（おさだ）入道を破った[15]。

十月六日、源頼朝は、鎌倉を拠点とするために、武蔵を経て鎌倉に入り[16]、同二十日、平維盛を大将とする平氏軍は、富士川（ふじがわ）をはさんで、頼朝の東国軍と対陣したが、水鳥の羽音に驚いて、戦わずして潰走した[17]（富士川合戦）。

十一月十七日、頼朝は鎌倉に帰還し、軍営に侍所を設けて、和田義盛を侍所別当に任命した[18]。この日、美濃の源氏が、美濃・尾張を占領したと伝えられた[19]。

同二十一日、山本義経・柏木義兼らの近江源氏が、近江で蜂起し、近江一国を統一して、近江を通過する北陸道の運上物を差し押さえてしまった。義経・義兼は、源義光の子孫で、近江国甲賀郡を本拠として活動していた。情勢は、近江源氏が先鋒となって京都に乱入するであろうと噂されるほど逼（ひっ）迫（ぱく）していた。しかし、富士川合戦で壊滅した平氏軍の立て直しは容易ではなかった。福原の平清盛は、新都経営と還都の時期を決めるのにもっぱら気を使っていた[20]。

(7)『史料綜覧』治承四年六月三日条
(8) 同前、治承四年八月十七日条
(9) 同前
(10)『史料綜覧』治承四年八月二十三日条
(11) 同前、治承四年八月是月条。『玉葉』
(12)『史料綜覧』治承四年九月七日条
(13) 同前、治承四年九月十五日条
(14) 竹内理三『日本の歴史6　武士の登場』中央公論社、昭和四十年
(15)『史料綜覧』治承四年十月十四日条
(16) 同前、治承四年十月十五日条。『吾妻鏡』
(17)『史料綜覧』治承四年十一月二十日条
(18) 同前、治承四年十一月十七日条
(19) 同注（17）
(20) 同注（14）

同二十六日、平清盛は、安徳天皇以下を奉じて、福原から京都に還都した[21]。
同二十七日、延暦寺の堂衆が、近江の源氏方に加わった[22]。
同二十八日、平経盛(つねもり)の知行(ちぎょう)国若狭(わかさ)の有力な在庁官人が、近江源氏に呼応して、平氏に背いた[23]。
同二十九日、近江源氏数千騎が園城寺に入ったという噂が伝わり、いよいよ京都へ攻め込むかと、六波羅の武士たちは騒いだ[24]。

十二月一日、平知盛(とももり)が近江国に下向し、伊賀国の平氏の家人平田家継(いえつぐ)が近江に攻め入って、さきに福原の邸宅に火をはなち源氏方に走った手嶋冠者を討ち取り、柏木義兼の籠る城を攻め落とした[25]。

二日、平知盛は近江路から、平資盛は伊賀路から、平清綱は伊勢路から、ならび進んで、近江に向かい、たちまち源氏を逐電させた[26]。この日、越後国の城助永から、甲斐・信濃の源氏を一手に引き受けようとの申し入れがあった[27]。

四日、近江の武士の三分の二は平氏に与力し、奥州の藤原秀衡も、背後から源頼朝を討てとの清盛の命令を受諾したと伝えられた。平氏にとっての朗報があいついだが、しかし、これは味方を励ますために六波羅が放った宣伝だという噂もあった[28]。

五日以降、熊野山の悪僧らが、伊勢・志摩両国に乱入して、たびたび合戦に及んだ。

九日、延暦寺の堂衆が園城寺と合流して、六波羅に夜討ちをかけて近江にいる平氏軍の背後を断とうとする形勢を示し[29]、興福寺の大衆も、関東の源氏が江州に入った時には呼応して奈良より攻め上る準備をととのえた、との情報が京都に流れた[30]。

十日、平氏軍とこれらの寺院軍との戦闘が始まり、十一日まで続いた[31]。十二日、平家のために、園城寺が焼失した。延暦寺堂衆と合流した近江の叛乱軍は、勢いをもりかえして、簡単には追い落とすこともできないほどになった。十日になって、平氏は兵乱米(へいらんまい)を諸国から徴発し[32]、十三日には、左右大臣をのぞく公卿および受領に対して、兵士の供出を命じた[33]。

(21)『史料綜覧』治承四年十一月二十六日条
(22) 同前、治承四年十一月二十七日条
(23) 同前、治承四年十一月二十八日条。『玉葉』
(24) 同注(14)
(25)『史料綜覧』治承四年十二月二日条
(26) 同注(25)
(27) 同注(14)
(28) 同注(14)
(29)『史料綜覧』治承四年十二月六日条
(30) 同注(14)
(31)『史料綜覧』治承四年十二月十一日条
(32) 同前、治承四年十二月十日条
(33) 同注(14)

十五日、女院以下公卿の荘園からも、武士を進めるようにとの宣旨が出された。もともと武士の組織化の充分でない平氏は、ついに荘園の兵士をもって、その軍事力の強化に乗り出した。しかし、平氏領でない荘園から集めた兵士が、主従関係で堅く結ばれた源氏の軍隊にどれだけ対抗できるかは、清盛にも自信がなかった。叛乱は、直接平氏を目標としたものばかりではなく、国衙に対する叛乱も加わり、全国に及んだ(34)。

十八日、平清盛は、後白河法皇の幽閉を解いて、再び政務をとることを懇請し、讃岐・美濃を法皇の知行国として献じた(35)。政権を法皇に返した平氏は、反平氏勢力の討伐に力を振り絞った(36)。

二十二日、平氏は、南都討伐を決定した。二十五日、平重衡が、大将軍として数千の官軍を率いて発向し(37)、二十七日、河内路と山城路から奈良を攻撃し、二十八日の夜にかけて決戦を行った。興福寺は、寺領荘園や大和国内から集めた兵六万をもって抗戦したが、平氏軍が火を放ったため、東大寺大仏殿をはじめ、東大寺・興福寺の堂舎・僧房は、悉く焼失した(38)。二十九日、平氏は、戦いに勝って、はやくも京都に引きあげた(39)。だが、興福寺は藤原氏の氏寺であり、東大寺は日本国総国分寺であるとともに、皇族の氏寺でもあった。この事件を契機として、これまで平氏方に味方していた寺院勢力および貴族たちをも完全に敵とすることになった(40)。

この冬、伊予国住人河野介通清は、謀叛を起こし、道後・道前の堺の高縄城（北条市）に立て籠った(41)。

この年、清原（御手洗）宗兼は、この治承の合戦に関与したらしい。詳細はわからないが、『御手洗家系図』の宗兼譜に、「治承合戦始書状云云」とある。

治承五（一一八一）年正月十六日、平氏は、畿内および近江・伊賀・伊勢・丹波などの国司に武勇の者を任命し、その上に、彼らを統轄する管領を置くことを決定した。これは、聖武天皇の時に鎮撫使をおかれた先例によったもので、これによって、畿内・近国に軍政を敷こうというのであった(42)。

(34) 同注（14）

(35) 『史料綜覧』治承四年十二月十八日条。『玉葉』

(36) 同注（14）

(37) 『史料綜覧』治承四年十二月二十五日条

(38) 同前、治承四年十二月二十八日条

(39) 同前、治承四年十二月二十九日条

(40) 同注（14）

(41) 『吾妻鏡』治承五年閏二月十二日条。流布本『平家物語』巻六

(42) 同注（14）

この月、清盛は東大寺・興福寺の寺領荘園の没収を宣言した[43]（三月には旧に復した）。さらに平宗盛を、畿内・伊賀・伊勢・近江・丹波諸国の惣官に任命して軍政の処置をとらせた[44]。

この月、熊野僧徒は、伊勢・志摩を襲った[45]。

この頃、河野通清は、奴可入道西寂に討たれたらしい[46]。備中国（一説に備後国）住人奴可（ぬか）（額）入道西寂は、備後鞆浦から兵船十艘で押し渡り、高縄の城に寄せ、河野通清を討ち取り、伊予国中、ならびに阿波・讃岐・土佐などを静めた、という[47]。異説によると、平家は大勢で伊予国に寄せ来て、通清は三カ所の合戦に勝利を得たが、平家はまた、一万余騎を率して七カ国を催し、寄せ来て、温泉郡合戦に通清は利を得ず、高縄城に籠ったところ、備後国奴可入道西寂らを相語らい、高縄城を攻め、城中に返り忠の者がいて、敵を曳き入れたので、通清は討たれてしまい、子息通孝・通員も討ち死にし、中河衆も同名十六人ばかり生害し、城中に踏み止まる者はなく、中河一族は、皆亡びたが、相模国藤沢道場生阿弥陀仏という時宗が一人いたので、呼び下ろして還俗せしめ、家を嗣がせ、その子孫が繁昌した、という。

二月八日、平盛俊を、丹波国諸荘園総下司（そうげし）に任命して、軍政下の兵粮確保をはかった[48]。

二月末頃、平清盛（六十四歳）は、病に罹った[49]。さきの一連の対策の効果を見きわめないうちの出来事であった。病気については諸説あるが、感冒から肺炎を併発し高熱と頭痛に悩まされたのであろう、とみられている[50]。

二月二十九日、肥後国の住人菊池九郎隆直・豊後国の住人緒方三郎惟能（これよし）らが、平家に叛いたという[51]。

この月、熊野僧徒は阿波を襲った。

正月・二月の間、高縄城の河野通清を討ち取り四国を静めた備中国住人奴可入道西寂は、伊予国に居住し続けていたところ、通清の子息河野四郎通信は、高縄城を忍び出て、安芸国沼田郷から、兵船三十艘程、海士の釣り船の躰で浮かび出で、西寂を窺っていた[52]。

(43)『史料綜覧』養和元年正月四日条
(44) 同前、養和元年正月八日条
(45) 同前、養和元年正月四日条
(46) 流布本『平家物語』巻六
(47) 流布本『平家物語』巻六。『愛媛県史　古代Ⅱ・中世』
(48) 同注(14)
(49)『史料綜覧』養和元年二月二十六日条
(50) 同注(14)
(51)『吾妻鏡』第二、治承五年二月廿九日条
(52)『予章記』（『群書類従』第二十一輯 合戦部）

閏二月、平清盛は、病癒えず、ついに死期が近づいた。清盛は、法皇のもとに使いを送って、「愚僧（平清盛）の死後は、万事、宗盛に仰せ付けられ、宗盛と御相談の上お取り計らい下さいますように」と奏したが、確答が得られなかった。清盛は、怨めしく思い、左少弁藤原行隆（ゆきたか）を召して、「天下のことは宗盛の命を第一とせよ。宗盛の命に異論を唱えてはならない」と命じたという。法皇は、清盛の奏上に明確な返答を与えなかったばかりでなく、清盛危篤と知って武士を集め、宗盛を討って平氏に最後のとどめを刺そうとしたらしいが、法皇の手元にはしかるべき武士もなかったので不発に終わった、という。(53)

閏二月五日、平清盛、病没。(54)享年六十四。平氏は、清盛追善の仏寺を行う暇もなく、平重衡を大将とし、通盛・維盛・忠度らの大軍をもって、源頼朝追討のため東国に向かった。

三月十日、源行家（ゆきいえ）は、尾張墨俣川で平重衡・維盛軍に大敗した。この戦いに、平氏は、伊勢国衙を通じて渡河戦に用いる舟の調達を命じていた。おそらく、そうした準備が功を奏したのであろう。源頼朝が送った援軍義円をも打ち破っての、久しぶりの快勝であった。これによって、東海道筋の反平氏勢力は、一頓挫をきたした。頼朝は、東国経営に全力をあげて、東国から出ず、この方面の内乱は小康を保った。(55)

三月二十一日、奴可入道西寂は、河野通信が窺っているとは知らず、宿海で、室・高砂の遊君を集めて、船遊びをしていたところ、通信が押し寄せて、西寂を虜にし、高縄城に曳き上せ、張付けにしたとも、鋸にて頸を切ったとも、いう。(56)

『御手洗家系図』の清原（御手洗）有宗は、「額櫛辺祖藤次良太夫」とあり、以下、額太夫吉兼、額三郎、額四良太夫親成、同七良親俊、同太良、額太郎入道、同太良光信、同右近が見えるので、この奴可（額（ぬか））氏と、何らかの由縁があったものと思われる。

六月、源（木曽）義仲は、越後に城助長を敗った。

七月十四日、養和と改元。

(53) 同注(14)

(54)『史料綜覧』養和元年閏二月四日条

(55) 同注(14)

(56) 前掲『予章記』。『史料綜覧』養和元年二月十七日条には、「伊予国、河野通信、額西寂ヲ殺シ、国人多の之ニ従ヘル状ヲ奏ス〈吾妻鏡、参考源平盛衰記〉」とある。

八月近く、源頼朝は、東国平定を完了した後、白河法皇に、「自分はまったく謀叛の心はなく、ひとえに、君（法皇）の敵を伐（う）つためである。もし、法皇にして平氏を滅ぼすことを欲しなければ、以前のように、源氏・平氏を相並べて召し仕い、関東は源氏の進止（支配）とし、海西を平氏の意のままとし、国司はお上（かみ）から任命され、国家に手向かう乱逆者の討伐は源平両氏に仰せ付けられるようにされてはいかがでしょうか」と、密かに奏状を奉った。(57) 頼朝は、以仁王の令旨を奉じているとはいえ、法皇から直接その立場を承認されないかぎり、国家に手向かう叛乱者の汚名を免れることはできない。京都からみれば、頼朝も賊徒であった。東国にその地位を確立した頼朝は、少なくとも賊徒と呼ばれることは避けなければならない。頼朝が法皇の承認を得るのに、源平二氏をならんで召し仕え、と奏したことは、相対する二つの勢力を巧みに操ってその専制権力を振るおうとする法皇の心を擽（くすぐ）るものであった。法皇は、この案を取り挙げて、平氏に示した。(58)

八月、平宗盛は、源頼朝が密かに法皇を通じて申し入れた和睦を拒否した。「もっともなことではありますが、父浄海（清盛）が臨終に、わが子孫は、一人でも生存していれば、屍（しかばね）を頼朝の前にさらせ、けっして妥協するな、と遺言しましたから、それに背くことはできませぬ」と答えて拒絶した。平氏が拒絶したことも、頼朝の思う壺であった。(59)

この月、河野通清の戦死が都に伝えられた。(60)

この月（八月）、平氏は、平通盛らを源義仲追討のために、北陸道に派遣し(61)、藤原秀衡らに諸国の源氏追討を命じた。(62)

九月六日、源義仲は、越前で平通盛軍を破った。(63)

九月二十七日、河野通清の死後、その後を継いだ嫡子通信は、平家の討伐を受けた。『吾妻鏡』に、「廿七日庚子民部大夫成良（田口）、平家の使として、伊予国に乱入す。しかるに河野四郎以下の在庁等、異心あるによって合戦に及ぶ。河野すこぶる雌伏す。これ無勢の故かと」云々とある。

(57) 同注（14）。『史料綜覧』養和元年八月一日条。『玉葉』。
(58) 同注（14）
(59) 同注（14）
(60) 「吉記」養和元年八月二十三日条（『史料大成』22、内外書籍(株)）
(61) 『史料綜覧』養和元年八月十四日・同十六日条
(62) 同前、養和元年八月十五日条
(63) 同前、養和元年九月四日・同六日条

十一月二十五日、安徳天皇の生母中宮平徳子に、建礼門院の院号宣下があった[64]。

養和元年から二年にかけて旱魃が続き、全国的に大凶作で、餓死者が路傍を埋める有り様であった。源氏も平氏も、兵粮米の調達に苦しみ、戦闘は休戦状態となった。平氏は、院宣をかりて諸国の荘園から苛酷な取り立てを行い、上下の色を失わせた。もはや平氏には、人心の動向・思惑などを考える余裕もなくなっていた[65]。

寿永二（一一八三）年二月、下野国の小山朝政は、常陸国の志田義広を下野野木宮に破った。頼朝と義仲との間に和議が成立し、義仲の嫡子清水冠者義高は鎌倉に来て、頼朝の猶子として、頼朝の長女大姫と妻合せられることになった[66]。

四月、平維盛は、源義仲追討のため、北陸道に向かった[67]。飢饉の年明けを待った平氏一門は、総力を結集して、十万の大軍をもって北陸道に進撃した。

五月、源義仲は、越中礪波山で平維盛を破った[68]。平氏は、加賀・越中の国境倶利伽羅峠で、義仲の火牛攻めにあって惨敗した。

六月、源義仲・行家らは、加賀で平氏を破った[69]。義仲は、逃げる平氏軍を追って、京都に迫った[70]。

七月二十五日、平氏はついに、安徳天皇および後白河法皇を奉じて、西国に走ろうとしたが、法皇は気配をさとって、いち早く比叡山に身を隠したので、やむを得ず、天皇・神器および建礼門院（平徳子）を擁して、六波羅に立ち並ぶ平氏一門の邸宅に火を放って、一族をあげて西奔した[71]。

同二十六日、比叡山に逃避していた後白河法皇は、京都に残る公卿を山上に召して、平氏追討のことを計った[72]。昨日まで平氏は官軍であり、源氏が賊徒であったが、一夜にして、平氏が賊徒とされた。

同二十八日、源義仲・行家は、南北に分かれて、京都に入った。比叡山から帰った後白河法皇は、両人を御所蓮花王院に召し、平氏追討の院宣を下した[73]。

八月早々、後白河法皇は、平氏一族二百余人の官職を剝奪し[74]、その所領を没収し、源義仲・行家に

(64)『史料綜覧』養和元年十一月廿五日条

(65) 同注（14）

(66)『史料綜覧』寿永二年三月是月条

(67) 同前、寿永二年四月十七日条

(68) 同前、寿永二年五月十一日条

(69) 同前、寿永二年六月一日条

(70) 同前、寿永二年六月十三日条

(71) 同前、寿永二年七月二十四日・同二十五日条

(72) 同前、寿永二年七月二十六日条

(73) 同前、寿永二年八月二十八日条

(74) 同前、寿永二年八月六日条

与えた[75]。続いて法皇は、神祇官や陰陽寮での卜筮では、安徳天皇の還御を待つべし、と出たにもかかわらず、新帝即位の議をすすめた[76]。義仲は、以仁王の王子北陸宮を新帝として、強く推薦した[77]。苦慮した法皇は、卜筮の結果がよろしくないということで、これを斥け、高倉天皇の第四皇子尊成親王（後鳥羽天皇）を立てた。天皇即位に不可欠の三種神器は、安徳天皇を奉じた平氏の手にあったので、特例として、神器なしで践祚の儀をすすめた（八月二十日、践祚[78]）。

京都を出奔した平氏は、一路西下して大宰府に入ったが[79]、豊後の豪族緒方惟義の襲撃をうけて[80]、安住できず、九州を去って四国に渡り、讃岐の屋島を根拠地として[81]、しだいに四国・山陽方面に勢力をのばした[82]。

かくして、東の源頼朝、都の源（木曽）義仲、西の平氏と、天下三分の形勢を示した。

京都に入った義仲軍は、前年来うちつづく全国的な飢饉のなかで、たちまち兵粮に苦しんだ。そこで、彼らは、京都に入るやいなや、物取り強盗と化して、京中を掠奪したので、市民の怨嗟の的となった[83]。義仲は、こうした部下を取り締まらないばかりか、武力を背景に後白河法皇の政治に口出しする有り様であった。だから法皇は、平氏追討を口実に、義仲を京都から遠ざけた。義仲も法皇の意図を察したが、院旨は拒み難かった。

九月二十日、源義仲は、後白河法皇の命により、平氏追討のために西国に向かった[84]。頼朝は院に、平氏の押領した社寺や公家の所領を本主に戻すことなどを要請した[85]。

十月、後白河法皇は、東海・東山両道の国衙領・荘園の本所還付を命じ、不服の者の処置を源頼朝に任せる宣旨を下した（十月宣旨[86]）。

閏十月一日、源義仲の軍は、備中水島で平氏に敗れた[87]。義仲軍は軍紀もゆるみ、粮食にも事欠き、水島で平氏の反撃にあうや、たちまち敗北し、京都に逃げ帰った。

だが、京都では、義仲の不在中に、後白河法皇と源頼朝との提携が完了していた[88]。密かに法皇は、

(75) 同前、寿永二年八月十八日条
(76) 同前、寿永二年八月十日条
(77) 同前、寿永二年八月十四日条
(78) 同前、寿永二年八月二十日条
(79) 同前、寿永二年八月二十八日条
(80) 同前、寿永二年十月二十日条
(81) 同前、寿永二年十月是月条
(82) 同前、寿永二年閏十月二十日条
(83) 同前、寿永二年九月是月条
(84) 同前、寿永二年九月二十日条
(85) 『玉葉』寿永二年十月二日条
(86) 『史料綜覧』寿永二年十月十四日条
(87) 同前、寿永二年閏十月一日条
(88) 同前、寿永二年十月九日条

頼朝の上洛を促し、義仲を追討する策をたてていた。一方、水島の一戦で義仲を破って気勢をあげた平氏は、京都回復のため東上する気配を示した。腹背に敵をうけた義仲は、法皇を奉じて、北陸に逃れようとしたが、法皇に軽く一蹴され、かえって京都退去を命ぜられた(89)。

十一月十九日、進退に窮した義仲は、最後の手段としてクーデターを決行し、後白河法皇の御所法住寺殿を焼き打ちして、法皇を幽閉した(90)。義仲の攻撃は激しく、院方では、武士六百三十余人が戦死した。戦死者のなかには、園城寺長吏（座主）円慶法親王、天台座主明雲などもあり、保元・平治の乱以上の激しさであったという。

十一月二十一日、義仲は、前関白基房とはかって、院方の廷臣ら四十九人の官職を解き、その子松殿師家を内大臣摂政とし、みずからは院厩別当となった(91)。そして、基房の女を娶り、摂関家領八十余カ所を領して、摂関家との連携を固めた。この月、義仲は、西国の平氏に書を送って、協力して頼朝を討とうと提議したが、平家は応じようとしなかった(92)。

平氏は、讃岐屋島に到った。

十二月、源頼朝は、義仲追討のため、弟の範頼・義経を将とする軍団を上洛させた(93)。

寿永三（一一八四）年一月八日、源義仲（三十一歳）は、征夷大将軍を拝して、政権を握った(94)。しかしまもなく、頼朝が、東国の年貢を運上するという名目で西上させていた義経・範頼の軍が京都に迫った(95)。義仲は、宇治・瀬多に防禦の陣を敷いたが、二十日、撃破された。範頼・義経は入京した(96)。これによって天下三分の形勢が崩れた。

一月二十一日、義仲は、北陸に逃れて再挙をはかろうとしたが、源氏の軍の追跡をうけ、ついに近江粟津（滋賀県大津市）で戦死した(97)。これより、源氏は、平氏との対決に全力を集中した。

頼朝に平氏追討の宣旨が下った(98)。

平宗盛ら平氏一門は、水島の戦いに義仲軍を破って勢を盛り返し、安徳天皇を奉じて、京都回復を

(89)『史料綜覧』寿永二年閏十月二十二日・同十一月十七日条
(90)同前、寿永二年十一月十九日条
(91)同前、寿永二年十一月二十一日条
(92)同前、寿永二年十一月是月条
(93)同前、寿永二年是冬条
(94)同前、元暦元年正月八日条
(95)同前、元暦元年正月八日・同十六日条
(96)同前、元暦元年正月十九日・同二十日条
(97)同前、元暦元年正月二十日条
(98)同前、元暦元年正月二十六日条

めざし、屋島を出て、播磨の室にすすみ、さらに平氏の根拠地摂津の福原に陣を敷き、一ノ谷に城を構えた。平正盛以来の西海の御家人を集めて、西国の軍兵はほとんど平氏の傘下に加わって、威容、日に盛んとなった[99]。平教経は、備中・淡路・備後・摂津・備前と転戦して、源氏の残党を平らげたので、瀬戸内海の制海権は平氏の手中に帰し、平氏の京都回復も実現しそうな形勢であった。

後白河法皇は、義仲没落後、政権を回復し、以前のように源平両氏を用いる方針であった。力のある者を対立させ、その上に権威を振るおうというのは、法皇が常にとる政略であった。だが、主導権を握った頼朝は、平氏追討を求めてやまなかった。法皇は、やむなく、義経・範頼に平氏追討の院宣を下した[100]。

一月二十九日、範頼・義経の平氏追討軍は、京都を出発した[101]。

この頃、平教盛(のりもり)の子息たちは、伊予の河野四郎が平家の召しに応じないのを攻めようとして四国に渡った、という。『平家物語』[102]によると、兄の越前三位通盛は阿波の花園の城へ、弟の能登守教経は讃岐の屋島へ着いた。その知らせを聞いた河野通信は、安芸国の住人沼田次郎が母方の伯父であったので、安芸へ渡った。教経は、河野を追って讃岐から備後国蓑嶋へ移り、ついで沼田の城を攻撃した。沼田次郎・河野四郎は一つになって防戦したが、沼田次郎は降人となり、河野四郎はなおも抵抗を続け、五百予騎の勢がわずかに五十騎ばかりになって城を出て、ついには主従七騎となり、さらに五騎も射落とされ、ついには二騎になってしまい、小舟に乗って伊予国に逃れた、とある。

二月五日、搦め手に向かった義経の軍は、摂津・播磨・丹波境の三草山で、平資盛らの率いる平氏の遊軍を破り、進んで一ノ谷に迫った。平氏は、東方は生田森を城戸口とし、西方は一ノ谷を城戸口として、その間三里のあいだには堀をうがち、逆茂木をひき、二重三重に垣楯をかまえた。また、海上には数多くの兵船をそなえて、陸上に呼応し、難攻不落の構えをみせた[103]。

二月六日、後白河法皇は、平氏に対して休戦を申し入れ[104]、平氏が油断したところを、源範頼 義経

(99) 同前、元暦元年正月是月条

(100) 同注(14)

(101) 『史料綜覧』元暦元年正月二十九日条

(102) 高木市之助ほか校注『平家物語』下(日本古典文学大系)岩波書店、昭和三十五年

(103) 同注(14)

(104) 『史料綜覧』元暦元年二月六日条

の率いる源氏軍が不意をついて、これを攻めた。とくに義経の鵯越の奇襲によって、平氏軍は潰走し、多数の戦死者を残して、海上に逃れた。平重衡は捕らえられ、通盛・忠度・経俊・知章・敦盛・業盛・盛俊など有力な武将を一時に失い、平氏は致命的な打撃をうけ、平宗盛らは屋島に逃れた[105]。しかし、源氏は水軍を持たず、平氏をただちに追跡することはできなかった。

この月、後白河法皇は、官宣旨を下して、諸国の公田・荘園に兵粮米を課すことを停止した[106]。

三月、平家没官領を源頼朝に与えた。

四月十六日、元暦と改元[107]。

四月二十四日、伊予国野間郡菊万荘は、加茂別雷社領となっていた。『御手洗家系図』によると、清原（御手洗）左近将監光信次男光俊の女子が「菊万室」となっていて、時代を特定できないが、菊万に嫁した女性がいた。

四月二十六日、源頼朝は、源義仲の子志水義高を殺害させた[108]。

六月、頼朝は、三河・駿河・武蔵の三国を知行国として賜った、という。源範頼は三河守、源広綱は駿河守、源義信は武蔵守となった[109]。

八月六日、源義経は、左衛門少尉・検非違使となった[110]。

九月二日、範頼は、平氏追討のため西国へ向かった[111]。

十月、頼朝は、公文所（別当大江広元）、問注所（執事三善康信）を設けた[112]。

源氏は、水軍を持たない弱点を補うために、様々な工作をつづけた。まず、平氏の羽翼を断つために、畿内および山陽・南海の陸地の確保に努めた。有力な頼朝の家人を平氏の伝統的な本拠地である伊賀・播磨・美作・備前・備中・備後などに派遣し、さらに九州の住人に下文をくだして[113]平氏追討に加わることを勧め、土佐をはじめとする四国の大名らをもさそった。こうした工作のあいだに、早くも半年の月日が流れた。

(105)『史料綜覧』元暦元年二月五日・同六日・同八日条
(106)同前、元暦元年二月二十二日条
(107)同前、元暦元年四月十六日条
(108)同前、元暦元年四月二十一日・同二十六日条
(109)同前、元暦元年六月五日条
(110)同前、元暦元年八月六日条
(111)同前、元暦元年九月二日条
(112)『吾妻鏡』元暦元年十月六日・同二十日条
(113)『史料綜覧』文治元年正月五日条

屋島を根拠地とした平氏も、再び勢力を回復し(114)、総大将平宗盛は屋島に本陣を構え、知盛は関門海峡の彦島に構え、東は淡路・讃岐から、西は長門・豊前までの制海権を握っていた。

一説に、この十二月、河野通信は、奴可の入道西寂を虜り、父の墓下において首を切った、という（太田亮『姓氏家系大辞典』）。

元暦二（一一八五）年一月十日、源義経は、平氏追討のため西国に向かった(115)。

一月二十六日、源範頼の軍は、豊後に達した(116)。この月、河野通信は、平家軍追討のために、高市源太秀則を待ち受けて合戦し、ついで、その父図書允俊則と鷺小山に戦い、いずれも勝利を得た、という(117)。

二月十九日、源義経は、屋島に拠る平氏軍に奇襲をかけた。平氏は再び大敗し(118)、海上を西に走って、平知盛の拠る彦島に集結した。屋島の大敗は、海上における源平両氏の地位を転倒させた。これまで平家に属していた瀬戸内海の水軍の多くが、源氏に味方するようになった。

二月二十一日、平家は、讃岐国志度道場に籠った(119)。阿波の有力豪族田内左衛門尉教能（則良）は、かつてしばしば、伊予に攻め込んで河野氏に苦汁を飲ませたこともあったが、ここに義経に帰伏した。河野四郎通信は、三十艘の兵船を粧って参加した(120)。

三月二十四日、追いつめられた平氏は、安徳天皇（八歳）をはじめ、建礼門院以下の女房たちまで同伴して彦島を出て、源義経の水軍に決戦を挑んだ。『平家物語』巻第十一・鶏合壇浦合戦の段による(121)と、熊野別当湛増は、都合二千余人、二百余艘の舟に乗って源氏方に付いた。さらに、「又伊予国の住人、河野四郎通信、百五十艘の兵船にのりつれてこぎ来たり、源氏とひとつになりにけり。判官かた〴〵たのもしうちからついてぞおもはれける。源氏の船は三千余艘、平家の舟は千余艘、唐船少々あひまじれり」とある。戦闘は、正午近くに始まった。初めは、西から東に流れる潮流に乗った平氏が優勢であった。たが、戦いは長引き、午後三時になると、潮流は逆流しはじめ、形勢は逆転した。そ

(114) 同前、元暦元年十月是月条
(115) 同前、文治元年正月十日条
(116) 『吾妻鏡』文治元年正月二十六日条
(117) 景浦勉ほか『愛媛県史 古代Ⅱ・中世』昭和五十九年
(118) 『史料綜覧』文治元年二月十九日条
(119) 同前、文治元年二月二十一日条
(120) 『吾妻鏡』元暦二年二月廿一日条、山内譲「源平の争乱と伊予の武士団」（『愛媛県史 古代Ⅱ・中世』）
(121) 同注(102)

の上、源氏は、水手（かこ）・梶取（かじとり）を射て、船の漕力を失わせる戦術に出たため、平氏軍は、いっそう進退の自由を失い、混乱しつつ、壇ノ浦に追いつめられて、陸上に陣をはる源氏の弓勢（ゆんぜい）に、挟み撃ちにされた。すると、これまで平氏水軍の主力となっていた四国・九州の水軍が、相次いで源氏に寝返りはじめた。午後四時、平氏の総大将平知盛は、一門に最後の覚悟を促した。まず、安徳天皇を二位尼（清盛室時子）が抱いて入水し、ついで天皇の生母建礼門院も入水したが、救助された。経盛・教盛・資盛・知盛らの一門も相次いで海に沈んだ。最後まで平家と行をともにした人々も、あるいは降り、あるいは捕らえられた。源義経は、長門壇ノ浦に平氏を破り、平氏一門はここに滅亡した。(122)

四月三日、源義経は、源八広綱をもって、院御所へ奏聞した。(123)『平家物語』巻第十一・内侍所都入の段に、「同四月三日、九郎大夫判官義経、源八広綱をもて、院御所へ奏聞しけるは、去三月廿四日、豊前国田の浦、門司関、長門国壇浦、赤間関にて平家をせめおとし、三種神器事ゆへなく返し入奉るよし申たりければ、院中の上下騒動す、広綱を御坪のうちへめし、合戦の次第をくはしう御尋ありて、御感のあまりに左兵衛尉になされけり」とある。「岩波・日本古典文学大系」の頭注に、源八広綱の系譜は未詳となっているが、『御手洗家系図』には、「佐々木源八広綱」とあり、佐々木系図によると、佐々木盛綱の兄定綱の子に広綱がいた。(124)

四月四日、清原（御手洗）宗兼は、壇ノ浦平家追討合戦の次第注進状を書いたらしい。やや意味の通じがたいところもあるが、『御手洗家系図』に、「元暦二歳四月四日於壇浦平家追討合戦之次第住(注)進状書之左々木源八広綱為九郎判官殿御使申入畢」とある。

(122)『史料綜覧』文治元年三月二十四日条
(123)同前、文治元年四月四日条
(124)『尊卑分脈』三―四二一

【史料7】『御手洗氏系図』

- 同有宗　額櫛辺祖藤次良太夫
  - 有清
  - 有賢
  - 有成
  - 有孝
  - 則忠
  - 有忠 ― 明尊
  - 六印房
  - 同藤治郎太夫宗吉
    - 宗時五郎
    - 有景大嶋六郎
    - 女子信観房室
      - 男子五人
      - 女子二人
  - 額太夫 吉兼
    - 明俊
    - 家兼
    - 額三郎
      - 源律師
      - 証観房
    - 慶成
    - 円道
    - 証成
    - 道定入蓮
    - 女子
    - 丈六房
- 同宗兼

櫛辺太夫号額三良祝当近則（有則・有宗）（注）元暦二歳四月四日
於壇浦平家追討合戦之次第住進状書之左ミ木源八
広綱為九郎判官殿御使申入畢
治承合戦始書状云云文治

元年八月三日預右大将家之
時御下文依住二本所予州越
智本郡一畢

○額四郎太夫親成
- 同七良親俊
- 同太良
  - 額太良入道
  - 同太良光信
  - 同右近
  - 将監光信
  - 三郎吉成

同兼則　櫛辺民部太夫
- 貞預　号守山阿闍梨
- 三印房
- 女子

同兼重　改宗長　櫛辺四良太夫
- 正恵房
- 大良宗綱
- 八良綱長出家
- 性忍　槙証房　善忍房

宗兼は、櫛辺太夫と称した。「中世の城郭」（『愛媛県史　古代Ⅱ・中世』[125]）によると、櫛部肥後守が伊予国桑村郡象ケ森城、櫛部伊賀入道が同郡藤森城、櫛部出雲守が越智郡龍門城の城主となっている。太田亮『姓氏家系大辞典』には、「櫛部クシベ大内家臣に此の氏あり」とある。

また、宗兼は、額三良とも号した。額の名字については未詳ではあるが、前述のように、治承四年

(125) 同注（117）

には、備後に奴可入道西寂なる者がいた。あるいはこの備後の奴可（額）氏と、何らかの関係があったのではあるまいか。

四月十一日、源頼朝が、父義朝の菩提のため建立した勝長寿院の棟上げ式に臨んでいた時、壇ノ浦の勝報が伝えられた[126]。

八月三日、清原（御手洗）宗兼は、源頼朝の下文を得て、伊予国越智本郡に住し、ここを本所とした。御手洗信夫「御手洗家の祖先」（『わが一生』）には、

「これより先、壇ノ浦にいたる平家追討の戦に、御手洗水軍は源氏方に加わったが、論功によって、はじめ四国の越智国を与えられた。その後、伊予衆の北進につれて三島領の御手洗島に移ったといわれる。系図の上限が、室町初期の御手洗信秀であるから、源平合戦に加わった祖先は、信秀の生存期をさらに二百年余りさかのぼることになろう」

とある。

御手洗一而「御手洗姓氏についての考察[127]」には、

「清原系図からは玉井氏・目見田氏を分出し、藤原系図からは櫛辺氏を分出し、越智郡に関係することは明白であるが、両氏族がいつ頃伊予入りしたかについては必ずしもはっきりしない。藤原系図には六代宗兼の項に、佐々木広綱が平家追討の功により守護職を拝命した時、鎌倉の下文により『仕予州越智本郡』とあるが、この時の守護は盛綱の誤りであり、地頭の設置についても該当する氏族を伊予側に見出すことは出来ない。詳細は省くが、系図の年代考証からも不審点が多く粉飾部分であろう。その他、藤原時代の在庁官人や新補地頭の線からも該当する氏族は見出せないが、大三島側の史料にそれらしきものがある」

とある。

八月十日、源義経は伊予守に、大内惟義は相模守に任ぜられた。

(126)『吾妻鏡』文治元年四月十一日条

(127) 御手洗一而「御手洗姓氏についての考察」（塩月佐一編『佐伯史談』第一三七・一三八号、佐伯史談会、昭和五十九・六十年）

八月十四日、文治と改元。

八月、源頼朝は、さきの知行国のほかに、伊豆・相模・上総・信濃・越後・伊予を知行国として賜った。(128)

(128) 出雲隆編『鎌倉武家事典』青蛙房、昭和四十七年

九　鎌倉時代の御手洗氏

文治五（一一八九）年閏四月十四日、明経博士清原頼業（よりなり）が没した。彼は、大外記となり、「国之大器、道之棟梁」と評せられた。高倉院の侍読でもあった。死後、京都車折（くるまざき）神社に祭られた。(1) 三十日、源義経（三十一歳）は、藤原泰衡（三十五歳）に衣川の居館を襲われて自刃した。(2)

文治五（一一八九）年七月十五日、伊予大三島の領家に中務大輔長門守成秀、神主に筑前介重包、代官に江三郎兵衛義成がいた。(3)

七月十九日、源頼朝は、泰衡討伐の院宣を待たず、みずから三軍を率いて、鎌倉を進発した。このなかに河野通信もいた。(4)

建久二（一一九一）年三月二十二日、散位安部守真は、中原（大江）広元から周防国屋代荘惣公文職に補任された。(5)

この年、大三島の領家は宣陽門院、神主は図書允俊光、代官は清原五郎延光であった。(6)

六月二十六日、准三宮覲子内親王の院号を定めて、宣陽院とせられた。

建久八（一一九七）年四月、北条義時の弟時房が、初めて三島宮地頭職に補任し、藤七郎盛友が代官として下着した。その総勢三十九人という。御手洗一而「御手洗姓氏についての考察」(7) には、「この時下着した清原氏・藤原氏と本稿系図中の実名は必ずしも一致しないが、のちに近隣の大崎下島等の歴史を見る限り、本系図の一族は、この下着組の流れとみてよさそうである。のちに、三島大祝氏が

(1)『大日本史料』第四編之二、文治五年閏四月十四日条
(2) 同前、文治五年閏四月三十日条
(3) 松岡進『瀬戸内海水軍史』瀬戸内文化研究所、昭和四十一年
(4)『大日本史料』第四編之二、文治五年七月十七日・同十八日・同十九日条。『予章記』
(5)『鎌倉遺文』五二四
(6) 三島神社文書、『大日本史料』第四編之二、建久二年六月二十九日条
(7) 御手洗一而「御手洗姓氏についての考察」（塩月佐一編『佐伯史談』第一三七・一三八号、佐伯史談会、昭和五十九・六十年）

復帰した時、河野氏に従属した一族が越智本郡へ渡って、玉井氏や櫛辺氏を分出するが、現在までのところ本系図に関係する史料は上記にとどまっている」とある。

正治二（一二〇〇）年、大夫志入道（大夫属入道三善善信ヵ）の息進士信平が三島地頭に任ぜられたという(8)。

建仁三（一二〇三）年四月六日、当時伊予国の守護は、佐々木三郎兵衛尉盛綱法師であった。この月、河野通信は、伊予に帰国することになった。帰国の前日、将軍頼家の御前に召され、幕下将軍（頼朝）の時以来、殊に奉公を抽んじた故をもって、特別に御教書を賜った。それは、「当国守護人佐々木三郎兵衛尉盛綱法師の奉行を懸けず、別して勤厚を致すべし、兼ねて又旧の如く国中近親并郎従を相従うべし」というものであった(9)。

元久元（一二〇四）年四月二十三日、周防国大島郡屋代荘は、九条兼実から、娘の宜秋門院任子へ譲与された(10)。

元久二年七月十四日当時、平左衛門尉某が、三島の地頭であった(11)。

元久二年十一月、藤原（忽那氏）兼平が、忽那島地頭職に補任された(12)。

承元二（一二〇八）年閏四月、藤原兼平の子国重が、忽那島地頭職に補任された(13)。

承久元（一二一九）年、清原（御手洗）十印房幸源（六十六歳）が、逝去した。その嫡子清原有宗は、額・櫛辺の祖となっている。幸源には、四郎右エ門行村・百範越前房・幸印越中房などの男子があった。

【史料8】『御手洗家系図』

同藤斬太夫義則
　義弘——太郎出家
　　　　藤治　同

(8) 山内譲「鎌倉幕府の成立と伊予の御家人」（『愛媛県史　古代Ⅱ・中世』昭和五十九年）

(9)『吾妻鏡』建仁三年四月六日条。『大日本史料』第四編之七、建仁三年四月六日条。同注(6)

(10)『鎌倉遺文』一四四八、九条兼実置文

(11) 元久二年七月十四日、地頭平某下文（伊予大山積神社文書）

(12) 元久二年十一月十二日、将軍源実朝下文案（伊予長隆寺文書）。同注(8)

(13) 承元二年閏四月二十七日、将軍家政所下文（伊予忽那文書）

- 義氏
  - 又三良
  - 藤四郎
  - 明王丸
- 藤七良太夫義季 出家
  - 肥前房
  - 美作房
  - 女子 逝実房 家
  - 金剛房
  - 力寿房
- 同藤八良太夫義幸
  - 義清 藤左衛門尉
  - 藤八郎左衛門尉 義釼少転法眼
  - 藤四郎
  - 女子 目岡田四良左衛門室
  - 助太良
  - 形部房
  - 証印房
    - 如蓮房
      - 妙補房
      - 法福房
    - 女子三人
  - 逝台房 改名禅証
    - 了念房
    - 女子
      - 大井太夫
      - 女子 則信室
      - 女子 周敷左エ門尉室
      - 女子 誦名房室

承久元逝六十六

同十印房幸源

四郎右エ門行村

田代養子出家法名

南無阿弥陀仏

百範越前房

幸印越中房

ここに、「藤斬太夫義則」、「藤八良太夫義幸」とあり、当時、藤原氏を称していたらしい。その理由は不明ではあるが、忽那氏もしばしば藤原氏を称しており、あるいはこれと関連するのかもしれない。義幸の女子は、「目(さかん)岡田四郎左衛門室」となっている。伊予国伊予郡に岡田郷があり、伊予国の河野氏流岡田氏に嫁していたと推測される。太田亮『姓氏家系大辞典』[14]には、

「(岡田　ヲカダ) 34河野氏流　伊予国伊予郡岡田郷(後世岡田邑)より起る。予章記に『亦岡田の郷に居住する一族ありしをば、岡田と申しける。是等は皆高市の末裔也』と載せ、又矢野系図に『又吾河、井門、岡田の三氏皆高市氏より出づ』とあり。カウノ、ウキアナ条を見よ」

とある。

また、逝台房の孫にあたる女子は、周敷左エ門尉室となっている。太田亮『姓氏家系大辞典』には、周布(周敷)左衛門尉重澄が見える。断定はできないが、『御手洗家系図』に見える周敷左エ門尉は、この重澄ではあるまいか。伊予国に周敷(すふ)郡があり、「周布」とも書き、シュウフ・シュフとも詠む。伊

(14) 太田亮『姓氏家系大辞典』第三巻、角川書店、昭和三十八年

予国の東部に位置し、北は桑村郡、東に新居郡、南に浮穴郡、西に久米郡と接していた。『角川日本地名大辞典　愛媛県』[15]には、

「『和名抄』、『延喜式』をはじめ、中世の『拾芥抄』、『吾妻鏡』も『周敷』と記すが、鎌倉期以降は『周布』も並用したようで、近世になると『周布』と書いて『しゅうふ』と詠むことが多い。〔略〕南部は石鎚（いしづち）山の北麓をなす山間部で、北部は周布平野西南の平地を形成し、北東部のわずかな地域が燧灘（ひうち）に面する。北部を中山川が東流し、燧灘に注ぐ」

とあり、周敷氏は、『姓氏家系大辞典』によると、新居八氏（周敷、今井、越智、難波江、徳永、松木、高部、新居）の一となっている。周敷重澄はこの新居氏族で、予州新居系図（『姓氏家系大辞典』所収）には、「重澄　周布右馬允葭○貞のムコ左衛門尉」とあって、『御手洗家系図』と記述を異にするところもあるが、重澄の曾祖父経信の従兄弟俊長の孫長丸は、「承久兵乱の時九歳にて在後鳥羽院御内」とあり、時代的にはほぼ一致する。

承久三年四月二十八日、後鳥羽上皇は、城南寺で仏事を催すと称して、守護のために、甲冑を着けて参加するように命じた[16]。この参加者のなかに、伊予国の河野四郎入道（通信）もいた[17]。五月、後鳥羽上皇は、鳥羽離宮で流鏑馬を行うことを理由に、諸国の武士や諸寺の僧兵を召集して、京都守護伊賀光季を討ち、北条義時追討の宣旨が出された（承久の乱）。幕府は、東国御家人を動員し、東海・東山・北陸の三道に分ち攻め上らせた。

六月九日、京方は京都を防衛するため、諸将を、水屋崎・勢多・宇治・淀・広瀬の諸方面に進発させた。河野四郎入道通信・子息太郎は、五百余騎で広瀬へと向かった[18]。幕府軍は、京方の軍を、美濃、ついで、宇治・勢多に破り、入京した。この後、北条泰時・時房は、六波羅に常駐した（六波羅探題の始まり）。広瀬に出陣した河野通信は、その後帰国して、高縄山城に拠って反抗を続けたらしい。河野氏の挙兵に対して、幕府は、伊予国の御家人忽那国重・宇野頼恒らに命じて高縄山城を攻撃させた[19]。

（15）景浦勉ほか編『角川日本地名大辞典　愛媛県』角川書店、昭和五十六年

（16）著者未詳（仁治元年頃成立カ）『承久記』（新日本古典文学大系）岩波書店、平成四年

（17）村上和馬「承久の乱と河野氏の没落」（『愛媛県史　古代Ⅱ・中世』）

（18）古活字本『承久記』（益田宗ほか校注『保元物語 平治物語 承久記』〔新日本古典文学大系〕岩波書店、平成四年）

（19）同注（17）

七月十日、高縄山城に、阿波・土佐・讃岐の御家人が、数千の強兵を率いて寄せ来たり、さらに備後国太田荘の有力御家人三善康継らの遠征軍も加わって激しく攻め立て、同十四日、得能通俊は忽那国重に討たれ、通信も城を脱出しようとして傷を負い、宇野頼恒に捕えられた。通政やその他の諸士も降伏し、あるいは逃亡した[20]。

七月、後鳥羽上皇の将後藤基清・廷臣藤原光親らが断罪され、また、後鳥羽上皇は隠岐に、順徳上皇は佐渡に、流された。

八月、鎌倉幕府は、京方に組した公卿・武士らの所領を没収し、恩賞にあてた。

閏十月、幕府は、土御門上皇を土佐に流した。

【史料9】『御手洗家系図』

- 同（清原）弥四郎行則
  - 五良左エ門尉代成（光資嫡子）
  - 四良左エ門尉
  - 同四郎左エ門尉長氏
    - 秀則
      - 禅観大進房
      - 又四良
      - 人（ママ）示
      - 女子
      - 氏成嫡子氏信
      - 次良兵衛尉子（男一人 女二人）
    - 八夕田三郎
      - 女子　丹（後）俊房室
      - 玉井四良
      - 元家長　女子
      - 女子

（20）同注（17）

承条(久)合戦宇治川前陣七騎随一也依彼
働功賜築後国生葉郡(此間痛)然大膳
太夫広元所領美濃国山田庄上下
庄実子而舍兄長則子息氏泰〇
宇治川先陣奥州住人柴田橘六□(〇イタム)
能佐十八(イタム)源信綱中山五郎次郎田籠
宗内其後七騎ニテ渡シケル小笠見九郎
川野九郎四空(右)石馬允勅使原小三良
玉井四良長以余一此以車(輩カ)渡シケル
氏泰玉井四良出家法名星性

思宗

信綱

同形ア左エ門尉

嫡子長則

子安州山田里時室

庄上保地頭号木付

本書は、やや意味の通じにくい所もあって、難解ではあるが、清原四郎左エ門尉長氏は、承久合戦の宇治川前陣七騎の随一で、その働きの功により筑後国生葉郡を賜った、とある。原本に傷みがあったらしく、「此間痛」とあって、生葉郡のどこか、具体的な位置を特定できないが、生葉郡は、筑後国の北東部の筑後川流域左岸の平野部と南部の耳納山地からなる地域で、『和名抄』[21]では「以久波」とあって、椿子・小家・大石・山北・姫沼・物部・高西の七郷が見え、ほかに鷹野郷もあった。天武天皇

(21) 池邊弥『和名類聚抄郡郷里駅名考証』吉川弘文館、昭和五十六年

の時代に、大石・山北郷は観世音寺封戸として施入され、のち荘園に転化している。

大膳太夫広元は、大江広元のことと思われる。大江広元（久安四～嘉禄一）は、中原広季の子。大江氏となり、寿永三（一一八四）年、源頼朝の招きで鎌倉に下り、同十月、公文所別当となり、文治元（一一八五）年、守護地頭設置を献策し、建久二（一一九一）年、政所別当を兼ね、頼朝死後は北条氏に協力し、北条氏独裁体制確立に参画し、鎌倉幕府の基礎を固めた。その所領とされる美濃国山田庄上下庄は、美濃国郡上郡山田荘であろう。山田荘の荘域は未詳だが、郡上郡白鳥町から同郡八幡町・大和村にまで及んでいた（『角川日本地名大辞典　岐阜県』[22]）という。鎌倉時代初期と推定される宣陽門院所領目録に、「女房別当三位家領」の一つとして、「美濃国山田庄上保・下保」が見える（島田文書）。この山田荘は、美濃国郡上郡のうち長良川の支流栗巣川流域に位置しており、承久三年に、東胤行がこの荘の地頭職に補任されたといわれる[23]。東氏は、胤行の後、代々、室町期まで山田荘の地頭職を継承していたと思われるが、大江広元および清原（御手洗）氏との関係は未詳。

「実子而舎兄長則子息氏泰◯○イタム」とある部分も、やや不明なところもあるが、長則は、下文に「同形ア左エ門尉　嫡子長則」とあり、清原（御手洗）家を継承している。

宇治川先陣奥州柴田橘六、以下、田籠宗内までは、承久合戦宇治川前陣七騎の勇士を列記しているのであろう。

柴田橘六は、太田亮『姓氏家系大辞典』によると、橘姓、奥州柴田の豪族で、「東鑑巻二十五に『柴田橘六郎兼義』を載せ、承久記に『柴田橘六（むさしの守やす時の手の者）』、また『奥州の住人しばた吉六かねよし』と云ひ、太平記巻二十八に『柴田橘六が承久二供御の瀬を渡す』云々とある」とある。

□能左十八イタムとあるのは、未詳。

源信綱は、佐々木信綱（治承四～仁治三年）。定綱の四男で、近江佐々木氏の主流を継ぎ、承久三年、

(22) 高橋俊示ほか編『角川日本地名大辞典　岐阜県』角川書店、昭和五十五年

(23) 同前。上村恵宏・白石博雄ほか『岐阜県の地名』（日本歴史地名大系）平凡社

承久の乱には宇治川の先陣で功をたてた。『尊卑分脈』宇多源氏佐々木の信綱伝には、「承久三兵乱渡宇治河一陣入京数輩兄弟抔皆雖参京方一身為武門御方専抽軍忠」とある[24]。

中山五郎次郎は、『姓氏家系大辞典』によると、平姓で、鎌倉時代、武蔵に栄え、承久記巻四に中山五郎二郎が見える。

田籠宗内は、多胡宗内。『姓氏家系大辞典』によると、惟宗姓で、上野の多胡氏。東鑑巻二十五に「多胡宗内」が見え、承久記にも「多胡の宗内」とある。

小笠見九郎については、未詳ではあるが、『姓氏家系大辞典』には、「小笠　コガサ　原田家臣にあり。新編会津風土記に見ゆ」とある。

御手洗一而「御手洗姓氏についての考察[25]」には、

「清原本系図について　この清原本系図は、一部の不審点を除いて、兄弟に至るまで実に詳記されている。その一部とは、六代長氏の項に、『平家物語』や『吾妻鏡』で著名な玉井四郎資国に関する註書があることである。この玉井四郎資国については、関東横山党所属の成田氏の分流であるとする説が多く、その出自に関しては、藤原伊尹説、藤原道長説、小野篁説の三説があって現在まだ定説がない[26]。ところで、この資国と本系図中の清原の出自である長氏が別人であることは明白であるが、この長氏もこの頃から四郎左衛門尉長氏として玉井四郎を名のり、以後玉井の系譜が続いている。この玉井四郎については、『吾妻鏡』の『承久三年六月十四日宇治合戦討敵人々』の項に、『安東兵衛尉手伊予玉井四郎一人』とあり、前記の玉井四郎と区別するためか伊予を冠している。又、『肥前房一人山口兵衛尉小舎人童生取』とあり、本系図中四代にその名が見える。系図上ではこの肥前房と長氏は祖父と孫の関係になるが、『吾妻鏡』のこの項は本系図の玉井四郎の系譜に符合する。本系図は、この伊予玉井四郎を高名な玉井四郎資国にあてるため、おそらく後世粉飾したものと思われるが、この伊予玉井四郎の玉井氏を名のる起源について御示教願いたいと思っている」

(24) 黒板勝美編『尊卑分脈』三－四二三、吉川弘文館、昭和四十一年

(25) 御手洗一而「御手洗姓氏についての考察」（塩月佐一編『佐伯史談』第一三七・一三八号、昭和五十九・六十年）

(26) 御手洗一而の注に、「武蔵武士、渡辺世祐・八代国著『熊谷市史』」とある

とあるが、ここに掲げた系図の六代長氏の項には、「資国」の名は見えない。

承久の乱で京方についた河野氏は、所領を没収され、三島七島社務職は、京都から善家の者が進士することになったという。「御手洗姓氏についての考察」には、

> 承久の乱で京方についた河野氏は所領を没収されるが、この時『予章記』では、「三島七島社務職は京都から善家の者が進士することになった」とあり、『御手洗港の歴史』では、「おそらくそれは大崎下島その他のものをさすのであって、大三島にはおよばなかったのだろうと思われる」と記している。以後、大崎下島は応永年間（一三九四～一四二八）まで善氏の領有下になるが、この善氏が系図上の善信であり、系図では前記善信の項に次の註書がある。

> 母兼則離別後　嫁周防屋代庄公元左近太夫光成　依善信二拾壱歳之時　童名御房丸属母儀善信尼住当庄南方　公文職此方石丸譲併之子孫相伝　依兼則次舎弟兼基為養子立嫡子　然去間善信為次男　予州越智本郡己夫田里以下田地屋敷譲得之

以上は、善氏が櫛辺氏と養子縁組の形をとり、領有譲渡の委細であるが、こうして十二代櫛辺十良兼基は、大崎下島を支配下におさめることになる。ただし、兼基は善氏の代官としての地位が強く、後年この櫛辺氏から分出する御手洗一族が安芸の小早川氏に追われると、小早川徳平は再び善氏の養子という形で下島を領有する。この譲渡は小早川家証文として現存しているため（御手洗氏〔註六〕瀬戸内水軍　広島県教育委員会所収内海中央部の海賊衆　河合正治）、同じ譲渡の形式がこの兼基の代に行われたとみてよく、貴重な史料である。この時代が下島に渡った櫛辺一族の勢力拡張の時期とみられ、その時期は、次代の十三代清氏が正応五年（一二九二）三月頃上洛し、「為敵被害畢年四十二歳」とあり、正応以前ということになる。

とある。しかし、『御手洗家系図』には、「同筑後房善信」、「母儀善信尼」とあり、これを三島地頭の善氏＝三善氏に結びつけることには賛成できない。

貞応二年、河野氏一族のうち、ひとり幕府勢の先陣に加わった五男通久は、阿波国富田荘を与えられていたが、幕府に願い出て、伊予国久米郡石井郷の領有を認められた[27]。

延応元（一二三九）年、河野松寿丸（一遍）、誕生。母は、新居玉氏の娘という（一説に大江氏。大江秀光娘か）。父は、伊予の名族越智氏一門の河野通広。七男[28]。祖父河野四郎通信は、源頼朝挙兵以来幕府に勲功あり、御家人のなかでも重きをなしていたが、承久の乱に京方に味方し、乱後、捕らえられて奥州平泉に流され、彼の地で没した。しかし、通信の嫡子通久は幕府方に付いた。松寿丸の父通広については、承久の乱では、幕府方であったらしいとする説もあるが、出家して僧としての生活を送っていたとみる説が強い。しかし、一遍出生の前年頃には還俗していたらしい。

宝治二（一二四八）年、河野松寿丸（一遍、十歳）は、母を亡くした[29]。

建長二（一二五〇）年十一月、九条道家は、周防国大島郡屋代荘を一条実経に譲った[30]。

この年、伊予の河野通広（松寿丸の父）は、入道して、如仏と号したという（『一遍上人年譜略』）。松寿丸も、この頃、同じく出家して、随縁と号した。

建長三年春、随縁（一遍）は僧善入と連れ立って、鎮西大宰府にいた浄土宗西山派の聖たちのもとに送られ、修学することになった。聖たちは随縁を、肥前清水寺の華台上人のもとに赴かせた。華台の命により、智真と改号した[31]。

この頃、櫛辺氏は、周防屋代庄を領有していたらしい[32]。

（27）同注（17）

（28）越智通敏「鎌倉仏教をになう人々」（『愛媛県史　古代Ⅱ・中世』）

（29）同前

（30）建長二年十一月九条道家物処分状（九条家文書）

（31）橘俊道・梅谷繁樹『一遍上人全集』春秋社

（32）「やしろ　屋代」（『角川日本地名大辞典　山口県』角川書店、昭和六十三年）

【史料10】『御手洗家系図』

（兼重）

同兼成　丹後法橋　天台宗

左エ門尉兼親

太良出家

女子二人

兵衛太良兼広

女子

女子―式部入道

円実房　住東大寺

又九良　母周防屋代庄受

四良兵衛尉資成

孫太良左エ門兼藤

右近将監兼資

同兼成　櫛辺九良

兼貫

兼基

兼則　為養子

丹波房―浄土寺

同筑後房善信　母ヲ兼則離別浚（後）嫁周防屋代庄ニ

公元左近太夫光成依善信
二拾壱歳之時童名御房丸
属母儀善信尼住当庄南
方公文職此方石丸名譲得
之子孫相伝依兼則次舎
弟兼基為養子立嫡子
然其間善信為次男予州
越智本郡己夫田里以下田
地屋敷譲得之

同兼基（櫛辺十良）
- 兼房――女子
- 兼清（民部太夫）
  - 女子
  - 豊後房重光
  - 左近庄監兼行

ここに見える石丸名は、嘉禄二年六月日の周防屋代荘領家定文案[33]（櫛辺文書）に見える石丸名であろう。

この年（建長三年）、清原（御手洗）清民が、誕生した。父は、清原兼基（櫛辺十良）であった。

正元元（一二五九）年十一月、沙弥盛願（光盛）は、次男盛直の死後、実子同然として養育した僧善信に、周防国大島郡屋代荘南方公文職その他を譲与した[34]。

弘長三（一二六三）年五月二十四日、智真（一遍、二十五歳）の父如仏、没。その報に接した智真

（33）奈良本辰也ほか編『山口県の地名』（日本歴史地名大系）昭和五十五年

（34）『角川日本地名大辞典　山口県』角川書店、昭和六十三年

は、故郷に帰り、妻帯して、八年間俗生活を送った。

文永七（一二七〇）年、智真（三十二歳）は、大宰府へ旅立った。十歳年下の弟も、出家して、聖戒と名乗り、一遍に従った。聖戒は、一遍によく似た気骨のある聡明な青年であった。大宰府の聖たちのもとに赴き、再び仏門に入る決意を師に伝えた(35)。

文永八年春、一遍は、信濃の善光寺に参詣し、数日参籠した。一遍はここで、二河白道図の本尊を図して、伊予に帰った(36)。

秋、一遍は、伊予の窪寺で、二河白道図の本尊を掛けて、庵室に籠り、唯一人、称名念仏の厳しい生活に入った(37)。

文永十年七月、一遍は、伊予の菅生の岩屋（上浮穴郡久万町）に参籠した。この参籠には、聖戒ひとりだけが随逐（近侍）して、一遍を助けた(38)。

文永十一（一二七四）年二月八日、一遍は、超一・超二・念仏房の三人の同行とともに、伊予の自宅を旅立った。超一・超二は尼僧で、超二はまだ少女であった。聖戒が、しばらく送るために、わずかの旅具をおさめた籠を負って、後に従った。五、六日後、桜井という所まで来て、聖戒は一行と別れた(39)。

この年、一遍は、承久の乱に倒れた将士を供養するために、別府河野氏の本拠地温泉郡（重信町下林）に浄土寺を建立した、という。『御手洗家系図』に清原兼成（櫛辺九良）の息と思われる丹波房に「浄土寺」とあるのは、この浄土寺ではあるまいか。

建治二（一二七六）年、一遍は、九州に渡って、恩師の聖たちに会った。聖達は歓待して、ともに法門を語ったが、一遍はさらに旅を続け、肥前から西海岸を南下して、大隅に出て、正八幡宮に詣で、その後、東海岸を巡歴して、豊後まで来た。九州を離れて四国に渡ろうとした時、豊後の守護大友頼泰（五十七歳）の帰依をうけ、そのもとにしばらく逗留した。その間、他阿弥陀仏が帰依した。一遍

(35) 同注(28)

(36) 橘俊道・梅谷繁樹『一遍上人全集』（一遍略年譜、春秋社、平成一年）

(37) 同注(28)

(38) 同注(36)

(39) 同注(28)

より二歳年長の京都生まれの真教という浄土宗鎮西派に属して豊後の瑞光寺にいたが、一遍に帰依して、随逐することとなった[40]。

弘安元（一二七八）年夏、一遍は、豊後国から伊予へ渡った。相伴う同行は、真教をはじめ七、八人になっていた。これがいわゆる「時衆」のはじまりという[41]。

秋、一遍は、安芸の厳島に詣で、その後、豊後国へと歩を進めた[42]。

冬、一遍は、備前の藤井という所の政所で、念仏を勧めた。たまたま家主の吉備津宮神主の子息は留守であったが、その妻が、一遍の法門を聞いて発心し、出家した。一遍はそれから、福岡の市へ向かったが、その後に、帰宅した夫は、たいそう怒り、郎等二人を引き連れて福岡の市で一遍を斬ろうとした。一遍は、このまだ見も知らぬ武士に向かって、「汝は吉備津宮の神主の子息か」と問うたので、かえって問われた側がおそれ服し、ついに出家を遂げた。こうしたこともあって、この時出家した者は、二百八十人以上にのぼった[43]。

弘安二年春、一遍の一行は因幡薬師にあった。八月、都を発った一行は、信濃善行寺に詣り、千曲川沿いに南下した。

弘安三年、一遍の一行は、善光寺から奥州に向けて旅立った。この頃、一遍の周囲にはつねに、十人ないし二十人ぐらいの者が随伴していたらしい。この人々は時衆と呼ばれ、一遍を知識（師）として帰依し、往生の可否を託した人々であった。

弘安七年二月七日、僧善信は、周防国大島郡屋代荘南方公文職を、左衛門尉藤原清氏に譲った。しかし、清氏は、善信から勘当を受け、所領を没収されたらしい[44]。

弘安八（一二八五）年二月九日、僧善信は、死に臨んで、藤原清氏の勘当を解き、再び清氏に所領を譲り安堵した[45]。

この年九月の豊後国大田文案[46]（平林本）によると、海部郡佐伯地方は、

（40）同注（28）
（41）同注（28）
（42）大橋俊雄『一遍』（人物叢書）吉川弘文館、昭和五十八年
（43）同注（42）
（44）『鎌倉遺文』一五〇六八
（45）同前、一五四二六
（46）同前、古文書編

一　海部郡八百参拾壱町内
臼杵庄弐百町
　領家　一条
前殿下御跡(実経)
　地頭　駿河三河前司入道殿
丹生庄百五十町
　領家　高倉宰相家(茂通)
　地頭　大友兵庫頭入道殿
佐伯庄百八十町
　領家　毛利判官代波弥四郎殿
　地頭　御家人
本庄百弐拾町
　佐伯総二郎政直法師法名道精
堅田村六拾町内
　拾五町　領家
　参拾町　佐伯八郎惟資法師法名道法
　七町壱段　堅田左衛門三郎惟光法名善大
　四段　小原次郎重直法師法名道仏(田脱)
佐賀郷(國領)　（以下、略）

とあって、佐伯氏や堅田氏・小田原氏が見える。蒲江地方については不明であるが、やはりこの佐伯氏や堅田氏の影響を受けていたものと思われる。

正応元年、一遍は、ふるさと伊予に渡り、菅生の岩屋寺、繁多寺などを巡礼した[47]。十二月十六日、一遍（五十歳）は、河野氏の氏神大三島社へと歩を運び、讃岐を経て翌二年二月、阿波に入った。『御手洗系図』によると、十印房幸源の息四郎右エ門行村は、「田代養子出家法名南無阿弥陀仏」とある。田代については未詳ではあるが、南無阿弥陀仏という法名から、一遍の時宗に帰依していたものと思われる。

正応三（一二九〇）年三月、浅原為頼父子が、内裏へ乱入した。九日夜（十日早暁）、甲斐国の小笠原一族の浅原八郎為頼とその子息二人が、内裏の衛門の陣から皇居へ乱入し、そのまま殿上へ登って、女嬬の部屋の入り口に突っ立って喚（わめ）き、御門の寝所を訊ねた。女嬬は、わざと違った方角を教え、その間に、伏見天皇は、中宮とともに、女装して、内裏を出て、常の御所へ退避し、皇太子胤仁も中宮の按察が抱いて後深草院の御所へ逃げ、内侍や女嬬が剣璽や玄象・鈴鹿をもって避難した。やがて、賊は、夜の御殿を尋ね当てたが、そうこうするうちに、中宮の護衛の景政が名乗り出て一騎討ちをつづけていた。まもなく、二条京極の篝屋の警護の武士五十騎が駆けつけ、御殿の格子を引き剝がして乱入した。とてもかなわないと悟った為頼は、天皇の寝具の上で腹をかき切った。長男は紫宸殿の御帳台（天皇の御座所）の中で自害し、弟は傷口から飛び出した腸を手づかみにしたまま、清涼殿の大床子（天皇の食膳をのせる机）の下で自殺した。死骸は六波羅へ運ばれ検屍された。六波羅の検屍によると、為頼が持っていた刀は、三条宰相中将実盛の家に伝わる名刀であった。やがて実盛にも疑惑がかかり、六波羅の武士に逮捕された。さらに、伏見天皇に反感を抱いていた亀山院方への嫌疑を言い出す者も出てきて、亀山院は、鎌倉に誓紙を送って事件には関係していないと陳弁し、事件は疑惑を残したまま、ようやく収まった。『御手洗家系図』によると、正応五（一二九二）年三月の頃、清原（御手洗）藤左エ門尉清民は、上洛して、姉小路高倉の辺に宿し、四月十二日戌時出仕し、「冷泉寺高

(47) 同注（36）

倉二位永御所間二条高倉於辻ニ為敵被害畢年四十二歳」とある。やや意味の通じ難いところもあり、また、正応四年に永仁と改元され、正応五年という年は存在せず、この系図の記事には不審な点が少なくない。正応五年は、正応三年の誤りで、浅原八郎為頼事件などが混乱して伝えられたのではあるまいか。

【史料11】『御手洗家系図』

同清氏 則藤左ェ門尉
　正応五年三月之頃有上落
　宿姉小路高倉之辺同四月
　十二日戌時出仕冷泉寺高
　倉二位永御所間二条
　高倉於辻ニ為敵被害畢
　年四十二歳

十良左ェ門尉光氏
石（右カ）馬允光清 ── 大蔵允光則
　　　　　　　　　　 民部三良弘光
　　　　　　　　　　 僧弐人
藤兵衛尉兼泰 ── 五良為則
　　　　　　　　 女子

兼貞兼泰但一条改郡預
土佐畑郷内賜糠郷令八部
彼所年齢五拾五年五以
不食所身令他界処辰
同子息兼真同己歳

他界同其(カ)舎弟兵衛治良
他界弟ニ女子三人

ともあれ、清原(御手洗)清民は、姉小路高倉付近の権門を本家(あるいは領家)とする荘園を有していたのではあるまいか。そのための上洛ではなかったかと思う。

十　南北朝の動乱と御手洗氏

文保元（一三一七）年五月二十五日、藤原清氏の三男という豊原奉光が、周防国大島郡屋代荘南方公文職および倉升名田を賜与された(1)。

文保三（一三一九）年四月三十日、清原（御手洗）左衛門次良則重（法名善照）の子筑前房源叡(カ)が、死去した。

五月十七日、清原左衛門次良則重（法名善照）の子六郎左エ門尉兼周が、死去した。

元徳三（一三三一）年六月十日、清原左衛門次良則重（法名善照）女子は、関東に出て、死去した。

延元二年三月、足利尊氏は、一族の吉良貞義を遣わして、忽那島を管理させることとした。土居通世は、甥通重を援助して、忽那島に出撃し、武家方の足利上総入道の代官を追い、宮方の権勢の回復につとめた(2)。

四月、通世は、河野彦四郎通里の拠る温泉郡桑原城を攻略した。この策戦の成功は、湯築城主河野通盛に大きな打撃を与えた(3)。

延元四（一三三九）年二月、沙弥光一が、周防国大島郡屋代荘南方の守藤名主職に補任された(4)。

七月七日、土居通重は、周防国大島（屋代島）の加室に出撃して、同島の宮方中院某の軍と協力して、武家方を掃討しようとしたが、武運つたなく、叔父の通元とともに戦死した(5)。

この年、後醍醐天皇の皇子懐良親王は、征西将軍として、忽那島に渡来し、宮方諸将の気勢が大い

（1）『鎌倉遺文』二六二一三

（2）景浦勉「南北朝の動乱」（『愛媛県史　古代Ⅱ・中世』昭和五十九年）

（3）同前

（4）櫛辺氏蔵文書／県風土誌13（『角川日本地名大辞典　山口県』昭和六十三年）

（5）同注（2）

にあがった。

十月、土居通世は、忽那島に出兵し、安芸国の武田氏の軍を撃退した[6]。

興国元（一三四〇）年、新田義貞の弟脇屋義助（わきやよしすけ）（徳治元～興国三年）は、伊予に下り、土居・得能氏などを指導し、一時、勢を振るった[7]。

興国二年春、懐良親王は、伊予の忽那島を発ち、九州入りを決行した。豊後国海部郡小浦の粟島神社由緒に、「海上に暴風起こり、怒濤（どとう）天に漲（みなぎ）り殆（ほとん）ど船を覆（くつがえ）さんとせし時、清原朝臣倍重（御供武士）紀州粟島の宮を遙拝し、この船をして無事速やかに海岸に着かせ玉ひなば、一宇の神社を建立せんと祈願せしかば、尊神その忠魂に感動し、たちまち豊州の海部郡米水津村内小浦の浜に漂着す。よつて直ちに一宇を建築す。是れ即ち我が粟島神社なり」とある[8]。

興国三年、懐良親王は、忽那島を出発して、九州に移った[9]。この年三月、伊予国温泉郡湯築城主の河野通盛が、大挙して忽那島に来攻した。忽那義範は、一族の重勝・忠重ら三百余人を糾合して勇戦し、河野氏の軍を迎え撃った[10]。

この年五月十一日、脇屋義助は、越智郡桜井郷国分寺（愛媛県今治市）で病死し[11]、義助と行動をともにして南朝のために奮戦していた子義治（元亨三～？）は、父の死後、いったん上野に帰った。

十月、伊予国守護大館氏明は、讃岐の細川氏の侵入をうけ、桑村郡世田山城で戦死を遂げた（忽那一族軍忠次第・太平記[12]）。

正平三（一三四八）年四月、忽那義範は、武家方の東瀬戸内における根拠地であった塩飽島を攻撃し、その城郭を占領した[13]。

貞和五（一三四九）年二月二十八日、伊予国青龍山蓮生寺大般若経奥書に、「於防州大島郡屋代庄南方観音寺沙門慈観」とある[14]。

三月九日、忽那義範は、後村上天皇の綸旨によって、備後国灰田郷の地頭職に補された[15]。

（6）同注（2）
（7）同注（2）
（8）高宮昭夫ほか編『米水津村誌』米水津村、平成二年
（9）同注（2）
（10）同注（2）
（11）同注（2）
（12）同注（2）
（13）同注（2）
（14）「地名淵鑑増補」（『角川日本地名大辞典　山口県』）
（15）同注（2）

観応元（一三五〇）年、河野通盛は、足利尊氏から伊予国守護職に補せられ、宮方の掃討につとめ、温泉郡味酒山を攻めて、重要拠点を占領し、すすんで喜多郡地頭宇都宮貞泰を援けて、武家方の領土奪還に功績をあげた[16]。

文和元（一三五二）年、河野通盛は、伊予国守護職を辞任した。

文和三（一三五四）年、細川頼之は、伊予国守護職に補任せられた。

延文三（一三五八）年四月、足利尊氏（五十四歳）、没。

十二月、足利義詮が、将軍職を嗣いだ。

康安元（一三六一）年九月、佐々木道誉と対立していた細川清氏は、若狭国に逃れ、将軍義詮が道誉の讒言を信じて清氏を殺害しようとしたので、清氏は追討を逃れて、摂津国に走り、翌月、南朝方となった[17]。

貞治元（一三六二）年、細川清氏は、河内国から阿波国に移り、権勢の回復をはかった。頼之は、伊予国守護職を辞任し、河野通盛が再び伊予国守護職に補任せられた。

貞治二年二月、河野通盛が隠退し、次男通朝が惣領職を継承した[18]。

貞治三年九月、かねてから四国統一の意図をもっていた細川頼之は、宮方・武家方の抗争により弱体化していた東予地方に侵入した。河野通朝は、桑村郡世田山城の要衝に立て籠って、自ら防衛にあたった[19]。

正平十九（一三六四）年十一月六日、世田山城内にあった斉藤一族が離反して、細川勢を引き入れたため、通朝陣営は潰滅状態となり、通朝も激闘の後戦死を遂げた。その十日後の二十六日に、通朝の父通盛も善応寺で逝去した。通朝に続いて通盛をも亡くした河野氏は、一大危機に直面した。通朝の遺児徳王丸（通堯）は、悲嘆にくれる暇もなく、細川氏の激しい進撃に対処しなければならなかった。世田山城陥落の折、徳王丸は、陣僧に護られて越智郡の竹林寺に、ついで風早郡の神途城に、さ

(16)「河野氏の台頭と発展」（『角川日本地名大辞典　愛媛県』角川書店、昭和五十六年）

(17) 同注（2）

(18) 同注（2）

(19) 同注（2）

らに同郡の大通寺に居を移し、やがて恵良城で元服し、通堯と称した。(20)

正平二十年八月、通堯（通直）は、細川氏の進撃を避けて、近臣に護られて九州に逃れ、大宰府に赴き、征西将軍宮懐良親王に帰順し、名を通直と改めた。(21) 優勢な細川氏に対抗するには、伊予における宮方の後援を得る必要があったからであろう。御手洗信秀の祖父は、通直が讃岐の細川勢と戦って敗れた時、通堯を救出して、九州に送り届け、その折、しばらくの間、佐伯荘に滞在したという。信秀の祖父は、『御手洗家系図』によると、清原（御手洗）石見守長氏となっている。

【史料12】『御手洗家系図』

―同石見守長氏

此時河野殿讃岐守道真(直カ)
予列(州)打入時船三艘為立
達若(カ)申畢見云聞道真(直カ)我
小勢成也運究時無而ハレ船逃定(走カ)
可出来然則此五三艘田
黒嶋江可櫂(カ)返云自余人就
斯儀一終遂二回運一也仍御
感有余自爾於奉公抽
忠勤也

―同右京允氏忠―同若狭守信秀

川野道之奉公

(20) 同注（2）

(21)『大日本史料』第六編

やや意味の通じにくいところもあるが、長氏は河野通直に仕えていたのであろう。

正平二十二年十一月、細川頼之は、室町幕府の管領となって入京したが、翌月、将軍足利義詮（三十八歳）が没し、政務に追われた[22]。

十二月、伊予国の守護河野通直は、忽那重澄の本領を安堵した[23]。

正平二十三年に入って、足利方の武将仁木義尹が、幕府から伊予国守護職に補された[24]。二月十八日、応安と改元。四月、仁木義尹は、大兵を率いて宇和・喜多郡に侵入した。河野氏の部将大野・吉岡・森山氏らは、これと戦いを交えるとともに、使者を通堯のもとに送って帰国を要望した[25]。六月、通堯は、征西府と連絡のうえ、通任らの水軍の協力によって、豊前国根津浦を出帆して、帰国の途にのぼった。一行は、周防国屋代島で、戒能・二神・久枝氏ら河野氏恩顧の部将の出迎をうけ、伊予国における行動について策戦を練った[26]。

九月、通堯の目覚ましい進出に驚いた仁木義尹は、越智郡府中城を発して、野間郡菊間を攻略し、高山に陣して通堯を威圧しようとした。通堯らは、同郡大井・乃万方面から巧みに反撃を敢行し、ついにこれを潰走させることに成功した[27]。その後、通堯は、中予地域における足利方の掃討を完了したので、武家方の拠点となっていた越智郡府中城に進撃することになった。この時、越智・桑村両郡の有力な在地勢力であった越智氏も、旗幟を鮮明にして通堯に従うようになった。十一月に入り、通堯は、重見通勝に東予への出征を命じた[28]。

正平二十三（一三六八）年、河野通堯は帰国し、まず中予地域における細川氏の勢力を駆逐し、失地回復を目ざして、新居・宇摩の両郡を占領することができた。

十二月、わずか十一歳の足利義満が、三代将軍となり、細川頼之はこれを補佐しなければならなかった。そのため頼之は、京都に住み、分国を顧みる余裕はなかった[29]。

この年、後村上天皇の皇子良成親王は九州にいたが、南朝の瀬戸内海経営を有利に導くために、河

(22) 同注（2）
(23) 同注（2）
(24)『大日本史料』第六編之二十九、正平二十三年四月是月条、予陽河野家譜
(25) 同注（2）
(26) 同注（2）
(27) 同注（2）
(28) 同注（2）
(29) 同注（2）

野通堯と連絡を密にして伊予へ発進した（阿蘓文書・築山本河野家譜）[30]。

永和元（一三七五）年、河野通直（通堯）は、身の保全をはかるため、反細川派の諸将と提携する必要を生じたので、宮方との親善関係を絶って幕府に降伏し、伊予国守護職に補任せられた。

康暦元（一三七九）年、細川頼之は、将軍足利義満の管領として敏腕を振るっていたが、諸将と衝突して、讃岐国に引きあげなければならなかった。その結果、細川氏は、四国経営に乗り出すこととなった。頼之は、機先を制して伊予国への進撃を開始し、通直は、これを桑村郡佐志久原に防戦したが、一族および来援の南予の実力者西園寺公俊とともに、自害した[31]。

十一月、河野亀王丸は、父通直の戦死のあとをうけて、河野氏の家督を継承した。

康暦二（一三八〇）年、河野亀王丸は、伊予国守護職に補任せられた。

至徳二（一三八五）年四月七日、足利義満は、周防国大島郡屋代荘北方を、大内義弘の申請によって、永興寺（山口県岩国市）領として安堵した[32]。

嘉慶二（一三八八）年、細川師氏は、伊予国守護職に補任せられた。

康応元（一三八九）年三月、足利義満は、厳島に参詣し、細川頼之・今川了俊と会談した。

この年、細川満之は、伊予国守護職に補任せられた。

康応二年三月二十六日、明徳と改元。

（30）『大日本史料』第六編之三十、正平二十四年二月十五日条

（31）同注（2）

（32）『角川日本地名大辞典　山口県』

十一　室町時代の御手洗氏

明徳元（一三九〇）年九月、今川了俊は、良成親王・菊池武朝を肥後宇土・河尻に破った。

明徳二年四月、細川頼之は、四国から上洛した。

十一月、足利義満は、山名満幸を仙洞領押領の罪で、京都から追放した。満幸は、叔父氏清（四十九歳）に謀叛を説いた。

十二月、満幸は丹波、氏清は和泉から入京し、内野で幕府軍に敗れ、氏清は戦死した（明徳の乱）。

明徳三年一月、山名一族の但馬・因幡・伯耆を除く守護国を各氏に分配し、大内義弘が和泉・紀伊の守護となった。

十月、南北両朝の和議が調い、大内義弘が吉野へ遣わされた。

閏十月、後亀山天皇は、京都に帰り、神器を後小松天皇に渡した（南北朝合一）。

明徳四年二月、山名満幸は、出雲に挙兵した。

四月、足利義満は、伊予の軍勢を伯耆に送り、山名氏幸を救援した。河野通義（通能）は、幕命を奉じて、郎党・国人を率いて、出雲国の山名満幸討伐の氏幸に合力するため、上洛した（築山本河野家譜）[1]。通義は、病弱であったらしい。

明徳五（一三九四）年七月五日、応永と改元。

八月下旬、河野通義は、京都の邸宅において病気にかかり、もっぱら病養につとめたが、やがて再

（1）景浦勉「室町幕府と河野氏」（『愛媛県史　古代Ⅱ・中世』昭和五十九年）

起できないことを覚り、国元から弟の通之を呼び寄せて家督を譲った。十一月七日、通之は足利義満から伊予国守護職に補され、宗家の本領を安堵された。この月、河野通義、病没。その後、夫人に男児犬正丸が生まれた[2]。

十二月、足利義満は、将軍職を息子義持に譲ったが、義満は太政大臣となって、政治の実権は譲らず、父義満が掌握していた。

応永二（一三九五）年三月、京極高詮は、山名満幸を京都で殺した。

応永六年、大内義弘は、周防・長門・石見・豊前・和泉・紀伊六カ国の守護を兼ね、対明貿易によって富を蓄積し、守護として、当時最大の勢力となっていたため、足利義満から睨（にら）まれていた。

十月、義弘は、義満の召喚により、分国の兵を率いて堺に来た。絶海中津が上洛を説いたが、義弘は聞かず、兵を集めた。

十一月、義満は、男山に出陣した。足利満兼は、幕府救援と称して、武蔵府中、ついで下野足利に出陣した。丹波の山名時清、美濃の土岐詮直、近江の京極秀満らは、義弘に応じて挙兵した（応永の乱）。河野通之は、和泉国堺に拠る大内義弘を討つため、その包囲陣に参加した（応永記）。『御手洗家系図』によると、清原（御手洗）石見守長氏の子右京允氏忠は、「川野道之」に奉公していたとある。ここに川野道之とあるのは、河野通之のことであろう。

十二月、幕府軍は、堺城を陥した。大内義弘、戦死。弟弘茂は、降った。大内弘茂が防・長、仁木が和泉、畠山が紀伊の守護となった。

応永十四（一四〇七）年四月、大内盛見は、朝鮮に使を派遣し、大蔵経を求めた。

応永十六（一四〇九）年、河野通久は、叔父通之の譲をうけ、河野氏の家督を継いだ。『御手洗家系図』には、清原（御手洗）左衛門次良則重（号法名善照）の子伊賀守氏光は、「川野道久」に奉公したとある。御手洗信夫「御手洗家の祖先」（『わが一生』）によると、応永年間の中程、通久が叔父通之の

（2）同前

居城を襲うことによって、伊予河野氏の内紛が表面化した。この虚をついて、安芸の小早川勢が南下してきた。当時、御手洗一族は、瀬戸内の御手洗島（広島県大崎下島）を領有して、河野氏の勢力圏にあった。御手洗氏は、父祖の代から仕えていた主家河野通之の陣に加わった。しかし、不運にも、この戦の渦中で、同門の武将の率いる軍勢に側面から急襲されて混戦となり、通之の計らいで、辛うじて難を海上に逃れることができた。一族の将御手洗信秀は、若冠ながら咄嗟の判断で、同族たちを軍船に収容し、夜陰に乗じて伊予を離れ、周防灘、豊後水道へと逃れた。信秀の祖父（長氏）は、河野通直が讃岐の細川勢と戦って敗れた時、通直を救出して九州に送り届けたことがある。信秀は、この時、しばらくの間、佐伯荘に滞在したことを聞いていた。このことを想い起こして、一族の落ち行く先を佐伯荘と定めた。主家の河野通直がかつて滞留していた縁によって、佐伯荘に一筋の望みを繋いだのだという。熟慮の末、豊後の佐伯荘をめざして、一気に豊後水道を乗り切ったという。上陸した所は、竹野浦に隣接する小浦であった。「御手洗家の祖先」には、「豊後の佐伯荘の辺境、竹野浦に始まる御手洗一族の永住の第一歩が印（しる）されたわけである。やがて土地の先住者たちとの折合いもつき、いざというときは戦力ともなる一族の人員構成から、兵農兼ね備える開拓者として、藩の期待を荷い土着の地ならしをしていった」とある。

応永十八（一四一一）年、河野通之は、伊予国守護職を辞任した。

応永二十一（一四一四）年、河野通久は、伊予国守護職に補任せられた。

永享七（一四三五）年、伊予国守護河野通久、没。

永享八年閏五月十四日、この頃、大友持直の籠る豊後国海部郡姫岳は、落去まもないといわれていた。御手洗・薬師寺の者共五、六人は、この四、五日以前に、大友親綱方に罷り出ていた。

【史料13】 永享八年閏五月十四日　大友親綱書状『大友家文書録』

其方時儀、委細示給、悦喜仕候、就其日差事斉藤治部所〇（ニ）代所立、去月初比社彼地事、可有知行通令申候処、斉藤加賀所より遅其段申候歟、日差事佐田鹿越之中間と申、いかにも可然候する仁を被遣候、即地下をもしか〳〵と沙汰候する事肝要候、又姫岳之事、兵粮一束に留候由其聞候、落居不有幾程候、御手洗・薬師寺者共五六人、此四五日以前罷出候によりて、敵方之事おもひやられ候、恐々謹言、

（永享八年）閏五月十四日　（大友）親綱在判

田北治部少輔（親増）殿

永享八年六月九日、御手洗駿河入道・御手洗但馬守・御手洗主殿丞・御手洗伊豆守・御手洗兵庫助・御手洗三郎・御手洗兵部丞・御手洗大膳亮らは、姫岳の大友親綱陣営に着到した。

【史料14】 永享八年六月　姫岳着到次第『大友家文書録』

六月九日親綱攻〇（州）姫岳城、十一日城陥時、有〇（我）軍士着到、

永享八六月九日

姫岳着到次第不同

袋新左衛門尉	袋左馬介
小原彦二郎	甬（角）太郎
江（郷）弥二郎	小原下野守
田原（口）右馬介	田口弥二郎
衛藤大膳亮	田北佐渡守

広川新左衛門（尉脱）
吉弘七郎
大塚出雲守
森下次郎左衛門（尉脱）
田原備後守
原尻大和守
大塚兵部丞
首藤筑前入道
伊美大和守
市川（河）伯耆守
御手洗伊豆守
都甲四郎次郎
松武山城守
原弾正忠
高山九郎
佐保愛増代
長小野丹後守
亀山将監入道
上尾伊豆守
利根民部丞
松本因幡守

上津荒木図書介（助）
重吉太郎
御手洗駿河入道
志村三河守
木付右京亮
佐藤勘解由丞
御手洗但馬守
大和近江守
伊美六郎二（次）郎
御手洗主殿丞
大塚長門守
船田但馬守
敷戸孫二郎
針八郎右（左）衛門（尉脱）
櫛木尾張守
蒲木主計允
蒲木又五郎
堀淡路守
恵良大和守
都甲治部丞
下崎山城守

利根新右衛門（尉脱）
岐部山城守
吉岡大和守
笠良木美濃守
葛木越後守
神山石見守
五（郡?）部兵部丞
有田勢三
龍章土佐守
朽網備後守
上尾孫三郎
渡部（辺）伊勢守
関肥前入道
神崎越前守
天江（江）三河守
上野三郎
田原下総守
丹生弾正忠
生石右京亮
石垣紀伊守（介）
賀来六郎五郎

臼杵又三郎
富来毘沙松丸
伊美孫二（次）郎
下部（郡?）助五郎
二宮若狭介
朽網伊豆守
原尻左馬介
右田七郎
深栖三郎
藤井長門守
（手負）木佐上但馬守
立石民部丞
植（埴）田大炊介
神崎摂津守
富来八郎二（次）郎
上野蔵人佐
大津留二（次）郎
生石宮内少輔
吉岡上総守（介?）代
松武民部丞
牧治部丞

岩屋彦次郎
福田長門守
井門民部丞
南家新右衛門入道
若林弾正忠
立石亀徳丸代
疋田淡路守
御手洗三郎
衛藤孫二郎
御手洗兵部丞
高崎若狭介
植(埴)田伯耆守
田口甲斐入道
山根六郎右衛門(尉脱)
林　三　郎
田北将監
河原右馬亮
広川(河)兵部丞
都甲三郎
薬師寺四郎三郎
都甲加賀守

能一小次郎
丹生大炊入道
植(埴)田兵部丞
小佐井土佐跡代
関千代法師代
俣見弥三郎
御手洗兵庫助
小串佐渡守
武宮大膳亮
市川(河)上総介
高崎十郎右衛門(尉脱)
俣見肥前守
丹生九郎
木田対馬守
豊饒弾正忠
長賀闕一字○大学介(助)
大和新右衛門(尉脱)
都甲丹波守
御手洗大膳亮
今村次郎四郎
倉成六郎次郎

倉成滝(歳)若代
賀嶋雅楽助
永松将監
吉弘丹後守
津守筑前守
石垣三郎五郎
関石見守
幸野筑後守
竈門松徳丸代
御賭(緒)弥七
田口主計丞(允)
寒田八郎三郎
首藤伊豆守
野田百房代
本庄宮鶴丸代
　ひろ(め)たけ城衆
平井上野守
荒巻越後守
敷戸弥三郎
薬師寺新五郎
山田長門守

賀来次郎
紀　帯刀
吉弘孫三郎
松岡山城守
若林丹後守
高山飛弾(騨)守
中村三郎
立石主計丞(允)
怒留湯民部少輔
木付大炊介(助)
宮野摂津守
宇野十郎
岡新左(右)衛門(尉脱)
本庄千尋丸代
手負
上野新左衛門(尉脱)
貴(首藤)十右衛門(尉脱)
熊谷河内守
津久見太郎
宇薄雅楽助
賀嶋新右衛門尉

林　鶴　一代　　伊賀上遠江守
薬師寺紀伊守　　賀嶋越中守
薬師寺下野守　　宇薄又二郎
伊賀上大和守
木付讃岐守　　林美濃守
小田(原)美作守　　大津留一房丸
戸次高載　　戸次孫二郎
　死去人數
本庄新右衛門(尉脱)　　薬師寺石見守
石田主計丞　　久土智次郎
高九郎三郎
　六月九日
一(ママ)牧紙衆
坂井弾正入道　　たなへ宮僧代
津久見二郎代ちうけん一人

この着到次第に名を列ねている武士は、御手洗氏八名、ついで薬師寺氏と都甲氏がともに五名、田原・丹生・大塚・木付・関・上野・田口・植田・加嶋・吉弘氏が各三名で、他は二名か一名であり、御手洗氏が最も多い。この時、御手洗氏は、瀬戸内海の水軍として、大きな勢力を有し、出陣し、大友親綱の姫岳城攻めに着到したのではあるまいか。

十二　佐伯氏と御手洗氏

大永（一五二一～二八年）頃、佐伯惟治は、畑津弁三郎右衛門尉の持車を塩月紀伊介の持とし、木上の持っている多々良を餅原監物允に遣わした(1)。ここに見える車は、礦石を運ぶのに用いられた車と解されている。豊後国海部郡竹之浦居住の御手洗玄蕃信恭（のぶたか）は、佐伯惟治に仕え、佐伯浦方代官に任命されている。

【史料15】『御手洗家系図』

同若狭守信秀――同刑部――同玄蕃信恭（タカ）

佐伯竹之浦住居妻ハ神氏
仕ニ干佐伯城主　薩摩守
惟治公一為佐伯浦方代官

大永七（一五二七）年二月、佐伯氏第十代薩摩守惟治は、大友家（義鑑）の命をうけた武将臼杵長景によって、その居城栂牟礼を二万の大軍で、十重二十重に囲まれたという。その理由は、惟治が肥後の菊池義国（実は大友義鑑の弟で義武また義宗ともいう）に通謀し、大友主家に対し反逆を疑われたためとされている。惟治については、信頼できる史料に乏しく、真相は明らかでない。攻めあぐん

（1）増村隆也『佐伯郷土史』前編（佐伯史談会、昭和二十六年）に次の史料が収録されている。
「畑津弁三郎右衛門尉持車塩月紀伊介持にまかせ木上持多々良可遣之候
恐々謹言　三月四日　惟治（花押）　餅原監物允殿」

だ臼杵長景は、甘言を弄して城主惟治に、主家大友に対して叛逆の意のないことを証して、栂牟礼の開城と、当面、日向に落去するように勧め、主家に対する執り成しを堅く約束したという。惟治は、これに応じて栂牟礼城を明け渡し、僅かの従臣とともに堅田路を辿って、道を黒沢から峠を越して日向へ向かった。ところが、三川内にはすでに大友の手が回っていて、新名党に迎え撃たれ、山越えをして、丸市尾に出て（一説に直海（のうみ）から）、海路、伊予に逃れようとした。しかし、漁師から船を出すことを拒まれ、やむなく取って返し、再び山に分け入り、大神氏一族三田井氏の本拠地高千穂を目指した。しかし、ついに土民に見つかって包囲されて、陣ケ峯で、家臣餅原・野々下らの防ぎ矢の中に自害し、二十余人の従士たちも悉く斬り死したという。

御手洗信恭の嫡男定信は、享祿元（一五二八）年十一月五日（『御手洗家系図』には、大永七年（一五二七）十一月二十五日とある）、佐伯惟治と共に、日向国尾高智において戦死している。時に惟治、行年三十三という。惟治の最期について、羽柴弘氏が『佐伯史談』(2)に、「栂牟礼実録」を補整して、次のように紹介している。

(2) 羽柴弘補整「佐伯惟治公の御生害」（『佐伯史談』第二一号、佐伯史談会、昭和五十二年）

佐伯惟治公の御生害

〔栂牟礼実録（補整）―惟治公日州三河内傷害の事〕

さて惟治公には、お供の人々と、かの若狭と父弥四郎の歓興に、しばし旅じ行く鬱をはらし給ひけれ共、ここは郷村につづいて城近し、また府内の様子も聞き給ひ度く、その儀も里近かりければ宜しからず。この黒沢の峯について、屈竟の地候うとて、右山路に入り給ふに、峨々たる岩壁九十折り、松柏の音の、いつ日の出入るをも知らず。ようやく峯によじ登り、にはかに笹ぶきの小屋しつくろい、府内の安否を聞き給ふ。餅原、野々下、坂下三士を商人に仕立て、荷物に似せて担ひつれ出しける。残る人々も入替り入替りここかしこと出しけれ共、忍び忍びのことなれば、敢て分りしこともなく、空しく月日を送りける。

さる程に、惟治公主従二十余人、野陣を出で、三河内へ越し給ふに、尾高千山といふ所に行きかかり、この所馬の足立たず。鞍おきながら乗りすて、峯越へ尾越へ谷を越へけるに、岩角に足をいため、ようやく半日ばかりに山の半腹にのぼり、岩を将几に召され、諸卒に息をつかせ、四方を見渡し給ふところに、郷民の輩一揆を起して思ひよらざる数百人、真黒になりて鬨をつくりて寄せ来たる。

長田・本越・柴田などおのおの走りまわりて、何者なれば狼藉なる。名乗れ、聞きて委細をいわんと高声に呼われけるに、一揆共声々に、それなるは佐伯惟治と見えたり。此処に新名の一党控えたり。それにて御腹召され候べし。さもなくば不肖ながら合戦仕り、おめおめと日州へ足入れさせんこと、思ひも寄らずと、傍若無人の田舎者、物な云はせそ打ち殺せと罵りければ、惟治公をはじめ、皆々遁れぬところなりと、けさん佩立て切つて捨て、歩行武者太刀業矢種残らず射つくして、稲麻竹葦の囲みの中、四方八方へ切廻り、撫でたおすこと麻を倒すが如し。

然るに餅原、野々下馳せかへり申しけるは、とても君の御運これまでなり。事急に候へば、仔細申上げず、新名へ長景より内通ありしと承る。罪つくりに一揆の輩五百七百なで倒すとも無益のこと、御防矢仕り候べし。御生害あそばされ、御無念の恨みを、冥土黄泉より報はれ候べし。返すがえすも、大友ならびに長景が、誤なき君を無実に沈め奉ること、無量劫を経るとも、その怨みを報ずべしとこそ存じ候と申しければ、惟治公いふにや及ばん。生々の鬱憤、たとへ命は滅すとも、魂は立ちどころに仇を報ひん。汝ら供せよと、高き岩には奴の如く、肩身すぼみ無念至極のことどもなり。

この峯、山高く麓遠し。朝の嵐肌を徹す。初冬の頃も谷の清水凍り、上下渇に忍びず。雪は日々に鵞毛を散せば、主従鶴氅を着て徘徊す。

惟治公、今はこれまでと観じけん。一きわ高き岩にかけ上り、寄手の奴原よく聞け、我無実の讒によつて自害す。此の一念己ら三日の内を過さず思ひ知らせんと、鎧脱ぎすて下に抛ち、差添抜く間もあらばこそ、腹に突立て、曳とばかりに十文字に掻切つて、返す太刀を口に喰へ、岩角より真逆様に落貫ぬいて失せ給ふ。

餅原、野々下、坂下以下主君の御先途見とどけて、敵に割入り皆乱軍の中に討れたり。無残といふもおろかなり。

（以上、ふりがなは省略した）

羽柴氏によると、これは「栂牟礼実録」の原文に文脈の通らない個所があり、また、用語・仮名遣いが古風にすぎて難解であるので、文章を整えて理解しやすくしたという。惟治の最期に関する信頼できる史料は皆無であり、今仮に、この「栂牟礼実録」を参考史料として掲げておく。

【史料16】『御手洗家系図』

同玄番定信（サダ）
妻野々下氏人王百六代
後奈良院御宇大永七丁
亥年十一月廿五日戦場死
世寿三十二歳

大友氏は、名門佐伯家の断絶を惜しみ、一族佐伯惟常（惟治の兄惟信の子）を筑後から迎えて、佐伯家を継がせたという。

天文十七（一五四八）年、美濃の斎藤利政（道三）は、織田信秀と和睦し、娘を信秀の子信長の妻とした。

天文十九年二月、大友義鑑は、嫡子義鎮を廃そうとして家臣に殺された。

天文二十年七月、ポルトガル船が、豊後日出に来航した。

九月、大内義隆（四十五歳）は、陶隆房に襲撃されて山口を逃れ、長門大寧寺に自殺した。

十月、ザビエルは、豊後を発ち、インドへ向かった。大友義鎮は、インド総督への書をザビエルに託した。

天文二十一年三月、陶隆房は、大友義鎮の弟晴英（義長）を大内氏の家督とした。

八月、バルタザール＝ガゴは、豊後府内に来て、大友義鎮と会った。

天文二十二（一五五三）年、長尾景虎は、武田晴信と信濃川中島に戦った。

弘治元（一五五五）年十月、毛利元就は、陶晴賢を安芸厳島に破り、晴賢は自殺した。

七月、明使鄭舜功は、豊後に来て、幕府に倭寇の鎮圧を要請した。

弘治三年四月、毛利元就は、大内義長を長門勝山城に攻め殺した。

永禄元（一五五八）年九月、木下藤吉郎は、織田信長に仕えた。

永禄二（一五五九）年二月、織田信長は、上洛して足利義輝に謁した。

四月、長尾景虎は、上洛して義輝に謁した。

この秋、大友義鎮は、豊後府内を開港場とし、外国商人と交易した。

この年（一説に弘治二〔一五五六〕年）、森勘八郎（毛利高政）が、尾張に誕生。母は瀬尾小太郎某の娘（高次の本妻。一説に、梶原氏という）。森九郎左衛門高次（一説に備前守定春）の嫡男。初名友重、続いて長高と名乗ったかという。若くして豊臣秀吉に仕え、播州明石に領地を賜った（年月日未詳。三千石、あるいは六千石という）。

永禄三年五月、織田信長は、今川義元（四十二歳）を尾張桶狭間に襲撃し、義元は敗死した。松平元康（徳川家康）は岡崎に帰った。

永禄五年一月、織田信長は、清洲城で松平元康と同盟した。

永禄六年七月、松平元康は、今川氏真と絶交し、家康と改名した。

永禄八年、足利義輝（三十歳）は、三好義継・松永久秀に殺された。

永禄九年十一月、毛利元就は、尼子義久を出雲富田城に攻め、降伏させた。

十二月、松平家康は、徳川と改姓した。

永禄十年八月、織田信長は、斎藤龍興の稲葉山城を陥し、岐阜と改め、ここに移った。

永禄十一年七月、織田信長は、足利義昭（義秋）を岐阜立政寺に迎え、九月、六角氏を近江観音寺城から追い、義昭を奉じて入京した。

元亀二（一五七一）年九月、織田信長は、延暦寺を焼き打ちした。

天正元（一五七三）年四月、織田信長は、二条城に挙兵した足利義昭を攻囲し、義昭は降伏した。七月、義昭は、山城槙島城に再び挙兵し、信長は、義昭を河内若江に追った。

天正三年五月、織田信長と徳川家康は、三河長篠に武田勝頼を破った。

天正四年二月、織田信長は、安土城を築き、ここに移った。

天正六（一五七八）年三月、大友勢は、四万三千の大軍をもって日向に進撃し、大友義鎮みずからも延岡近郊の無鹿まで出陣した。佐伯第十二代惟教（入道して宗天）は、大友義鎮に重用され、大友氏の羽翼となって、義鎮の九州経略に貢献したという。

十一月、先鋒左翼の武将となっていた佐伯惟教は、長駆南下して、日向国小丸川左岸の高城を攻めた。しかし、城将山田新介の死守と、島津家久の本隊の救援に加えて大友方武将の作戦の不一致から大敗を喫し、島津勢に追撃されて、佐伯惟教をはじめ、長子の佐伯十三代惟真、次子鎮忠親子三人等一族百二十余人が戦死したという。

天正十年五月、織田信長（四十九歳）は、織田信孝に四国出陣を命じた。羽柴秀吉は、備中高松城に清水宗治を包囲した。

六月、明智光秀は、本能寺に織田信長を、二条城に信忠（二十六歳）を囲み、自殺させた。秀吉は、宗治を自殺させ、毛利輝元と和睦した。秀吉からは森勘八郎が人質として遣わされ、輝元からは宍戸某が人質として差し出された。その折、森勘八郎は、毛利輝元から、森と毛利の字訓は同じだから、毛利に書き改めたらどうかといわれて、森を毛利に改めたという。『系図纂要』第八宇多源氏の項の高政伝には、「天正十年六ノ　高政及弟兵橘為賀赴毛利輝元相約為兄弟改森称毛利」とある。

天正十一年四月二十一日、毛利高政は、近江賤ケ岳で秀吉が柴田勝家と一戦を交えた時、敵と戦い、負傷した。

天正十三（一五八五）年春、伊与の道後湯築（月）城主河野通直は、長宗我部元親に降った。大正五年九月四日　増田松五郎謹写「王子神社御由緒」には、

天正年間に至り伊予領主河野四郎通信、土佐守長宗我部元親ニ亡ホサレ、其家臣、河野太郎兵衛通安遁レテ豊後ニ来リ当所ニ居住セルモノ。願主と為リ

とある。ここに、河野四郎通信とあるのは、河野通直のことであろう。

天正十四年十月、豊後に攻め入った島津義久は、三重の松尾山城にまで達した。

十月十四日、佐伯惟定軍は、朝日岳城攻防戦で、降伏したという。

十一月三日、豊後国大野郡三重松尾山城にあった島津家久は、佐伯勢を討伐しようとして、土持親信と新名親秀を侍大将として、薩摩・日向の軍勢二千余、赤木村から堅田の奥轟に侵入した。この日、佐伯惟定軍は、番匠淵戦に勝利したという。

翌四日、島津勢は、岸河内の民家に火を放って気勢をあげ、府坂峠を経て堅田平野に押し出し、そ

の先鋒は、鵜山・汐月・城村にまで達した。これを迎え撃つ佐伯勢は、日向伊東氏の旧臣軍師山田入道匡徳の指揮下にこれを迎え、遠征の島津勢を、西野・府坂方面に圧迫した。岸河内からの一隊と共に、挟み撃ちにして、大越の長瀬原の激戦となり、ついに壊滅的な打撃を与えて大勝した。この日、佐伯惟定軍は、堅田合戦に勝利した。

十三日、佐伯惟定軍は、津久見合戦に勝利した。

十二月初旬、佐伯惟定軍は、因尾合戦に勝利した。

十二月、大友義統の要請により、豊臣秀吉の命をうけて、鶴ケ城救援に赴いた仙石・長宗我部の連合軍は、不用意にも寒中の戸次川を渡って島津勢の術中に陥り、長宗我部信親が戦死するという敗戦となった。大友義統は、戸次川原の敗戦に、急遽、府内から高崎山城に逃れ、のち豊前の龍王城に移った。島津家久は、ついに府内に入った。

当時の佐伯地方は、大友氏の被官佐伯氏が、代々領有し、支配していた。佐伯の海は、北から上浦、中浦、下浦に分けて呼ばれ、下浦は、米水津湾、入津湾、蒲江一帯、波当津までを総括した呼称で、米水津五浦・入津四浦・蒲江浦九浦の十八浦で構成されていた。回遊する魚族の豊富な恵まれた海域である。

御手洗玄蕃介信好は、下浦を宰領していた。

天正十五年二月、佐伯惟定軍は、梓峠で勝利を得た。島津軍は敗退した。

三月七日、佐伯惟定は、島津の軍船十艘を迎え撃ち大勝利を収めた米津衆に、感状を授けた。竹野浦御手洗庄屋家に次の古文書が伝えられている。

【史料17】 天正十五年ヵ三月七日　佐伯惟定感状

於今度其表下警固数十艘

罷上取懸候之処連々無油断故
被得大利候惟定外聞不可過
之候各心懸の次第前後無比類候
恐々謹言
三月七日　　　　　　　　　　　　惟定(佐伯)（花押）
米津衆中

三月、豊臣秀吉は、九州出陣のために、大坂を出発した。毛利高政は、この三月十五日に、秀吉から日田玖珠二郡と隈城を拝領したという。しかし、秀吉による九州平定の結果、豊後一国は大友義統に付与されており、この説はあきらかな誤りとされている（豊田寛三「解説」『温故知新録』一）。

秀吉の九州出陣の報を得た島津家久は、あわてて退却した。佐伯惟定は、宇目の朝日岳城に出馬し、その一隊は、退却する島津勢を梓峠に迎え撃ち、これを破った。高城付近まで南下した島津方は、遂に降伏した。

秀吉の九州仕置きにより、大友義統は、豊後一国のみを安堵された。

この年か、翌春三月までの間に、毛利高政は、民部大輔と改め、実名友重を高政に改めたという。

天正十六（一五八八）年の参宮帳に、「豊後佐伯竹之浦御手洗左京殿　代参」とある。信好次男左京信知であろう。

【史料18】『御手洗家系図』
同玄番信好(ヨシ)
人王百八代後陽成院御

宇慶長年中仕ニ于
毛利伊勢守高政
公ニ元和二辰年六月十
二日化シ去ル法号ハ花王宗
春居士妻城下大崎
孫左エ門信行女法号
春兵妙意大姉

二男太郎七道隆
是ハ予州永長郡法
花津城主清家播摩
守範延公ヨリ相望マレ
吉岡城代相勤後
改メ弥三郎ト曰

三男左京信知
嫡子左京信房世々相嗣至テ
今ニ同所末氏三島兵衛

四男監物信武
弱冠名玄太夫蒲江浦住
居法号真岳宗金上座
妻ノ法号観月妙照大姉

天正二十（文禄元）年一月、豊臣秀吉は、朝鮮派遣軍の部署を定めた。毛利高政は、軍監となって在陣し、数年を経て帰国した。

大友義統も、この軍役に参加したが、佐伯惟定も、二百〜三百の手兵を率いて従軍したという。

文禄二（一五九三）年五月、豊臣秀吉は、大友義統が、平壌を固守していた小西行長の救援を怠り戦場を離脱する卑怯な振舞いがあったという理由で、義統の所領豊後を没収した。大友吉統は、改易により、本国豊後国を失った。佐伯惟定も、これによって佐伯の所領を失うことになった。惟定は、佐伯を去って、宇和島に渡り、親交のあった藤堂高虎に随身した。

十三　毛利氏と御手洗氏

文禄二（一五九三）年六月、豊臣秀吉は、宮部法印継潤、山口玄蕃頭宗永を奉行として、豊後国の検地を実施し、太閤蔵入地とした。この宮部管轄分が、後の佐伯藩領に引き継がれたものと思われる[(1)]。閏九月、太田一吉ら諸将に、豊後国大野郡・直入郡・大分郡・海部郡の北部（臼杵地方）が分与された。宮部継潤は、残り分を蔵入分の代官として管轄した。

文禄三年一月二十八日、宮木長次（宮城豊盛）は、豊臣秀吉から、豊後国日田・玖珠郡五千石（領地は不明、居城は日田郡隈城であろう）の代官給で、蔵入地（五〜八万石？）の支配を命ぜられた。ほぼ同時か、やや遅れて、毛利高政が日田・玖珠郡の領地（二万石）を拝領し、宮木とともに、両郡の蔵入地の支配を命ぜられたものと推測されている[(2)]（居城は玖珠郡角牟礼城か）。

四月十一日、豊臣秀吉は、近衛伊尹の薩摩左遷を決し、石川久五郎に尼崎から日向細島までの警護を命じた。

同二十七日、近衛信尹は、佐賀関の者七郎左衛門尉を細島への案内者として雇い、豊後の蒲江を出発した。

同二十八日、近衛信尹、細島着。新納忠元は、島津義久から信尹の出迎えを命ぜられ、細島で信尹の接遇にあたった。当時、細島は、高橋元種の県（あがた）（のち延岡）領であった。

文禄四（一五九五）年九月二十一日、豊臣秀吉が、毛利高政に、日田郡内二万石を与えた。朱印状

（1）楢本譲司「佐伯藩政の確立と近世農村の成立」（『大分県史　近世篇Ⅱ』昭和五十八年）

（2）豊田寛三「佐伯藩と温故知新録一の所収史料について」（『佐伯藩史料温故知新録』一、平成七年）

の写が「諸旧記」（『温故知新録』一）に収録されている。これによると、父に一千石、弟権六に一千石を配分し、一万七千石の軍役を勤めよ、とある。宮木の代官は廃され、日田を去ったという。以後、慶長五（一六〇〇）年九月まで、毛利高政が、日田・玖珠郡で二万石の領地を持ち、角牟礼・隈両城を拠点として、両郡の蔵入地全体（八万五千石）の代官であったと推測されている。(3)

文祿四年七月十九日、島津義弘は、大坂を出船し、同二十四日、細島に入港した。

文祿五年閏七月二十一日、近衛信尹は、帰京にあたって、細島に着き、同二十三日、出船した。

慶長元（一五九六）年六月二十八日、藤原惺窩は、当世に善師のいないことを憂い、渡明を決意して、京都を発し、同七月瀬戸内海のトモ・伊予のミツクエから、同七日、豊後嵯峨関泊。八日、米水津・入津を経て、晡時（ひぐれ）、蒲江の津に泊まった。

「南航日記残簡」(4)に、「八日、暁発。風荒波高。経ヨナウ津ニウ津。晡時泊カマヱ之津。此津風景奇勝。昔者家千間。乱後纔数ケ」云々とある。ここに乱後とあるのは、天正十四年の島津氏の豊後侵入をさすのであろう。『大分県政史　風土沿革通史篇』(5)には、「南航日記残簡の慶長元年の条によれば、豊後蒲江津は昔者家千間と云われるから、中世において凡そ五千内外の人口を擁したものとされるのである」とある。

御手洗信夫「御手洗家の今昔」（『わが一生』）には、「北九州の戦国大名、大友宗麟が有名なのは、外国貿易つまりポルトガルや明国との通商、それにザビエルなどを招いたり、自ら受洗したり、日本ではじめて遣欧使節をローマ法王庁に派遣したりして、西欧文明との接触を深めた異色の領主としてであったろう。鉄砲や火薬ばかりでなく、日本には珍しい品物の数々が府内にもたらされた。蒲江の御手洗一族が、この地方の豪族として擡頭する時代が、ちょうどその頃と重なりあうのではないかと考えている。というのも、家に遺る当時の箱書など見ても、筆跡がみな同じなのである。府中を中心に物が集まるという機会でもない限り、この田舎にその頃の物が遺っている理由がないからである。

（3）同注（1）

（4）太田兵三郎ほか編『藤原惺窩』（日本教育思想大系9）日本図書センター、昭和十二年（昭和五十四年復刻）

（5）富来隆「守護大名の成長」（『大分県政史　風土・沿革・通史篇』大分県政史刊行会、昭和三十一年）

それは同時に、佐伯藩に仕官しないまでも、主家との出入りを通して家に持ち込まれたことを証するものであろう」とある。

御手洗玄蕃信好の四男監物信武は、蒲江浦に移住し、蒲江浦御手洗家の第一代当主となった。蒲江浦に移住した正確な年次はわからないが、毛利高政の佐伯入部以前に、すでに蒲江浦に移住していたものと思われる。御手洗信夫「御手洗家の祖先」には、

> 竹野浦の御手洗惣家から後に同じ豊後を南へ下った蒲江浦と、さらに日州の細島に分家を出すようになったのは、おそらく一族郎党の人数が増えたからであろう。もともと耕地の狭い土地柄であるし、漁撈にしても一カ所に固まっていたのでは不利である。あるいは佐伯藩に対する無用の刺激を避けるという思わくもあったであろうか。そうした立地条件や安住の妨げとなるような要因をつとめて排除していく意味でも、分家は必然のなりゆきであったと想われる。『巴の鏡』(6)では、一族の分散はなによりも食いつなぐことを考えての、急場を乗り切る策だったとしている。信秀三兄弟のうち次男の信重は、蒲江の里に分家していった。上陸したところは蒲江の泊浦であった。そこには熊野から移って来たという先住民が居ついていた。しかし話し合いで摩擦もなく分家の一族郎党が落ち着くことになる。末弟の三男信忠はまだ十歳に満たなかったので、女手も加えて、これもまた暮らしや自衛に必要な人員を割いて、日向の細島に分家することとなった。
>
> 以上の兄弟分散は、物語の趣向として組まれた仮構であったろうか。実際には蒲江に分家した御手洗の祖は前述のように信秀よりかなり時代は下っている。次の系図は御手洗一而氏の教示にあずかったもので細島のそれは、現在の「清原系図」によって転記したものである。

(6) 御手洗一而『豊後御手洗一族物語　巴の鏡』応永－明応編、茗光社、昭和五十三年

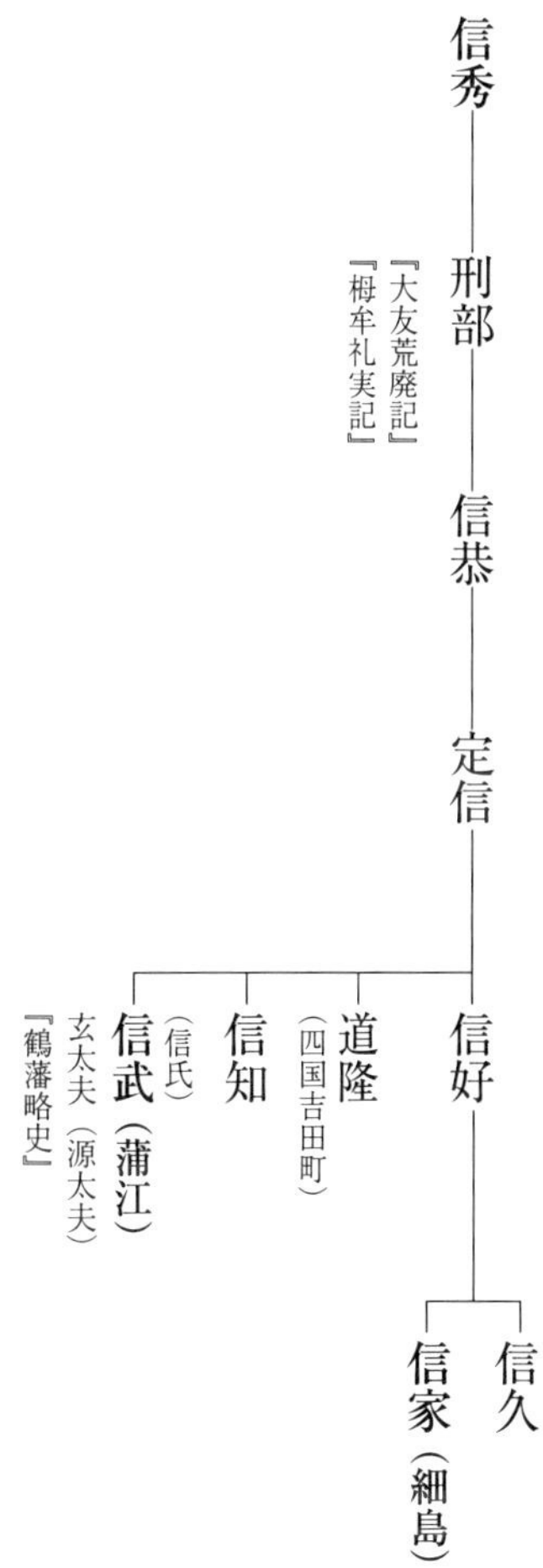

現存の「清原系図」には、「三男監物信武、蒲江居住」の記載がみえる。しかし御手洗一而氏が示された系図には、図のように嫡男信好の次に道隆という命名に「信」を冠しない異腹の兄弟と思われる次男道隆がはいっている。すると三男は信知であり、蒲江に分かれた源太夫信武（信氏とも）は、実際は四男ということになる。

とある。前出「御手洗家の今昔」には、「蒲江の御手洗家一族が竹野浦から分かれて、この土地に船をつけたところは泊浦であった。屈強の漁場で魚が食べられるということは、食糧源として何より大きな強みであったが、周辺は山で農耕に適する土地は狭かった。この点は竹野浦の場合と似たような条件にあった。米作はないので主食は雑穀にたより、青果物も土地の性質や気候に合ったものをくふうし、あるいは開発して、なんとか自給できる程度にまかなってきたものであろう。一族が泊浦に着いたのは、旧暦の大晦日であったと伝えられる。なぜそんな日にと思われるが、ともかく明くればお正月であった。餅の用意などあろうはずもない。当時蒲江には、すでに熊野水軍の落人といわれる先住の七軒株（ここでは組といわず株という）が住みついていた。案ずるより生むがやすしで、この人たちとの話し合いもついて、新来の一族はあたたかく迎えられた。ある家はお茶をもってくるし、ある家は畑作の里芋をもってくる、また薪木をもってくる家もあるというふうに、差し当たり暮らしに必要なものを供与してくれた。こうして蒲江での初のお正月は、紀州七軒株の思いもかけぬ温情で迎えることができた。その元旦のお祝いは、餅がないので里芋の雑煮をこしらえたという。この話は、わが家に代々語り継がれてきたものである。私も何度か母から聞かされたものであった。わが家が代々元日に里芋の雑煮を食べるのは、右のような故事によるものであった。しかし、この家内伝承も父の時代になってから、子どもが多いので改められ、以来わが家の元日は普通の家庭なみに、お餅の雑煮を祝うようになった」とある。

　慶長元（一五九六）年九月、豊臣秀吉は、明使楊方亨を大坂城に引見し、表文の無礼を怒り、追い返した。秀吉は、徳川家康の諫止を斥け、朝鮮への再度の出兵を決した。ちなみに、『系図纂要』毛利高政譜には、「慶長元（一五九六）年加日田郡一万石居隈部城又預日向（田）玖珠二郡合六万石」とある。

十四　日向細島の御手洗氏

慶長二（一五九七）年一月、日本軍は、再征のため朝鮮に上陸した。二月、豊臣秀吉は、朝鮮出兵の諸将の部署を定めた。この再度の朝鮮出兵に、佐伯惟定は、藤堂高虎の一武将として出動した。三月二日、玄与は、鹿児島に下向するため、大坂で島津義久に暇を述べ、同十七日、細島に着いた。

慶長三年八月、豊臣秀吉（六十三歳）、没。十二月一日に、前田大納言利家の館で、秀吉の遺品を諸大名へ下された時、毛利高政は、助広（摂州住藤原助広）の刀を拝領した（国表より送来る毛利高政公事跡覚『温故知新録』一諸旧記一四）。『系図纂要』第八宇多源氏の項の毛利高政伝に、「(慶長）三年加八千石移佐伯城」とあるが、佐伯城の築城は、慶長九年からであり、慶長三年に八千石の加増があったかどうかについても未詳。

慶長五年、関ケ原の合戦に呼応して、豊後国内では、速見郡石垣原合戦をはじめとする内戦があり、隈・角牟礼城の毛利高政は、戦陣を開くことなく、両城を東軍（徳川方）の黒田如水に引き渡したという。高政は、石田三成の催促に従い大坂城に参ったが、直に徳川方に帰参したという。[1]毛利高政譜（『系図纂要』第八宇多源氏）には、「(慶長）五年復本知二萬石改伊勢守」とある。

慶長六年二月（一説に四月五日）、徳川家康から、海部郡佐伯二万石を拝領し、戸倉・沼・岡崎・磯部・西名・斎藤・坂本・羽野・高瀬などが陪従して佐伯に入った。佐伯二万石は、塩屋・下野・古市・上岡・切畑・下直見・上直見・赤木・仁田原・横川・因尾・中野・上野・大坂本・床木・長瀬・久

（1）豊田寛三「佐伯藩と温故知新録―の所収史料について」（『佐伯藩史料温故知新録』一、平成七年）

部・堅田・木立・海崎・戸穴・狩生・津久見・上浦・中浦・下浦の二十六カ村で、東は水の子島より西は因尾村樫野峯（本匠村）に至る二十一里、南は下浦村斗枡崎（宮崎県北浦町）より、北は津久見村宮野嶺に至る十三里二十町であった[2]。

慶長六年九月二十三日の毛利民部大輔（高政）宛片桐市正且元「豊後国日田郡玖珠郡内御蔵入目録[3]」によると、

玖珠郡	九ケ村	一万二八八二石余
日田郡	十六ケ村	一万五〇七〇石余
合計二十五ケ村		二万七九五三石余

となっている。

毛利高政は、佐伯入部と同時に、弟吉安に床木・汐月・西野・府坂・棚野・石打・波越・泥谷・津志河内・柏江の十カ村高二千石を分知した。

御手洗定信長男の玄蕃信好は、毛利高政に仕えたという。米水津、蒲江、細島（信好の次男信家は細島に一家を起こした）に居を構えた御手洗氏は、次第に勢力を延ばして、この地方の豪族として台頭していた。

細島は、日向国臼杵郡のうち、米ノ山の北麓に位置し、北側には入江の深い天然の良港があり、東部は日向灘に面している。古墳時代、細島港を見下ろす鉾島神社後方約五〇〇メートルの山腹に、円墳一基（細島古墳）が築かれた。建久八年の「日向国図田帳写」に、弥勒寺領富高三十丁が見え、領家は八幡別当、地頭は土持八郎信綱となっている。細島は、この富高荘内日知屋のうちに入っていたものと思われる。正平二（一三四七）年九月二十日、南朝方として活躍し、阿蘇大宮司になっていた

（2）平山小文治著・増村隆也訳『鶴藩略史』佐伯史談会、昭和二十三年
（3）『佐伯藩史料　温故知新録』二、平成九年

恵良惟澄は、日向国臼杵郡塩見・富高郷を、一族の草野澄算の恩賞として所望する注文を出し、同十一月九日、懐良親王令旨によって宛行われた。文明六年頃、日知屋は、伊東氏の重要な拠点となっていた。元亀三年以前から天正六年頃、日知屋の地頭は福永氏であったが、天正六年正月十七日、「日地屋之地頭福永新十郎」は、島津義久に初めて参じた。天正六年四月、大友氏は、土持氏攻略を行い、五月三日、大友義統は、薬師寺兵庫助に、日向行きの兵船の準備とその活躍を誉め、日知屋在陣の辛労をねぎらった。大友氏の日向計略にとって、細島は重要な位置にあり、日智屋城をめぐって、島津氏と一進一退を繰り返していた。同十一月、高城周辺での合戦で、大友氏は大敗し、日知屋も島津領となったが、天正十五年十月、豊臣秀吉の九州仕置により島津征討に功のあった豊前国香春城主高橋元種が、県（のち延岡と改称）五万石に封ぜられ、細島もこの高橋領となっていた。

御手洗信夫「御手洗家の今昔」（『わが一生』）には、「現在、日向市細島の御手洗家には、早くから渡辺と名乗る同族が同じ日向の富高にいることを聞いていた。系図をみると、細島の初代信家の兄に当たる嫡男信久は、日向の延岡城下の渡辺という家から妻を迎えている。つまり御手洗が細島に分家してから早いうちに、渡辺氏と縁故関係を結んでいるわけで、古くからの同族である。いつのころであったか、蒲江の網元が仕かけた巾着網が宮崎県の海域、つまり県外の漁場にはいったことがあった。そのことで先方と掛け合いに行った者が聞いてきた話で、『大分県の蒲江に御手洗という家がある。それは私たちの一族であるから、帰ったらこちらに一度来るように話してくれ』と伝えてくれた。また、いまから十六〜七年前になろうか。長田という網方が、宮崎県に行ったときにも、御手洗一族が富高にいることを確かめてきた。富高のことは、かねて私が母親からも聞いていたが、いまだに訪ねる機会もないままになっている」とある。

六月十六日、豊後国海部郡竹ノ浦御手洗玄蕃（信好カ）は、検地帳を差し出した(4)。

九月六日、玖珠・日田・速見郡で一万四千石が、片桐且元・賀藤喜左衛門から久留嶋康親に与えら

（4）慶長六年六月十六日日竹野浦御手洗玄蕃『入津・米津高』竹野浦御手洗庄屋文書（浜田平士ほか『村の古文書』其の四・其の五、米水津村教育委員会、平成十六年）

れた[5]。

九月二十三日、毛利高政は、先領の日田・玖珠郡二万七千九百五十三石余の預所を命じられた（元和二〔一六一六〕年八月の石川忠総の日田入部まで続いたという[6]）。日田・玖珠郡は、①毛利高政の預かり地、②森藩（久留島氏）領地、③代官小川光氏支配地に分けられ、角牟礼城は、毛利氏の支配から、久留島氏の支配となった[7]。

十二月、関十左衛門は、佐伯知行高百五十石の目録を頂戴した（毛利家給人等出仕書上写「諸雑記」『温故知新録』二）。兵部（姓氏未詳）は、文禄年中に毛利民部大輔高政から召出されていたが、この年十二月、新知の仰せを被った[8]。

この年（慶長六年）、佐伯藩士益田金兵衛は五百石、并河采女は五十人扶持、西名兵右衛門は百石、鷲塚市左衛門は二百石を拝領した。

当初、毛利高政は、かつて佐伯氏が拠点としていた栂牟礼城（弥生町・佐伯市）に拠った。しかし、栂牟礼城は、近世城郭としてはなにかと不便であった。

（5）『佐伯藩史料　温故知新録』二、解説

（6）同注（2）

（7）同注（1）

（8）宝永六年毛利家給人等出仕書上写、『佐伯藩史料　温故知新録』二、諸旧記六九

十五　蒲江浦王子大権現の再興

慶長七（一六〇二）年五月、毛利高政は、徳川家康の推挙により、従五位下伊勢守に叙任された。この月、叙任御礼のため、家康のいる伏見城に赴き、お礼を言上し、その際に、新佐伯城築城の許可を得たという。[(1)] 高政は、栂牟礼城を捨てて、八幡山（城山）に城を築くことにした。

七月二十七日、蒲江浦の王子権現を再興した。

【史料19】『当浦日記』第二丁

当浦王子大権現御棟札記

右棟札天長二巳年御鎮座之年と相見候得と不明

神主　疋田権太夫

願主　河野子孫

王子宮　　太郎兵衛道安

正殿　壱宇　大工

慶長七癸亥年　源矢　仁右衛門

七月二十七日　同

宮本嘉兵衛

（1）山内武麒ほか『佐伯市史』池田利明、昭和四十九年

鍛冶

米良　新四郎

惣氏子中

東光山

文化元丑年迄二百一年也

当社御鎮座天長二年巳歳より

文化元丑年迄凡九百七十八年ニ也

右慶長以前者之無御小社斗と相見候

また、佐伯御領分中古社鎮座由来（「諸雑記」『温故知新録』二）には、

一王子権現

往昔御鎮座之始者記録無御座候、慶長七壬丑年七月廿七日再興仕候節之棟札御座候、

とある。

【史料20】 増田松五郎謹写『王子神社由緒』

抑本社ハ紀伊国東牟婁郡本宮村字祓戸鎮座熊野神社ノ御分霊ニシテ神武天皇即位五十八年ニ鎮座ノ古社ニシテ伊弉册命ヲ熊野牟須美神ト称ヘ奉リ、御神功ハ人種ヲ創定シ国土ヲ修正シ日月ノ神、及、諸神ヲ生ミ、国家万世ノ大業ヲ起シ給ヒト、人生大祖ノ大神ニシテ古来ヨリ聖主ノ鳳輦ヲ彼ノ地ニ枉ケ給ヒ親シク奉幣アリシ御歴代ヲ挙レバ神武、崇神、応神、天武、平城、清和、宇多、

花山、崇徳、後鳥羽、後嵯峨、亀山、堀川ノ諸天皇及ビ白河帝ハ参度、後鳥羽帝ハ拾壱度、後白河帝ハ参拾四度御行幸アラセラル。如斯御尊崇ナル神社ナリ。茲ニ天長二乙巳淳和天皇御宇紀南熊野ノ人来蒲シ、紀州熊野三社タル伊弉册命並ニ御子那知山ニ坐マス事解男命同御子新宮ニ在マス速玉男命三社ノ御分霊ヲ御勧請セリ之レ始メテ祭ル氏神ニシテ、当時七戸ノ祭神ナリ。降テ天正年間ニ至リ伊予領主河野四郎通信、土佐守長宗我部元親ニ亡ホサレ、其家臣河野太郎兵衛道安遁レテ豊後ニ来リ当所ニ居住セルモノ。願主ト為リ、慶長七年七月二十七日本社並ニ正殿一宇ヲ創立ス。是本町中興ノ祖ニシテ当時氏子三十七戸ナリ。同年佐伯領主毛利公御入国（以下略）

王子神社は、慶長以前は、御殿はなく小社ばかりであったという。

この年、近江国安土の人で、軍学・地理に詳しい市田五郎左衛門尉祐定が、毛利高政の招きに応じて佐伯を訪れた。高政は、祐定が織田氏の遺臣で、かつて安土城築造に参加したことを知っていたので、これに新城の縄張（設計）を頼み、共に旧城に登って佐伯の地形を見て、八幡山の地を相して、ここに堅固な平山城を築くことにした、という。[2]

この年秋、佐伯城築造に着工した（築城については、慶長九年説・十一年説もある）。

（2）同前

十六　毛利高政と御手洗玄太夫（源太夫）

慶長八（一六〇三）年、毛利助十郎高成（たかなり）、江戸に誕生。母は、木曾伊予守義政二女。父は、毛利高政（四十五歳）[1]。

この年、佐伯藩士梶西金左衛門は、六十石を拝領した。

慶長九年八月、毛利高政は、江戸築城のための大石の運送役を課された。この時、豊後では、府内藩主竹中重利、臼杵藩主稲葉典通にも運送役が課されている。これは、沿岸に領地を持っていたために課されたのであろうという[2]。高十万石について石一一二〇の運送、船三百八十五艘の拠出が、岡山藩主池田輝政・広島藩主福島政則・熊本藩主加藤清正ほか、全国の三十の大名に命じられた。

この年、蒲江の漁者源太夫（玄太夫）は、毛利高政公に、鰮魚（いわし）を献上した。高政が、鶴屋城の築造に取り組んでいた時のことという[3]。着任早々の佐伯藩毛利家では、藩下の産業振興をはかる意味と財政面の期待もあって非常に喜ばれ、格別の恩賞を下された。『鶴藩略史』（増村隆也訳）に次の記載がある。

【史料21】 増村隆也訳『鶴藩略史』

一日、蒲江浦の漁者源太夫、鰮魚（いわし）を献じて祝ひて曰く、佐伯の富の源にして、百浦の名産なり

(1) 山内武麒ほか『佐伯市史』昭和四十九年

(2)『佐伯藩史料　温故知新録』二、解説、平成九年

(3) 羽柴弘ほか編『蒲江町史』大分県南海部郡蒲江町、昭和五十二年

〈按ずるに、佐伯の地たるや、東南海となし、俗に九十九浦と云ふ、民皆釣網に衣食す、漁利鰮を最となす、遇々其の群聚海を蔽ひ、之を網すれば獲ること則ち丘陵の如く、之を煮て灯油を搾取し、又其の糟を曝し以て之を粉砕し、これを田畝に糞（つちか）へば、則ち土壌膏腴（肥える）す、異邦の人之を称して佐伯乾鰮（ほしか）といふ、販路大いに開け、その利測るべからず、前言敢て誇誣（いつわり）に非ざるなり〉

公（高政）大いに悦びて、即ち酒を命じ、下し物をなし、因て永世其の田租〔租額五石〕を免じ以て賞す

この蒲江浦の源太夫は、のち大庄屋にもちいられた泊浦の御手洗氏である。『米水津村誌』には、「日夜築城に勢中していた高政にとって、この源太夫のイワシ献上は、連日、築城の夫役（ぶやく）に精を出していた百姓に、栄養活力の源となったであろうことは想像にかたくない。それと同時に海産物による藩財政の充実も考えたであろう。それ以後、下浦（米水津湾から、入津・蒲江湾一帯）を魚の宝庫として重視し、数々の『触書』を発給している」（『御手洗文書』）とある。米水津村竹野浦御手洗玄蕃信好の三弟（一説に四弟）にあたり、相携えて下浦の豪族として、漁業により富をなし、海上支配の豪士的存在であった。(4)

この年（慶長九年）、佐伯藩士豊田新兵衛は、三百石を拝領した。

慶長十（一六〇五）年十月七日、知行高検地が行われた。佐伯藩の領内は、木立村（五九三石五四〇）、古市村（一〇四四石七一一）、大坂本村（六八五石一二七）、戸穴村（一七四三石六三六）、赤木・仁田原村（一二九八石七四五）、因尾・横川村（七八七石八八八）、竹野浦（五八〇石一九〇）、上野・中野村（一六七一石六五三）、久部・長瀬村（六六六石八六三）、塩屋村（四三六石八九〇）、松浦・吹浦（一一五石八二九）、上直見・下直見村（八〇一石五七〇）、切畑村（一〇八七石〇二二）、津久見

(4) 同前

村（一四八五石九六八）、下野村（七三七石三七二）、堅田村（四八〇六石八五二）、床木村（四五五石四六〇）の十七浦に編成されていた。領知のうち、二千石は弟吉安の知行となっていた。吉安の分知領は、床木村の大半と、堅田村のうち塩月村・柏江村など九カ村の都合十カ村であった。

この年、毛利高政は、徳川秀忠の上洛に供奉した。

慶長十一年一月二十四日、毛利高政は、農耕奨励の掟書五カ条を発した（佐伯市染矢文書[5]）。

【史料22】 慶長十一年下野村毛利高政掟書（佐伯市染矢文書『大分県史料』26－二一二）

掟

一　耕作仕つけ候時分は、おとこの儀は申すに及ばず、をんなもあり次第まかり出で、田畠の草とり申すべく候　田畠のくさは一番くさ、二番くさ、二番三番四番くさまでとり申すべき事

一　田畠仕つけ候時分、おとこの儀は申すに及ばず、をんなもうちに居候はば見あいしだいにきゆうめい（窮命）せしむべき事

一　かうさく仕つけ候間ハ、朝めしもひるめしも夕めしも、女らもかうさく場に持出しくわせ申すべく候宿にもどりめしたべ候はば曲言（くせごと）たるべきこと

一　野原に牛馬つなぎ候事はくるしからず候　田畠ちかき所にむさと牛馬をはなちおき候事くせごとにて候此後牛馬をはなちおき、田畠の立毛くわせ候はば、其牛馬のぬし、くせごとに行うべき事

一　みちより外、田畠の中をすじかいにとをり候事くせごとにて候　法度の旨堅く郷中相ふれ、此のちとおりしもの候はば、からめとり此方につれきたり候はば褒美加うべき者也

右条々郷内其庄屋として堅く相ふれ申す可く候、若此の旨相そむくものあらば、くせごとにおこなうべきもの也

（5）渡辺澄夫ほか編『大分県史料』26－二一二、昭和四十九年。『佐伯藩史料　温故知新録』一、古御書写四

慶長十一年正月廿四日

伊勢守（花押）

以上、要約すると、

①農繁期には、農民全員が耕作場（田畠）へ出て、何度も草取りをすべきこと

②農繁期に、男はもちろん女も家に居る者を見付けたら、究明すること、女性も耕作場に出て食事をすること

③耕作時は、三度の食事は田畠でとること

④野原に牛馬をつなぐことはかまわないが、田畠に近いところでの牛馬の放し飼いは禁止する、

⑤道から外れて田畠の中を通行することを禁止する

というものである。

この年、佐伯城普請、竣工。鶴ケ城と唱え、天守は三重で南向きであった。矢倉は五カ所。本丸横の広い所は十三間、狭い所は十間ないし十一間。ただし、一の門より黒門まで四町五十三間、地形（台地）の長さは八十九間であった。天守は九間四方。石垣の高さは二間四尺、長さは三十九間。城山麓の惣廻りは二十七町二十間、麓から本丸地形（台地）まで直立九十間。本丸より白片（白潟）峠まで差渡し五町、亥（北北西）方にあり、臼坪山まで八町で、丑（北北東）方に当たる。御殿広間・御台所・御家中の者の詰所も数多く普請した。城の丑寅（北東＝鬼門）に当たる臼坪村という所に五所大明神（加茂・春日・住吉・梅宮・稲荷）を配し、尊崇した。これが則ち宗廟であり、内町・塩屋村・中村・松ケ鼻までの氏神で、八月十五日・十一月十五日の祭礼とした[6]。

慶長十二年正月二十五日、徳川家康は、江戸城を秀忠に譲り、自らは駿府に移るために、駿府城の拡張整備を命じた。毛利高政も、池田輝政らとともに、「此事にあづか」ったという[7]。この時、越前・

（6）佐伯茶飲話。『温故知新録』、『佐伯市史』、『米水津村誌』

（7）慶長十二年正月廿五日条「台徳院殿御実紀」巻五

美濃・三河・遠江の諸大名に費用を課し、人夫を出させたとあるが、高政の具体的な負担は未詳。

五月七日、佐伯藩の戸倉二代目織部重之（はじめ惣八郎と称した）は、家督継承を認められ、千石を賜わり、家老役となった。

この年、佐伯藩の元武士と思われる百枝村吉田甚右衛門に、三十石の土地「永代」、「扶助」を行った。

慶長十三年十二月三日、豊後佐伯藩主毛利伊勢守高政は、蒲江玄太夫・川内四郎左衛門・乙名百姓・小百姓に宛てて、新地開拓、公認の弦掛枡による年貢納入の公明性を図ること、公定の口米以外の払出し禁止、米の無駄をしないように、米の精選に留意すること、などを諭すような触書を認めた（史料編1参照）。この頃、御手洗玄太夫は、蒲江浦庄屋として活動していたものと思われる。さらに、同内容の触書が、翌日の日付で千怒村喜兵衛・乙名百姓・小百姓宛にも出されている。

十二月七日、毛利九郎左衛門吉則・毛利主殿吉政は、藩主の意をうけて、蒲江川内の乙名百姓・小百姓に宛てて、蒲江川内村庄屋四郎左衛門が耕作地をどれほど持っていようとも、高十石分の公役は免除し、残りの分はどれ位あっても百姓並に諸夫役を勤めさせること、庄屋が無理難題を吹きかけ百姓が迷惑するようなことがあれば、必ず両人まで届け出るようにと伝えた（史料編2参照）。

十二月十二日、毛利高政は、彦野内村善内・乙名百姓・小百姓宛に、史料編1と同内容の触書を認めた。

十二月十三日、毛利高政は、猪串浦源四郎に宛てて、源四郎が、他国よりの流牢人を自分の屋敷に住み込ませ、荒れ地を開墾したことを賞揚した（『蒲江町史』所収、猪串浦塩月正行家蔵文書[8]）。

【史料23】 慶長十三年十二月十三日　毛利高政扶持宛行状（猪串浦塩月家文書『蒲江町史』）

其村他国之牢人共召置き、田畠荒れ候所起し申し、諸事馳走せしめしに付褒美として遣わし候、

（8）同日付の浦代浦又右衛門・九市尾浦新左衛門に宛てた同内容の毛利高政扶持宛行状が『温故知新録』古御書写に収録されている。古御書写一・二四・二九・三〇・三二参照

以来までも油断無く馳走致すべく候、扶助として其方居屋敷方指出し候ごとく、廿五歩高八升永代指遣わし候条すべて拝領致す可き者也。尚来年の義は役目ゆるし遣わすべく候間其意を得べく候　以上

毛利伊勢守

高政（花押）

慶長十三申ノ稔

十二月十三日

いのくしうら

源四郎へ

十二月二十日、毛利吉則・吉政は、千怒村乙名百姓・小百姓および彦野内村善内に宛てて、史料編②とほぼ同内容の通達を出した。ただし、千怒村・彦野内村の庄屋役控除分は高三石となっている。

この年（慶長十三年）、藤堂高虎は、伊予から伊勢に転封となり、佐伯惟定もこれに従った。

慶長十四年四月二十四日、小倉藩細川忠利と小笠原秀政娘（徳川秀忠養女）千代姫との婚礼が執り行われた。毛利高政や日出藩主木下延俊らも出席した。千代姫には、秀忠から玖珠郡小田村に化粧田一千石が与えられた。これにより、毛利氏支配地千石が減少した。

十二月五日、毛利伊勢守高政は、藩内の浦々に、来年は普請などの諸夫役を宥めるので、正月五日から荒れた田畠を開発するように命ずる触書を出した。竹野浦御手洗庄屋文書に、次の毛利高政触書が伝えられている（浜田平士ほか編『村の古文書』其の四・其の五、米水津村教育委員会、平成十八年）。

【史料24】 慶長十四年十二月五日　毛利高政触書（竹野浦御手洗家文書『村の古文書』）

尚以来年之儀
やくめゆるし使
申満しく候間其心得
態申触候
可申候以上
一来年者普請諸
事役目ゆるし可申候
間其心得候而正月五日
より荒地田畠起
可申荒地無之所者
きり者多なり共
仕作可申候事
一井と不足なる所者
ほりたし可申事
一井手普請正月五日
より急度可仕候事
一面々家普請無由
断致し有付候様ニ
可仕候并家王らかき
かやかきニ仕候儀

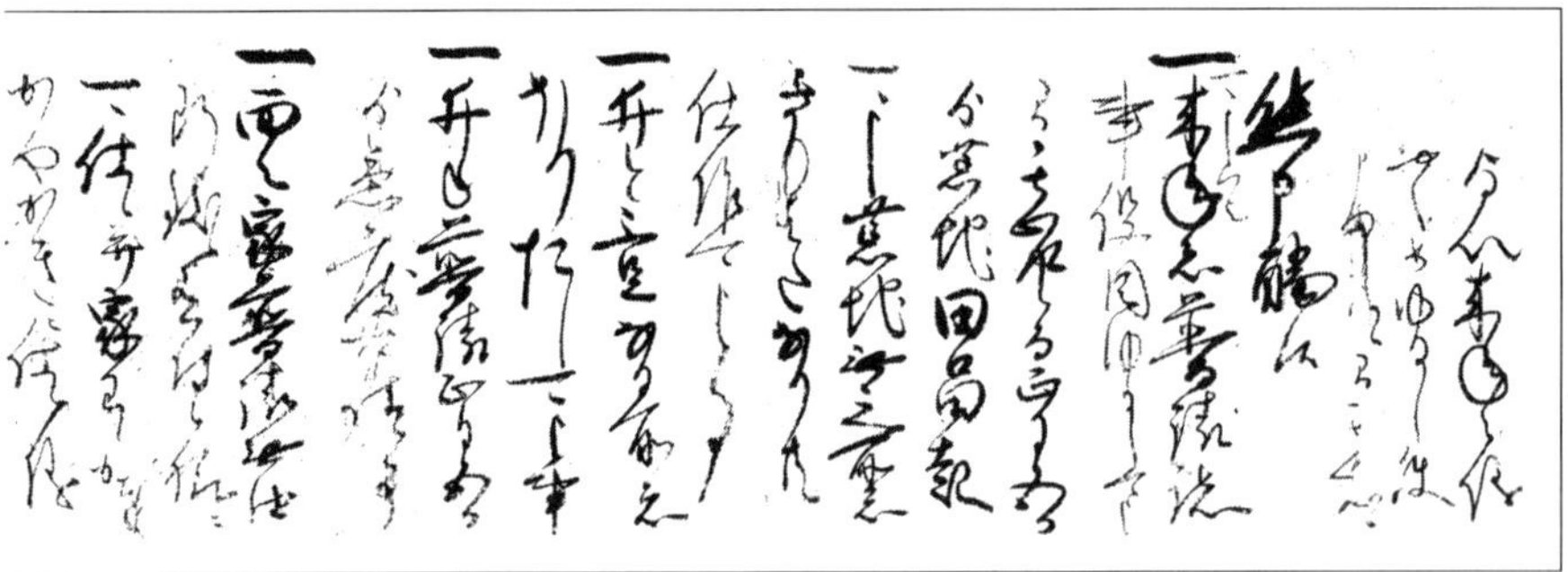

慶長14年12月５日　毛利高政触書（竹野浦御手洗家文書）

曾而無用ニ候ぬり
かべニ悉々念を入うら
を返し可申候王ら
かきなとハ火用心悪
敷候間さて申遣候事
一前より走候百姓於有之者
役目抔をゆるし申候間
可罷帰由申触候而
よひこし可申候他所
他国より参候百姓於
有之者致馳走有
付可申候猶図書九郎左衛門
主殿より可申遣候也

伊勢守

慶長拾四年

十二月五日　高政（花押）

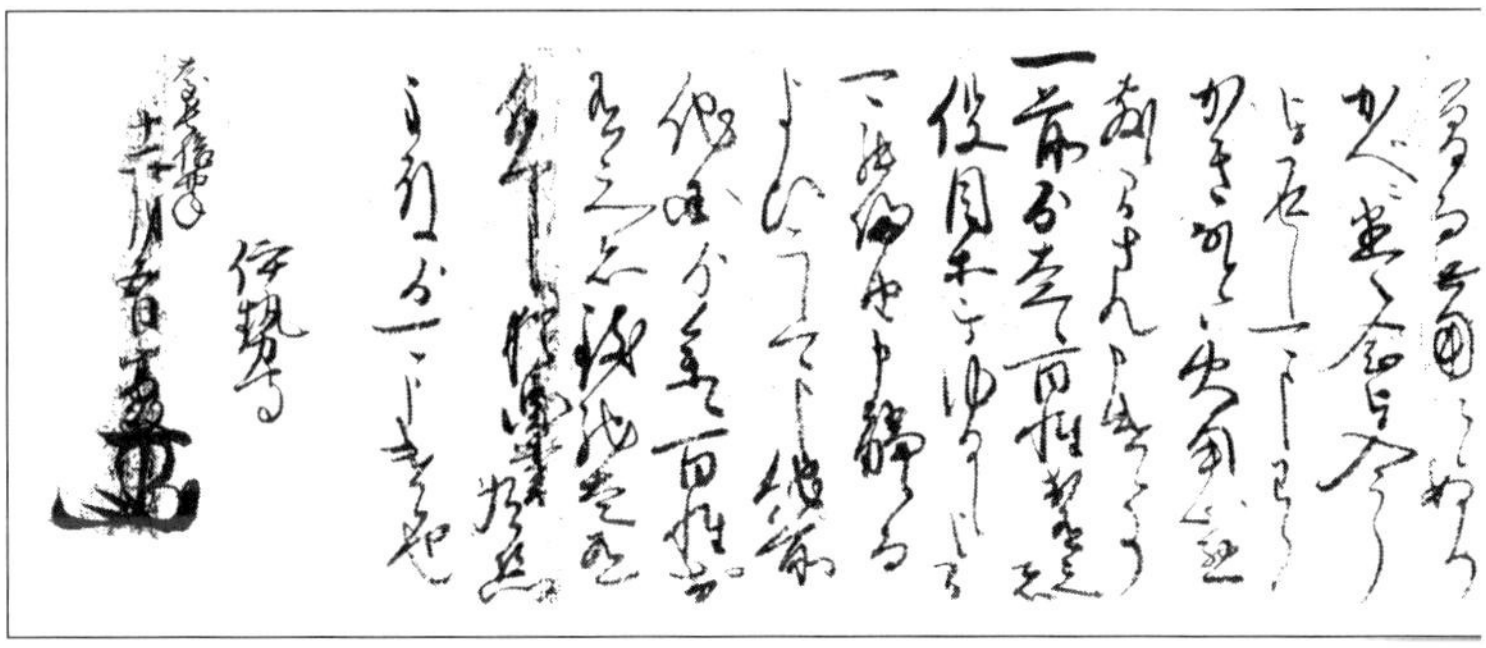

これによると、農地の再開発とともに、新規開発も奨励し、水源の確保・井手の修復、家普請を奨励して、農民の定住をはかり、藁垣や茅垣を禁止し、塗壁も裏まで念を入れるように注意し、火の用心にも配慮している。また、逃亡農民の呼戻しを勧め、他所から百姓が入ってきた場合は、優遇して定住させるようにと命じている。吹浦・千怒村・彦野内村・猪串浦に宛てた同文の触書も「古御書写」

（『温故知新録』一）に収録されている。

十二月二十二日、毛利高政は、竹野浦の御手洗左京信知に、竹野浦・小浦・浦代・色利・大嶋の肝煎を命じた。

【史料25】 慶長十四年十二月廿二日　竹の浦左京宛毛利高政判物（竹野浦御手洗家文書）

其方ニ肝煎申
付候浦々在々之事
一竹乃うら
一こうら
一うら城
一いろ里
一大志万
右五ヶ所肝煎之
事今日より其方に
申付候年貢納所
浦方山方其外諸
公役無緩可申付
者也仍如件
　　伊勢守
慶長十四酉
十二月廿二日　高政（花押）

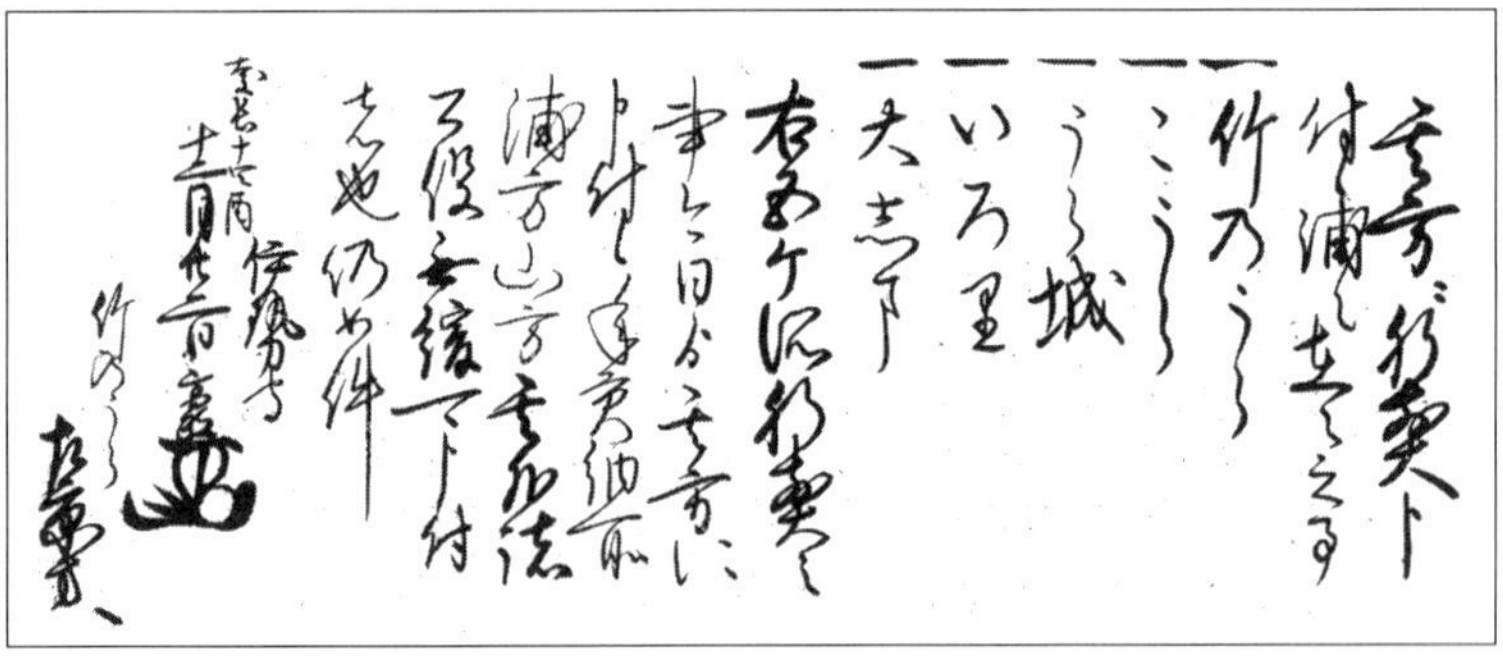

慶長14年12月22日　竹の浦左京宛毛利高政判物（竹野浦御手洗家文書）

竹乃うら
左京方へ

この肝煎は、いわゆる大庄屋に相当するもののようである。

慶長十五年、藩主毛利高政は、徳川家康が尾張国名護屋城を築城するにあたり、御手伝を勤めた。高政は、「各人数に家臣をそへ出し、名古屋の地に仮舎を設けて群参」したという。この時も、駿府に参勤した諸大名が動員され、加藤清正・黒田長政・細川忠興ら「西国・北国のともがら」が群参した。豊後では、日出藩主木下延俊・府内藩主竹中重門(利)・臼杵藩主稲葉典通が負担している。

慶長十六年三月、幕府は、諸大名に、禁裏修造の役を課した。

この年かと思われる十一月二十七日、毛利高政は、蒲江源太夫に宛てて、村内の田畠の荒れた所に生え出した竹木は残らず伐り、その竹木を必要とするところに遣わすように、そのまま放置すれば田畠が失せてしまうので、起こされる所は起こし、今年中・明年正月中には皆、伐り取り、自身は勿論、小百姓にも取らせるように、また、田畠の中に生え出しているような木があれば伐り取るように触れ出した（史料編3参照）。佐伯藩では、慶長十三～十四年頃、頻りに農地開発が奨励されていたが、再び荒れ地が目立つようになったのであろう。期限を定めて、田畠に生え出した竹木の伐採を奨励している。なお、同日付け同文の触書が、網代の孫右衛門方へも出されている(9)。

慶長十八年三月十二日、佐伯藩士坂本忠左衛門は、五十石を拝領した。

五月二十一日、毛利高政の嫡子高成（十一歳）は、徳川家康・秀忠に拝謁し、官位を頂戴した。

七月十七日、毛利高成（勘八郎）は、従五位下摂津守となった（『系図纂要』）。

八月、関十左衛門は、毛利高成から、知行高二十石加増の目録を頂戴した（毛利家給人等出仕書上写「諸雑記」『温故知新録』二）。

（9）慶長十六年十一月二十七日網代孫右衛門宛毛利高政触書（古御書写三八）

十月、日向県（延岡）城主高橋元種は、罪により改易され、領地を没収された。佐伯藩は、高橋の船の改めと拘留を命じている。竹野浦御手洗庄屋文書に毛利高政触書が伝えられている（欠字は、古御書写『温故知新録』一により補う）。

【史料26】 慶長十八年十一月七日　竹の浦弥四郎宛毛利高政触書（竹野浦御手洗家文書）

急度申触候
然者高橋右近
身上相果ニ付而
高橋内より上り候
舟又ハく多り候舟
大舟小舟ニよらす
其浦々ニ相可、里
候者留置此方へ
注進可申候又
おきを通り候舟
をも番舟を出し
相改候而高橋舟
にて候者可け置
可申候此中可、里
居候舟者不及
申ニ留置可申候

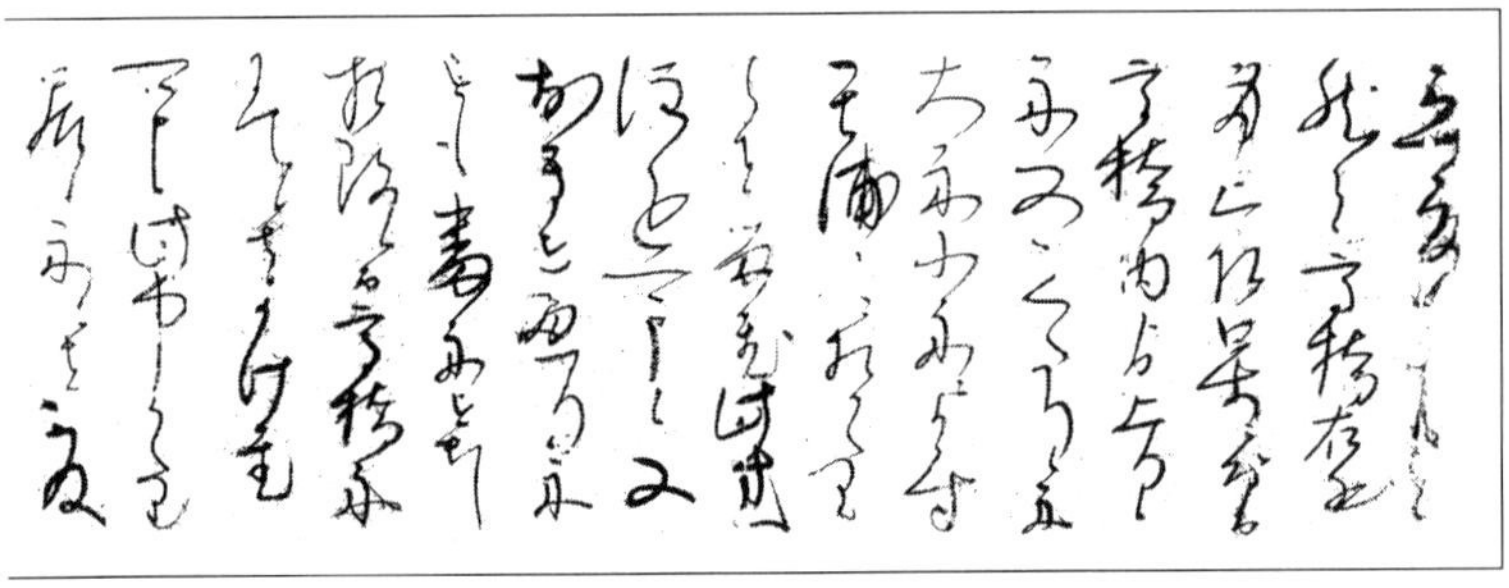

慶長18年11月７日　竹の浦弥四郎宛毛利高政触書（竹野浦御手洗家文書）

猶毛利主殿同内膳
可申候恐々謹言
伊勢守
十一月七日　高政（花押）
竹の浦
弥四郎方へ

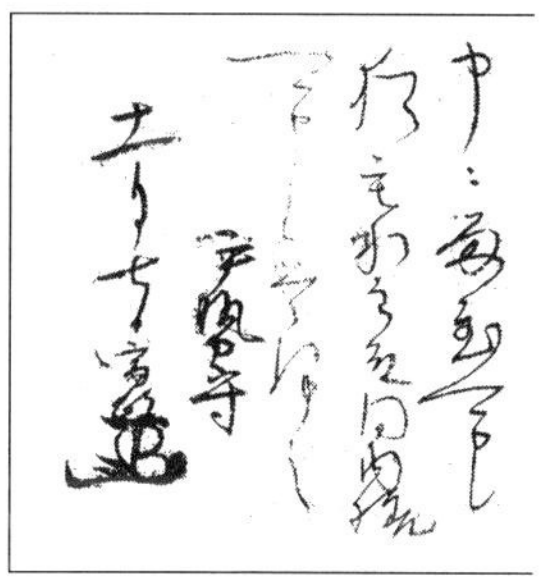

慶長十九年十月朔日、幕府は、所司代板倉伊賀守勝重から、豊臣秀頼挙兵の由を報ぜられ、将軍から諸侯に暇が出され、大坂への出張が命ぜられた(10)。一説に、毛利高政も、十月十日に江戸を発足したという。

十月十日、毛利高政は、稲葉典通らとともに駿府にいた。徳川家康は、大坂征討を命じた（大坂冬の陣）。和歌山藩主浅野長晟ら八家の大名は、江戸城の修築が終わり、駿府に出仕した。すると、「明日御出馬なれば、をのをの帰国し、軍勢を催促し御一左右を待つべし」との指示を受け、速やかに帰国した。高政は、家康の命により、備前嶋京橋片原町仕寄竹把之計策で手柄を立てたという(11)。

この年、佐伯藩士長谷川園右衛門は、百石を拝領した。

元和元（一六一五）年三月、大坂再挙の報が駿府に届き、四月、徳川家康は、再征を命じた（大坂夏の陣）。四月二十八日、毛利高政は、佐伯出船。五月七日、大坂に着き、家康・秀忠に拝謁した。

元和二（一六一六）年四月十七日、徳川家康（七十五歳）、没。

六月十二日、清原（御手洗）玄番信好が死去した。法号は、花王宗春居士。

七月、美濃大垣藩主石川忠総に日田六万石が与えられ、毛利高政の代官支配は終わった。

十二月、徳川秀忠は、談伴衆を置いた。談伴衆は、累年武功の老人で、日を定めて交替で将軍のも

(10) 慶長十九年十月一日条「台徳院殿御実紀」・同「東照宮御実紀附録」巻十四（『徳川実紀』第一篇）

(11) 毛利氏系図（『佐伯市史』所収）

とに伺候してさまざまな話をしたという。毛利高政も、その談伴衆の一人であった。日田郡隈の宮城豊盛や立花宗茂なども談伴衆であった[12]。

元和三年六月二十五日、豊後国佐伯城二之丸、失火。この時、御判物などが焼失したという[13]。この復興のための材木調達に関するものと思われる、元和三年ヵ九月十二日の竹ノ浦三郎兵衛・入津弥四郎・蒲江玄太夫宛毛利給氏等連署奉書（史料編4参照）が伝えられている。これによると、先度仰せ付けられた六間木二本の内、一本は、早く取ったので、本口一件ほどに上下に面を付け、残り分は、末まで皮を剝いたままで置くように、と指示されている。また、残り一本は山奥にあるが、まず元倒しをし、面を付けて皮を剝き、枯らし置くように、との藩主の意を毛利左京給氏らが伝えている。

また、この頃、蒲江でも、火災によって町中が焼失したらしい。佐伯の城下の火災の経験に学んでのことと思われる藩主高政が、直接蒲江の町割について指図している元和三年ヵ十二月二十六日の蒲江源太夫宛毛利伊勢守高政書状（史料編5参照）も伝えられている。これによると、源太夫の子覚次に、蒲江の町割を絵図にして遣わしたので、このように指図町割いたし、町屋敷裏へ十五間ずつ屋敷割を致し、籤取りに致させて家を建てさせるように、と指導している。残念ながら、この時の町割絵図は残っていない。さらに、源太夫親子に塩二俵・俵縄五百筋を遣わし、分に随って家を建てるように、と指示し、また、蒲江町中の家を焼いた者に塩三俵・俵縄千筋をとらせるので、甲乙ないように割付けてやるように、縄は家の大小間数に応じて割付させて支給するように、と命じている。また、町割の義は、覚次・竹之浦三郎兵衛・入津三之丞に申し付けたので、その意を心得るように、と伝えている。

元和四年十二月六日、毛利高政は、楠本村次右衛門・百姓中に、楠本浦に荒れ地がないように、田畠の開墾に努めるように、と沙汰した[14]。

（12）「台徳院殿御実紀附録」巻三（『新訂増補国史大系』第三十九巻）

（13）寛政十一年差出候毛利家系譜（『佐伯藩史料 温故知新録』一、御系譜七）

（14）毛利高政触書（『蒲江町史』古御書写八四）

【史料27】 元和四年十二月六日　楠本村次右衛門他宛毛利高政触書（古御書写八四）

当楠本浦、田畑荒無之様ニ致耕作候事、尤ニ候、併野山にても可被発所江(ママ)ハ伐払、畠ニ可成所ヲハ、当年中ニ発、麦蒔可申候、発候所之分ハ永代とらせ候間、可致作取候、其身徳(得)分可致候、可被発所ハ(ヲカ)致油断不発置候ハヾ、従此方重而検使見候而、曲事ニ可申付候、畠ニ成候をハ当年中発、麦蒔可申、田ニ成候所ヲハ、来春早々発可申候、不可有油断者也

伊勢守

元和四年　　　　高政　御印判

十二月六日

楠本村　次右衛門

同　百姓中

この年、来年の年貢を免除した。大嶋に、屋敷・野・山のいずれでも「麦成共、粟成共作付」を命じ、年貢の永代免除を申し付けた[15]。

この年、佐伯惟定は、伊勢の津で病没した。名門豊後佐伯家当主の最後であった。

元和六年正月十八日、毛利高政は、大坂城の修築に、玉造口から大手門の間を負担した。この大坂城の修築は、「西北国諸大名に課」された。豊後では、森藩主久留島通春、臼杵藩主稲葉一通、日出藩主木下延俊、岡藩主中川久盛、日田藩主石川忠総が高政と同じ部所を担当している[16]。

閏十二月十九日、毛利高政は、網代浦孫右衛門そのほか百姓中に宛てて、海草類の採取と部外者の採取禁止に関する触書を認めた[17]。同文の触書が、千怒村喜兵衛宛てにも出されている。なお、翌二十日付の同文の触書が、丹賀浦・楠本浦・丸市尾に宛てたものが、「古御書写」（『温故知新録』　）に収録され、竹野浦御手洗庄屋文書にも伝えられている[18]。

（15）元和四年十一月二十九日毛利高政判物（古御書写八〇）

（16）元和六年正月十八日条「台徳院殿御実紀」巻五十二（『徳川実紀』第二篇）

（17）古御書写三七

（18）浜田平士ほか『村の古文書』其の四・其の五、米水津村教育委員会、平成十六年

【史料28】元和六年閏十二月廿日　毛利高政触書（竹野浦御手洗家文書『村の古文書』）

以上
急度申遣候其浦
中之懸り内海ニて
あらめひしき王可め
もつく其外何ニても
海草之類旅人ニ
少しとらセ申間敷
たとひ浦を請候て
取可申候と申候共取セ候
事無用ニ候其浦
百姓共取候て旅人ニ
うり候事ハくるし
可らす候い可ほとも
取候てうらセ可申候
其浦中之者共
取候てうり候へハすき
王ひの多りニも
成事ニ候間扨申
遣候堅可得其
意者也

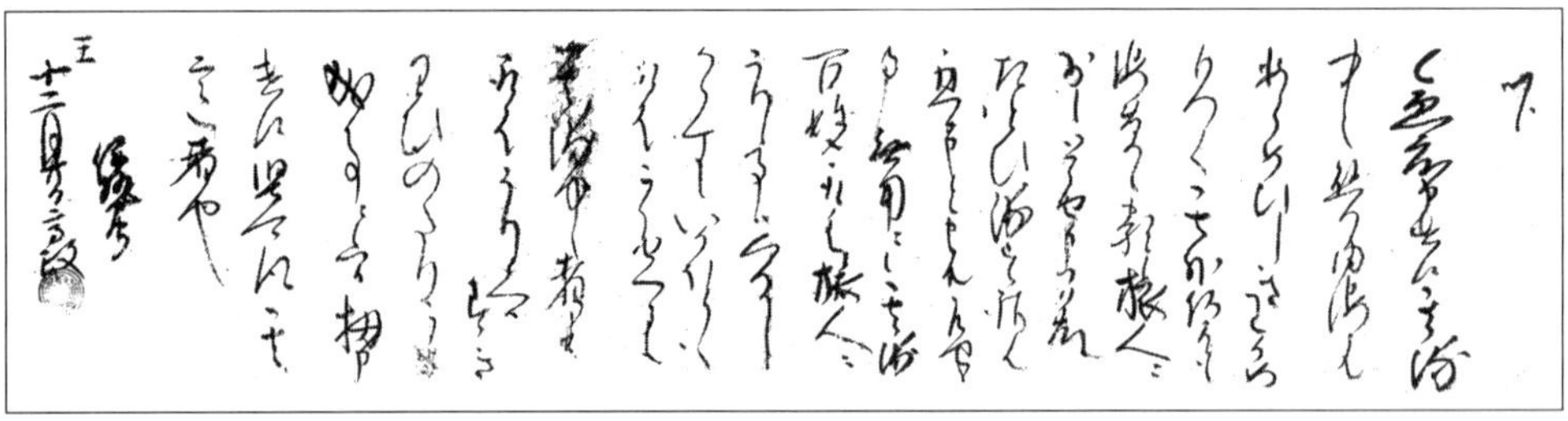

元和６年12月20日　毛利高政触書（竹野浦御手洗家文書）

伊勢守
壬十二月廿日　高政（印）

ここでは、その浦において、あらめ・鹿尾菜（ひじき）・もずくなどの海草を旅人が採ることを禁止し、一方で旅人に販売することを認め、生計の足しにするよう配慮している。

元和九年二月、越前国福井城主松平忠直（北ノ荘）が、豊後に配流された。梶寄の渡辺氏は、松平忠直の家臣から、伊与宇和島への運送を頼まれたという。渡辺家の先祖は、大嶋・丹賀・保戸島・佐賀関・保戸島・乙津・丹賀・大嶋と転居し、文禄・慶長年間に梶寄浦に移住し、梶寄で船頭をしていたが、藩にはばかる行為をしたため、桑野浦へ移ったという[19]。

六月、徳川秀忠、上京。この上洛に、毛利高政も供奉した。七月、家光、上京。

九月十二日、佐伯藩士間作平は、百石を拝領した。

元和九年かと思われる九月十二日、毛利給氏らは、竹野浦三郎兵衛・入津弥四郎・蒲江玄太夫に宛てて、横島・深島などの島々で、竹木・薪の伐採と山焼きなどを禁止する藩の意向を伝え、その意を百姓中に申し付けるよう通達した（史料編6参照）。

ここに見える毛利若狭三好については、佐伯拝領後高政公等事跡并召出家臣履歴等覚（「諸旧記」『温故知新録』一）に、

一三好若狭といふ侍、知行三百石にて被召出、是も阿州也、阿波の三好を召抱けるとて　高政公御自慢成けるよし也

とある。また、毛利兵部については、同書に、

（19）豊田寛三「佐伯藩と温故知新録一の所収史料について」（『佐伯藩史料温故知新録』一）

一毛利兵部に或時御意有之者、其方独身故御娘子を可被下よし被仰付候処、殊之外御不器量故御受不申上、退出して其儘立退しを、早速追手を被遣、御呼返し、無別条勤けり、右御姫様後に益田主殿相願悴監物ニ婚姻相整し也、御名ハおてふ様と申候由、毛利兵部は西名也

とある。

九月十九日、浦組の山焼きなどを禁止する触書を発した。浦組中の山を焼くことを禁止した。その理由は、山が繁らなければ鰯が寄りつかない、ということを聞き、さらに、井手かかりでない山田などは、山の滴りが少しは足しになっているのであるから、という。魚付き林の保護を命じている。

寛永二年、佐伯藩の御家中席順は、次のようになっていた（諸旧記『温故知新録』一）。

【史料29】 寛永二年　佐伯藩御家中席順（諸旧記四五『佐伯藩史料　温故知新録』一）

寛永二乙丑年

御家中席順　「戸倉」毛利　織部
「沼」毛利　隼人
組付　「益田」毛利　主殿
「梶谷」毛利　左京
同　「井河」毛利　杢之助
同　「磯部」毛利　大膳
毛利　次郎八
同　「西名」毛利　兵部

長　勘解由

「長」毛利　右京

同　「三好」毛利　若狭

「豊田」毛利　右馬之助

同　「岡崎」毛利　主水

弐百石　鷲塚　九右衛門

弐百石　斎藤　権右衛門

弐百石　大石　忠左衛門

弐百石　内山田作右衛門

弐百石　中嶋　藤左衛門

百六十石　柳瀬　市郎右衛門

百　石　堤　久太夫

大石　伝右衛門

井上　五左衛門

百六十石　赤坂　清六

百四十石　谷川　又左衛門

百四十石　氏城　太兵衛

百　石　加嶋　弥左衛門

関　内蔵之丞

西　太左衛門

長谷川佐太夫

坂本　瀬兵衛
間　藤兵衛
梶西　金左衛門
〆

御小性（姓）衆

赤坂　甚四郎
宮川　長吉
神谷　九助
村田　右衛門七
野上　四郎兵衛
菅　八兵衛
親　料
〆

御歩行

野々　市郎兵衛
羽野　助九郎
林　吉左衛門
宮川　半兵衛
高瀬　千九郎
上田　三十郎
平嶋　八左衛門

羽野　八左衛門
山本　九郎右衛門
五井　文左衛門
水野　次郎兵衛
大賀　市兵衛
権藤　八右衛門
小川　長右衛門
黒木　二郎九郎
佐脇　小平治
鷲塚　儀太夫
下村　十右衛門
中村　仁右衛門
山元　次左衛門
高瀬　小吉
〆
御給人　井上　式　部
玄　益
御下屋敷賄人　高瀬　孫左衛門
山川　安左衛門
瓦師　友吉

御船頭

〆　多羅尾勘治

孫兵衛

久左衛門

助右衛門

与右衛門

二郎兵衛

〆

御銀奉行

毛利　左京

毛利　右京

毛利　右馬之助

毛利　次郎八

〆

御代官三組

毛利　大膳

〆

一組

大石　伝右衛門

〆

一組　柳瀬　市郎右衛門
　　　鷲塚　九右衛門
　　〆
一組　毛利　大膳
　　　長谷川作太夫
　　〆
御浦奉行
一組　斎藤　権右衛門
　　　中嶋　藤左衛門
　　〆
一組　関　内蔵之丞
　　　内山田作右衛門

ここには、毛利織部以下、毛利主水までの十三名は、高政公の重臣で毛利姓を許されている。二百石鷲塚九右衛門、以下、梶西金左衛門までの十九名を含む三十二名が、給人と考えられる。小姓七名、歩行侍二十一人、給人二名（給仕人の誤か）、下屋敷賄人四名、船頭五名、銀奉行五名、代官六名、浦奉行四名の計八十六名が書き上げられている（『温故知新録』一　解説）。

寛永三年、佐伯藩士羽野理助は、八十石を拝領した。

寛永四（一六二七）年三月四日、毛利高政母堂法雲院、没。佐伯拝領後高政公等事跡并召出家臣履歴等覚（「諸旧記」『温故知新録』一）に、

一高政公之御母堂者上杉謙信公の御孫女、瀬野尾小太郎殿之御息女也、寛永四年三月四日御遠行也、御宗旨者一向宗ニ候得共、折節善教寺住持無之ニ付、御取置之義養賢寺江被仰付、御墓所者久部村也、兼而右御墓所ヲ所之者ニ能々御見せ被成、大名之墓所にハ金銀を埋めなといたすよし、後世に代替りて墓をも堀返し申事のあれハ、我ハ金銀を埋めハせぬそ、能々見置て子孫にいひ聞せよと仰けると也、御法名妙西様と申也、養賢寺ニては元光良月大姉と申奉候、法雲院様之御事也

とある。

八月十五日、毛利数馬高定（次郎八）に、因尾村百石、城村毛利主水跡二十石、菅八郎兵衛跡八十石の計二百石を分知し、銀・人夫・馬飼い料などを宛行った。毛利数馬様略歴（諸旧記『温故知新録』一）には、

一毛利数馬様ニ者
高政公之御妾腹之御子也、初次郎八君ト称ス、実者摂津守高成公之御兄君ニ候得共、御別腹故御弟君ニ被為成、御十一歳之時江府御証人ニ而御出府有之、暫江戸表ニ被成御住居、其後佐伯江被成御出候

とある。

この年、日向高鍋藩で、上方下方騒動があった。秋月橘門の先祖は、この頃、日向国本庄に移住されたらしい。

十七　高鍋藩上方下方騒動と秋月橘門

かねて、筆者（東洋）は、「蒲江八景」の選定と、その景勝を見事に捉えた漢詩の編集に尽力した秋月橘門に興味を持ち、折を見ては少しずつ研究を続けていた。宮崎県国富町の郷土史家柄本章氏の知遇を得て、日向秋月高鍋藩の歴史、上方下方騒動、国富町十日町豊松墓地に橘門の祖先の墓がある事などのご教示を得た。ここに、柄本氏からご提供いただいた史料をもとに、秋月家の歴史と高鍋藩上方下方騒動について述べてみたい。

日向五郡の諸県郡（もろかた）は、古代より鹿児島県の曾於郡全体をも含めていたが、長年月の間に縮まって、藩政中期以降は、鹿児島県側では志布志・松山・大崎の三郷に限られた。

飫肥藩は、統制の便宜上から、領内を飫肥と清武に分けた。清武は、大淀川南部の清武・木花・青島などの昔の国富荘（くにどみのしょう）南部と田野の地域で、清武中野に役所を置いて治めた。ところが、寛文年間（一六六一〜七二年、七代将軍家綱の頃）以降、清武・田野を除いた残りと、飫肥本郷が那珂郡になって、宮崎郡が縮小した。反対に、那珂郡は、日向の中の郡として、宮崎平野の中央に、五郡中最小の面積ながら、南に長く延びた大郡となった。高鍋領櫛間も那珂郡となった。

日向の諸領がどのように諸郡にまたがっていたかは、別図（194頁）の通り、まことに複雑である。所領の面積では、延岡が特に広大で、日向の四分の一以上、都城を含む鹿児島領が二割弱、一割弱の面積を占拠している人吉領属地の米良山と椎葉山がそれに次ぎ、飫肥・高鍋とつづいて、佐土原領は、

■日向の人口（江戸時代中期～明治初期）

年度	西暦	人口	寛延3年からの増減指数
寛延3	1750	225,421	100.00
宝暦6	1756	225,713	100.20
文化1	1804	230,783	102.30
天保5	1834	245,476	108.89
弘化3	1846	247,621	109.84
嘉永5	1852	243,412	104.24
明治5	1872	376,527	167.03
明治8	1875	384,071	170.37
明治10年代	1877～	396,001	175.66
明治17	1884	381,567	169.73

■日向国諸領諸郡域図

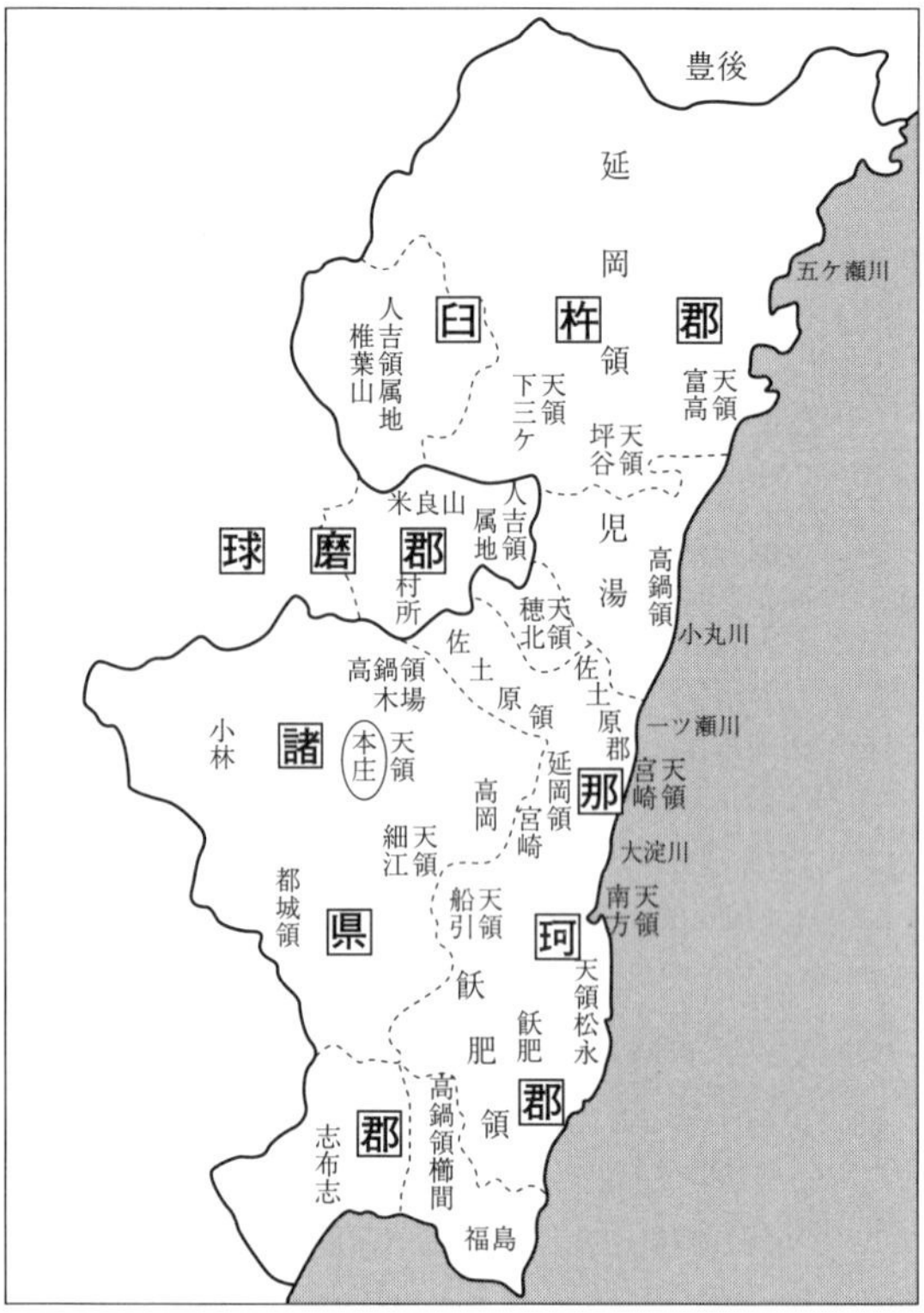

天領より狭く、わずか三九平方キロメートル、全日向の四・二%に過ぎない。

わが国の、江戸時代前半の人口は、毎年増加傾向にあり、後半になると増減のないことがわかっている。日向も、これと同様の推移が見られる。明治十年代というのは、明治八年より十年間の平部嶠南『日向地誌』による。

秋月橘門は、日向高鍋藩主秋月氏と祖先を一にする。橘門は、成人して水筑大可と名乗ったが、これは祖先が筑前国水筑地方を領したことによると思われる。

天正十五（一五八七）年、豊臣秀吉の九州征伐後、日向国割りで、筑前秋月（現・甘木市、三十万石）より、財部（現・高鍋、三万石）へ国替えされた秋月種長には、男子なく、慶長十三（一六〇八）年、次女ヲチョウ姫に婿養子として、豊前馬ケ岳城（行橋市）城主長野三郎左エ門鑑良の嫡子種貞を迎えた。母は、種実の四女で、種長の妹だから、ヲチョウ姫には従兄（いとこ）に当たる。後見の附家老は、坂田五郎左エ門と内田吉佐エ門。三年後、種貞に男子出生。秋月家慣例に従い、黒帽子（秋月家跡取りに名付けられた筑前の山の名、のち種春）と名付けられた。

甘木秋月より
種実―種長（一代）―種春（二代）―種信（三代）―種政（四代）―種弘（五代）―種美（六代）―種茂（七代）
　　　　　　　　　　　　　　　　　　　　　　└種封（木脇分知）

種春、四歳の時、祖父種長は、種春を伴い、江戸へ上り、大御所家康と将軍秀忠に御目見得を済ませた。種春のおつき家老は、白井権之助種盛、お守役大坪太郎左エ門。

慶長十九年、種長（四十八歳）、江戸で没。白井権之助は、種春が家督を継承し封を嗣ぐ手続きをとった。七月になって、種長の死を知った家老（種貞の後見）坂田五郎左エ門は、藩中に世子種貞が家督を継ぐといって藩政を執り、豊前長野旧臣神代三左エ門を召し寄せ、種貞に随行させ、襲封手続きに江戸に赴かせた。

白井権之助は、旅館（はたご）に案内して藩邸に入れず、種貞は、幕府に対して自分の相続権を主張したが、先に種春（種貞の長男）襲封に決定済みという。

老中土井大炊頭利勝に、「あなたのいうことは道理だが、すでに決定のこと、変更はできない。強いて争えば藩存続は危ない。ゆずる所は、あなたの実子ではないか」と諭され、退いて、従臣一人を連れ、大坂に住み、藩政から身を引いた。

白井権之助は、種貞の附家老坂田五郎左エ門と権力を争い、種貞を政権から追放し、政敵を除くに力を入れ、まず、藩主の命と偽って、内田吉左エ門に命じて、討手をさしむけ、坂田五郎左エ門を討たせた。

内田吉左エ門は、坂田とともに、種貞後見として初め権之助に対抗したが、心変わりして、権之助に従い、口実を設けて、国光村（川南）に隠れ住み、後、権之助に自刃させられた。

次いで、板波清左エ門に不義ありとして、その一族三十六人が誅死。さらに、旧来の重臣たちも病没して、白井権之助の政権は揺るがぬものとなった。

寛永元（一六二四）年、種春は、十五歳になって、初めて高鍋藩に入った。参勤交代制度で、元服以前に江戸を離れることは許されなかった。翌年、信濃長沼城主佐久間大膳亮の女（むすめ）を夫人に迎えた。

その頃、高鍋藩の財政の逼迫はその極に達し、寛永二（一六二五）年、藩士の家禄三分の一を削り、さらに信濃の佐久間氏の勧めにより、寛永三年に家禄三分の一を借り上げることにし、特命をもって、権之助の嫡子秋月又左エ門を帰国させ、命を行わせた。又左エ門は、権之助の嫡子で、権勢を恣にし、自ら「秋月」を名乗った。又左エ門が命を伝えると、藩士に異議を唱える者はなかった。しばらくして、又左エ門に党する者の借り上げが、ほかの者たちよりも低いことが明らかとなり、家老秋月蔵人の一門の者たちが、衆議の上、又左エ門の偏頗を正そうと図った。最も強硬なのは、坂田大学であった。「藩命を曲げる者は国賊である。国賊は早く除かねばならぬ」と論じた。秋月蔵人は、衆議に従う旨を述べた。福島都合内田仁右エ門父子は、口実を設け、秋月蔵人を福島に追うた。又左エ門は、蔵人の甥で娘婿でもあった。大学は蔵人の妹の子で、又左エ門とは従兄弟になる。仁右エ門は、蔵人の兄で、いずれも内田善兵エの子孫である。

坂田大学は、同族の坂田勘解由・藤内膳らと又左エ門を倒そうと血盟を結び、事を謀った。同士に秋月兵部がいたが、俄に志を変えて密告したため、大学は却って又左エ門に殺された。同士の勘解由・内膳ら大学に与（くみ）する者は、身の危険を感じて、藩を出奔した。

板浪帯刀（たてわき）は、蔵人の兄で、板浪家を継いだが、身の危険を感じて難を佐土原に避けていた。妻子を連れて出奔しようと密かに財部へ還り、これを知った又左エ門は、配下の垣原茂右エ門一党の者に命じて、六の原に要撃させた。帯刀は、薙刀をもって奮戦したが、ここに戦死した。

当時、秋月又左エ門派を上方、坂田大学派を下方といい、両派の闘争を上方下方騒動といった。又左エ門は、父権之助とともに権勢を誇り、その派の者は、傲慢の振舞いが多く、下方の者たちは常に身の危険に怯えていた。

寛永四（一六二七）年、坂田大学の一味同類五三〇人が脱藩逃亡したが、そのうちには殺害された者が多かった。同年九月に、家老内田頼母が、妻子を連れて出奔し、福島に住んだ。その母も、家財をまとめ、逃亡した。十月には、家老秋月蔵人が蚊口浦から出奔した。秋月橘門の祖先が本庄へ移住したのは、この頃ではあるまいか。本庄は幕府領（天領）で、人や物の出入りが比較的自由であった。

秋月二代藩主種春は、近親婚のゆえか、性格的に弱く、権臣白井権之助とその子秋月又左エ門の二代に亙る専権を許してしまった。二人は藩命と偽って、正義派の旧臣を次々に殺し、あるいは出奔を余儀なくさせた。また、同族の間柄でありながら、私怨をもって殺害したため、藩政は基本から乱れ、人材は欠乏し、財政は逼迫し、沈滞と混迷のみが残された。

明暦元（一六五五）年七月四日、秋月種信（二十四歳）は、初めて江戸から財部へ下向した。新進気鋭の種信は、藩政の実態を的確に把握し、誰が正しく、誰が横暴か、その目で明らかに見定めていた。種信は、非業の最期を遂げた正義派の家臣を思い、又左エ門一派の勢力一掃の機会を待った。

万治二（一六五九）年、秋月種春（五十歳）は、参勤。江戸麻布久保町の藩邸において、没。種春の治世は、権臣の政権争いに終始し、いたずらに人材を失い、藩治の暗黒時代で、治績に見るべきものもない。幸い、三代藩主種信は英邁剛毅であった。冷徹な頭脳と果敢な決断力を持ち、不正を厳しく糾弾し、信賞必罰、時に苛酷な処罰も加え、史家の批判も受けたが、混迷のあとの藩政を正道に返すためには、やむを得ぬ処置であった。種信は、緩めれば安易に流れる人間の弱点を洞察していた。

寛文三（一六六三）年正月、秋月又左エ門父子が逆心を抱いている、という風評が立った。又左エ門一味の勢力滅殺の絶好の機会であった。藩の実情を正しく認識している種信の襲封は、権力派にとっては大きな圧力となり、逃亡する者が続出していた。藩主として初入国した七月には、早くも斉藤五郎右エ門が逃亡し、検地の始まった寛文元年には、竹原甚右エ門・服部左門・大場休右エ門・同八郎右エ門・竹原藤兵エが逃亡した。反逆の風評についての追及に、秋月又左エ門父子は、盟水をすするという古式に法（のっと）る誓いをして、他心のないことを示した。

それから幾らも経たないうちに、諫山友武が誅殺されるという事件が起こった。

その後、一族党類男女十三人も誅され、余党三十人も逐電した。このことを『見聞年代記』は、又左エ門の口封じと伝えている。

寛文三年十月十日、秋月又左エ門（六十歳）、没。又左エ門没後、一味の者たちは、摘発に恐れおののいていた。翌二月、河野七郎兵エ（百五十石）が牢人を命ぜられ、中元寺軍兵エが切腹を命ぜられた。十月には、龍雲寺住職天雪が追放され、十一月には、木村図書（四百五十石）・木村太郎兵エ（百石）・竹原弥市兵エ（百二十五石）・竹原小十郎（百二十五石）が脱藩逃亡した。

又左エ門は、家老であったから、その死後は、寛文四年十二月、いったん長男内田権之助（三百石）が家老に任命されたが、その翌年、江戸で家老職を罷免され、その後、永の暇を下された。永の暇とは、家老職の家柄を考慮してのことで、実質は追放であった。

国富町の郷土史家柄本氏から、水筑龍（秋月橋門）の撰になる釈西雲の墓碑銘をご教授いただいた。

（墓標前面）

「釈西雲」

西雲者余同母弟也　諱息弥冠吾西雲贈号也　西雲生而　和順警悟殊有逸宮之気其孝悌過也　兄弟七八歳時已好撃剣又長枝益昇歳十六（文政十一庚寅）　頻有志於東都

条書其所以去以夜潜出明日追而止之其志之篤雖可□庚寅（文政十二）其年之少強令待二十歳十七歳兵師家印
可鹿島之剣法二十七条又学神影流殆得妙致歳之辛卯六月病奴十七日終
西雲生於文化乙亥（文化十年）四月八日死
歳十七生雲有兄白日種殤仲日龍救　日時□　時及族人葬諸東帛先蛍之
次銘曰　寿夭天地死而不死仙耶清酒明粲使汝不飢

水筑龍　撰

また、柄本氏から、町内六日町の町はずれに、水筑大可撰並書「妙典鎮護碑」を発見したとして、次の碑文をご教示いただいた。

妙典鎮護碑

世称薬王原三株松者一在新湟之西一在桜馬場一在六日町之東。古老伝以□邑中之鎮護矣。薬王原蓋此地之旧名也。其在街東者漸蠹而仆也湯地定信伐之。既而曰。如是則霊□憑。其兄大僧都勢玄誦法華経千遍

子勢孝一石一字書写之以理諸其処更奠香花而祭焉。且建之碑以明大物之不可褻□不朽爾之神也。
神猶存霊宇此則邑中之福一資于爾天保八歳（一八三七）在丁酉冬十有二月

湯地恵兵衛藤原定伸建

水筑大可　撰並書

国富町十日町の豊松墓地に、橘門祖先の墓がある。向かって左、一番大きい墓、

「水筑元劉善郷（橘門の父）之建
慶応三年
丁卯十月廿三日」

中央に、正面、
「釈　西心」
左側面に、
「水筑元治」
右側面に詩文あり、左の正面、
「釈　文鳳信士」
右側面に、
「明治二歳　己巳
十二月十六日卒　行年五十八歳
水筑　文吾」

十八　毛利高成・高直（高尚）公時代

寛永五年十一月十六日、毛利高政（七十歳、一説に七十三歳）、江戸に没。戒名は、養賢寺乾外紹元大居士。御廟所は東禅寺（『温故知新録』、『系図纂要』）。長子高成（二十七歳）に、遺領二万石が譲られた。佐伯拝領後高政公等事跡并召出家臣履歴等覚（「諸旧記」『温故知新録』一）に、

一御家老ヲ初御家中之歴々にハ毛利之御称号を被下ける、寛永五年十一月高政公御遠行後、家々之名字に被仰付候也

とある。

寛永七年、佐伯藩士松本半左衛門は、百石を拝領した。

寛永八（一六三一）年九月朔日、佐伯藩士簀川長兵衛は、百五十石を拝領した。

十二月十日、御手洗源太夫、没。位牌に「源光院真岳宗金上座」とある。御手洗信夫「御手洗家の今昔」（『わが一生』）には、「初代源太夫は佐伯藩から大庄屋として取り立てられ、藩の郷村行政にあずかることとなった。いうまでもないが、大庄屋は配下に村政の掌にあたる何か所かの庄屋（村長）を抱えて、地方の治政を総括する郡代である。庄屋を補佐する組頭、また後には村民代表の日付役として百姓代ができた。地方によって呼び名は違うが、この辺では地目付（じめつけ）といっている。そうした三役

と組み合って何よりもまず漁業の開発と海産資源の確保監視に尽くさなければならない。所管内の年貢の上納、農耕の奨励、その他土木水利から治安はもちろんだが、時に検地の立会いもある。藩の治政方針は、下々(しもじも)によく下達するいっぽうでは、庄屋を通して部落民の意向を汲み上げる配慮もなされたであろう。とかく紛争の多い入会漁場をかかえて、和解・調停などにも臨んだはずである。とくに小藩の領下だけに領内巡視や、監視が行われやすく、表にあらわれない苦労もあるお役目であった」とある。

【史料30】 御手洗氏系図

(一代目)三男監物　信武(タケ)
弱冠ノ名源太夫蒲江浦住
居法号ハ真岳宗金上座妻ハ
法号観月妙照太姉

(二代目)嫡男三郎右衛門　信浄(キヨ)
妻日野浦賀嶋氏世寿三
十六歳法号ハ月寒宗桂居士
女子
次男与惣右衛門　信久(ヒサ)
法号ハ真岩宗雪居士
女子
三男伝右衛門　信隣(チカ)
丸市尾浦住居

嫡男（三代目）三太郎　信常（ツ子）
妻ハ杉原氏法号ハ蒲岩宗江
居士

家督は、嫡男三郎右衛門信浄が継承した。「御手洗家の今昔」に、「丸市尾には、系図をたどってみると、二代目の信浄（のぶきよ）の三男伝右衛門信隣が分家をしている。しかしその後のことはわからない」とある。

この年、毛利市三郎高直（高尚）、江戸に誕生。母は、清光院殿。

この年、毛利数馬（次郎八・高明）は、将軍に目見した。

寛永九年正月二十四日、徳川秀忠（五十四歳）、没。

五月、熊本城主加藤忠広、改易。

七月十五日、佐伯藩士国矢斎兵衛は百五十石を拝領した。

七月十六日、肥後国熊本の加藤肥後守忠広の居城受取役は、小倉藩主細川越中守忠利で、九州の人小名も詰めることとなった。佐伯藩主毛利高成もこの居城在番を仰せ付けられ、この日（一説に十五日）、佐伯を出馬し、養賢寺へ参詣し、それより直ちに角石之馬場より馬に乗り、先手の面々から順次出発し、津久見村で軍勢を揃えられた。家老の戸倉織部、以下総数八百人の出役であった。(1) 岡崎主水は、御先を仰せ付けられ、御供仕った。

十月、小倉城主細川忠利を熊本に移した。

十一月七日、毛利高成（三十歳）、肥後国熊本において没。戒名は、松林院殿天哲空粲大禅定門。御

(1) 寛永九年七月「熊本城在番御供人数控」（諸旧記六七）

廟所は養賢寺（『系図纂要』）。高直（二歳）が家督を継承した。

寛永十年、毛利吉安は、二代藩主高成の跡目相続をめぐる家督争いのなかで、分知領二千石（床木村など十カ村）を幕府に献納した。

【史料31】 佐伯拝領後高政公等事跡并召出家臣履歴等覚（「諸旧記」『温故知新録』一）

一高成公御遠行ニ而市三郎様御年弐歳被成給ふヲ三歳之筈ニ申立、御跡目被仰付被下候様ニと、杢之助手前より御願申上候処、森九郎左衛門様御申ニ者　摂津守殿跡目之義者弟次郎八ニ御願可申上筈ニ候、未市三郎殿弐歳之水子ニ而候間、御願申上候共叶間敷旨被仰、杢之助申候者市三郎様当年三歳ニ被為成、御生付御丈夫御座候間、奉願候旨申上、酒井雅楽頭様御宅江参上段々御内意申上置候而　或時御つほねニ抱せ奉り雅楽頭様御宅江参上仕、御目ニ懸、是程慥成御子御座候ヲ実子ヲ差置脇より御跡相続とハ合点不参候、母方者佐久間備前守様之御息女にて何不足無之段申上候ニ付、杢之助願之通市三郎様江御相続被仰付、弐万石之御朱印御頂戴有之候、夫より森九郎左衛門様御知行弐千石之処、佐伯堅田村・床木村ニ而御知行之分公義江御差上被成、江戸御蔵米御拝領有之、残壱万八千石之筈ニ候処、地高弐万石御座候旨申立、御跡式無相違弐万石御拝領也

この二千石は、幕府領で、佐伯藩の預かり地となった。

寛永十一（一六三四）年、毛利高定は、御書院番に御番入りとなった。毛利数馬様略歴（「諸旧記」『温故知新録』一）には、

一右次郎八様御勤之義高成公より本多上野介様・酒井雅楽頭様江被仰達候而、御取持ニ而御目見

有之、三百俵七十人扶持公辺より御頂戴有之処、御扶持之義者高成公より御断被仰上候由、其砌
より御書院御番勤被仰出候事

とある。

この年、豊後国海部郡佐伯鮪浦百姓半関は、切支丹宗門につき吟味を受けて、病死した。邪宗門とされて、首獄門にかけられた。年齢月日不知、父母妻も不明。(2)同じく、羽出浦百姓清太夫三男九兵衛は、切支丹宗門につき、火罪に申し付けられた。同じく、羽出浦百姓清太夫孫弥五郎（年齢不詳）も、火罪に申し付けられた。同じく、清太夫四女（名不知）は、蒲戸浦百姓権兵衛嫁となっていたが、切支丹宗門につき、火罪に申し付けられた。清太夫婿権兵衛も、同日、夫婦一同火罪に申し付けられた。権兵衛には子孫なく、父母も不明。同じく、清太夫娘（名不知）は、切支丹宗門につき、夫一同、火罪に申し付けられた。同じく、中越浦百姓清太夫孫渡与七郎（年齢不詳）は、切支丹宗門につき、火罪に申し付けられた。同人妻も一同、火罪に申し付けられた。佐伯拝領後高政公等事跡并召出家臣履歴等覚（「諸旧記」『温故知新録』一）に、

一寛永十一戌年、古切支丹之者火罪被仰付候、尤并河杢之助・豊田内蔵助仕置之時分也、切支丹火罪ニ申付候帳面者、長崎奉行所江御使として杢之助組小林九左衛門持参、帳面掛御目、向後佐伯ニ切支丹者無御座候間、帳面ヲ茂焼可申とて焼捨申と也

とある。

(2) 文化五年十二月改「佐伯古切支丹并類族内死失・存命改覚」（『佐伯藩史料　温故知新録』一、諸旧記六五）

寛永十三年正月八日、毛利高直は、江戸城惣郭の営造に、石塁（石垣）第四隊に編入された。石塁は西国・四国・中国の諸大名、城溝惣堤（堀）は関東・奥羽の大名が勤めた。

寛永十五年九月二十三日、毛利高政室（木曽左馬頭義昭息女）、没。戒名は福寿院殿松岩彗雲大姉。

十二月二日、佐伯藩士福泉九郎右衛門は、二百石を拝領した。

この年、佐伯藩士大嶋半蔵は、二百石を拝領した。

寛永十六年九月十八日、佐伯藩士佐久間儀右衛門は、二百石を拝領した。

この年、佐伯藩士中瀬忠太夫は、二百石を拝領した。

寛永十七年四月一日、毛利高政の弟吉安（兵橘・権八・九郎左衛門、六十九歳）、没。

寛永十八年、不作。

この年、城村百姓慶安（庵）下女せんは、欠落して、稲葉能登守領知豊後国臼杵領高田井野村八助と申す百姓の妻になっていたのを発見され、譜代の者であったので、慶庵方に引き戻した。その節、懐妊していて、とくという女子を出生し、慶庵の所で養育した。[3]

寛永十九年閏九月十四日、去年・今年と不作が続いたので、百姓に対する救済の処置が施された。

十二月十一日、毛利高政公の時、罪人として預かった元の松本城主石川玄蕃三長が死去した。

寛永二十年十一月十一日、佐伯藩士并河杢は、百石を拝領した。

正保四（一六四七）年十月、蒲江浦の東光寺が創建（再興ヵ）されたという。無説圓円真禅師が開祖で、臨済宗妙心寺派に属した。もっとも、これ以前は天台宗に属していたという。

慶安元（一六四八）年十二月三十日（一説に二十日）、毛利高尚（十八歳）は、従五位下伊勢守となった。

慶安四年四月二十日、徳川家光（四十八歳）、没。

十二月十三日、佐伯藩士桑原半右衛門は百二十石、古賀嘉内は百二十石、梶川伊左衛門は百石を拝

（3）同注（2）

領した。

この年、佐伯藩士浅井平治右衛門は、百石を拝領した。

承応二（一六五三）年四月、毛利高尚、牧野佐渡守親成の妹女と婚礼を執り行った（不縁にて離別）。

寛文元（一六六一）年閏八月、毛利伊勢守高尚は、仙洞（上皇）御所御対屋造営の手伝いを命ぜられた。

寛文二年三月十八日、毛利市三郎高重、佐伯に誕生。羽野家所持毛利氏先祖書（「諸雑記」『温故知新録』二）に、

一高政公・高成公御両代、御本城ニ御居住有之、高直公御幼年之間、御修補無之、及大破、依而高直公三ノ御丸ニ御居住、当時之御台所ヨリ御奥御末ノ間迄、高直公御代御普請也、御束〔ママ〕之間上ノ所ニ天井張候間有之ヲ、御誕生ノ間ト云、高重公御誕生之間ニ而可有之歟ト云々

十一月十五日、蒲江浦御手洗家三代の当主三太郎信吉は、願主となって、氏神（王子神社）正殿壱宇を建立した（当浦日記）。増田松五郎謹写「王子神社御由緒」[4]には、

前、芸州御手洗ノ人、御手洗三太郎信吉当所ニ移住セル者願主ト為リ、寛文二年十一月十五日更ニ本殿ヲ改築ス。当時氏子五十一戸

とある。ただし、『御手洗氏系図』によると、蒲江浦御手洗氏三代目は、三太郎信常となっている。

十一月二十八日、毛利高尚は、仙洞御所対屋御手伝を仰せ付けられ、上京。十二月四日、京都発駕。

（4）大正五年九月増田松五郎写『王子神社御由緒』（孔版、仮綴）

伏見に下った。

この年、毛利高尚は、白金御下屋敷を拝領した。

この年、佐伯藩士高瀬藤兵衛は、百三十石を拝領した。

寛文三年七月晦日、毛利高尚、また上京。同二十九日、仙洞（上皇）御所完成にあたり、女院から唐織十巻・屏風一双を拝領した。「諸旧記」（『温故知新録』一）に、

一高尚公御代寛文二壬寅年、仙洞御所御普請御手伝被蒙仰、翌三卯年七月又御上京有之処、予州三机御船繋之節、江府より之御奉書御到来、御上棟相済申候者、直ニ御参勤可有之旨被蒙仰候ニ付、京都御用向被為済、直ニ被遊御参勤候事

とある。

十九　毛利高重・高久公時代

寛文四（一六六四）年八月三日、豊後佐伯藩第三代藩主毛利高尚（三十四歳）が、佐伯において没。戒名は、長川院殿法雲宗海大居士。御廟所は養賢寺（『系図纂要』）。

十一月、毛利高重（主膳）が家督を継承して、第四代佐伯藩主となった（『系図纂要』）。

寛文五年七月十三日、証人（人質）御免の旨、諸大名に通達された。

寛文六年、毛利高重、御袴着。

この年、家老磯部三左衛門は、隠居を願いの通り許され、悴の平兵衛に家督を安堵され、高六百五十石を下された。国矢藤右衛門は、毛利高重公より召し出され、目録を頂戴した。

寛文八（一六六八）年から、佐伯の幕府領（床木村など二千石）は、日田代官所の支配となった（天明三〔一七八三〕年まで）。これにより、佐伯藩領域のなかに支配の行き届かない幕府領が存在することになった。そのため、用水路の利用、堅田村の樵木流しなど、いろいろな問題を生ずることになる。[1]

寛文九年三月二十一日、長崎奉行河野権右衛門より、城村下女せんは切支丹宗門であるとの訴人があったので差し出すように、と在所に連絡があり、早速、長崎に差し遣わし、河野権右衛門に引き渡した。諸親類の者は構いなしとのことで、そのままに差置いた。[2]

十一日、毛利高重は、御目見を済ませた。

（1）『佐伯藩史料　温故知新録』一、解説

（2）文化五年十二月改「佐伯古切支丹并類族内死失・存命改覚」（『佐伯藩史料　温故知新録』一、諸旧記六五）

寛文十二（一六七二）年閏六月十三日、佐伯藩邸は、愛宕下の屋敷に移った。同二十一日、大名小路の屋敷は、松平土佐守に引き渡した。

延宝三（一六七五）年、日州佐土原の城主島津忠高が、参勤の途次、風波を避けて蒲江に寄港し、重臣某をして、王子神社に順風祈願のため、参拝せしめた折、某は佩刀を置き忘れたという。翌年三月、島津忠高の重臣某は、帰国の途次、再び蒲江に入港し、先に置き忘れた佩刀が依然として在ったのに感激して、その刀を王子神社に奉献した。増田松五郎謹写「王子神社御由緒」に、

> 是ヨリ先、延宝三年日州佐土原ノ城主従五位飛騨守藤原忠高、参勤登船ノ際風波ニ会シ寄港、数日ニ及フ、依テ重臣某ヲシテ順風禱願ノ為参拝セシム、既ニシテ天気快晴出帆ノ報至ル重臣忙卒(イソギソツ)船(セン)ニ上リ後、数刻ニシテ佩刀ヲ拝殿ニ遺忘セルヲ覚リタルモ船ハ既ニ矢ノ如ク陸地遙カニ相隔テリ。翌年参月任満チ帰国ノ途次再ヒ入港シ先ノ重臣某ヲシテ礼拝セシム。礼終リ座右ヲ見ルニ往(ユク)年(トシ)遺忘セル佩刀依然トシテアル在(ア)リ、之レ全ク御神徳ニ依ルベキモノナリトテ直チニ其刀ヲ奉献ス。刀ハ粟田口吉光皇都三条住人吉近作ニシテ什物トシテ今尚神殿ニ蔵セリ。其後ニ至リ忠高ヨリ狩野判眼ノ揮毫セル放馬ノ絵ヲ献シタルニ其夜ヨリ神馬現ハレ西ノ崎粟数反歩ヲ喰ヒ尽セリ茲ニ於テ土民大ニ驚怖シ絵師ヲシテ手綱ヲ施サシメタルニ夫ヨリ現ハレサリシト云フ。

とある。この時奉献された刀は現存していないが、狩野法眼の揮毫という放馬の絵は現存していた。

延宝四年十二月二十六日、毛利高重は、従五位下安房守となった（『系図纂要』）。

天和二（一六八二）年四月七日、毛利高重（二十一歳）、没。竹林院高重霊岳（『系図纂要』）。毛利高久が、第五代佐伯藩主として襲封。

元禄元（一六八八）年十二月二十六日、毛利高定、病死。

元禄四年六月十五日、御手洗右衛門は、王子神社に諸願成就の寄進をした。

【史料32】 元禄四年六月十五日　御手洗与三右衛門寄進銘（蒲江浦王子神社所蔵、口絵28頁写真参照）

「元禄四未六月十五日」

「奉寄進諸願成就　蒲江浦之住御手洗与三右衛門敬白」

二十　毛利高慶公と御手洗弥太郎

元禄十二（一六九九）年、毛利高慶（たかよし）が、第六代佐伯藩主として襲封。
宝永四（一七〇七）年十月四日、佐伯表、大地震。「諸旧記」（『温故知新録』一）に、

一宝永四亥年十月四日、佐伯表大地震ニ而高浪御城下迄打込申候、依之同年本町江升形より臼坪蟹田迄新規ニ大土手被仰付、土手下大明神松ケ鼻江之本道致出来之大明神江之道筋右高浪ニ破損、其後享保年中修復被仰付候

とある。

六代目御手洗弥太郎は、毛利藩（佐伯）と内藤藩（延岡）との境界を、斗枡崎と定めるに預かった功労で、槍を拝領している（口絵42頁参照）。宇土崎―深島―斗枡崎を結ぶ三角形の海域は、暖流黒潮に乗った魚群が、日向灘から北上して豊後水道に向かうための通路であった。とりわけ良好な漁場であったため、漁場侵犯をめぐって争いが絶えず、入会漁場での網代争奪でしばしば流血の惨を繰り返していた。

【史料33】『御手洗氏系図』

（三代目）
嫡男三太郎　信常（ツネ）
妻ハ杉原氏法号ハ蒲岩宗江居士

（四代目）
次男又三郎　信元（モト）
法号ハ斉岳歯松居士
三男弥五四郎

（五代目）
嫡男又三郎　信勝（カツ）
妻ハ竹之浦御手洗左京末ノ
孫法号ハ忠菴良節居士
次男利右衛門
妻ハ色利浦善三郎女
三男安右衛門
妻ハ竹中次郎右衛門女
女子
四男惣市郎
色利浦高橋善左衛門娘
子ニ遺（遣）ス
女子

（六代目）
嫡男弥太郎
仮（ケ）名改ニ源太夫ト妻ハ丸市尾
御手洗弥三兵衛妹法号ハ
一相良義居士
次男甚兵衛

次男甚兵衛
女子
四男善四郎
女子
五男小八郎
六男崇旭首座

とあり、御手洗信夫「御手洗家の今昔」(『わが一生』)には、「現在の県境は宇土崎であるが、当時の国境(豊後と日向)は、もっと南よりの北浦町斗枡崎であったといわれる。毛利藩(佐伯)と内藤藩(延岡)との境界を定めるに預かった功労で、五代目と思われる当主が槍を拝領している。当時から領内の漁場侵犯をめぐって争いが絶えず、入会漁場での網代(あじろ)争奪でしばしば流血の惨をくり返したと伝えられている」とある。

正徳元(一七一一)年、佐伯藩に「米座」が設置され、藩内産の米と移入される他領産米の独占販売をめざした(これは失敗し、享保元〔一七一六〕年に廃止された)。

正徳三(一七一三)癸巳年十月吉日、御手洗弥太郎は、王子神社の正殿と拝殿を造立した(口絵27頁)。現存する本殿は、この地方では希有な春日造りで、その装飾や色彩が華麗で、みごとなものである。工匠は、長州(芸州カ)倉橋の住人友沢吉右衛門政行・同嶋田与太夫などとなっており、総て組立式のセキ船造りと呼ばれている。増田松五郎謹写「王子神社御由緒」に、

其後正徳三年十月正殿並ニ拝殿ヲ新築ス。当時氏子僅ニ六十三戸ニシテ、工匠ハ長州倉橋住人友沢吉左衛門政行、同島田与太夫並ニ本州府内住人森谷善七郎信就(ノブモト)等、名工ノ作ニシテ土台ヨリ総テ組立ノセキ船造ナリ。之(コレ)現今ノ神殿ニシテ、其彫刻、又密ナリ

とある。しかし、長州に倉橋という地名は見えず、おそらくは、安芸国安南郡の倉橋ではあるまいか。

「芸藩通志」に、「倉橋島に古より船匠多くあり、大小諸船を造る」とある。[1]

（1）『角川日本地名大辞典　広島県』角川書店、昭和六十二年

二十一　御手洗甚兵衛とエテ網

享保四（一七一九）年、蒲江浦御手洗甚兵衛は、磯網の一種エテ網を工夫使用した（「蒲江郷土史年表」『蒲江町史』）。御手洗信夫「御手洗家の今昔」（『わが一生』）に、「蒲江の御手洗家の初代信武には三人の男子がいたが、ほかに養子として分家させた者に六左衛門信正という人がいる。この分家の初代には嫡男がなくて養子を迎えているが、これが御手洗甚兵衛（信栄）でなかなかの実力者であり、漁業に詳しかった。地元の水産奨励に尽力し、商売も上手だったと伝えられている。この甚兵衛は、イワシを獲る専門の網を考案したことで知られている。いわゆる棒受（ぼけ）網と称する漁網である。船側から二本の棒を突き出し、その間の網を上げる漁撈の方法だが、非常に効率がよい。この網の発明で、イワシ漁がいっそう沿岸漁業を潤したことはいうまでもない。この御手洗分家は、甚兵衛の代から家紋を三輪左巴から向梅花に改め、浜野屋と呼ぶようになった。ひところまで蒲江では日常、姓よりも屋号で呼ぶ習慣があった。漁師の家などは○○丸と船の呼び名を用いるところが多かった。それらの屋号には、階級的な区別の意味あいもあった。命名は、たとえば近くに目印しになるような岩があるので岩根屋、浜かたに住んでいるから浜野屋といったぐあいである。明治以後にもそうした屋号は、一般に通っていた」とある。

享保十二年、蒲江浦では、近年不漁が続いていた。五月二十七日、佐伯藩の仕置用人西名兵衛門らは、当未年に納むべき旅日用運上銀二十五匁を用捨する旨を、蒲江浦大庄屋・惣百姓に通達した。(1)

（1）史料編⑭参照

二十二　九代又左衛門・十代弥太郎時代

元文元（一七三六）年九月十二日、毛利高尚は、内町火災につき、御家中の屋敷町割振替を命じた。「諸旧記」（『温故知新録』二）に、

一元文元辰年九月十二日、内町火災ニ付、御家中之屋敷町割振替被仰付候事

とある。

元文四（一七三九）年七月二十一日、海部郡佐伯領海岸に唐船漂着の折りに対応すべき人員・船などを揃えておくよう通達した。「諸旧記」（『温故知新録』二）に、

一元文四未年七月廿一日、唐船漂着御用被仰付、左之通
　一拾壱反関　壱艘　并伝間
　一八反関　弐艘　同
　一飛船　壱艘
　一町小船　弐十艘
　一御船印　十壱

御船数二十六艘

押手人夫弐百人

但塩屋村両町より差出候

〆

右之通相心得、御領分浦方江唐船相見候ハヽ、早速右之御船拵下御船蔵江相揃候様、尤其節ニ至御役人中より被仰付候而者間合不申候ニ付、御船奉行了簡ヲ以、無遅滞早々拵差出可申段、被　仰付候

右之外軍船之義、古帳ニ相見不申候段、書付ヲ以相達申候

とある。この年、御手洗弥太郎信一、誕生。

寛保二（一七四二）年、毛利高丘が、第七代佐伯藩主として襲封。

宝暦四（一七五四）年、蒲江浦王子神社に石垣を築き、磴を設けた。増田松五郎謹写「王子神社御由緒」に、

宝暦四年現今ノ石垣ヲ築キ磴（トウ）ヲ設ク。

とある。

宝暦八（一七五八）年十二月、御手洗又左衛門信長・御手洗与三右衛門富重らは、王子神社の神楽殿を作った。大工は、下野村の富木惣吉、蒲江浦の御手洗惣右衛門常正であった（口絵29頁参照）。

蒲江浦御手洗九代目又左衛門の未亡人は、高山の水田の開墾に尽力した。水田は六反田と称した。

開墾には馬の力が必要であった。そこで、屋敷から馬に乗って高山に通った。

御手洗信夫「御手洗家の今昔」に、「また九代目と思われるが、主人に先立たれた未亡人が夫の後を継いで大庄屋となり、男勝りの活動で任を果たした女性がいる。高山という今の蒲江高校（注・現在は蒲江翔南中学校となっている）の在るところで、この土地には珍しい水田の開墾にも尽力した。水田は六反田と称した。そこはもと湿原で、沼沢のように水がわき出ていた。ヨシやアシの類が茂っており、古くから大蛇が住むともいわれていた。女大庄屋は開墾のために、毎日いま私の住んでいる屋敷から馬に乗って高山に通いつめた。湿原なら客土して土壌の改良を計らねばならなかったであろう。そのために馬の力を借りる必要があった。馬に飼い葉（かば）をやり水を呑ませたところに、いま祠が建っていてお地蔵さんが安置されている。実際に稲を作るまでには、一通りの労苦ではなかったと思う。この汗と血の結晶ともいえる水田は、後の代に借金のかたに手離すこととなった」とある。

現在、蒲江翔南中学校（もと大分県立蒲江高校）の隣接地として残っている。馬に飼い葉をやり水を飲ませた所に、祠が建っていて、お地蔵さんが安置されている。現地には、記念碑が十五代信夫によって建てられているが、現代の祠は、台風（18号）により破壊されたため、十六代東洋が建てたものである（口絵31頁参照）。

宝暦十（一七六〇）、毛利高標が、第八代佐伯藩主として襲封。

安永四（一七七五）年、蒲江浦の組中が相談して、蒲江浦東光寺の普請料を、一人前月一文ずつ、組頭どもが取り立てるようにした（史料編20参照）。

安永五年、毛利高誠が、第九代佐伯藩主として襲封。

安永十（一七八一）丑六月九日、十代の当主大庄屋弥太郎は、氏神様の境界を、小庄屋次郎右衛門、大庄屋子息直吉・疋田近江守立会いで、左脇は橘木の上、杉の木下も杉迄、また下通り椋の木かぶより塀つきるまで、と決めた。

天明元（一七八一）年、蒲江浦組中から一人前月一文ずつを安永四年から七カ年間取り立ててきた東光寺普請料が、三貫五〇七匁七分一厘となっていた。これに、御手洗八代目弥太郎が一カ月一歩の利息を加え、元利合せて七貫四九八匁九分二厘、これに別家惣右衛門（常正）方より三百目二口、合せて一貫六九〇目、祠堂銀に差出した分ともに惣合九貫一八八匁九分二厘になり、この内、六貫八八三匁三分八厘を東光寺庫裏普請料諸払にあて、残二貫三〇五匁五分四厘を弥太郎が預かった。[1]

天明二年六月、十代弥太郎の時、東光寺の堂庫の改築にかかり、十一月に成就した。

天明七年丁未、王子神社の鳥居、拝殿の修理をした。

寛政五（一七九三）年、豊田僊次郎（明石秋室）、誕生。杵築藩士豊田八蔵の二男。僊次郎は、長じて後、佐伯藩明石家の人となり、佐伯藩第一の漢学者、詩人かつ能筆の誉れ高い人であったという。『蒲江町史』には、「藩に召し出されて、八代高標侯の知遇を受け、佐伯文庫八万巻の蔵書を管理する書物奉行にあげられ、その後藩校四教堂の教授を兼ね、中島子玉らを教えている。後、郡代町奉行となり、あるいは藩主高標に従い、あるいは郡代として単独に領内巡視をくり返したが、その節、各地での感懐を、格調高い漢詩に遺している。有名な『入津坂』をはじめ、『仏潭』、『鏡坂』、『堂師坂』などがそれである」とあるが、[2] 毛利高標の佐伯藩主襲封は、宝暦十（一七六〇）年であり、時代が合わない。何かの誤解であろう。『大分県人物志』には、「明石秋室　名は肅、字は雨若、通称は初め僊次郎、のち大助と改む。秋室は其の号にして、別に桂山山樵、土甫等の号あり。杵築藩士豊田八蔵の二男にして、寛政五年生る。為人俊偉超逸、夙に三浦黄鶴（梅園の子）の門に学び、博覧該通を以て聞ゆ。また画を鏑木雲丹に学び、号を雲居といふ」とある。

寛政七年一月から八月にかけて、蒲江浦では疱瘡が流行し、二十八人が死亡した。

寛政八年には、疫痢が流行し、村民の不安が高まった。これを憂慮して御手洗家七代の孫、大庄屋御手洗源太夫が願主となり、法華経日蓮上人を拝遙して、梅の実大の小石六万九千三百八十四個に法

（1）史料編⑳参照

（2）羽柴弘ほか編『蒲江町史』536頁

華経の全文を記して地中に埋め、「一字一石之塔」と刻んだ祈願の塔を建立した（口絵34頁参照）。「御手洗家の今昔」には、

「佐伯藩六代の藩主佐伯高慶（たかよし）が、豊漁を祈願して領内各地に、蛭子（えびす）像を下賜して祀らせた、という記事が『蒲江町史』に見える。同じようなことだが、御手洗家七代の当主がやはり漁民の安泰を祈願して、法華経の一字一字を小石に彫って土中に埋め、そこに『一字一石之塔』と刻んだ塔を建立した。彫刻した小石の量はザルに三杯ほどで、塔は蒲江の向山の公園にある。公園といっても町そのものが風致に恵まれているためか、あまり人の行かない丘陵地で、その高みに半ば雑木と草に蔽われている。碑の裏面に『御手洗七代の孫』の文字が刻まれている。七代といえば、蒲江一族の六代目御手洗信勝の嫡男弥太郎改め源太夫である。この人は九人兄弟の頭であった。塔は高さ一メートル、幅六〇センチの大きさのもので、この土地に残された貴重な文化財の一つである。この地方は昔から浦の入口や道路の辻など、人目のつくところに石塔を建てたり、部落の要所要所に銘文を彫った石（像を作ることもある）を埋めたりして、海に出る男たちの無事安穏や豊漁を祈る習慣があった」

とある。

この塔は青竜公園にある。「御手洗家の今昔」には、「青龍山という蒲江八景の景勝地のひとつの丘陵、轟山脈が海に走る途中に孤立して隆起する東西五百米の台地の灌木の繁みにおおわれている。明治から大正のころまでは、子どもの格好の遊び場であったが、いまは草木の荒れるに委されている」とある。現代の位置は、公園の工事のために少し移動している。小石の量はザルに三杯あった。一杯は、五貫目であろう。五貫目籠といっていた記憶がある。

寛政九年、王子神社の拡張工事をした。

寛政十（一七九八）年五月九日、竹野浦の御手洗太四良信秀（二十五歳）が、逝去した。法号は円心了通居士。妻は、蒲江浦の御手洗弥太郎女であった。女子は、出家して、恵海尼という。

寛政十一年七月六日、御手洗弥太郎信一、没。行年六十一。

享和元（一八〇一）年、毛利高誠が、第九代佐伯藩主として襲封。享和二年、大庄屋又三郎は、百二十人の死者を出した疫病を鎮めるために、祇園宮を王子宮末社に勧進した。

二十三　伊能忠敬と御手洗嘉蔵

文化四（一八〇七）年、佐伯城下の五所明神の神官橋迫惟英に、男子（幼名多仲、のちの春鞆）が誕生した。多仲は、のち内記と改め、また、惟平といった。長ずるに及び、京摂の間に遊び、村田春門に師事し、古学を好み、和歌をよくした。

文化六年、秋月龍（橘門）が、日向国本庄に誕生した。秋月逍遙の第二子。名は龍、字は伯起、小相と称した。秋月家は、日向高鍋藩主秋月氏の支族で、その先祖は、故あって高鍋を去り、日州本庄の野に下り、農耕に従事していた。ほどなく帰参の命があって、兄は帰ってまた仕えたが、弟の方は帰らず、その四代の孫が橘門の父だという。のちに橘門は、蒲江八景の詩歌を、高妻芳洲・楠文らと創作する（後述）。

文化七（一八一〇）年三月十九日、御手洗嘉蔵は、伊能忠敬の九州測量に際して、米水津の本家に伊能忠敬一行を迎えに行った。一行は、三月二十二日に蒲江に入り、測量を開始し、約十日間にわたって詳しく調査を行っている。この間、大庄屋嘉蔵宅にも宿泊している。四月二日には、嘉蔵らは、日向国古江村飛地茶切浜まで赴き、忠敬一向を送別している。

【史料34】 文化七年三月 伊能忠敬『測量日記』（小野武夫編）

（〔 〕内は、原田・今永編『伊能忠敬測量日記』による）

三月十日　地松浦から三月二十一日鶴見崎（略）。

三月十九日　昨夜より今暁迄雨、六ツ後止。大曇天西北風見合、四ツ半頃丹賀浦出発（以下略）

三月二十日　入津浦庄屋富田達左衛門、並蒲江浦大庄屋御手洗嘉蔵来る。此夜晴天大風測量。
朝晴天、大風、同所逗留両手六ツ頃出立、下河辺、永井、篠〔梁〕田、平介昨日測終字黒鼻より初即浦白浦色利浦界、夫より色利浦字大内浦人家十軒色利浦本浦同字関網人家四軒、宮野浦同字間浦人家一軒字岸ノ鼻まで測。
即米水津浦入津浦界一里三十五丁二十四間五尺青木、上田、箱田、長蔵昨日測留、小浦字珍崎（ちんはえ）より初、鯵ケ浦迄測。一里一十八丁一十七間一尺両手共八ツ頃に帰宿。此夜晴天測量。

三月二十一日　略

三月二十二日　朝中晴、南風、六ツ頃両手共、米水津浦色利浦出立、乗船、我等青木、永井、篠〔梁〕田、長蔵、入津浦ノ内、西野浦字洲ノ元龍王鼻より初字洲ノ元人家五軒、同中小浦、同中即西ノ浦とも小庄屋居る所、西ノ浦小名小字越ノ浦人家二軒ビロ浦作小屋二軒居立浦迄測、中食仮小屋一里廿八丁五十三間五十尺南入津浦は惣名にて畑野浦大庄屋村即本郷と云西野浦村又竹野浦河内、楠本浦四ケ浦なり。又西野浦も惣名にて須ノ本、中小浦東中又は西ノ浦四ケ所なり。
坂部、下河辺、上田、箱田、平介入津浦之内畑野浦字小浦人家前より初、畑野浦大庄屋居本郷辺過て同浦字小浦浜同字下り松鼻迄測、一里三十三丁二十四間五尺両手共九ツ半頃入津浦内畑野浦江着。止宿大庄屋富田達右衛門。此日測量初より暮迄曇天夜曇

三月二十三日　昨夜より南、大風雨、終日ニ至同夜亦同。

三月二十四日　昨夜に続て風雨暁より別に南風雨八ツ半頃止。夜は晴る。風あり。日州飫肥伊東修埋太夫内杉尾丈右衛門来る。肥後の国人吉、相良志磨守家来愛甲勝左衛門、永井吉右衛門も来る。

三月二十五日　朝晴天南北風同所逗留測、六ツ頃両手共出立、後手我等、青木、永井、篠（梁）田、平助（楠本浦畑野浦）界字下り松鼻より初、楠本浦字小向（一軒人家）楠本浦、竹野浦河内、字長波（はえ）石、竹野浦河内人家前迄測、先手へ合測（五十一間五尺一里二十〇丁）先手坂部、下河辺、上田、箱田、長蔵西浦之内、西村分（と云又中）字居立浦より初、逆測、竹野浦河内下元印迄側（三十八間一里五丁）又元印より横切り、山越峠迄測（字元猿先山越半横は廿七日測即竹野浦河内一十一丁六間）両手共午前帰宿、此夜晴天にて大風、測量。

三月二十六日　朝晴天（関所逗留西北風）先後手六ツ頃、入津畑野浦出立。後手青木、篠（梁）田、箱田、長蔵米水津浦、入津浦界岸崎より初、畑野浦字洲ノ本龍王鼻より初、風波付山越を測。竹野浦河内字黒山前ノ砂浜迄測（二十三間二里〇）此日西北風にて波高、測量難岐に付七ツ前帰宿。日州延岡家士堤寛治郎、同領測量に付回り大野屋佐治衛門出る。同国飫肥伊東修理太夫家士横山金治郎、長友武兵衛、杉尾丈衛門来る。延岡侯より国産贈物あり、我等に真綿三百目、坂部同二百五十目、下河辺、青木、永井江同五十目宛、小者共五人江紙一東宛被下れ受納（塩飽屋弥惣兵衛取次堤寛治郎持参也）此夜も晴天測量。

三月二十七日　朝晴天、先後手六ツ頃入津畑野浦出立。先手我等下河辺、青木、永井、長蔵、入津浦竹野浦河内黒山砂浜より初、測量の処波浪高荒、船測相成兼同字元猿（十軒許網屋）江廻り、猿印より元印迄、黒山を横切り（五間四尺三十三丁）又猿印より乙印（印残置後手横）迄測（四十間四丁）夫より蒲江浦、本郷泊浦字高山丙印より横切三十四間二十二丁後手と合測。後手坂部、篠(梁)田、上田、箱田、平介、入津、竹野浦河内字元猿越を横切四十六間二丁乙印を残、蒲江本郷泊浦字高山名目はなし作番家三軒あり此浜丙印○を残。

此日風波高、海岸測量難相成、海際ノ山上を測量。泊浦字蒲根、夫より蒲江本郷泊浦○江印迄測四十一間二尺一里廿六丁江印より横切二十八丁五十八間六丁三十四間先後合先手と合測夫より蒲江、河内浦内小浦江字三貫目網代鼻より初逆測し、同浦字下松鼻にて先手と合測七間五尺二十六丁五十共に乗船七ツ頃に蒲江本郷泊浦に着。止宿。大庄屋御手洗嘉蔵、蒲江浦船掛上港なり都合九浦なり本郷泊浦、河内浦、猪ノ串浦、坪又浦村浦なし野々河内村、森崎浦あり枝に越浦丸市尾浦迫あり枝に浦葛原浦、波当津浦なり九浦

此日当村医師疋田柳伯出る。此夜日州飫肥侯より国産鰹節被下受納此夜曇天、不測。

三月二十八日

朝晴天、北風波高同所逗留。六ツ後、両手共出立。乗船青木、上田、箱田、長蔵、昨日先手測量(留)字三貫目、網代鼻より初。蒲江、猪串浦字内浦、坪浦地先、野々河内浦故に村とも云海辺なし森崎浦字弥七鼻ニテ手分と合測二十八間一尺五寸二里三丁下河辺、永井、篠(梁)田、平助、森崎浦内越、田尻浦越印○より初。丸市尾浦一印より逆測、同浦字名古屋崎ノ鼻迄測四十二間五尺三十一丁又森崎浦字鵜糞鼻より初。字弥七浜にて手分と合測十五間一尺一十四丁五両手共に八ツ後ニ帰宿。此夜晴天、測量。

三月二十九日

朝晴天。波高し風あり六ツ頃両手共出立、乗船。下河辺、永井、箱田、長蔵、入津竹野浦河内字元猿、猿印○より黒山岬に向逆測波荒岬を残す一十二丁九間にて夫より小蒲江、本郷泊浦の持屋形嶋を測。一周一里〇七丁五十五間、夫より蒲江、丸市尾浦字畑中より初、丸市尾浦之内浦之迫サコ二軒人家葛原浦を経て字貝ケ崎を測五十五間一里三丁両手共九ツ頃より八ツ頃に帰宿。此日日州佐土原家士、長友新左衛門付回大庄屋長友六兵衛、同国延岡家士、堤寛治郎、駒木根晟吾、町方用達、今村新左衛門来る。

四月朔日

此夜晴、曇、測量。

朝大曇（逗留 風波高同所）見合。両手共六ツ後出立、蒲江浦、葛原浦字貝ケ谷より初。蒲江波当津浦を経て、同浦字和田鼻迄測（二間 一里〇七丁）夫より蒲江、森崎浦字鵜糞鼻より初。名古通(屋)崎出前迄測（外に岬前後見切五六丁 一十一丁五十三間）手分。

蒲江浦深島一周（二尺横切五十六間 一里一十一丁三十四間）此島は佐伯領の流人嶋にて田畑も少しあり。小屋一軒建置、当時流人三頭ありと云う。両手共八ツ半頃下帰宿、無程（ホドナク）雨降出、佐伯浦支配役浅沢弘右衛門、地方役（出代官）天谷甚左衛門見舞に出る。明二日出立前に乗船前(衍)に出る。

四月二日

朝小雨、六ツ後〔止み、〕次第に晴、然し波浪荒高、測量難成と云に付て見合四ツ(一時)後蒲江泊浦出立。後手〔我ら下河辺・青木・上田・平助、〕蒲江波当津浦字和田鼻より〔此所豊後国日向国界即佐伯領延岡領界〕初。（山上を測 波浪荒に付）延岡領、日向国臼杵郡古江村飛地字茶切浜にて先手に合測（二十二間 一里〇二丁）〔先手坂部・永井・梁田・長蔵、〕延岡領日向国同(同)所(郡)市振村枝直海浦より初、逆測、古江村飛地茶切浜にて後手と合測(会)〔二十九丁四十六間五尺〕。〔先手も波濤荒高に付き山上を測るは成難し、先手後手出会の処まで〕佐伯領人足、助合来て送別、大畠仲(伸)右衛門、松野(季)善五郎、御手洗嘉蔵、船頭中谷作太夫、林直五郎、伊藤直蔵、浦〔々〕庄屋（床木村兵吉 やり持弥平）

両手共暮に延岡領、宮野浦江着。止宿本陣庄屋伊平〔太〕、脇宿百姓忠五郎、佐伯領用達塩飽屋（東 姓は）弥惣兵衛、名古屋（今泉 姓）善左衛門、加嶋屋（東 姓は）平兵衛、止宿迄送来故は(帰る)、塩飽屋は延岡郡方地方役願に付残る、郡奉行〔添役〕有田律(吉)右(左)衛門、地方支配役猪狩庄左衛門出迎。

此夜大曇天。（以下略）

文化八年六月二十七日、蒲江浦御手洗九代目又左衛門信元（信本）、逝去。法号、快応禅慶居士。妻は、城下の伊東氏女であった。

文化八年、高妻芳洲、誕生。家は代々、佐伯藩に仕えていた。

文化九年正月十一日、因尾村・横川村・赤木村・仁田原村・上直見村・下直見村・中野村七カ村の百姓が党を結び、十一日の夜、因尾村より起ち上がり、貝・鐘を鳴らして、人数を集めること四千余人に及び、まず赤木村の御炭山手代御手洗新助・林介両人の宅を壊し、家財を破り、それより因尾村御紙場所の役人野々下勘蔵宅・同村大庄屋宅を破却し、横川村に出て、十二日の朝、御紙場御場所・中買利八・造酒屋を流し、あるいはタバコを水に浸した[1]。

秋、豊田遷次郎（明石秋室）は、広瀬淡窓を日田に訪い、塾に留まること三四旬、淡窓は遇するに客礼を以てした、という。

文化九年、毛利高翰が、第十代佐伯藩主として襲封。

文化十年十二月、御手洗第十一代嘉蔵信正（改源左エ門亦改源太夫信栄）らは、東光寺の本堂を再建した。十六代御手洗東洋は、この十一代嘉蔵が再建した東光寺の本堂が二百年を経過して老朽化が進んだため、建築委員長となって、本堂・薬師堂・庫裏の建設に努力し、平成七年に完成した。本堂は、天台宗の型式によって建立されていたが、今回は、禅宗のお寺の型式により、九間、六間の本堂とした（口絵19頁参照）。

文政二（一八一九）年三月吉日、御手洗源左衛門は、祭神大綿津見命を奉鎮して、八大龍王廟を、蒲江浦青竜公園に建立した（口絵35頁参照）。

文政二年三月より八月上旬に及び、鰹・鰯が大漁であった。爾来、漁民は廟前に毎年お祭りを催し賑わったが、近年この行事は忘れられている。

（1）山内武麒ほか『佐伯市史』池田利明、昭和四十九年

この年、蒲江の人たちは、佐伯の旧領主佐伯治郎惟治の石碑を祀る尾高智への道作りのため、延岡領日向国三河内村へ入境していたらしい。

文政三年正月、蒲江浦大庄屋御手洗源左衛門は、佐伯惟治の石碑のある延岡領三河内村の尾高地山中の鳶尾権現社の木原山城正（かみ）叔父木原越後正と石垣築立の儀を話し合い、翌四年春、石垣は出来上がったらしい。やや、意味不明のところもあるが、『北浦村史』、『北浦町史』に次のような史料が収録されている。

【史料35】 年未詳　御境目蒲江大庄屋御手洗源左衛門無掛ケ合道修覆為致候ニ付掛ケ合文通控并ニ右使等人面覚（北浦町役場所蔵文書[2]一七）

御境目蒲江大庄屋御手洗源左衛門無掛ケ合道修覆為致候ニ付
掛ケ合文通控并ニ右使等人面覚

未得御意候得とも一筆致啓上候、追日暖気相催候処、弥御安全被成御勤珍重御事ニ奉存候、然者当領内三河内村字に尾高知山中之内ニ佐伯治郎惟治之石碑と相唱、往古ヨリ有之候処、右場所石垣築立、其上右道筋其御領内と当領内御境目、当領内古江村之内はせかわら峯分より尾通、以前より有之候道筋ヲ弘手入有之候旨、当正月中旬頃及承申候ニ付、三河内村庄屋并小役者召連右場所へ罷越、致見分候処、相違茂無御座候ニ付、村方もの共相尋候得共意味相訳兼候ニ付、右惟治之霊を相祭り候鳶尾権現社人、当村ニ罷有候木村山城叔父木村越後へ相尋候処、去辰正月祭礼之砌、其御許様御参詣被成、右越後親相模より右石垣築立之義御咄し合申置候処、同年中出来不申、当正月七日越後義、其御地縁家へ為年礼罷越候砌、当春祭り前垣等出来候様亦候御頼申入候由之処、早速御人夫御触出し、石垣御寄進も可被成旨、御返答御座候旨、同十一日頃其御領内波当津葛原より御人夫差出シ、石垣并道筋共出来致候趣、右始末当方村役人中へも咄し合致候義ニても無之、

（2）岩切悦子ほか編『北浦町史　史料編第一巻』町内文書、平成六年

全一己之取計ヲ以御頼申候旨、越後申聞ニ御座候、弥同人申立候通ニ御座候哉、為御問合得御意候間、否御答被仰聞被下候様奉頼上候、右之趣為可得御意、如斯御座候、恐惶謹言

延岡領
古江村大庄屋
大田尾荒助
太殷（花押）

巳三月十一日

佐伯御領
蒲江村大庄屋
御手洗源左衛門様

文政三年春、明石大助（秋室）は、佐伯藩の書物奉行となった（十八年間、その職にあった）。

『大分県人物志』には、

「佐伯藩士明石某、子なきを以て、秋室を迎へ嗣たらしめんと、人を介して旨を通ず。秋室曰く、僻偶の小藩、予が意に充たずと雖も、嘗て聞く該藩は天下の奇書に富むと。若し予をして史書監督の任に当らしめば応諾せんと。佐伯藩主毛利高誠、其の事を聞き、冀望に任すべしとの命あり。因て佐伯に至り、明石氏を嗣ぎ、藩の書物奉行と為る」

とある。

文政四（一八二一）年、この年と思われる三月二十一日、蒲江浦組大庄屋御手洗源左衛門は、延岡領古江村大庄屋大田尾荒助に、佐伯元領主薩摩守大神朝臣惟治の石碑・尾高千(智)大権現社地、修覆一件についての返書を認めた。

【史料36】 文政四ヵ　御境目蒲江大庄屋道修復為致シ候付掛ケ合文通控（北浦町役場所蔵文書一七）

御札致拝見候、仰之通日増暖和罷成候処、弥御堅固被成御勤珍重奉存候、然者其御領内三河内村辺ニ佐伯治郎惟治之碑と被相唱、古来より有之候由、右場所石垣築弘メ道筋修覆致候義、其御村木村山城殿・同越後殿両人ヨリ之頼ニて人夫差出候哉、被仰越致承知候、右佐伯治郎之石碑と申義者不存、尾高千山中ニ当国前領主佐伯薩摩守太神朝臣惟治之石碑、尾高知大権現と相唱来、此神霊之義ハ野拙所縁之家筋故、先代ヨリ毎年三・四度ツヽ参詣致候、去辰正月参詣之砌、社人衆被居合、社地甚タ悪鋪、石高ニて参詣人々致難渋、少々弘度、加勢申呉候様被相頼候ニ付、元より不外成神社義故早速請合候処、昨年者降雨繁ク、其上組中疱瘡専致流行、人夫難差出、其儘差置候処、又候当正月越後殿被罷越相頼候ニ付、葛原波当津より人夫差出、修覆し相加へ候、道筋手入之義ハ当年ニ不限、また年々正月中是迄波当津より手入致来候、然ル処当年者社地修覆之節社家衆ヨリ頼も有之、例年より大勢ニて手入いたし候義故、道も宜鋪内立候程ニ致出来候、前文之通右佐伯先之領主佐伯薩摩守太神朝臣惟治之石碑、尾高千大権現社地、社人衆頼より修覆致候義全相違無之、如何之訳ニて御尋被仰越候哉、御席（序カ）ニ御知らせ可被下候様奉頼候、此だん先達而御返答可申之処、御城下表へ出勤留主ニ而延引罷成候処、亦候御使御差越候ニ付、御報迄如斯御座候、恐惶謹言

三月廿一日　　佐伯 蒲江組大庄屋 御手洗源左衛門

延岡御領 古江村大庄屋 大田尾荒助様

四月一日、蒲江浦組大庄屋御手洗源左衛門は、延岡領古江村大庄屋太田尾荒助に、尾高千（智）権現社地

修覆のための道筋の手入などに関する書状を認めた。

【史料37】 文政四ヵ　御境目蒲江大庄屋道修復為致シ候付掛ケ合文通控（北浦町役場所蔵文書一七）

一、巳三月廿三日四ツ頃木村越後召呼、佐伯蒲江大庄屋へ木村山城并ニ同越後両人ヨリ内文通ニ及候段相聞候ニ付、右文通之義相尋申候節、右大庄屋より道手入之義年々作り来候段、荒助方ニ返書状ニ申来候ニ付、越後へ道造り之義相尋候処、是迄彼方より道造り候義無御座、私共覚不申と申之候、同座ニ弁指久七・次五郎両人も居、源太兵衛も居合、只今申条相違御座有間鋪と調ヲ請申候

一、右越後歳当巳四拾一才ニ相成申候

巳四月四日大田尾保左衛門、直海弁指新兵衛当所罷出候様及文談候処、両人病気ニ付弁指権太郎・直海休兵衛罷出申候、両人へ相尋申候而、佐伯御境目年々道造り申候趣申来候、及見聞致候哉尋候へハ、是迄佐伯ヨリ道造り申候義及見聞不申候、尤去冬者波当津ヨリ地蔵ノ石辺迄者造り申候、夫ヨリ上峯分ハ当正月頃作申候、此両度より外ニ一及（ママ）向見聞不申旨申聞候、直海村中吟味いたし候様申談、即刻引取申候

一、翌五日右両人罷出申聞候者、本村并ニ直海もの共及見聞不申旨申出候、直海之儀者新兵衛宅へ召呼申候而吟味、老年故不参ものハ使差立吟味致候処

一、一向道造り候義無御座、及見聞不申候

一、右久兵衛義五拾一才ニ罷成申候、右権太郎義四十八才ニ相成申候

一、当村地下村之義四月四日夕、弁指吉右衛門宅へ村中召呼、吟味致候処、佐伯領ヨリ去年以来迄道造り候義及見聞候義、一向無御座旨申出候段、翌五日朝吉右衛門罷出、申聞ニ御座候

一、三月十一日長次郎・嘉次郎蒲江ニ書面為持差遣候、御手洗源左衛門留主ニ付書面相渡し置、十二日帰り申候

一、三月廿日栄太郎・平太郎両人差立、右返書請取遣、廿一日返書請取帰り申候

一、四月五日書面差遣、此使地下村藤五郎・中むら六次郎差遣候処、翌六日罷帰候

一、御翰致拝礼候、愈御堅固被成御勤役候条珍喜奉存候、然者其御領内三川内村辺ニ有之尾高千大権現社地修覆道筋手入之義、社家中頼ニより人夫差出候哉否之義、先達而御尋被越、則其節御答申遣候通、右之社地至而石高ニ而参詣之諸人及難渋候而、致加勢呉候様頼ニ付、人夫差出候処、其御元様方へ御相談も無之、一己之了簡ニ而被相頼候由、御境目ニ拘り候得者、御立合道造等可被成候処、当方より無案内段被仰越候得共、御相談有無之義、野拙可存様無之、且又道筋手入之義ハ従先年組内波当津より少々宛手入いたし来候得共、是迄御沙汰申候例シ無之、尤右道筋手入之義ハ御境目ニ不拘、波当津浜辺ヨリ尾高千権現社地尾通鳥居峯辺迄いたし来候処相違無御座候、此段無御存由被仰越候得共、何故虚言可申進哉、当方ニ而ハ年々之義故委敷存罷有申候、依御報迄如斯御座候、恐惶謹言

四月六日

佐伯
蒲江浦組大庄屋
御手洗源左衛門

延岡御領
古江村大庄屋
大田尾荒助様

文政四年五月二日、佐伯領蒲江浦庄屋与七郎・波当津庄屋長右衛門・入津浦庄屋嘉七郎は、延岡領古江村庄屋大田尾荒助・三川内村庄屋猪股源助に、蒲江浦大庄屋源左衛門方が、代々信仰している佐伯薩摩守惟治の石碑のある延岡領三川内村山中の社に、境目を越えて、延岡領三川内村御持場まで道

造をした一件に絡んで、御定の国境の儀は、双方とも古来よりの国境に異変なく、道造など致す節は、双方掛合い、互いに立ち会って取り計らう旨の念書一札を差し出した。

【史料38】 文政四年 蒲江浦庄屋与七郎ほか差出申一札之事（『北浦村史』[3]）

一、佐伯領蒲江組より致道作候節指入ニ相成候一札之写左之通

差出申一札之事

一、延岡御領三川内村山中え佐伯薩摩守惟治之石碑有之候処、蒲江浦大庄屋御手洗源左衛門方、子細御座候而、代々信仰仕候。然ル処、此度右掛社人木原越後正殿より場所手狭ニ付、石垣築立并参詣道筋を修理致し呉候様被頼候ニ付、別意無之儀と相心得、御境目を越え、其御領三川内村御持場迄道作を致し候儀、各様へ御案内不申入段不取斗之儀ニ付而ハ、再応御掛合御座候処、心得違ニ而重而不都合之御返事ニ及、今更致後悔此儀表立候而ハ相済ズ事も御座候間、下拙共罷出御断可申入旨申聞候ニ付、達而御頼申候処、御許容被下御内済相調、千万忝仕合奉存候。特又往古より御定有之御国境之儀者、此度御引合御座候通、御双方共古来より相心得罷在候事ニ付、異変無之儀ニ御座候間、御双方道造等致候節者、及御掛合御互ニ御立会取計可申候。依為念如此御座候、以上。

文政四巳五月二日

佐伯領蒲江浦庄屋
与七郎 印
○
同 波当津庄屋
長右衛門 印

（3）北浦町役場所蔵文書（前掲『北浦町史 史料編第一巻』北浦町役場所蔵文書一七）にも、ほぼ同文の史料が収録されている

同
入津浦村庄屋
嘉七郎　印

延岡御領古江村御庄屋
大田尾荒助殿
三川内村御庄屋
猪股　源助殿

（『北浦村史』には、「この頃蒲江浦組の庄屋三人古江の大庄屋に集り会議を行ひ一札を書くことになった。〔略〕右此の添書は一月十九日の時持来いたし候を記す」とある）


文政四巳年、蒲江浦王子神社の拝殿を再建した。

文政六年十二月二十七日、蒲江浦組大庄屋御手洗源左衛門は、田嶋助左衛門から銀一貫を年利壱歩半で借用した。御上納銀に差支えたからという。

文政七（一八二四）年十二月十八日、国境宇土崎をめぐったはぜ川原で、波当津浦の鰯網が操業中、市振の漁船に襲われた。古江村（現・北浦町古江）大庄屋文書（『蒲江町史』所引）に、

文政七年申十二月八日はせ川原において、波当津浦庄屋長右衛門網、右場所にて網遣いたし小鰯大凡千四百桶引込み候を、市振村のもの共聞届け、漁船四艘乗組みかけ付け、小鰯凡そ百桶奪ひ取候由（下略）

とある。これは、「尤も右はせ川原は勿論、鵜戸（宇士崎）御境目論に相成り」とあるように、陸上の国境論とからみあった漁場争いであった。北浦側は、「この方支配のはせ川原」と主張し、波当津側は、「往古より連綿と漁業いたし、当浦持ち」とゆずらず、結局、和談は成立したものの、なおいざこざは絶えなかった（『蒲江町史』[4]）。

この年（文政七年）、秋月龍（橘門、十六歳）は、豊後日田に至り、広瀬淡窓（咸宜園）に師事し、業を受けた。しかし、幾ばくならずして学資が全く尽きて、如何ともすることができず、事情を師に告げ、筆耕して、自ら給し、僅かに飢餓を免れることができた、という。時の郡代塩谷代四郎がこれを聞いて、召して侍史たらしめんと欲し、淡窓を介して意向をただしたところ、龍は辞退して、「士の文学に志すは、豈に人に使役せらるゝが為ならんや」といった。郡代は、大いに怒り、淡窓に命じて、これを放逐せしめたという。『大分県偉人伝』[5]には、「適ま天大に雪降り、寒威凜烈たり。然れども意気壮烈、剣に仗り飄然として去り、佐伯に至りて中島子玉の家に寓しぬ。後復た潜に日田に入り、咸宜園に入りたるも、再び去りて筑前に往き、亀井昭陽に従ひて学べり」とある。

文政八年六月、豊後国国東郡の竹田津源之助、小串喜左衛門は、浦手清蔵船で、宿願の讃州金刀比羅宮参詣と備前国瑜伽宮、芸州宮嶋参詣を果たした。

豊後国国東郡竹田津庄屋記録『万年記』[6]に、

> 文政八年酉六月、竹田津源之助、小串喜左衛門、浦手清蔵船にて宿願に付讃州金毘羅宮参詣、それより備前国瑜伽宮、芸州宮嶋参詣、六月四日、竹田津浦出帆にて、六月二十一日夜帰帆

とある。

金毘羅（金刀比羅）宮は、讃岐国多度郡琴平町琴平山（一名、象頭山）に鎮座。金毘羅は、サンス

（4）なお、北浦町役場所蔵文書に、「一五　佐伯領波当津浦・延岡領市振村出入取遣書状控」が収録されている

（5）久多羅木儀一郎『大分県偉人伝』（増補改訂）、大分県教育会、昭和九年例言。なお本書は、昭和五十一年に『大分県人物志』として歴史図書社より復刻されている

（6）竹田津源助ほか原著・清和藤吉ほか解読『万年記』国見町役場、平成一年

クリットで、クンビーラといい、ガンジス川のワニ（鰐）の神格化（仏法の守護神）で、その宮殿は、インドの象頭山にあったといわれる。[7] 金刀比羅宮の創立年代は、つまびらかでないが、松尾寺がいまの金刀比羅宮の敷地にあって、釈迦を本尊としたので、釈迦に関係のある金毘羅を、伽藍守護神として勧請し、ついで金毘羅は、本地垂迹説の影響を受けて、金毘羅権現と称するようになった。権現は、仏が仮に神となって現れることを意味し、金毘羅の信仰が高まるにつれて、松尾寺は、その信仰におされて廃絶し、象頭山金毘羅大権現は、ますます隆盛におもむいた。社伝によると、長保三（一〇〇一）年、勅命で社殿を改築し、寛元元（一二四三）年、祭儀を修めさせたという。[8] 初めの社名も明らかではないが、古来、もっぱら象頭山金毘羅大権現と称されて、朝廷の崇敬も篤かった。十五世紀初期（室町時代初期）以後、海外との交通がひらけて、海運業が盛んになり、海上の安全を祈る者が多くなると、金毘羅信仰が高まった。領主長宗我部氏は、社殿を修造し、社領を寄進した。徳川将軍は、朱印地三百三十石を寄せ、藩主生駒氏、松平氏なども社殿を修造し、社領を寄進し、江戸時代中期には勅願所となっていた。[9]

　瑜伽宮（由加神社）は、備前国児島郡の児島半島中央部の瑜伽山（由加山とも書き、ユウガサンともいう）にある神社。瑜伽は、梵語のヨーガーデ、ある目的のために心を引き締めて力を集中する意で、[10] 七世紀前半頃、百済系渡来人で法相宗を学び民間布教に尽力した行基（天智七〔六六八〕～天平感宝元〔七四九〕年）が、瑜伽山上に瑜伽寺（蓮台寺）を開創したという。また、天平年間（七一九～四九）に瑜伽宮（由加神社）が鎮座せられたという。[11] 由加神社の開創と、行基による瑜伽寺開創の時期は、ほぼ一致し、おそらく、瑜伽山では、開創当初から神仏混淆が行われていたのであろう。古来、瑜伽山は、霊場として知られ、鎌倉時代には新熊野修験と関連があったといい、中世には由加大権現と称し、真言宗蓮台寺の奉仕を受けたという。瑜伽（由加）大権現は、由加神社と蓮台寺の総称として用いられ、瑜伽の信仰が形成されたものと思われる。しかし、戦国時代の混乱期には、それな

（7）武田政一「こんぴらしんこう」（『世界大百科事典』9、平凡社、昭和四十年）

（8）同注（5）

（9）同注（5）

（10）『角川日本地名大辞典　岡山県』角川書店、昭和六十四年

（11）同前

りの紆余曲折があったのであろう。応永年間（一三九四～一四二八）には、増牛が蓮台寺を再興したという。江戸時代になると、池田綱政が瑜伽大権現に深く帰依した。延宝二（一六七四）年に再建されたものが、現代の本殿である。三間一面の比翼入母屋造り、銅板葺で、一部に桃山の手法が見られるという。寛延元（一七四八）年、綱政の子継政は、拝殿を寄進した。蓮台寺は、池田家の祈願寺として外護を得た。宝暦十二（一七六二）年十一月八日の社参以来、代々の尊信ことに篤く、毎年、奉幣使が派遣された。寛政十一（一七九九）年、蓮台寺の客殿が再建された。藩主用の広壮な上段制書院造。文化四（一八〇七）年、蓮台寺客殿、釣屋門・表門を改築した。文化九（一八一二）年七月、由加神社に定紋付麻幕・提灯一対が寄進された。

蒲江浦御手洗家の裏山に「由加サン」が祀られている（後述）。

二十四　御手洗玄太と蒲江八景

蒲江浦御手洗十一代嘉蔵信正は、一時、大庄屋を退いたらしい。

【史料39】 御手洗氏系図

次男嘉蔵　信正

改源左エ門亦改源太夫信栄

有故退役

世寿六十三歳

法号龍雲軒大観慈眼居士

妻野村五郎右エ門妹

玄之丞実母

法号俊倫恵夾大姉

世寿七十歳

女子　早世

しかし、まもなく、蒲江大庄屋は、甥の御手洗玄之丞茂信が継いでいる。

文政十一（一八二八）年八月十一日、楠文蔚、誕生。佐伯藩医楠春篤の長子。幼くして学を好み、群童と異なるところがあったという。初め豹蔵と称し、蕉窓と号した。

文政十二年、この頃、秋月龍（橘門）は、咸宜園塾長として、下級生の指導にあたっていたらしい。その後、筑前に遊び、亀井昭陽に従って徂徠学を学んだという。

天保二（一八三一）年、秋月龍（橘門、二十三歳）は、肥前島原に私塾を開き、子弟を教授した。この後、備前に赴いて医術を修め、ついで京坂から江戸に遊学し、ようやく帰郷して医業を創めた。『大分県偉人伝』には、「天保二年、年二十三、帷を肥州島原に下して子弟を教授す。幾くならずして、又去りて備前に遊び、医を学ぶこと三年、業成るや去りて三都に遊ぶ。後郷里に帰り医を業と為し、に、治を請ふ者頗る多かりき」とある。

天保三年、毛利高泰が第十一代佐伯藩主として襲封。

天保五年十一月六日、大庄屋御手洗源太夫は、前々から大庄屋方へ預かり置いていた御元祖様御書一通について、森崎庄屋武右衛門家右衛門九郎が子孫の由であり、右御書を同人方へ相渡す旨の添書きを認めた（史料編㉕参照）。しかし、まもなく御手洗氏は、大庄屋を取り上げられたらしい。御手洗信夫「御手洗家の今昔」（『わが一生』）に、

蒲江浦にとって、漁業はなんといっても大事な基幹産業だが、大庄屋の御手洗家がその漁業問題にからんで、あらぬ冤罪を着るという事件が起こった。「ふかしま番」という、いつの頃からできたことばであるかわからない。蒲江湾を出て南に六キロあまり下ったところに、深島がある。「葉ガツオ」、あるいは「縞ガツオ」という、夏になるとカツオの大群が集まる屈指のカツオ漁場である。ここを目指して、近在の部落つまり蒲江、猪串、小蒲江、森崎、丸市尾、葛原、波当津の網方衆が、順番に網引きをする決まりになっている。この順番を「ふかしま番」といった。今

日のような漁業の近代化がまだ進んでいなかった頃の話である。佐伯の毛利藩の家老職で筧川という人が在職中のことである。深島の漁場を蒲江がわが独占しようと計画している、という情報を家老の耳に入れたものがあった。これが問題化して、わが家の十二代目の当主が、大庄屋を取り上げられることになった。記録にはないが、それを裏書きする話として、十二代目は森崎というところに蟄居を命じられていたが、家に帰ってきたとき、頭のチョン髷がバラッと落ちたということを私は母から聞いたことがある。また、この事件に絡んで、先にあげた波当津、葛原、丸市尾、森崎など、これらの部落を総括して、蒲江がわでは「下浦」と呼んでいるが、この下浦がわの網方連中が、語り合って、タイの腹に小判をつめて家老に運動したという風説もあった。事実かどうかは別として、そんな話も聞いている。十二代目の当主が、晩年に大庄屋をやめてからは、白岩儀十郎（浜崎屋）という人がその後を受けて勤めるようになった。それまでは、大庄屋の世継ぎとして、長い間には、各部落の有力者や庄屋との結びつきができたり、いわゆる政略結婚が行われたりして、親戚、同族と称する家柄が各地にふえた。私の代になってからは、ほとんど交際はないが、母の代までは毎年正月になると、各地から縁者が家に集まってきたということである。このような関係から、あまりにも勢力が張られたため、旧藩主から内々の連絡があって、あまり派手な動きをしないように、また贅沢も程ほどにせよ、というお達しがあったのではないかと思われる。というのも、私の家の庭園や築山に構えられていた多数の庭石が、外部から見えないように方々の地下に埋めてあったからである。あまり豪勢な庭を見せてはならぬという自戒もあったであろう。明治となり治政は変わっても指導的役割から、諸事節約を奨めて、贅沢な暮らしを戒めるお布令が出たことがあった。私の代になってから掘り起こしたが、驚くほどの石が屋敷の隅ずみに埋めてあった。このため私は反動的に、大きな庭を造築して祖先の霊を慰めた。

とある。

この年、高妻芳洲は、藩校四教堂の教授隣となった。学規学則を確立して、大いに学事を振興させた。佐伯向島に私塾（塾名および設立年次未詳）を設け、一期三十余名の門弟に漢学を授けた。

天保八（一八三七）年、秋月橘門（二十九歳）は、日向本庄の妙典鎮護碑に碑文を書いている。その後、橘門は、幕吏を誹り、追われた。のち、儒者亀井郁太郎の許に指導者として、寄食したという。

天保九（一八三八）年、備前国児島郡の由加神社の拝殿が増築された。この頃、由加神社は最盛期を迎えていたという。讃岐の金比羅参りの途次、由加神社に参拝する瑜伽参りが盛んで、金比羅へ参らば、由加へ参れ、片参りはせぬものぞ、と言われて賑わった。

「由加サン」は、蒲江浦御手洗家の裏山に昔からあって、一家の者にとっては、非常に親しみのある神様となっている（口絵48頁参照）。しかし、いつの時代に、誰によって建てられたのか、記録が残っていない。父からは何も聞いていないし、全くわからなかった。ただし、このお宮を建てたのは、地域が非常に不漁で、猟師が困っていた時に、当時の先祖が、大漁祈願に金比羅宮へ参り、瑜伽大権現にお参りして、蒲江に帰って漁祈禱をしたところ、大漁があった、ということを伝え聞いている。私（東洋）が子供の頃には、小釣りの猟師が、お参りしていたが、最近は、家内で、昔からの行事を引き継いでいるだけである。社は、六十年程前に、父が新たに建て、私が五年前に屋根瓦を葺き替え、壁板を修理した。昨年、台風により参道が破壊されたので、新たに建設した。注連縄は今年から藁の入手が困難となったため、ビニール製となった。

由加サンについては、知識がほとんどなかった。御札を調べても、金比羅宮のものばかりで、現代までに、一枚見たきりであった。たまたま、『姥ざかり花の旅笠――小田宅子の「東路日記」』という田辺聖子の本に、「金比羅宮へ詣れば瑜伽大権現へも両詣りせぬとご利益はないといわれる。備前侯池田さまの信仰も篤く、備前日光ともいわれる大権現、門前町もにぎやかだ。標高二七三メートル、その山頂の境内は二万数千坪、由加神社の本殿、蓮台寺の客殿は県の重文と案内書にあるが、私はまだ参詣していない」とある。この記事を読んで、社の所在もわかったし、土地の人たちは、金比羅宮には、船を仕立てて毎年お参りをするが、瑜伽大権現には遠く、便利が悪いため、蒲江に帰って、裏山の由加サンにお参りしていたのであろうと推察している。

天保十三年九月、蒲江浦組小庄屋・地目付は、御手洗源太夫所持御墨付等の覚を認めた（史料編㉖・㉗参照）。この時、源太夫は、すでに大庄屋を退役していたものと思われる。後述の嘉永五年二月の御手洗栄信家伝来鏡并地蔵尊等由来書置稿本（史料編㉙参照）には、「天保年中御役儀茂被召上」とある。この年十一月の史料では、蒲江浦組大庄屋は白岩儀重郎となっている。

天保十四（一八四三）年、秋月橘門（三十五歳）は、佐伯十一代藩主高泰に招かれて、藩文学に列せられ、四教堂の教授となった。『大分県偉人伝』には、「延岡侯其の名を聞き、招致せんと欲して之を通ぜしめたるも、橘門の意、医にあらざれば辞して就かざりき。会ま佐伯藩主毛利高泰、学を好み士を愛し、聘して藩学の教授に任じたり。橘門の子弟を誨ふるや、諄々として法に適へり。然れば門生皆畏服し、其の教に違ふものなかりき」とある。

十三代御手洗玄太は、幼名を弥太郎といい、一人息子の豪家育ちで、親戚や土地の人からも可愛がられたが、生来、屈託がなく、豪放で、人間味の豊かな人であったという。勉強家で、佐伯藩の四教堂の秋月橘門教授の門下にあって、漢学を学んだ。弥太郎は、元服して玄太夫信義といった。

【史料40】 御手洗氏系図

嫡男　玄之丞　茂信
　妻山田宅左エ門　娘
　弥太郎嫡嘉蔵甥後改
――嫡男　玄太　信義
　法号徳雲院義山宗原居士
　世寿六拾五歳

妻タモ石田定右武　次女
法号霊照院瑞緑貞玉大姉
世寿七拾三才

玄太夫
世寿
法号福聚軒海量宗寿居士
妻法号量照軒福源智海大姉
嫡男玄之丞　後改玄太
女子コマ嫁佐伯町山田伝平
女子トサ嫁当所白岩勘作
女子テル当所白岩富蔵弟勇平
　ヲ養子トナシ家中村ニ分家ス

御手洗弥太郎（のち玄太と改名）信義は、東洋の曾祖父である。祖父以下については、子供の時代より祖母や父に話を聞く機会が多かったので、感じるところも深いものがある。御手洗信夫「第十三代御手洗玄太」（『わが一生』）には、「玄太は長じて佐伯藩の儒者秋月橘門の塾に学び、主として漢学を修めた。この塾生活はその後、学者文人などと交友をひらく機会となり、人間教育の場として玄太の人格形成に大きな影響を与えている。妻は佐伯藩士山田氏の娘である。妹の婚家先の山田氏の親戚筋である。当時はまだ社会的に武家同士の間にしか婚姻が組めない不分律があった。だが当家は大庄屋の家柄で、武家に準じる格式を保つ必要があったものと思われる。祖父は妻の里に止宿したことは一度もなかったというが、その辺にも節度をくずさぬ祖父の生活態度がうかがえるように思う」とあるが、『御手洗氏系図』によると、妻ではなく、母が山田氏であった。御手洗信夫によると、御手洗玄太夫の父親は、玄太夫が家督を相続する前に、近親の人たちに求めていたという。玄太夫に商売気があるのを懸念していたらしい。

この年、楠文（十六歳）は、江戸に出て、儒者佐藤一斎に師事した。

弘化二（一八四五）年、秋月橘門（三十七歳）は、佐伯に私塾誠求堂を設けた。一期、約百三十名の門弟に漢学を講じた（明治三年に廃止）。

この年、楠文（十八歳）は、豊後に帰り、日出の米良東嶠に就いて、さらに学識を博めた。

嘉永五（一八五二）年二月、御手洗栄信は、家伝来の鏡や、地蔵尊などの由来を書き置きとして認めた。それによると、

この鏡は、如何なる由来があって、家に伝わっているか、知る人もいない。佐賀関の祠官小野氏は、昔、配札のため、代々年々、この地に来る人である。今の市正(いちのかみ)は、予（御手洗栄信）と兄弟の契りをも約したほどの交わりのあるものである。

ある時、家の相を観て、家の定紋を改められたか、または、相伝の金物が紛失したか、といわれた。さほど、心にも懸けなかったが、その頃、別府堀田の井上佐源太と申す卜筮家、これも、年々に参られていたので、禍福の占いを頼みたるに、市正と同じ判断であった。さて、定紋は、家系にも記したように、三つ巴で、別に改めたこともない。金物紛失というのは、何品であろうと、色々、穿鑿したところ、母人利貞尼大姉が、ふと、仰せられるに、「往昔、竹野浦本家より来ていた家来の娘が、この家より、鏡を持ち帰った由、この女は、米水津の大内浦へ嫁したとか。鏡は、その家にあるに違いない」との事であったので、竹野浦本家新四郎老人へ、右の事などを物語して、「取り返して欲しい」と頼んだところ、老人は、はやくも、吟味されて、「鏡は取り返した」という言い伝えがあった。すぐに、この家に迎え取り鎮守神鏡にもして崇うべきと思いついたが、本家にあるほどならば、この家にあるも同じ様の事と、そのままに致し置いたが、家運、しだいに衰え、天保年中、御役儀も召し上げられ、且つ、思い立つ事など、何も心にまかせず、追々、衰微して、困窮、大方ならない程になった。

この砌、延岡領古江浦に、鳴川地蔵尊という、その浦の鳴川という川から上がらせ給うた尊像

があった。古江浦で、年来、多病な男があった。この尊像を信仰したので、地蔵尊は、この男に乗り移られて、諸人の吉凶禍福を告げさせ給うと、遠近の人々の参詣、夥しかった。この節、我が家運衰えて、嘆かわしく、開運の御示しなどないだろうかと、伺ったところ、「家の守護たる金物が紛失している。定めて、円鏡であろう。その鏡は、家の姨たる人の許にある。早く取り返すべし。且つ、また、この外に大切のもの、いずれ、神願仏か、大方は、仏であろう、これまた、家の守護にして、今は、余程、遠い国にあり、これも、早く取り返すべきである。その国に立ち越し、この訳をつまびらかに物語れば、手に入るのは、必定である。この両品、家に返るまでは、神仏、何ほど信心致したりとて、感応もなく、如何なる願い事も叶わないだろう。この両品さえ、手に入りなば、以前に立ち返るであろう」などと御示しに預かった。

この仏像というのは、不動明王の尊像で、多田満仲の御作だという由来伝書が別にある。猪串久右衛門悴曾助、これは、伯母の子なれば、悴玄之丞に差添え、竹野浦本家へ遣わし、鏡は迎え帰った。折節、市正が参り、活法の術をもって、考えたところ、「この鏡は、家に無くては、よろしからず。大切にして、随分、信仰すべし」といった。

さてまた、この訳を、御示しなされた。古江浦地蔵尊、恐れ入る事にて、尊敬し奉るべき御事に候と、霊験を感じ奉った。すなわち、吉日を撰び、新たに筺を作り、神棚なる太神宮の内に納め置き、子々孫々に長く伝えんとて、このように、記し置くのみである。

右の伝記をあらまし認め置く間、子孫は、永く、大切に心得、聊かも、麁略これなき様、大切に致すべし。鏡の由来は、詳しくは相分かり難いところではあるが、定めて、御元祖源光院様御所持の品であろうと考えているところである。後代、その心得で、大切に致すべきである。

とある。今も、御手洗家には、「御盥玄太夫蔵」と、赤い漆で箱の裏に書いてある円鏡が伝来している

（口絵40頁参照）。

三月、清国浙江省の漁船が一隻、暴風雨にあって、蒲江の猪串浦に漂着した。佐伯藩は、大騒ぎとなった。時の郡代町奉行明石大助（秋室）は、数百の兵を率いて蒲江浦に乗り込み、筆談によって初めて遭難漁船であることがわかり、この旨を長崎奉行に報告し、船員共遭難漁船を長崎に送ることとなった。秋室筆「清国船員図」が本匠村高橋智氏に所蔵されている。秋室が自らスケッチして長崎奉行に報告した絵の下書きで、五人の中国人が描かれている。[1] 秋室は、漢学の教養深く、すぐれた漢詩を多く遺しているが、画筆も冴えていて、特に書跡は見事で、佐伯藩では並ぶ者はいなかったという。

安政三（一八五六）年、楠文（二十九歳）は、佐伯に帰り、城南の舟町の一角に私塾好古堂を設り、門弟約百名を集めて漢学を教授した。その学風は、一斎説（昌平学派中の陽明学派）を宗とした。

安政年間（一八五四～六〇）、秋月橘門（四十五～五十歳）は、佐伯藩士として重用され、傍ら熟を開いていた。

蒲江浦の御手洗玄太夫は、日頃から、風光明媚な蒲江の景色を基に、漢詩・和歌を作りたいと考えていた。そこで、橘門教授にお願いした。教授は、玄太夫の願いをいれて、橘門父子を中心に、学芸に優れた佐伯藩の学者文人のほか、明石大助をも招いて、御手洗家に来訪された。一行は、両三日滞在して、蒲江湾と付近の島々を周遊して、優れた風景八カ所を選んで、漢詩と和歌を作った。蒲江八景である。八景は、近江八景の原形である中国の「瀟湘八景」（しょうしょう）に準じて作ることにしたといわれている。

蒲江八景と近江八景、中国の瀟湘八景の照応関係を示すと、次のようになる。

〈瀟湘八景〉	〈蒲江八景〉	〈近江八景〉
山市晴嵐	烽台青嵐	粟津の青嵐

(1) 羽柴弘ほか編『蒲江町史』536頁

洞庭秋月	青龍秋月	石山の秋月
平沙落雁	館島落雁	堅田の落雁
漁村夕照	鰐州夕照	瀬田の夕照
煙寺晩鐘	東光晩鐘	三井の晩鐘
瀟湘夜雨	鷹山夜雨	唐崎の夜雨
遠浦帰帆	粒嶼帰帆	矢橋の帰帆
江天暮雪	轟山暮雪	比良の暮雪

『蒲江町史』には、たまたま、中国の「瀟湘八景」や、「近江八景」に倣って「蒲江八景」をつくってみてはということになり、種々合議の上、次の八景を選定したとあるが、この「蒲江八景」は、御手洗玄太の宿願によるものという。

〈蒲江八景と名称〉

烽台晴嵐（背平山）	青龍秋月（青龍山）
館島落雁（屋形島）	鰐州夕照（深島）
東光晩鐘（東光寺）	鷹山夜雨（高山）
粒嶼帰帆（粒島）	轟山暮雪（轟山）

安政七（一八六〇）年二月、秋月橘門は、「蒲江八景」の漢詩をまとめて書いた。それぞれ二幅の軸に収められ、今も保管している（口絵43頁参照）。この蒲江八景は、明治二十五年四月、東京で発行されていた佐伯の郷土誌『鶴谷叢誌』に、祖父御手洗退蔵が初めて発表した。以下、『鶴谷叢誌』第二号に

載った記事に基づく『蒲江町史』を参考にして、解説する。

佐伯諸名家の吟詠になれる「蒲江八景」の詩歌なりとて、左の一篇を南海漁夫（御手洗退蔵）より送り越しぬ。
諸家の中、すでに隔世の人となりしもの少からず。風流韻事の長く湮滅に帰せんことの惜しければ、掲げてもって諸君の瀏覧に供す。

蒲江八景

〔漢詩〕

烽台晴嵐　田原　佞

嵐気籠孤岫　嵐気孤岫に籠り　孤岫（小さな峰）
蒼々翠欲流　蒼々たる翠流れんと欲す　蒼々（青青と茂るさま）
烽台看秋色　烽台に看る秋色　烽台（のろし台・灯台）
万里水天浮　万里水天に浮かぶ　水天（海と空）

烽台は蒲江湾の入り口の今の灯台ではなくて、藩政の頃に出入りする船舶の合図の烽（のろし）であろう。(2)

同　千仭

雲霧ははらひつくして背平山
　松にあらしの音のみぞする

(2)『蒲江町史』には、「烽台は背平山（せびらやま）の一角、灯明台があったのであろう」とある背平山は蒲江湾口の東にそびえ、海抜三九二メートル。

田原佞は、佐伯藩士。藩学四教堂に学び、漢学の素養深し。

千仭は、不詳。

青龍秋月　　楠　豹
松影落幽渓　　松影幽渓に落ち
月光照深洞　　月光深洞を照らす
欲探頷下珠　　探らんと欲す頷下の珠
恐駭驪龍夢　　駭（おどろ）かすを恐る驪龍の夢

幽渓（静かな谷）
頷下（あごの下）
驪龍（黒色の龍）

青龍山秋月　　正　則
月影は波路を越えて青龍の
　山の紅葉に照まさりけり

青龍山は、今の町役場庁舎の裏山、当時は亭々と十数株の老松があった。

南豹は、佐伯藩士。秋月橘門に師事す。文蔚（ぶんうつ）と号す。のち私塾好古堂（一名楠塾）を開く。明治三十五年、没。

正則は、不詳。

舘島落雁　　古川　亀
秋潮何渺々　　秋潮何ぞ渺々たる

渺々（広くはてしないさま）

蘆荻自蒼々　　蘆荻自ら蒼々　　蘆荻（芦やおぎ）
半夜雁聲集　　半夜雁声集い　　半夜（夜半）、雁声（かりがねの鳴き声）
長天月似霜　　長天の月霜に似たり　　長天（大空）

同　　春　鞆

秋毎に落ち来る雁は屋形島
　名をたのみてぞ宿るなるらん

館島は、蒲江湾口に横たわる小島、屋形島のこと。
古川亀（すすむ）は、佐伯藩士。
春鞆（はるとも）、姓は橋迫、佐伯城下の五所明神社祠官、すぐれた国文学者。

鰐洲夕照　　松岡　蒙

海潤天低水　　海潤く天水に低（た）れ
風鳴山欲揺　　風鳴りて山揺がんと欲す
斜陽忽明滅　　斜陽忽ち明滅し　　斜陽（夕日）
巨鰐浪間跳　　巨鰐浪間に跳る　　巨鰐（大きなわにざめ、ふか）

深嶌夕照　　恵喜子

沖津浪千重折かくる深島や
　岩根の木木に夕日照そふ

鰐は、本来ワニであるが、ここではワニザメ、即ちフカを意味し、鰐洲は深島をさす。

松岡蒙は、佐伯藩士、名は濤平、員外と号す。橘門に師事し、江戸時代末期より明治初年にかけて城下町に学半堂という家塾を開く。

恵喜子は、不詳。

東光晩鐘　　劉　新
飢鴉集枯木　　飢鴉枯木に集い
寒日下危峰　　寒日危峰に下る
暮色蒼然至　　暮色蒼然と至り
一聲山寺鐘　　一声山寺の鐘

東光（禅宗臨済宗妙心寺派東光寺）
飢鴉（飢えた鴉）
寒日（冬の日）、下る、（日が落ちる）、危峰（けわしいみね）
暮色蒼然（うす暗くなる）
一聲山寺鐘（東光寺の暮六つの鐘）

東光寺晩鐘　　與之長
入相の鐘の響きは何となく
　物哀れにも聞へけるかな

劉新は、後年の秋月新太郎、橘門の長子、藩学四教堂および秋月私塾に助教す。のち東都に出て、教育界に身を投じ、東京女子高等師範学校長。詩書に秀ず。

東光寺は、臨済宗妙心寺派。

輿之長は、不詳。

鷹山夜雨　　高妻　友

繞山聲不断　山を繞（めぐ）って声断たず
瑟々入松深　瑟々松に入りて深し
却恠天壇上　却つて怪しむ天壇の上（ほとり）
神仙夜鼓琴　神仙夜鼓琴す

声（雨の音）、断たず（止まない）
瑟々（さびしげな風の音）
天壇（天の神を祭る所）
神仙（神々が）、鼓琴す（音楽を奏する）

高山夜雨　　重　平

あづまなる都の人をおもひ出て
　聞く高山の夜半の村雨

高妻友は、号芳洲。藩学四教堂教授。秋月橘門と親交あり。文久元年、五十一歳で没した。

重平は、不詳。

高山（鷹山（たかやま））は、背平山の東側を指すか。長汀で有名な高山海岸に面する山。

粒嶼歸帆　　中島順之

波濤澹不驚　波濤澹かに驚かず
秋冷半江水　秋冷江水に半ばす
定知獲魚多　定めて知る獲魚の多きを
帰帆疾於矢　帰帆矢よりも疾し

波濤（波）
江水（海の水）
帰帆（粒島の近くを船で港に帰る）

粒嶋帰帆　　重　光

夕な鳥さちある船な帆をあげて
　粒島かへる海士の釣船

中島順之（よりゆき）は、佐伯藩士中島捐（中島時軒）ならんか。

粒嶼（りゅうしょ）は、粒島。蒲江湾入口中央に屹立する三角錐の小島。

重光は、不詳。

　轟山暮雪　　劉　龍

黯澹凍雲深　暗澹として凍雲深く　黯澹（うすぐらい）、凍雲（雪雲）
寒鴉欲結舌　寒鴉舌を結ばんと欲す　寒鴉（冬の鴉）
天晴不見山　天晴るれども山見えず
唯見萬尋雪　唯見る萬尋の雪　万尋（高山）

同　　義　守
轟山越へ行く人のおもかげも
　定かに見ゆる雪の夕暮

轟山（ごうざん）は、とどろきの山。轟峠とも呼ぶ。蒲江浦の北にそびえ、堅田に越す三里の峠道が通じている。

劉龍（りゅうりゅう）は、秋月橘門。この「蒲江八景」達成の指導者。

義守は、不詳。

以上が、蒲江八景の漢詩と和歌である。

蒲江八景のよった「近江八景」と、その元となった『瀟湘八景』との繋りは、次の通り。

瀟湘八景	近江八景	蒲江八景
〈所在地〉中国湖南省 洞庭湖瀟江・湘江一帯	〈所在地〉滋賀県〈近江国〉琵琶湖畔一帯	〈所在地〉佐伯市蒲江浦 蒲江湾一帯
山市晴嵐	粟津の晴嵐	烽台晴嵐（背平山）
洞庭秋月	石山の秋月	青龍秋月（青龍山）
平沙落雁	堅田の落雁	館島落雁（屋形島）
漁村夕照	瀬田の夕照	鰐洲夕照（深島）
煙寺晩鐘	三井の晩鐘	東光晩鐘（東光寺）
瀟湘夜雨	唐崎の夜雨	鷹山夜雨（高山）
遠浦帰帆	矢橋の帰帆	粒嶼帰帆（粒嶋嶋）
江天暮雪	比良の暮雪	轟山暮雪（轟山）

ここで、蒲江八景にかかわった学者の経歴を、増村隆也『佐伯郷土史』、鹿毛基生「近世における、佐伯・南海部郡の教育文化」（『佐伯史談』第八十五号）などによって、紹介する。

秋月橘門と私塾誠求堂

橘門は、日向高鍋の浪士、秋月逍遙の二子であり、十六歳で咸宜園に入り、ついで佐伯の中島子玉の家に寓居し、のち再び咸宜園に入った。その後、筑前に遊び、亀井昭陽に従って徂徠学を学んだ。二十三歳の時、肥前島原において私塾を開いた。この後、備前に赴いて医術を修め、ついで京坂から江戸に遊学し、ようやく帰郷して医業を創めた。私塾誠求堂は、弘化二年、佐伯に設けたもので、一期約百三十名の門弟に漢学を講じ、明治三年に廃止するまで、二十五年間、教育を続けた。橘門は、天保十四年には、十一代藩主高泰に招かれて、藩文学に列せられ、四教堂の教授となった。十二代高謙の時には、侍講となっている。学風は、朱子・徂徠のみを論ぜず、亀井説を宗として、各説の長を採るといわれる。漢学のほか、詩文や書を能くし、和歌にも長じていた。維新後は、鎮守府に属し、また、葛飾県の知事になった。明治十三年、没。

高妻芳洲とその私塾

文化八年、誕生。芳洲の家は、代々佐伯藩に仕えた。初め帆足万里に従い、業成るや、のちに広瀬淡窓に師事した。芳洲は、はじめ中島子玉に師事して経史を学び、さらに、子玉の推挙を得て、諸国に遊学し、学識を深めた。天保五年に、藩校四教堂の教授隣、学規学則を確立して、大いに学事を振興させた。塾名および設立年代は不明であるが、佐伯向島に私塾を設け、一期三十余名の門弟に漢学を授けている。文久元年十二月十二日、五十一歳で没。

明石秋室とその私塾

秋室は、字は亀峰・青士と号し、本名を大助といった。杵築藩士中根太仲の弟であり、初め杵築の三浦黄鶴に学んだ。九代藩主高誠の時、書物奉行となり、この頃、明石家の養子となった。その人格は、寛容であり、かつ、藩では博学をもって知られた。設立年代は不明であるが、佐伯新道小路に私塾を開き、一期約二十名の門人に漢学を教えた。のち郡代兼奉行となったが、公務以外の時には、日夜、詩を作り、毅然として時流に組せず、俗事を顧みなかったという。

楠文蔚と私塾好古堂

文政十一年、佐伯藩医、楠春篤の長子に生まれた。初め、豹蔵と称し、幼くして学を好み、群童と異なるところがあったという。天保十年、十六歳の時、江戸に出て、儒者佐藤一斎に師事し、弘化二年、豊後に帰り、日出の米良東嶠について、さらに学識を博めえた。のち、秋月橘門の紹介におって広瀬淡窓の門に学んだ。安政三年、佐伯に帰り、城南の船街の一角に家塾を開き、子弟の教導に当った。門下の偉材に、矢野龍渓、藤田鳴鶴、箕浦青洲らがいた。

橋迫春鞆

文化四年、佐伯城下の五所明神の神官惟英の子として生まれ、幼名を多仲といい、のち内記と改め、また惟平といった。長ずるに及び、京摂の間に遊び、村田春門に師事し、古学を好み、和歌を能くした。その著書に八千草物語、ほか九篇があり、慶応三年、六十一歳をもって、佐伯に没した。春鞆は、佐伯の生んだ国学者のなかで、第一人者といってよい（『佐伯郷土史』より）。

江戸時代も末期になると、佐伯藩も財政が乏しくなり、このため、領下の有力者や旧家に対して、冥加金の献上を押しつけてきたらしい。

万延元（一八六〇）年十一月十三日、蒲江浦組本郷百姓玄太夫は、佐伯藩に冥加金五十両を献上し、褒美とし、御料理の上、毎年、年始御礼を受けられ、平日脇差勝手次第（ただし、その身一代）・瓦庇・傘（ただし、当人ばかり）などの御免を受けた。ちなみに、万延元年十月の肥後米一石の相場は、政字銀（安政六年改鋳の銀）二百三匁、前年の米価は、金一両につき平均五斗六升三合三勺であった（石原保秀編『米価の変遷』）。

文久二（一八六二）年、毛利高謙（たかあき）（二十三歳）は、第十二代佐伯藩主として襲封。秋月橘門（五十四歳）は、侍講となった。『大分県偉人伝』には、「次の藩主高謙の時侍講に任じ、師事を諮問するに、蹇諤にして忌諱を避けず、裨益する所多かりき」とある。橘門の学風は、朱子・徂徠のみを論ぜず、亀井説を宗として、各説の長を採る、といわれている。漢学のほか、詩文や書を能くし、和歌にも長じていた。『大分県偉人伝』には、「橘門人と為り、厳毅方正、見る者粛然として畏敬せざるなし。又父母に事へて至孝、楡婉備さに至り、家を治ること厳粛、而して平居和易、喜笑、以て樂みぬ。経義は亀井を宗とせしも、朱子、徂徠を論ぜず。苟も意に合する者は皆之を採る。詩文は流暢雄渾、書に巧みにして、又和歌に秀でぬ」とある。

この年、高妻友（五十一歳）、没。

文久三年一月、瑜伽大権現の御札を、蒲江浦の由加サンに奉納した。

この年、高妻友（五十一歳）、没（一説に、文久元年、五十一歳没）。芳洲と号し、藩学四教堂教授。秋月橘門と親交があった。

慶応元（一八六五）年十二月五日、蒲江浦組本郷百姓玄太夫は、佐伯藩に冥加金百両を献上し、御褒美として、御料理の上、毎年、年始の御礼を受け、桐の紋付・裃の着用を許され、紬地一反を下され、平日刀勝手次第（ただし、その身一代）・瓦庇・傘（ただし、当人ばかり）の御免を受けた。

この年、明石秋室（七十三歳）、病没。秋室は、博覧強記で、引退後はもっぱら読書・詩作・揮毫をこととし、寡欲恬淡、時流におもねらず、老後は悠々自適の生活をしていたという。

二十五　明治維新後の御手洗家

慶応三（一八六七）年、橋迫春鞆（六十一歳）、佐伯に没。その著書に『八千草物語』ほか九篇があり、佐伯が生んだ国学の第一人者と評されている（増村隆也『佐伯郷土史』）。

慶応四年一月三～四日、鳥羽・伏見の戦。戊辰戦争が勃発した。

一月十日、徳川慶喜、以下二十七名の官位を奪い、旧幕府領を直轄とした。

四月十一日、維新政府の討幕軍が、江戸城に入城。徳川慶喜は、水戸に退去した。

七月十七日、江戸を東京と改称。

八月八日、新政府の府藩県三治制に基づき、肥後藩士佐々布直武（貞之丞）が下総知県事に任命された。当時、県名はなく、東京薬研堀に県の仮事務所を設置した。下総国の幕府領・旗本知行地と田安家領からなっていた。

八月二十七日、天皇、即位式を挙行。

九月八日、明治と改元し、一世一元の制を定めた。

九月二十日、天皇、京都を出発。

十月十三日、天皇、東京、着。江戸城を皇居とし、東京城と改称。

十月二十八日、藩治職職制を制定。

十二月十八日、水筑龍（秋月橘門）が、佐々布直武にかわって下総知県事となった。「秋月橘門」

（『大分県偉人伝』）には、「明治元年、徴されて三河県の知事に任ぜられたるも、未だ任に赴かずして鎮守府に属し、弁事に参し、同年十二月葛飾県の知事に転ぜり。橘門任に就くや、繁苛を除き、民物を愛養し、俸禄の余は、悉く郷党親戚の貧窮者、及び其の恩人に頒てり」とある。

明治初年まで、楠文の私塾好古堂には、その学徳を慕って数百人の門弟が入門していたという。門下の逸材に、矢野龍渓・藤田鳴鶴・箕浦青洲らがあった。維新後、新学制の発布により私塾好古堂は廃止された。

明治二（一八六九）年一月十三日、下総知県事を廃し、葛飾県が設置されて、権知事には佐伯藩士矢野光儀（程蔵）が任命された。県庁は、旧駿河田中藩の代官所があった葛飾郡加村（現・千葉県）の坂之台に設置された。下総国猿島・埴生・千葉・印旛・相馬・葛飾の六郡内高十三万六千石余を管轄した。秋月橘門は、葛飾県令に就いたという。

一月二十日、薩長土肥四藩主は、連署して版籍奉還を上奏した。

二月五日、府県施政順序規則を定めた。府藩県に令して、議事所を設けさせた。

三月、諸侯は、東京参集の命に応じ、続々と上京した。

四月八日、民部官を置き、府県の事務を総管させた。府県の私兵編成を禁止した。

四月二十七日、府藩県に、五年間の租税平均額および諸経費の上申を命じた。

五月十三日、議政官を廃し、行政官に、輔相・議定・参与を置き、これらを三等官以上の官吏に公選させた。

六月十七～二十五日、諸藩士の版籍奉還を許し、各藩知事（二百七十四人）に任命した。公卿・諸侯を華族と改称した。

六月二十五日、藩知事家禄の制を定め、家臣を士族と称した。

七月八日、職員令を制定し、官制を改革し、二官六省・待詔院・集議院・開拓使などを設置した

（二官六省の制）。

七月十一日、官吏を勅授官・奏授官・判授官に分けた。

七月十七日、京都・東京・大阪、以外の府を県に改めた。

七月二十七日、勅授官・奏授官・判授官を勅任官・奏任官・判任官と改称した。

八月十四日、詔待院を廃止し、その事務を集議院に移した。

十二月二日、中下大夫・上士、以下の禄を廃し、すべて士族・卒とした。禄制二十一等を定め、藩士の俸禄を削減した。

十二月五日、府藩県の紙幣製造を禁止した。

十二月十六日、水筑文吾（五十八歳）、没。法名は、釈文鳳信士。

明治三年、二月二十二日、府藩県の外債起債を禁止した。

二月、大学規則、中小学規則を定めた。

五月二十八日、集議院、開会。藩制などを諮問した。

この月、府藩県に、管下の石高・戸口の申告を命じた。

七月二十七日、石高に応じ、一定数の人材の大学南校への入学を諸藩に命じた（貢進生制度）。

九月四日、脱籍無産者復籍規則を制定した。

九月十日、藩制改革を布告し、職制・財政などの大本を示した。

九月十九日、平民に苗字使用を許可した。

九月二十八日、諸藩常備兵員を定め、一万石につき兵六十人とした。

十月二日、兵制を、海軍は英式、陸軍は仏式と定めた。

閏十月二十日、工部省を置き、鉱山・製鉄・鉄道・灯台・電信の五掛を民部省より移管した。

十一月十三日、府藩県に徴兵規則を達し、一万石につき五人とした。

十一月十七日、日田県で、農民一万人、暴動。

十二月二十日、新律綱領を布告した。

十二月二十二日、各藩常備兵編成定則を定めた。

この年、秋月橘門は、佐伯の私塾誠求堂を廃止したという。弘化二年に誠求堂を開いて、二十五年間、教育を続けたという。

明治四年四月五日、戸籍法を定めた。

七月十四日、廃藩置県の詔書が出された。

十一月十三日、葛飾県は廃止され、印旛県に統合された。

明治五年二月一日から、前年に制定された戸籍法を実施した（壬申戸籍）。御手洗玄太は、幼名を弥太郎、元服して玄太夫信義といい、明治になって、戸籍法ができた時、玄太と改めた。玄太は一人息子の豪家育ちで、親戚や土地の人からも可愛がられたが、生来屈託がなく豪放で、人間味の豊かな人であったといわれている。


明治十年、西南戦争。御手洗玄太夫は、兵站部に召集を受け、官軍の本陣があった隣村の丸市尾に従軍した。御手洗信夫「第十三代御手洗玄太」には、「一時薩軍は葛原、丸市尾に迫ったらしいが、官軍は漸時国境線に押し戻して優勢を保った。因に当時猪串湾には官軍の軍艦数隻が碇泊して、食糧、弾薬、兵員の海路輸送に当たっていたといわれる」とある。『蒲江町史』によると、西南の役は、猪串浦をはじめ、旧名護屋村に属する浦々、特に丸市尾・葛原・波当津などは直接戦場となり、動乱の渦中に巻きこまれたが、秋風の立つ頃には、戦雲はまったく収まった、という。三十一小区（入津地区―戸長役場畑野浦）の戸長山口諒蔵・福戸長富田完平、三十二小区（蒲江・名護屋地区―戸長役場蒲江浦）の戸長山田和三郎・副戸長疋田盾雄らによって、極力民政をととのえ、治安の回復が図られた、という。

明治十一（一八七八）年十一月、郡制が実施され、これまでの海部郡は南・北二郡に分けられた。旧佐伯藩領であった津久見・日代・四浦・保戸島など、現在津久見市になっている地域はすべて北海部郡となり、番匠川・堅田川流域全部と、北は蒲戸崎にはじまり、南は宇土崎に至る沿岸一帯の漁村、合わせて八十二カ村が南海部郡となった。この時の南海部郡の総戸数は一万三千九百二十四戸、総人口は七万一千五百六十九人であった。郡役所は佐伯村に置かれ、初代郡長として斉藤利明が着任した。従来の大小区制は廃止され、蒲江地域は、畑野浦にはじまる十二カ村のままで、二つの旧小区の戸長役場を蒲江浦に統合、用務所として事務取扱をはじめた（以上『蒲江町史』）。

明治十二年、楠文は、子弟の学に志す者の少ないことを嘆き、同憂の儒者、関鹿門[1]と相計り、佐伯文教の振興を期して、義塾植松学舎を新町に開いた。たちまち多数の門弟が集まり、勉学に励んだ、という。文はこの後、知人のすすめにより、東京に移住し、官職に就いて史料編集に従った。

明治十三年四月二十六日、秋月橘門（七十二歳）、没。著書に『橘門韻語』は広く世に知られている。嗣子は、新太郎（貴族院勅選議員・華族女学校長）。

この年、御手洗玄太夫は、郡会議員の補欠選挙に出て当選した。

明治十四年二月、佐伯村の養賢寺で、最初の南海部郡連合町村会が開かれた。新しく発足した南海部郡の郡政の第一歩として、郡内各村行政のありかたを総合的に検討し、すべての施策を調整・審議するための会合で、蒲江地域の各村を代表して出席したのは、次の四名であった。

戸高弥太郎（畑野浦）
新生玄庵（楠本浦・竹野浦河内・西野浦）
御手洗保五郎（蒲江浦・猪串浦・屋形島）
塩月隼夫（野々河内浦・森崎浦・丸市尾浦・葛原浦・波当津浦）

（1）大塚富吉編『帆足万里先生門下小伝』には、「仙台の岡鹿門等が来り薦むるところとなり、明治十二年に再び開塾して松学舎と称した」とある。なお、鹿毛基生「近世における佐伯・南海部郡の教育文化」は明治十三年としている明治十八年七月、丸市尾の御手洗太郎吉が、私財を投じて、丸市尾港を開築し、漁業振興に大いに寄与した（『蒲江町史』）。御手洗信夫「御手洗家の今昔」（『わが一生』）には、「宮崎県には、清武という町にも親戚がある。これは以前わが家から丸市尾（まるいちび）という部落に、政略結婚で嫁いでいった高橋という家がある。この高橋家が、さらに縁組をした先が清武で、医者の家だと聞いている。私の母が知っているくらいだから、さして遠い昔のことではない。丸市尾の現在の当主は高橋久吉さんである。新宅の当主は尚雄さんという。いずれも私と昵懇（じっこん）の間である。かつて私が県会に出馬した折り、選挙運動に大いに力になってくれた」とある。

明治二十三（一八九〇）年、御手洗信夫、誕生。御手洗退蔵の長男。

明治二十七年六月、御手洗退蔵は、東京で発行されていた佐伯の郷土誌『鶴谷叢誌』に、蒲江八景の漢詩と和歌を、初めて紹介した。

「鶴谷叢誌」第二号

佐伯諸名家の吟詠になれる「蒲江八景」の詩歌なりとて、左の一篇を南海漁夫（御手洗退蔵）より越しぬ。

諸家の中、すでに隔世の人となりしもの少からず。風流韻事の長く湮滅に帰せんことの惜しければ、掲げてもつて諸君の瀏観に拱す。

退蔵は、「八景」にちなんで、次の詩を作っている。

轟渓　釜湾外史

※号の釜湾は蒲江湾よりとったもの。

伐棘披荊道已成　棘を伐り荊を披き道已に成る　棘（とげある木）荊（いばら）
山中三里草鞋軽　山中三里草鞋軽し　草鞋（わらじ）
昔時九十九渓険　昔時は九十九渓の険
今日車頭載夢行　今日車頭夢を載せて行く

秋日過轟嶺
石路羊腸従谷斜　石路羊腸谷に従って斜なり　羊腸（曲がりくねる）
停筇山上売茶家　つえを停む山上売茶の家
初知昨夜秋霜落　初めて知る昨夜秋霜の落つるを
万緑林中楓似花　万緑林中の楓は花に似たり

明治三十五年三月二十日、楠豹、没。豹は、旧佐伯藩士で、秋月橘門に師事し、文蔚と号した。のち、私塾好古堂（一名楠塾）を開いた。

明治四十三年、御手洗退蔵、没。以来、長兄の信夫が、親代わりを勤めた。

【史料編】

蒲江浦御手洗家文書

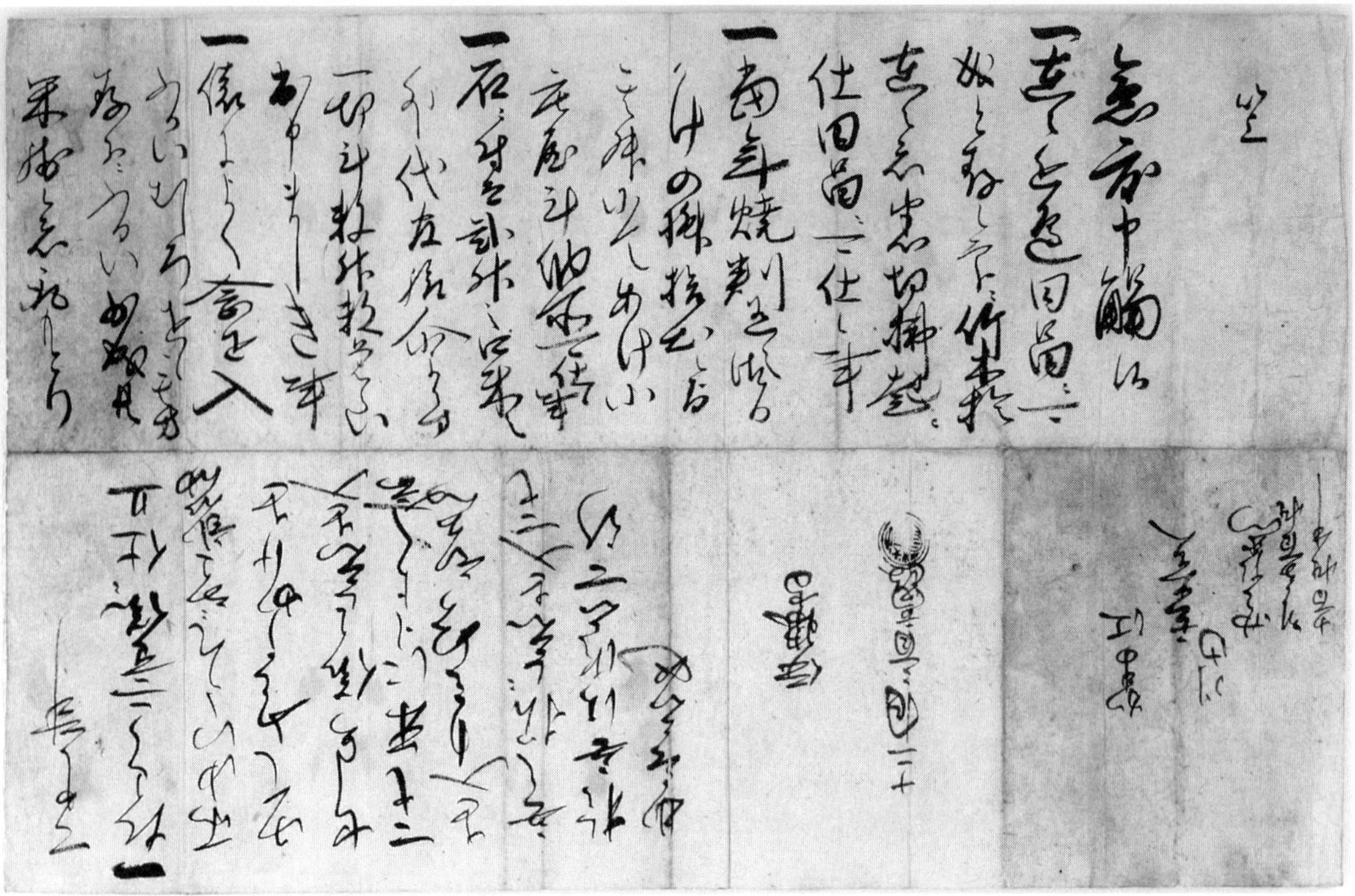

1 慶長十三年十二月三日 蒲江玄大夫ほか宛 毛利高政触書

（折紙）　　（温故知新録古御書写51）

【釈文】

以上
急度申触候
一在々近辺田畠ニ可
成と存候処ニ竹木於
在之者悉切払起ニ
仕田畠ニ可仕候事
一当年焼判有之徒る
可けの桝搓（差）出候間
其外にてあけに
庄屋計納所可仕候事
一石ニ付壱弐升之口米之
外代官給人によらす
一切計数升数等者らい
出申ましき事
一俵によく念を入
ふ可いむしろをも其方
存分ニふるい少成共
米残候者取もとり

（以下、折返）
可申候事
一た王ら二重俵ニ仕五
所ゆい多てニな王弐筋
にてふとうかけを
セしめ俵に念を入
可申候米にもよく念
を入もミぬ可飛ゑ
無之様ニ念を入可申候
於無沙汰者可行
曲言者也

伊勢守
十二月三日　高政（印）

かま江
玄大夫
川内
四郎左衛門
ほとな百性
小百性中

【訓文】

急度、申し触れ候。

一、在々近辺、田畠に成るべしと存じ候処に、竹木これあるにおいては、悉く切り払ひ、起こしに仕り、田畠に仕るべく候事。

一、当年、焼判これある弦掛の枡、差出し候間、その枡にて、明けに、庄屋、計らい、納所仕るべく候事。

一、石に付き一～二升の口米のほか、代官・給人によらず、一切、斗数・升数など、払ひ出し申すまじき事。

一、俵に、よく念を入れ、深い筵をも、その方、存分に篩い、少しなりとも、米、残り候はば、取り戻り（し）申すべく候事。

一、俵、二重俵に仕り、五所結い立てに、縄二筋にて、不動掛けをせしめ、俵に念を入れ申すべく候。米にも、よく、念を入れ、籾糠・稗、これなき様に、念を入れ申すべく候。無沙汰においては、曲言に行ふべきものなり。

（慶長十三年）十二月三日　伊勢守　高政（印）

蒲江
　玄大夫
川内
　四郎左衛門
　乙名百姓

（追而書）
以上。
小百姓中

【注解】

毛利高政触書　『温故知新録』古御書写には、本書と同内容の触書が、15千怒村喜兵衛他宛毛利高政触書・23彦野内村善内他宛毛利高政触書・51蒲江玄太夫他宛毛利高政触書と、三点収録されており、その発給年月日を見ると、千怒村宛は慶長十三申年十二月四日、彦野内村善内宛は慶長十三年申ノ十二月十二日、蒲江宛は年号欠十二月三日とそれぞれ異なっている。なお、正文が津久見市軸丸家に伝わり、『大分県史料』35巻に収録されている。

徒る可けの桝　弦掛の枡。弦（絃）は、枡の上面に、対角線上に張り渡した鉄線。弦掛は、枡に弦を掛け渡すこと。また、その枡をいう。

あけに　明けに。公明に。

ふとうかけ　不動掛。しっかりと動かないように縄を掛けること。

川内　『温故知新録』は、川田に作る。蒲江浦組に河内浦がある。271頁【注解】参照。

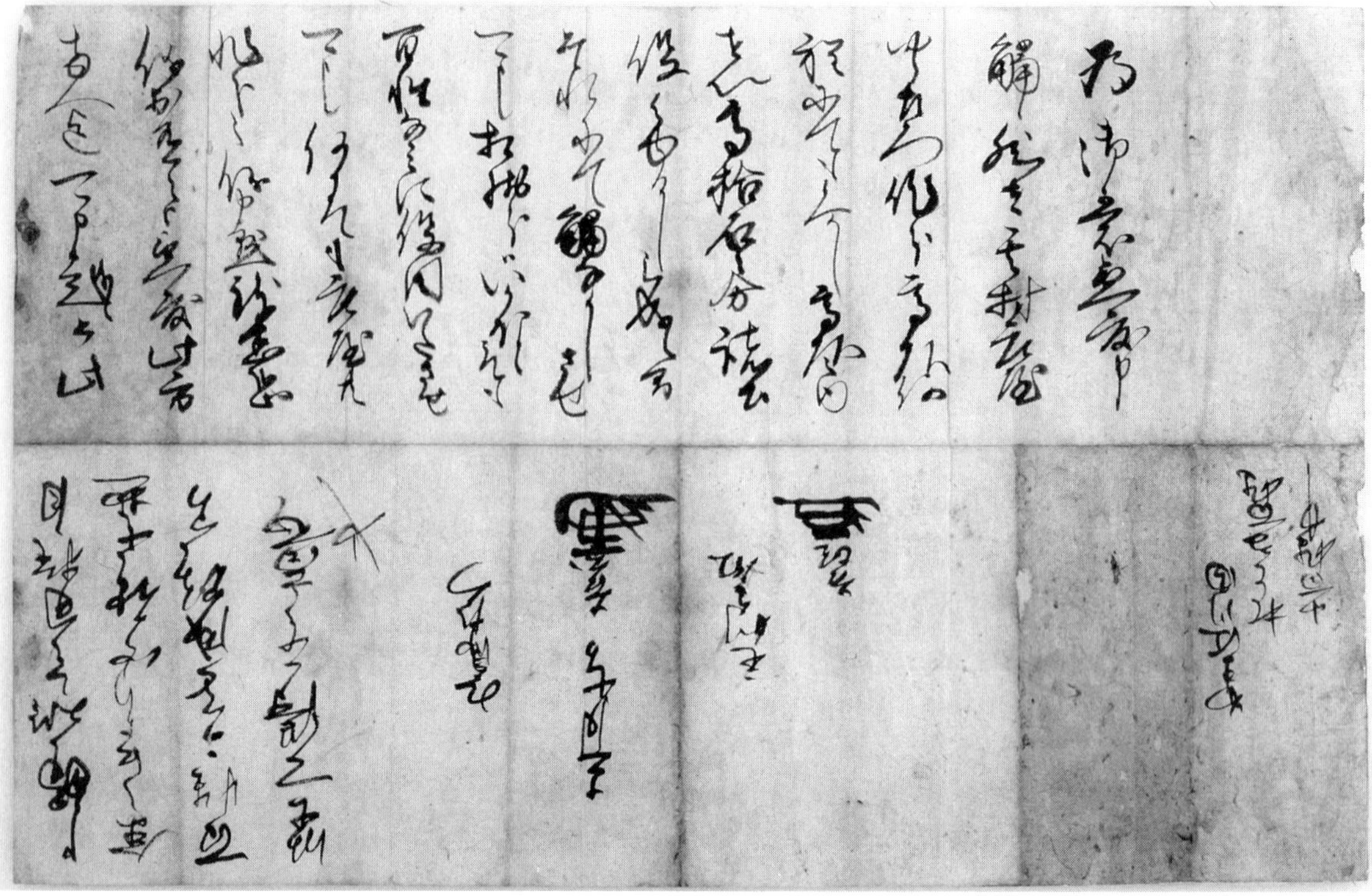

2 慶長十三年十二月七日 毛利吉則・同吉政連署達書（折紙）

（温故知新録には未収録。ただし、千怒村おとな百姓他宛同文が温故知新録古御書写138として収録されている）

【釈文】

為御意急度申
触候然者其村庄屋
四郎左衛門作分高頭何
程にても候へ可し高頭之内
を以高拾石之分諸公
役者ゆるし被成候間
それにて触な可しさせ
可申候相残分ハい可ほと
ニても
百性なミに役目い多させ
可申候何にても庄屋共
非分之儀申懸致迷惑
儀於有之ハ急度此方
両人迄可申越候如此

（以下、折返）

申触候処ニ令用捨自
余之口より聞届候者惣
百性可遂成敗候間
堅可得其意候
や

九郎左衛門
十二月七日 吉則（花押）
毛利主殿
吉政（花押）

（ウハ書 ※手すれ痕あり）

かま江川内
於とな百姓
小百姓中

【訓文】

御意として、急度、申し触れ候。然れば、その村庄屋四郎左衛門作分、高頭、何ほどにても候へかし。高頭の内を以て、高十石の分、諸公役は、免(ゆる)し成され候間、それにて、触れ流しさせ申すべく候。相残り分は、如何ほどにても、百姓並に、役目致させ申すべく候。何にても、庄屋共、非分の儀、申し懸け、迷惑致す儀、これあるに於いては、急度、この方両人まで、申し越すべく候。かくの如く、申し触れ候処に、用捨せしめ、自余の口より、聞き届け候はば、惣百姓、成敗を遂ぐべく候間、堅く、その意を得べく候なり。

（慶長十三年カ）十二月七日　九郎左衛門　吉則（花押）

毛利主殿　吉政（花押）

（ウワ書）

蒲江　川内

乙名(おとな)百姓

小百姓中

【注解】

慶長十三年十二月七日毛利吉則・同吉政連署達書　本書とほぼ同内容の文書が、『温故知新録』古御書写に、138年欠十二月廿日千怒村おとな百姓他宛毛利吉則・同吉政連署達書、139年欠十二月廿日彦野内村善内宛毛利吉則・同吉政連署達書、として見える。なお、慶長十三年十二月廿日の140毛利吉則・同吉政連署奉書、141毛利吉則・同吉政連署奉書、142毛利吉則・同吉政連署添状があり、これによって、本書も慶長十三年のものと推測される。本書は、慶長十三年十二月三日の蒲江玄大夫ほか宛毛利高政触書（蒲江御手洗家文書1）に関連する文書であろう。

九郎左衛門吉則　毛利九郎左衛門吉則。藩祖高政公時代の藩主と同姓の重臣。『温故知新録』古御書写の冒頭の「御判鑑」に、高政公・高成公・高尚公の次に、九郎左衛門吉則と毛利主殿吉政の花押が収録されている。なお、古御書写には、128毛利吉忠・同吉則連署達書、138毛利吉則・同吉政連署達書、139毛利吉則・同吉政連署達書、140毛利吉則・同吉政連署奉書、141毛利吉則・同吉政連署奉書、142毛利吉則・同吉政連署添状が収録されている。

毛利主殿吉政　藩祖高政公時代の藩主と同姓の重臣。『温故知新録』古御書写の冒頭の「御判鑑」に、高政公・高成公・高尚公の次に、九郎左衛門吉則と毛利主殿吉政の花押が収録されている。なお、古御書写には、129毛利吉政書状、138毛利吉則・同吉政連署達書、139毛利吉則・同吉政連署達書、140毛利吉則・同吉政連署奉書、141毛利吉則・同吉政連署奉書、142毛利吉則・同吉政連署添状が収録されている。

かま江川内　蒲江浦組河内。蒲江湾に小河川の河内川が注ぎ込み、川沿いに、水田・畑地が開けている。

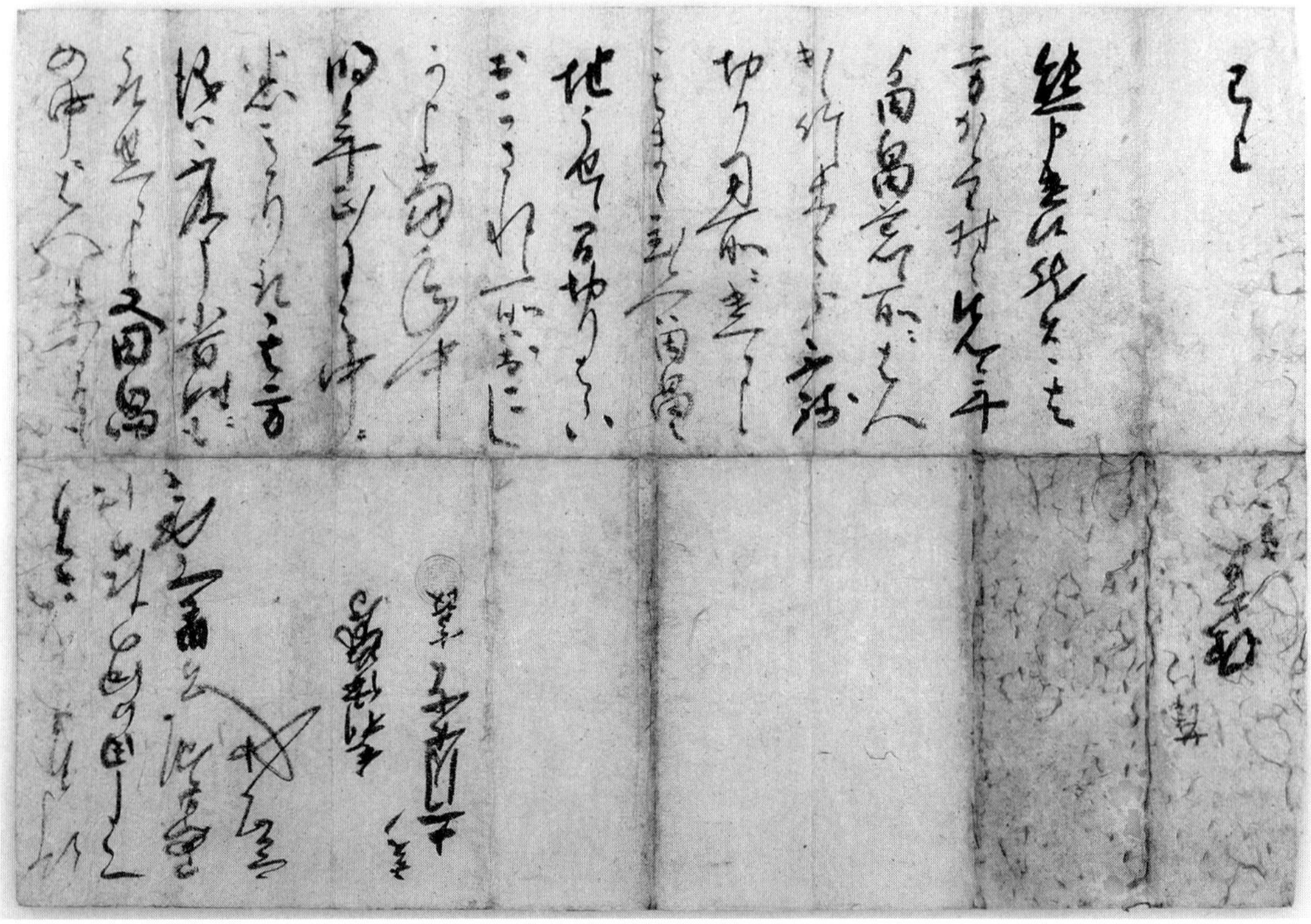

3 慶長十六年カ十一月廿七日 蒲江源太夫宛 毛利高政触書
（折紙）
（温故知新録古御書写52）

【釈文】

已上
態申遣候然者其
方かゝ里村ニ先年
ヨリ田畠荒候所ニ者へ
出候竹木之分不残
切り用所ニ遣可申候
其まゝ置候へハ田畠之
地うせ候間切り者らい
おこされ候所ハおこし
可申候当年中
明年正月之中ニ
悉きり取其方
儀ハ不及申小百姓ニも
取せ可申候又田畠
の中ニ者へ候木にても

（以下、折返）
竹にても候ハゝきり
可申候田畠のために
悪敷候間堅可得其
意候也
毛利伊勢守
亥ノ
十一月廿七日　高政（印）

（ウハ書）
蒲江
源太夫
方へ

【訓文】

態（わざわざ）申し遣わし候。然（しか）れば、その方、かかり村に、先年より、田畠、荒れ候所に、生え出しさうらふ竹木の分、残らず切り、用所に遣わし申すべく候。その儘、置き候へば、田畠の地、失せ候間、切り払ひ、起こされ候所は、起こし申すべく候。当年中・明年正月の中に、悉く切り取り、その方儀は申すに及ばず、小百姓（こびゃくしょう）にも、取らせ申すべく候。また、田畠の中に、生えさうらふ木にても竹にても候はば、切り申すべく候。田畠のために、悪しく候間、堅く、その意を得べく候なり。

〔慶長十六年（一六一一）〕亥の十一月二十七日　毛利伊勢守高政（印）

（ウハ書）

蒲江

源太夫方へ

（追而書）

以上。

【注解】

亥　慶長十六年の干支は、辛亥。慶長十六年は、西暦一六一一年。後水尾天皇朝。徳川二代将軍秀忠。この年三月、徳川家康は、上京して、二条城で豊臣秀頼を引見した。この前年の慶長十五年に、佐伯藩主毛利高政は、徳川家康の尾張国名古屋城築城にあたって、御手伝を勤めた。佐伯藩では、慶長十二、十四年頃、頻りに農地開発が奨励されていたが、再び、荒れ地が目立つようになったのであろう。期限を定めて、田畠に生えだした竹木の伐採を奨励している。なお、同日付・同内容の触書が、網代の孫右衛門方へも出されている。

小百姓　名子（なご）・家抱・分付・譜代・子方・子分・作子・被官・高下（たかした）ともいう。下男、農家の雇人、小作人、貧窮農民、独立農民でも以前は高持百姓に従属していた者、などをいう。本来、荘園領主や有力名主に隷属して、その領有地の一部を小作していた下層農民を名子と称したが、地域や荘園によって、その呼び名はいろいろあり、脇名百姓・小百姓とも呼ばれた。農繁期には、領主・名主の農業を手伝って報酬を受け、農閑期には山村労働に従事したりして生活を支えていた。

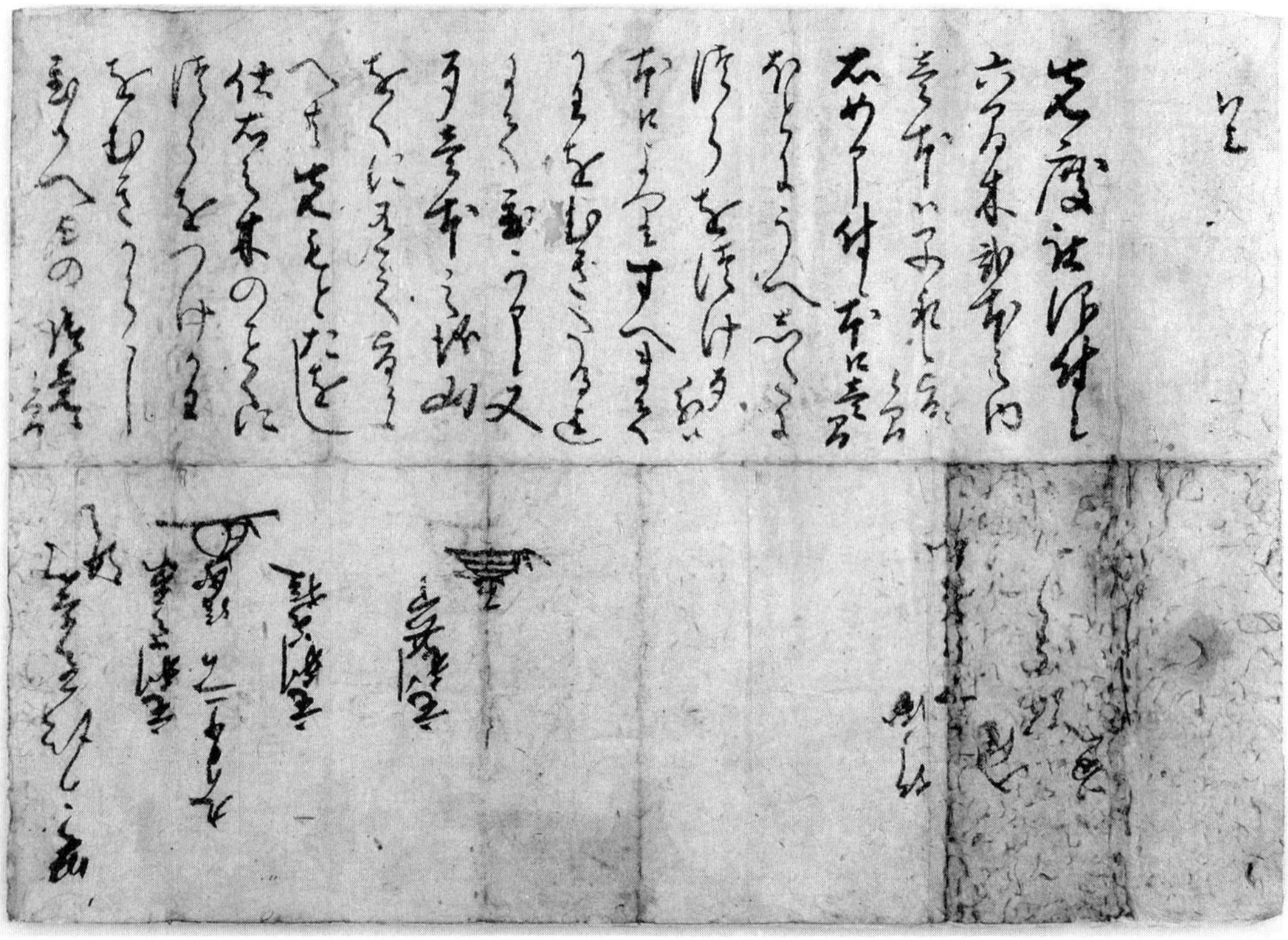

4 元和三年頃ヵ九月十二日竹ノ浦三郎兵衛ほか宛 毛利給氏等連署奉書
（温故知新録古御書写132）

【釈文】

以上
先度被仰付候
六間木弐本之内
壱本ハ早取候旨ニ
　候間
右如申付候本口壱間
ほとにうへ志多に
徒らを徒け残
　分ハ
本口よ里すへま天
可王をむき多る迄
に天置可申候又
残壱本之儀山
をくに有之旨ニ候
へ共先毛とたをし
仕右之木のことくに
徒らをつけ可王
をむき可らし
置候へ与の御意ニ
　候間

（以下、折返）
堅可得其意候
　謹言
　毛利左京
九月十二日　給氏（花押）
毛利若狭（三好）
　毛利兵部
　一衛（花押）

（ウハ書）
竹ノ浦
　三郎兵衛
入津
　弥四郎
可満へ
玄太夫

【訓文】

先度、仰せ付けられ候、六間木、二本の内、一本は、早、取り候旨に候間、右、申し付け候如く、本口（もとくち）一間ほどに、上・下に、面（つら）を付け、残り分は、本口より、末（すへ）まで、皮を剝（む）きたる迄にて、置き申すべく候。また、残り一本の儀、山奥にこれある旨に候へども、先ず、元（もと）倒し仕（つかまつ）り、右の木の如くに、面（つら）を付け、皮を剝き、枯らし置き候へとの御意に候間、堅く、その意を得べく候。謹言。

（元和三年頃）九月十二日　毛利左京　給氏（はるうじ）（花押）

毛利若狭（三好）

毛利兵部　一衛（花押）

以上。

（ウハ書）

竹ノ浦
三郎兵衛

入津
弥四郎

蒲江
玄太夫

【注解】

元和三年頃ヵ　元和三年は、西暦一六一七年。後水尾天皇朝。徳川二代将軍秀忠の治世。前年四月、徳川家康（七十五歳）が没し、この年二月、東照大権現の神号を受け、三月、日光東照社神殿を竣工した。六月二十五日、豊後国佐伯城二之丸、失火。本書は、二之丸復興のための材木に関する沙汰ではあるまいか。

本口　元口。丸太材の根元に近い太い端。

すへ　末口（すえくち）。丸太材の細い方の切口。

毛利左京給氏　佐伯藩奉行衆の一人であろう。元和十年正月四日毛利給氏等連署奉書（『温故知新録』古御書写124号）ほかに見える。

毛利若狭　毛利若狭三好。佐伯藩奉行衆の一人であろう。元和九年ヵ九月十二日　毛利給氏等連署奉書に見える。佐伯拝領後高政公等事跡并召出家臣履歴等覚（「諸旧記」『温故知新録』一）に、「三好若狭といふ侍、知行三百石にて被召出、是も阿州也、阿波の三好を召抱けるとて、高政公御自慢成けるよし也」とある。

毛利兵部一衛　佐伯藩奉行衆の一人であろう。

竹ノ浦三郎兵衛　竹ノ浦は、米水津湾に面する鶴見半島南岸の基部に位置する浦。元和九年ヵ九月十二日の毛利給氏等連署奉書に見える。

入津弥四郎　入津は、豊後水道に面する入津湾沿岸約三キロ一帯をいう。はじめ、竹野浦組と称したが、享保五年、分かれて、入津浦組が成立した。入津弥四郎・竹の浦弥四郎・はたのうら弥四郎ともある。これらは皆、同一人物のことであろう。

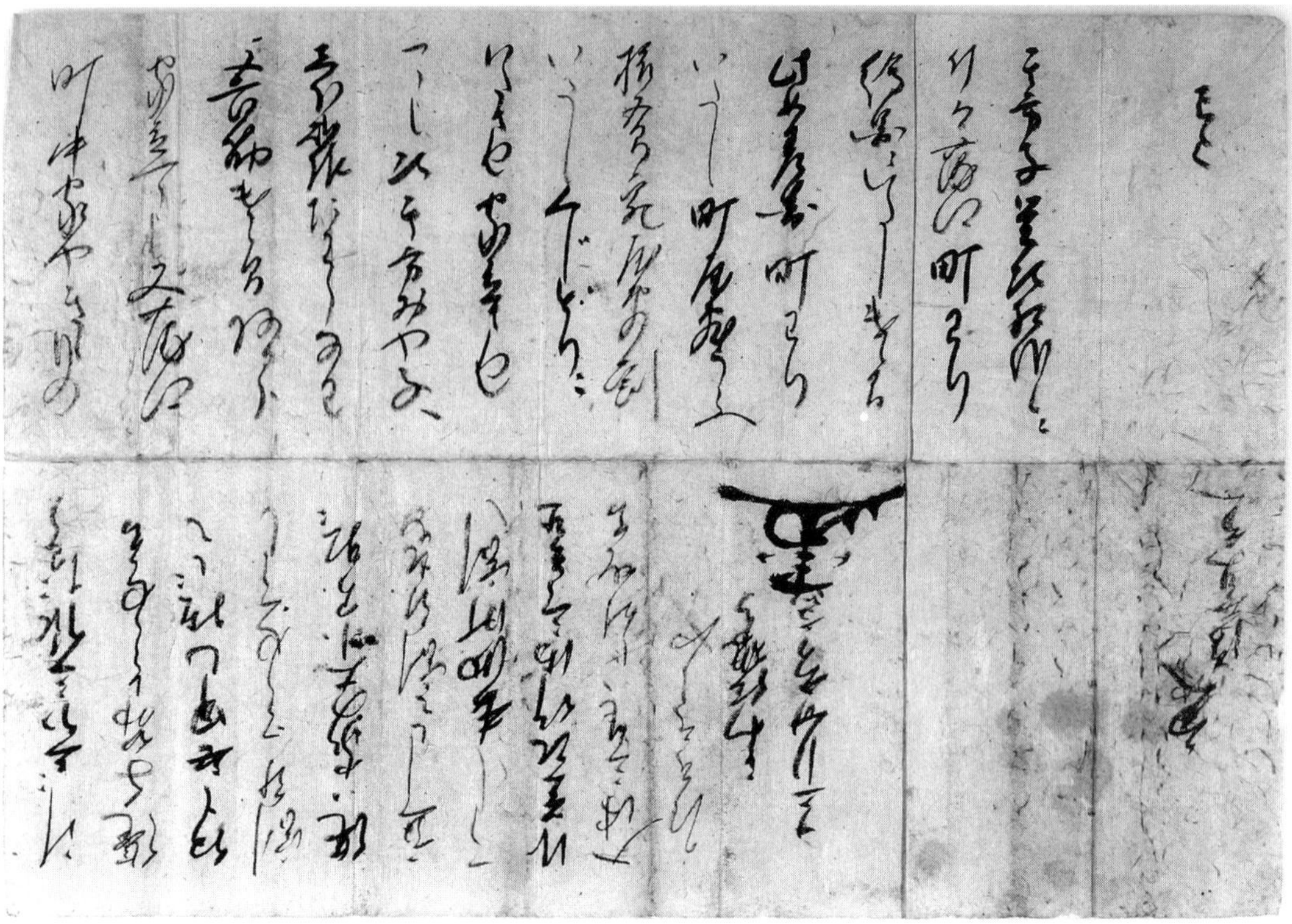

5 元和三年ヵ十二月廿六日 蒲江源太夫宛 毛利伊勢守高政書状（折紙）

（温故知新録古御書写50）

【釈文】

已上
其方子覚次〔治〕相越候ニ
付而蒲江町王り
絵図ニい多し遣候間
此如差図町王り
い多し町屋敷うらへ
拾五間宛屋敷割
い多しくじどりニ
い多させ家立させ
可申候次其方おや子へ
志ほ弐俵た王らな王
五百筋遣候間随分
家立可申候又蒲江
町中家ヤき候もの

（以下、折返し）
斗ニ志ほ三俵た王ら
縄千筋とらせ候間
何も無甲乙様ニ令
割付とらセ可申候
縄ハ家の大小間数ニ
応し令割付取セ
可申候委細町割之
義覚次竹ノ浦三郎兵衛
入津三ノ丞へ申付遣候間
可得其意也
毛利伊勢守
十二月廿六日　高政（花押）

（ウハ書）
可満へ
源太夫方へ

【訓文】

その方子覚次、相越へ候に付て、蒲江町割り、絵図に致し、遣わし候間、この指示の如く、町割り致し、町屋敷うらへ、十五間ずつ、屋敷割り致し、籤取りに致させ、家、建てさせ申すべく候。次いで、その方親子へ、塩二俵・俵縄五百筋、遣わし候間、分に随ひ、家、建て申すべく候。また、蒲江町中、家、焼き候者ばかりに、塩三俵・俵縄千筋、とらせ候間、何も甲乙なき様に、割付せしめ、とらせ申すべく候。縄は、家の大小、間数に応じ、割付せしめ、とらせ申すべく候。委細、町割りの義、覚次・竹之浦三郎兵衛・入津三之丞へ申し付け遣わし候間、その意を得べきなり。

十二月二十六日　　毛利伊勢守高政（花押）

（追而書）

以上

蒲江

源太夫方へ

【注解】

覚次　『温故知新録』は、「覚治」に作る。未詳。「御手洗系図」によると、蒲江源太夫（御手洗監物信武）には、嫡男三郎右衛門信浄、次男与惣右衛門信久、三男伝右衛門信隣の三男子と二女子があった。

竹ノ浦三郎兵衛　竹之浦三郎兵衛。豊後国海部郡に竹野浦がある。天正十六（一五八八）年の参宮帳に、「豊後佐伯竹之浦　御手洗左京殿　代参」とある。慶長六（一六〇一）年、佐伯藩領。この年の村高七石余、名請人として玄蕃の名が見え、地目は畑のみで村位は下（竹浦組差出帳）。この年、藩主毛利高政は、竹野浦名請人左京に「竹のうら・こうら・うら城・いろ里・大はま」の支配を命じた（温故知新録）。はじめ、竹野浦を中心にして竹野浦組が構成され、「竹ノ浦・浦城・色利浦・畑浦・ふか代・竹浦河内・にしのうら・中浦・かまへ浦・河内浦・井の串・つほの浦・の河内村・丸市尾・はとうつ・ふすめき・かつらわら」の各村浦がこれに所属した。享保五（一七二〇）年、竹野浦組は、米水津浦組・入津浦組・蒲江浦組となり、下浦村と総称された。竹野浦は米水津浦組に所属した。村位は中。

入津三ノ丞　入津三之丞。豊後国海部郡のうち、豊後水道に面する入津湾沿岸約三キロ一帯を入津浦という。慶長六年、佐伯藩領。初め竹野浦組に所属したが、享保五年、竹野浦組が米水津浦組・蒲江浦組・入津浦組に分かれた。入津浦組は、畑野浦・楠本浦・竹野浦河内・西野浦の四浦で構成され、大庄屋は畑野浦に在村した。

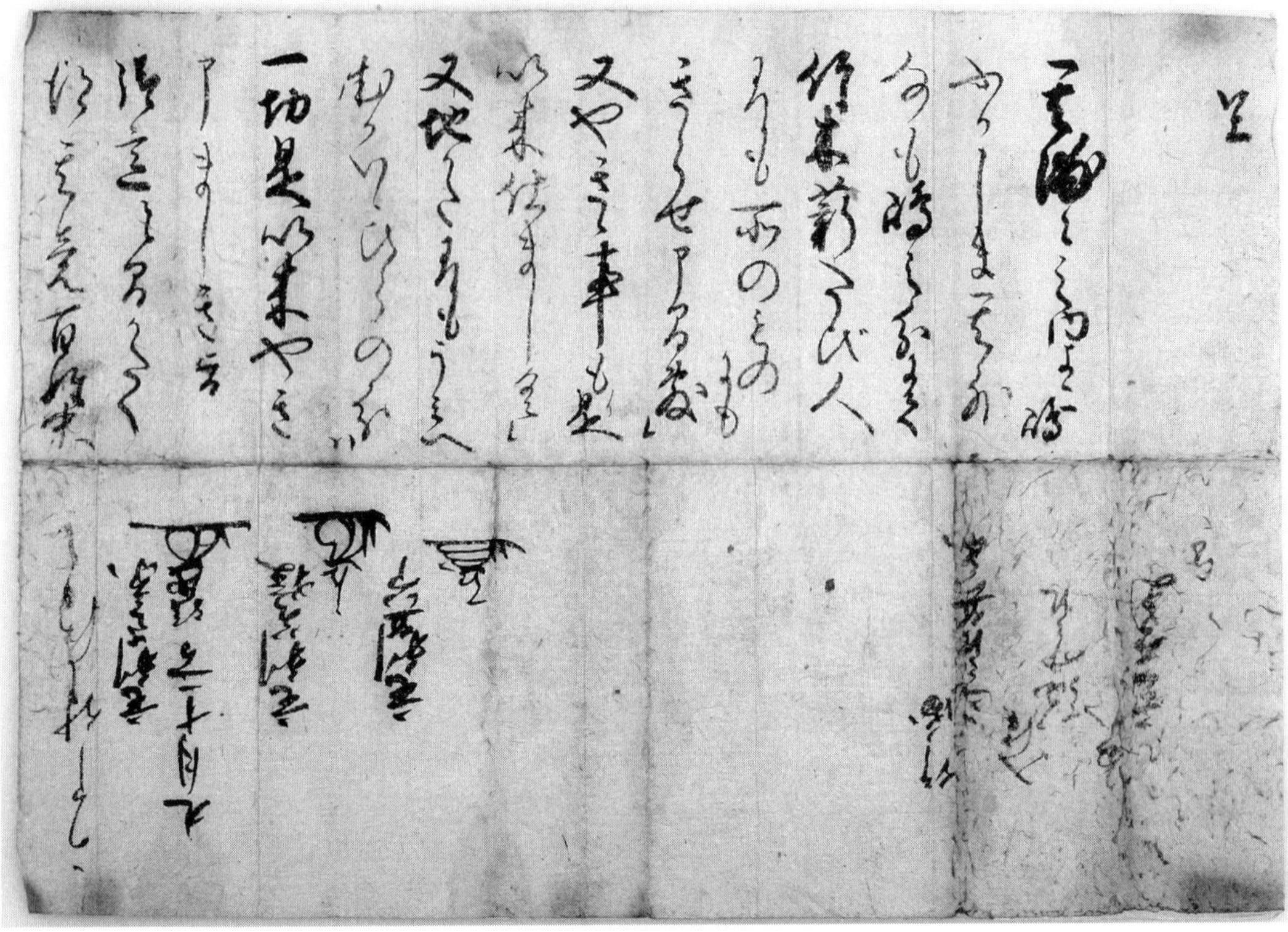

6 元和九年ヵ九月十二日 竹ノ浦三郎兵衛ほか宛 毛利給氏等連署奉書（折紙）

（温故知新録古御書写131）

【釈文】

以上
其浦〻之内よこ嶋
ふ可しま其外
何も嶋之分に天
竹木薪多び人
にても所の毛の
にも
きらせ申間敷
候
又やき候事も是
以来仕まし具候
又地可多にてもうミへ
む可い候ひらの分
ハ
一切是以来やき
申ましき旨
御意ニ候間可多く
得其意百姓中へ

（以下、折返）
可申付候謹言
毛利左京
九月十二日　給氏（花押）
毛利若狭
三好（花押）
毛利兵部
一衛（カ）（花押）

（ウハ書）
竹ノ浦
三郎兵衛
入津
弥四郎
可満へ
玄太夫
まいる

【訓文】

その浦々の内、横島（よこしま）・深島（ふかしま）、その外、何れも、島の分にて、竹木・薪、旅人にても、所の者にも、伐らせ申すまじく候。また、焼き候事も、これ以来、仕るまじく候。また、地方（ぢかた）にても、海へ向ひ候平（ひら）の分は、一切、これ以来、焼き申すまじき旨、御意に候間、堅く、その意を得、百姓中へ、申し付くべく候。謹言。

九月十二日

毛利左京
給氏（はるうじ）（花押）
毛利若狭
三好（花押）
毛利兵部
一衛（カ）（花押）

（追而書）
以上

（ウハ書）
竹の浦
三郎兵衛
入津（にゅうづ）
弥四郎
蒲江
玄太夫
まいる

【注解】

ひら　平。平に開けた土地。

御意　殿様の御意向。慶長十六年九月十九日、佐伯藩主毛利高政は自ら、魚付き林としての山の効果を指摘して浦組の山焼きを禁止し属島でも木草を切ったり焼いたりしてはならないという触書を、津久見・蒲江・下ノ浦宛に、認めている。

毛利左京給氏　佐伯藩奉行衆の一人であろう。元和十（一六二四）年正月四日毛利給氏等連署奉書（124号）・年未詳毛利杢助等連署達書（127号、毛左京（給氏）同（書判）とある）・年未詳十一月十七日毛利給氏書状（130号）・年未詳毛利給氏等連署奉書（132号、以上、「古御書写」『温故知新録』所収）がある。

毛利若狭三好　佐伯藩奉行衆の一人であろう。年未詳（元和二年カ）辰三月十九日毛利元勝・同三好連署書状（123号）・元和七（一六二一）年六月八日毛利高政書状（125号、毛利兵部・毛利若狭宛）・元和十年正月四日毛利給氏等連署奉書（124号、毛利若狭三好〔花押影〕とある）・年未詳九月十二日毛利給氏等連署奉書（132号、毛利若狭（三好）同（書判）とある）・年未詳毛利元勝等連署書状（143号、毛利若狭（三好）同（書判）とある）、以上、「古御書写」『温故知新録』所収）がある。

毛利兵部一衛（カ）　佐伯藩奉行衆の一人であろう。元和七（一六二一）年六月八日毛利高政書状（125号、毛利兵部・毛利若狭宛）・年未詳九月十二日毛利給氏等連署奉書（132号、毛利若狭（三好）同（書判）とある）・年月日未詳毛利兵部等連署奉書（133号）、以上、「古御書写」『温故知新録』所収）がある。

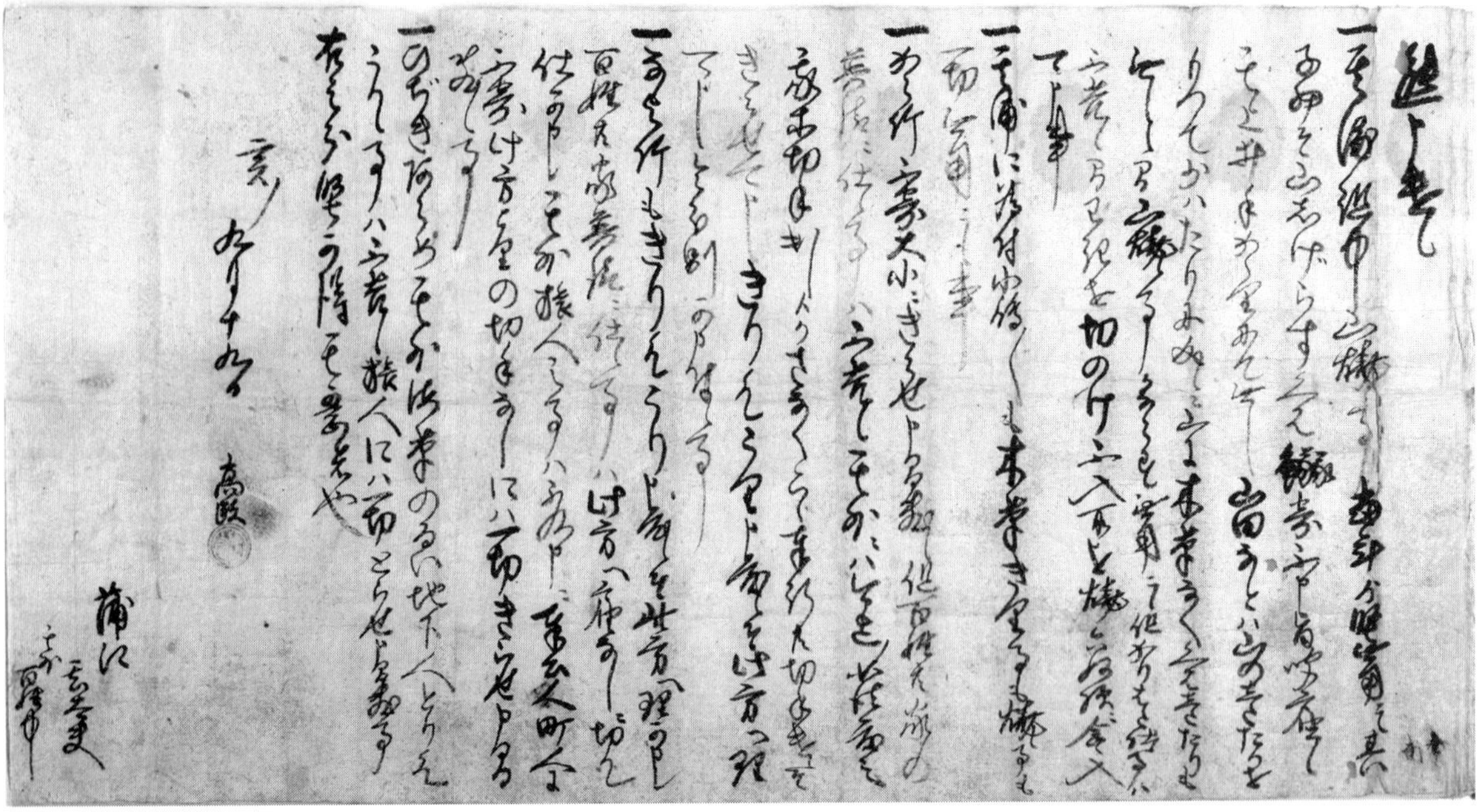

7 元和九年ヵ九月十九日 竹ノ浦三郎兵衛ほか宛 毛利給氏等連署奉書

（温故知新録古御書写49。なお同36は同内容で津久見六右衛門・同仁右衛門・其外百姓中宛となっている）

【釈文】

態申遣し（し候）
一其浦組中山焼候事当年ヨリ堅無用ニ候其
子細者山志げらす候へ者鰯寄不申旨聞届候
其上井手か丶里丹て無之山田なとハ山の志多たりを
もつて少ハたり丹成候ニ山に木草なく候へ者志多たりも
無之候間山焼候事可なら春無用ニ候但かり者多仕候事ハ
不苦候間王起を切のけ不入所を焼候ハぬ様ニ念入
可申事
一其浦に為付小嶋〳〵も木草き里候事も焼候事も
一切無用ニ候事
一から竹不寄大小ニきらせ申間敷候但百姓共家の
普請ニ仕候事ハ不苦候其外ニハ今迄ノ如法度之
我抔切手出し候可さなく候ハ丶奉行共切手遣候者
きらせ可申候きり候てう里申度候者此方へ理
可申候令分別可申付候事
一な与竹もきり候てうり申度候者此方へ理可申候
百姓共家普請ニ仕候事ハ此方へ届なしニ切て

仕可申候其外旅人之事ハ不及申ニ奉公人町人に
不寄此方与里の切手なしにハ一切きらせ申間
敷候事
一ひぢき阿らめ其外海草のるい地下人とり候て
うり候事ハ不苦候旅人にハ一切とらせ申間敷事
右之分堅可得其意者也
亥ノ九月十九日　高政㊞
蒲江
玄太夫
其外百姓中

【訓文】

わざわざ申し遣わし候。

一、その浦組中、山焼き候事、当年より、堅く無用に候。その子細は、山繁らず候へば、鰯、寄り申さざる旨、聞き届け候。その上、井手掛(かかり)にてこれ無き山田などは、山の滴(したた)りを以て、少しは、足りに成り候に、山に木草なく候へば、滴りもこれ無く候間、山焼き候こと、必ず無用に候。但し、カリ畑仕(つかまつ)り候事は、苦しからず候間、脇を切り除(の)け、要(い)らざる所を焼き候はぬ様に、念入れ申すべき事。

一、その浦に付きたる小嶋小嶋も、木草、伐り候事も、焼き候事も、一切、無用に候事。

一、唐(から)竹、大小によらず、伐らせ申すまじく候。但し、百姓ども、家の普請に仕り候事は、苦しからず候。その外には、今までの法度(はっと)のごとく、我ら、切手、出し候か、左なく候はば、奉行ども、切手、遣わし候はば、伐らせ申すべく候。伐り候て、売り申し度(た)く候はば、この方へ、断り申すべく候。分別せしめ、申し付くべく候事。

一、弱(なよ)竹も、伐り候て、売り申し度(た)く候はば、この方へ、断り申すべく候。百姓共、家普請に仕り候事は、この方へ届けなしに、伐りて、仕り申すべく候。そのほか、旅人の事は申すに及ばず、奉公人・町人に寄らず、この方よりの切手なしには、一切(いっさい)、伐らせ申すまじく候事。

一、鹿尾菜(ひじき)・荒布(あらめ)、そのほか、海草の類、地下(じげ)人、採り候て、売り候事は、苦しからず候。旅人には、一切、採らせ申すまじき事。

右の分、堅く、その意を得べきもの也。

(元和九年)亥の九月十九日　(毛利)高政(印)
蒲江　玄太夫
その外　百姓中

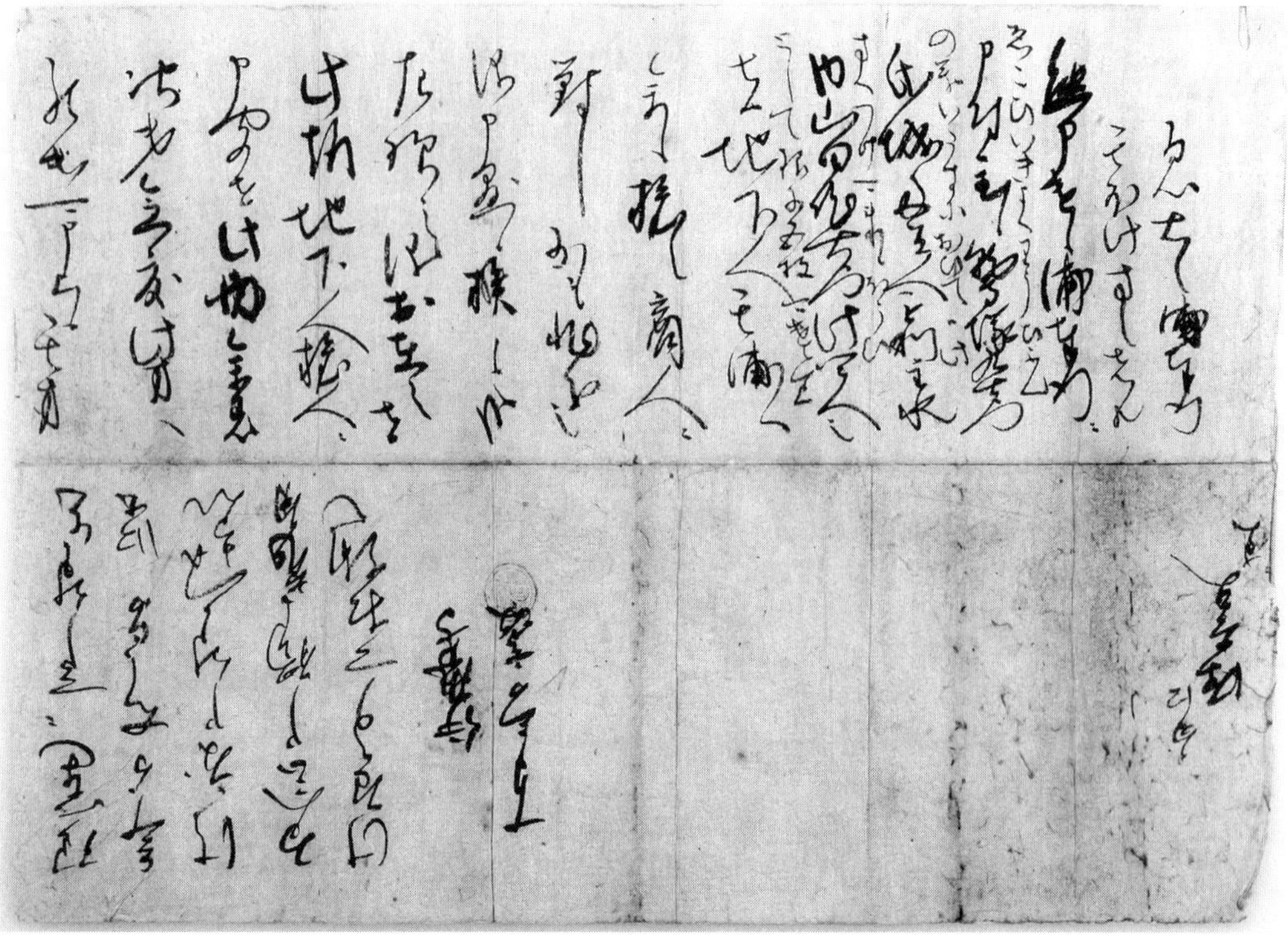

8 慶長六～寛永四年以前十月三日 蒲江源太夫宛 毛利高政

（温故知新録古御書写53）

触書（折紙）

【釈文】

尚以右之浦奉行
其外此方之者共
態申遣候浦奉行ニ
ゑこひいきよく里うひふん
申付置候鷲塚九右エ門
の義い多すにおひてハ此
氏城多兵へ毛利主水
方へつけ可被成候ほうひ
内山田作右エ門此四人之
として銀子五枚可遣候已上

者地下人其浦へ
参候旅之商人ニ
対し少も非分之
儀申懸候族候哉
左様之儀於在之者
此趣地下人旅人ニ
申聞せ此内（状）参着
次第急度此方へ
罷出可申上候其方

（以下、折返）
理運ニ可申付候先
年ヨリ右之旨　堅
法度申付候へ共尚以
為念申触候兎角
此返事可相越候也
　　　伊勢守
十月三日　高政（印）

（ウハ書）
　　可満江
　　　源太夫
　　　　　方へ

【訓文】

熊(わざわざ)申し遣わし候。浦奉行に申し付け置き候、鷲塚九右衛門・氏城多兵衛・毛利主水・内山田作右衛門、この四人の者、地下人・その浦へ参りさうらふ旅の商人に対し、少しも非分の儀、申し懸くる族さうらふ哉。左様の儀これあるにおいては、この趣、地下人・旅人に申し聞かせ、この状、参着次第、急度(きっと)、この方へ罷(まか)り出で、申し上ぐべく候。その方、理運に申し付くべく候。先年より、右の旨、堅く法度、申し付け候へ共、尚もって、念のため、申し触れ候。兎角、この返事、相越すべく候なり。

十月三日　伊勢守　高政(印)

(追伸)

尚以て、右の浦奉行、その外、この方の者ども、依怙贔屓・抑留・非分の儀、致すに於ひては、この方へ、告げ成さるべく候。褒美として、銀子五枚、遣わすべく候。以上。

(ウハ書)

蒲江
源太夫方へ

【注解】

浦奉行　佐伯藩は、在方・浦方と両町(城下町)の三つに分けて支配した。初期には、在方・浦方とも十六カ村(浦)で構成された戸穴(ひあな)村や、十七カ浦で構成された竹野浦組などの村編成がなされていたが、正保郷帳の段階で、いったんこれが解消されたあと、元禄検地で再編成された(以上、平凡社『大分県の地名』による)。奉行は、主君・上司の命を奉じて事を執行する意であるが、政略を担当し執行する者をいう。鎌倉幕府以降、武家の職制として各種の奉行が置かれ、政務を分掌した。

鷲塚九右エ門　未詳。

氏城多兵へ　氏城多兵衛。

毛利主水　未詳。

内山田作右エ門　未詳。

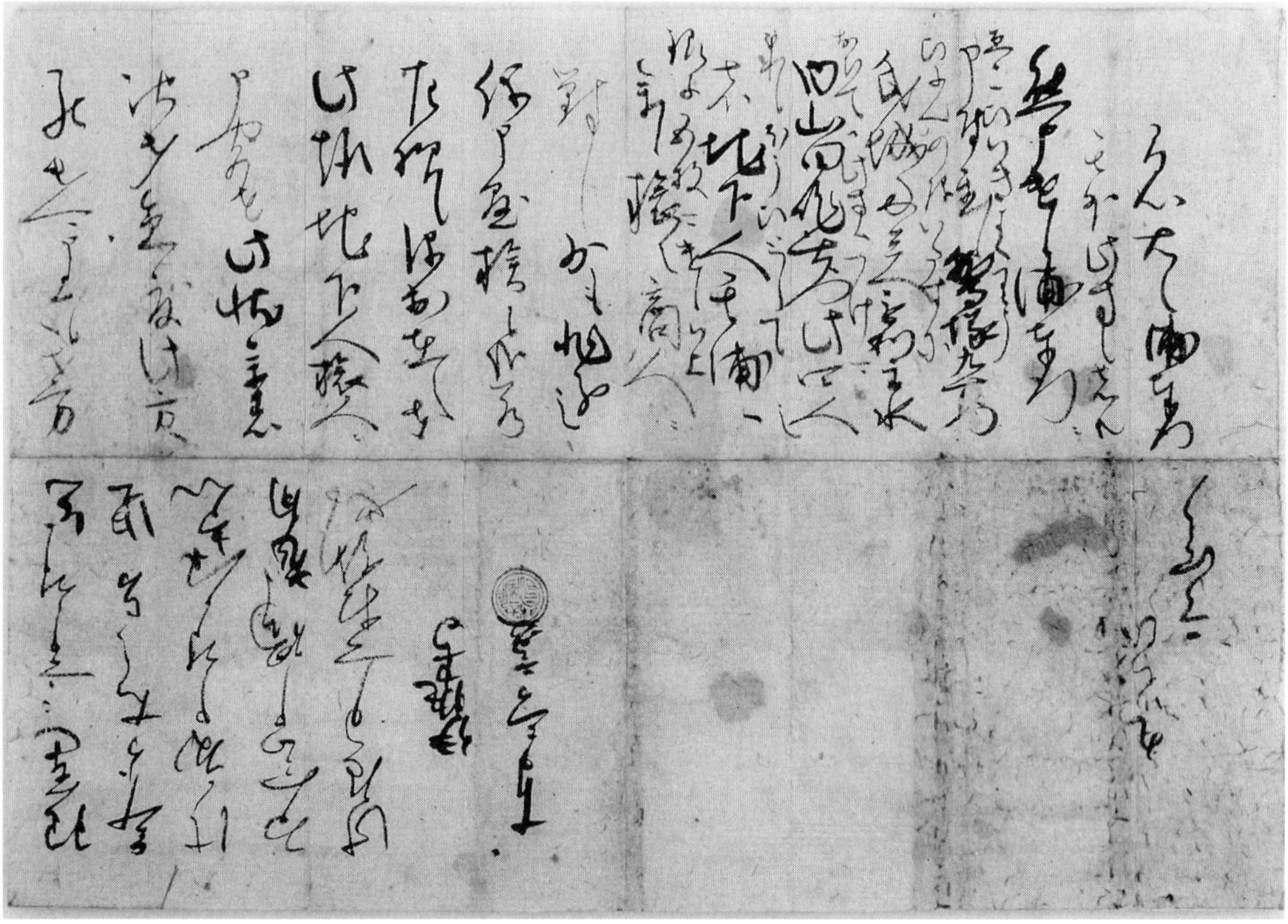

9（慶長六～寛永四年）十月三日 丸市尾二郎四郎宛 毛利高政触書（折紙）

（温故知新録には未収録）

【釈文】

尚以右之浦奉行
其外此方之者共
態申遣候浦奉行ニ
ゑこひいきよく里う
申付置候鷲塚九右エ門
ひふんの義い多すに
氏城多兵へ毛利主水
おひてハ此方へつけ可
内山田作右エ門此四人之
被成候ほうひとして
者地下人其浦へ
銀子五枚可遣候い上
参候旅之商人ニ
対し少も非分之
儀申懸族候哉若
左様之儀於在之者
此趣地下人旅人ニ
申聞せ此状参着
次第急度此方へ
罷出可申上候其方

（以下、折返）
理運ニ可申付候先
年ヨリ右之旨　堅
法度申付候へ共尚以
為念申触候兎角
此返事可相越候也
十月三日　伊勢守
高政（印）

（ウハ書）
丸いちひ
二郎四郎

【訓文】

態（わざわざ）申し遣わし候。浦奉行に申し付け置き候、鷲塚九右衛門・氏城多兵衛・毛利主水・内山田作右衛門、この四人の者、地下人・その浦へ参りさうらふ旅の商人に対し、少しも非分の儀、申し懸くる族そうろう哉。もし、左様の儀これあるにおいては、この趣、地下人・旅人に申し聞かせ、この状、参着次第、急度（きっと）、この方へ罷（まか）り出で、申し上ぐべく候。その方、理運に申し付くべく候。先年より、右の旨、堅く法度、申し付け候へ共、尚もって、念のため、申し触れ候。兎角、この返事、相越すべく候なり。

十月三日　伊勢守　高政◯（印）

（追伸）

尚以て、右の浦奉行、その外、この方の者ども、依怙贔屓・抑留・非分の儀、致すに於ひては、この方へ、告げ成さるべく候。褒美として、銀子五枚、遣わすべく候。以上。

（ウハ書）

丸市尾

二郎四郎

【注解】

丸いちひ　丸市尾。丸市火とも書く。豊後国海部郡のうち、豊後水道に面する名護屋（なごや）湾の湾奥部に位置する浦。慶長六年以降、佐伯藩領。慶長六年の村高は、二十七石余。名請人として新左衛門の名が見える（竹野浦組差出帳）。初め竹野浦組、のち蒲江浦組に所属。

二郎四郎　未詳。

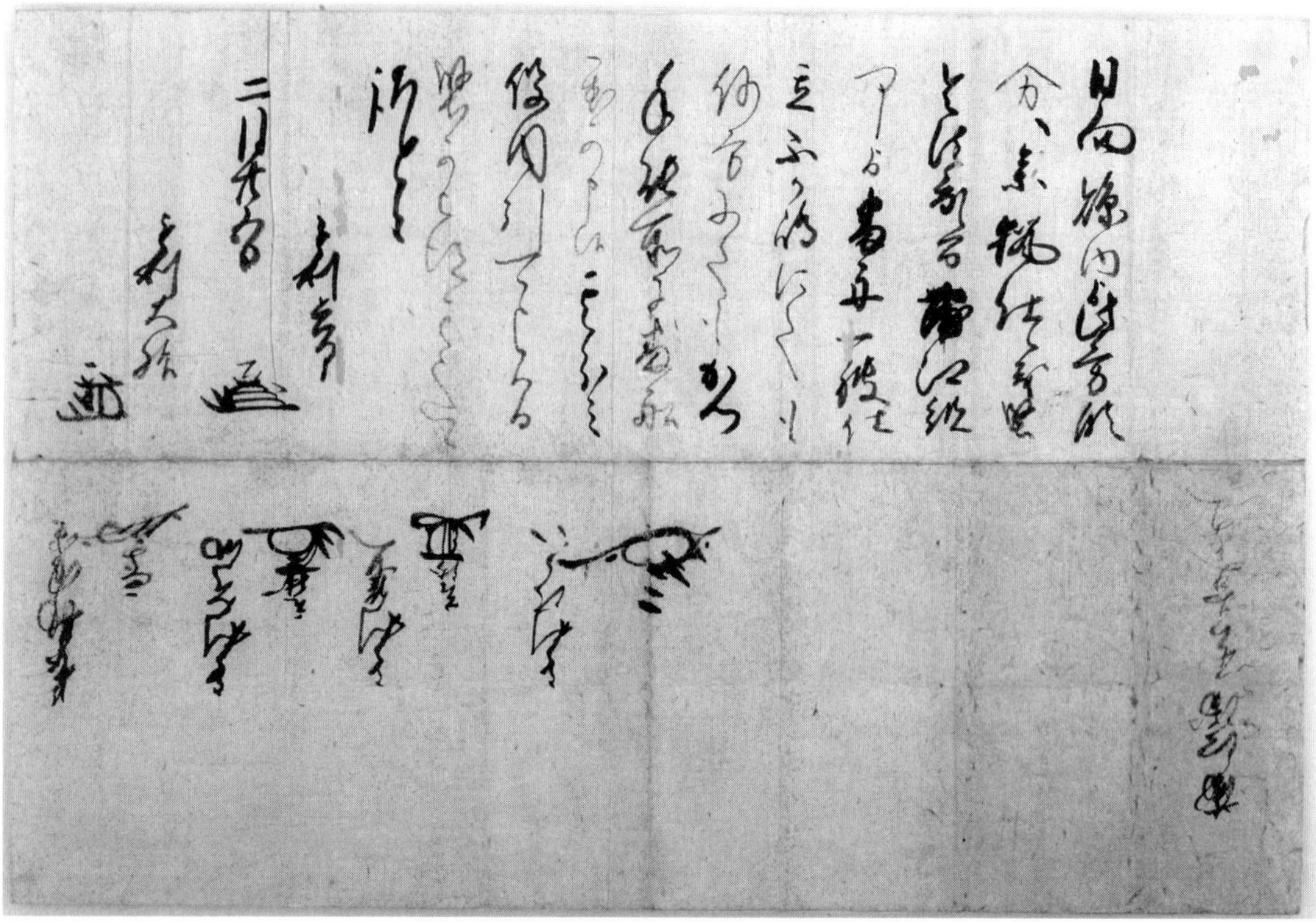

10 寛永六年カ二月廿五日 蒲江浦玄太太夫宛 毛利兵部等連署奉書（折紙）

（温故知新録古御書写133）

【釈文】

日向県内ヨリ此方領
分へ参猟仕候義堅
令法度候間蒲江組
中ヨリ番舟一艘仕
立ふ可嶋にても
何方にてもかツ
手能所に番船
置可申候其分之
役目引可申候間
堅可被得其意候
謹言

毛利兵部
二月廿五日　一衛（花押）
毛利大膳
正（カ）（花押）

（以下、折返し）

長勘解由
延衛（カ）（花押）
毛利右馬助
元勝（花押）
毛利隼人
吉勝（カ）（花押）
毛利次郎八
ミ（ママ）（花押）

（ウハ書）
蒲江玄太夫とのへ

【訓文】

日向県(あがた)内より、この方領分へ参り、漁仕り候義、堅く法度せしめ候間、蒲江組中より、番舟一艘、仕立て、深嶋にても、何方にても、勝手よき所に、番船、置き申すべく候。その分の役目、引き申すべく候間、堅く、その意を得らるべく候。謹言。

(寛永六年カ)(一六二九) 二月二十五日

毛利兵部 一衛(花押)
毛利大膳 正(カ)(花押)
長勘解由 延衛(カ)(花押)
毛利右馬助 元勝(花押)
毛利隼人 吉勝(カ)(花押)
毛利次郎八 ミ(ママ)(花押)

(ウハ書)
蒲江玄太夫とのへ

【注解】

毛利兵部一衛(花押) 年未詳一月四日 毛利内膳ほか書状(竹野浦御手洗庄屋文書)には、「毛利内膳一衛(カ)(花押)」とある。

毛利大膳正(カ)(花押) 未詳。

長勘解由延衛(カ)(花押) 未詳。

毛利右馬助元勝(花押) 元和十(一六二四)年正月四日の千怒村喜兵衛他宛毛利給氏等連署奉書(「古御書写」124『温故知新録』一)に、「毛利右馬助元勝(花押影)」とある。なお、年未詳一月四日 毛利内膳ほか書状(米水津浦組竹野浦御手洗庄屋文書)には、「毛利丹後元勝(花押)」とある。

毛利隼人吉勝(カ)(花押) 『温故知新録』一には、「毛利隼人(吉忠)」とある。年未詳二月八日 竹の浦左京他一名宛 毛利吉忠・同吉則連署達書(米水津浦組竹野浦御手洗庄屋文書・古御書写128『温故知新録』一)に、毛利隼人吉忠が見え、この毛利隼人吉忠の花押と、本書の毛利隼人吉勝(カ)の花押は同一人の花押である。

毛利次郎八ミ(ママ)(花押) 寛永三(一六二六)年四月十九日の毛利左京ほか連署算用不足請求書(「諸雑記」『温故知新録』二)に、「毛利主水当年(寛永三)寅ノ御かし米知行高弐百弐十石一、百石ニ付五石かしにて候に、先度進し置候手形ニ拾石五斗可有御渡旨、申進し候得共、算用違にて今五斗不足候間、納升にて五斗土水宿江可致御渡候、前後拾壱石御渡、以来御算用ニ可被相立候、以上、 寅ノ四月十九日 毛利左京書判 毛利杢助〃 毛利大膳〃 毛利右馬助〃 毛利主殿〃 毛利次郎八〃 鷲塚九右衛門殿 柳瀬一郎右衛門殿」とある。

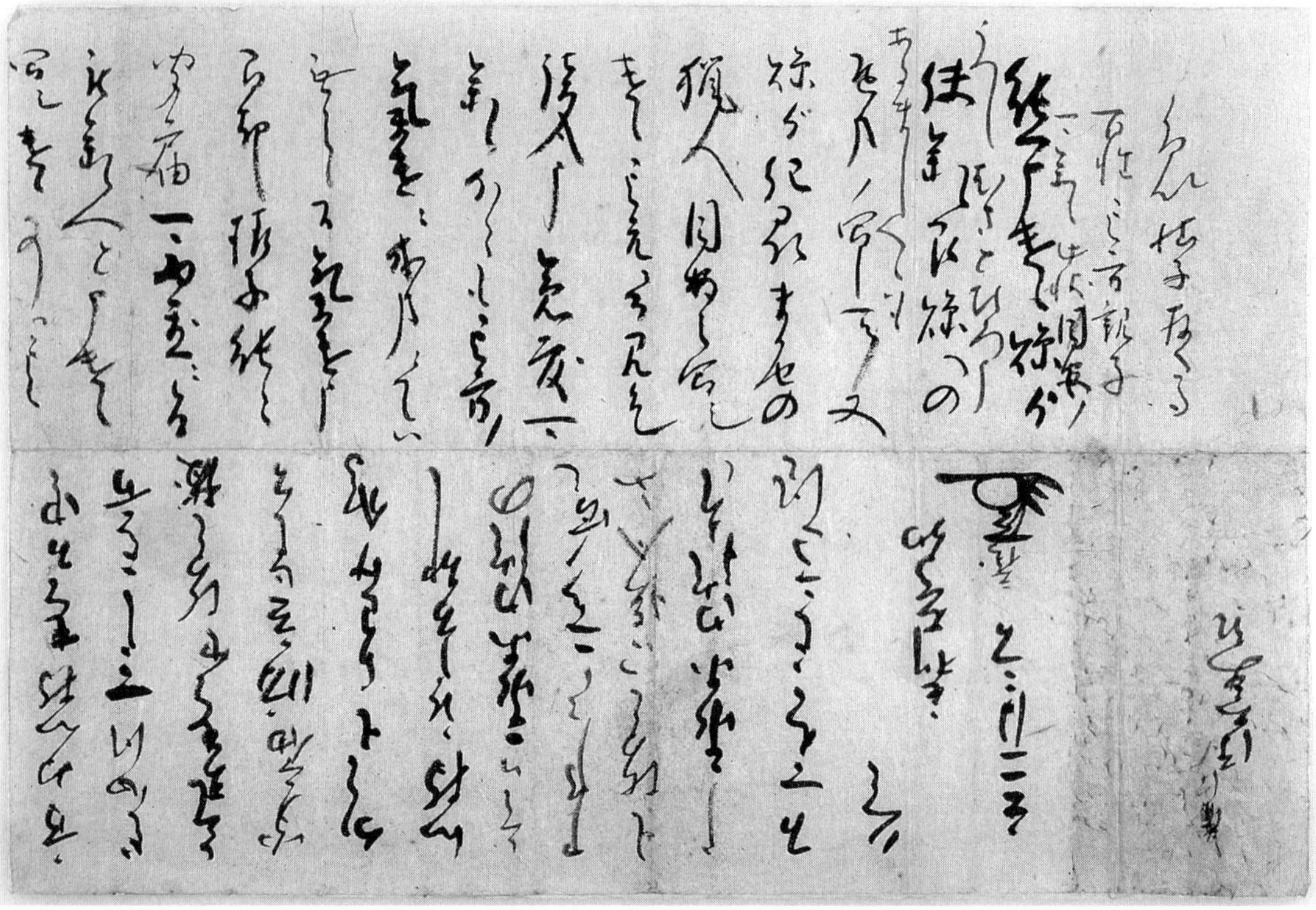

11 寛永六年ヵ閏二月三日 蒲江源太夫宛 毛利右馬助元勝書状（折紙）

（『温故知新録』には未収録）

【釈文】

尚以怙（カ）子存多る
百姓こし方親子
可参候此状目安ノ
態申遣候県ヨリ
うつしむさとひろう
使参候即県への
あるましく候以上
返事ノ写し一ツ又
県ヨリ紀州ま可セの
猟人目安之写シ
遣し候其元ニ而見候て
請合申し急度可
参候何ニも其方ノ
気遣ニ成事ニてハ
無之候間気遣申
間敷候様子能々
聞届可取置ニ候間
被参候へと申遣候
写シ遣候又ハ可万へ

（以下、折返）
方為心持遣候間内々
其心得可申候其方
気遣候由皆々致
聞届腹立被申候間
何ニもよ王け成る
心持被申間敷候
是ハ我抔内証の
申事ニ候二ツノ写シ
も皆々一（カ）々請合不
申候我抔内証にて候
間可有其意得候
恐々
毛利右馬助
壬（閏）二月三日　元勝（花押）

（ウハ書）
蒲江大庄屋
源大夫殿

【訓文】

態(わざわざ)申し遣わし候。県(あがた)より使、参り候。即ち、県への返事の写し、一つ、また、県より、紀州任せの猟人目安の写し、遣わし候。そこ元にて、見候て、請け合ひ申し、急度(きっと)、参るべく候。何にも、その方の気遣ひに成る事にてはこれなく候間、気遣ひ申す間敷(まじ)く候。様子、よくよく聞き届け、取り置くべきに候間、参られ候へと申し遣わし候。写し、遣わし候。又は、蒲江方、心持ちとして、遣わし候間、内々、その心得申すべく候。その方、気遣ひ候由、皆々、聞き届け致し、腹立て申され候間、何にも、弱気なる心持ち、申され間敷く候。是は、我等、内証の申すことに候。二つの写しも、皆々一一(いちいち)請け合ひ申さず候。我等、内証にて候間、その意得(こころえ)あるべく候。恐々。

（寛永六年ヵ）閏二月三日　　毛利右馬助元勝（花押）

（追伸）
尚以て、怙(カ)子、存じたる百姓越し方、親子、参るべく候。この状、目安の写し、むざと、披露あるまじく候。以上。

（ウハ書）
蒲江大(カ)庄(カ)屋(カ)
源大夫殿

【注解】

紀州　紀伊国(きいのくに)。現在の和歌山県と三重県の一部。古くは、紀直(きのあたひ)が、紀国造であった。大化改新で、南海道のうちの一国となった。上国。『延喜式』では七郡。鎌倉時代には、佐原義連が守護、のち、熊野詣の行幸料国として院庁の直轄となった。南北朝以後、畠山国清・細川宗茂・山名義理・大内義弘・畠山基国らが守護を歴任した。天正十三（一五八五）年、豊臣秀吉が、紀伊国内に多くの荘園をもち勢力を振るっていた根来寺・粉河寺を征伐し、高野山を制圧して統一した。関ケ原の戦後、浅野幸長が入封、元和五（一六一九）年、徳川頼宣が、浅野幸長の弟長晟にかわって、御三家の一として入封した。

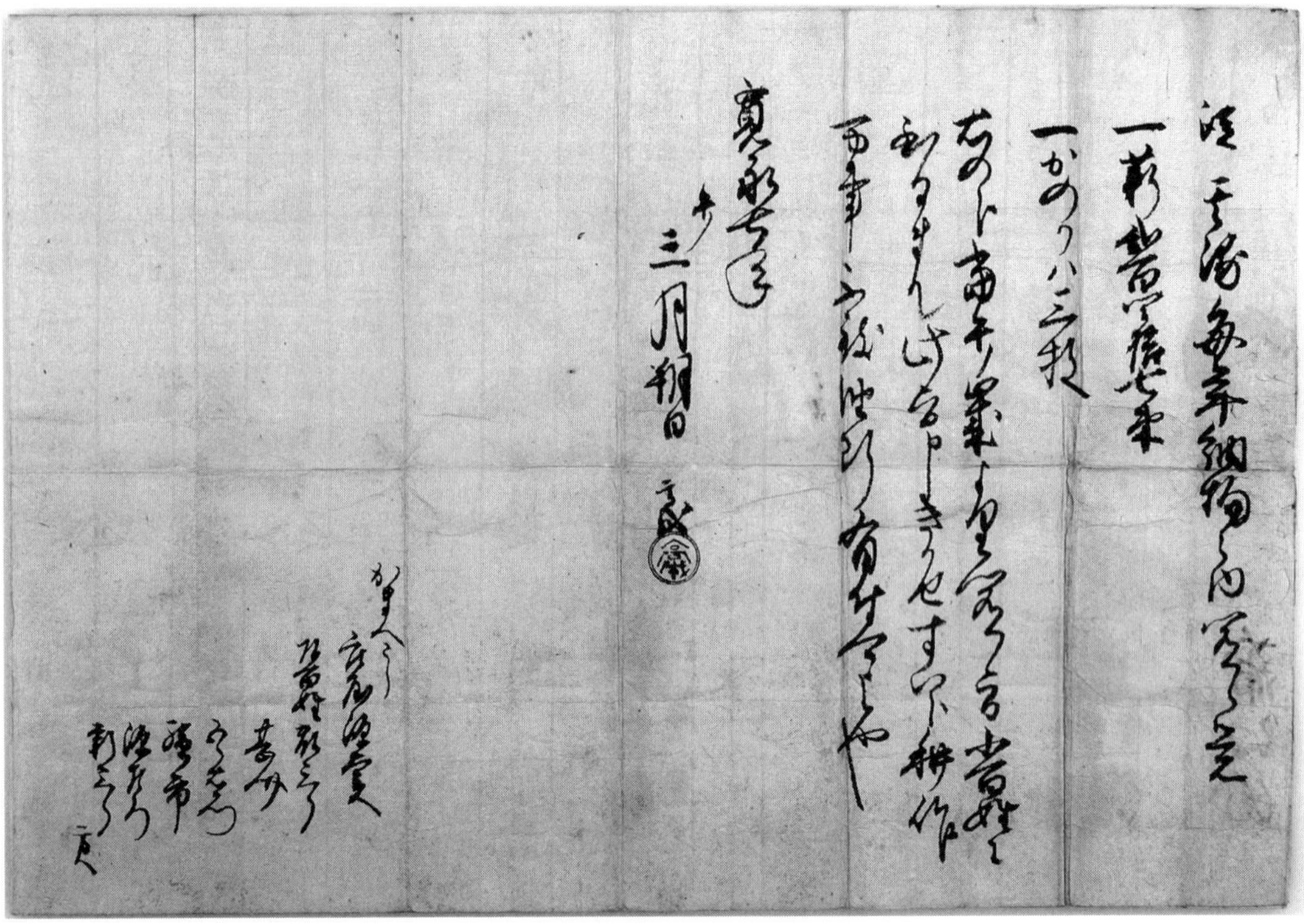

12 寛永七年三月朔日 蒲江浦庄屋源太夫ほか宛 毛利高成小物成宥状

（温故知新録古御書写105）

【釈文】

従　其浦毎年納物之内宥候覚

一薪弐百四拾七束

一かの可ハ三枚

右の分当午ノ歳よ里宥候間小百姓に

到るまで此旨申き可セすい分耕作

万事不致油断有付可申候也

寛永七年

午ノ

三月朔日　　高成〇（印）（※印文「高成」）

かまへうら

庄　屋　源太夫

頭百姓　顕三郎

甚介

五郎右衛門

孫市

源左衛門

新三郎

方へ

【訓文】

その浦より、毎年納物の内、宥め候覚

一、薪　二百四十七束

一、鹿の皮、三枚

右の分、当午の歳より宥め候間、小百姓に至るまで、この旨、申し聞かせ、随分、耕作、万事油断致さず、有付け申すべく候なり。

（一六三〇）寛永七年　午の三月朔日　　（毛利）高成◯（印）（印文「高成」）

蒲江浦
庄屋　源太夫
頭百姓　顕三郎
甚介
五郎右衛門
孫市
源左衛門
新三郎
方へ

【注解】

毛利高成　豊後佐伯藩第二代藩主毛利摂津守高成。慶長八年、誕生。夫人は、信濃飯山藩主佐久間備前守安政三女。寛永五年十一月、藩祖高政が江戸藩邸に没し、高成が継いだ。家老戸倉重久をはじめ、沼・益田・梶谷・並河・磯部・西名・長・三好・豊田・岡崎などの家臣がよく補佐した。寛永九年五月、肥後熊本城主加藤忠広は、幕府に異図ありとして改易となり、出羽庄内に配流された。六月十四日、毛利高成は、熊本城受け取りのため出役を命ぜられた。相役は、日向飫肥藩主伊東修理大夫祐慶、同高鍋藩主秋月長門守種春、豊後岡藩主中川内膳正久盛で、高成は、急いで江戸から帰り、出動の準備をした。七月十六日、高成は、留守を豊田右馬助元勝に預け、将兵八百余人をひきいて、佐伯城を出発し、熊本に向かった。無事、城の明け渡しが行われ、高成は、熊本城に駐兵した。十月、幕府は、細川忠利を熊本城五十四万石に封じたので、十一月初め、佐伯に帰城することになり、熊本を発ったが、道中、病に罹り、十一月七日、旅宿に急逝した。行年三十。嫡子市三郎があったが、当年わずか二歳で、家老並河信吉が傅役として仕えていた。ここに、藩祖高政の弟毛利吉安との間に後継問題が生じたが、寛永十年二月、市三郎（高尚）が家督を継承した。

毎年納物之内宥候覚　納物減免の通知。

薪　江戸時代には、薪年貢という、山林の持ち主が領主に収める雑税があった。

かの可ハ　鹿の皮。鹿は、偶蹄目シカ科の獣の総称で、雄は枝のある角（枝角）を生じ、毎年生え代わる。日本は、農耕を主として発達したため、西洋にくらべて毛皮の利用は少ないといわれるが、すでに応神十三年紀一書に、「唯角著ける鹿の皮を以て、衣服とせらくのみ」とあり、早くから、鹿の皮を衣服として利用することも行われていた。

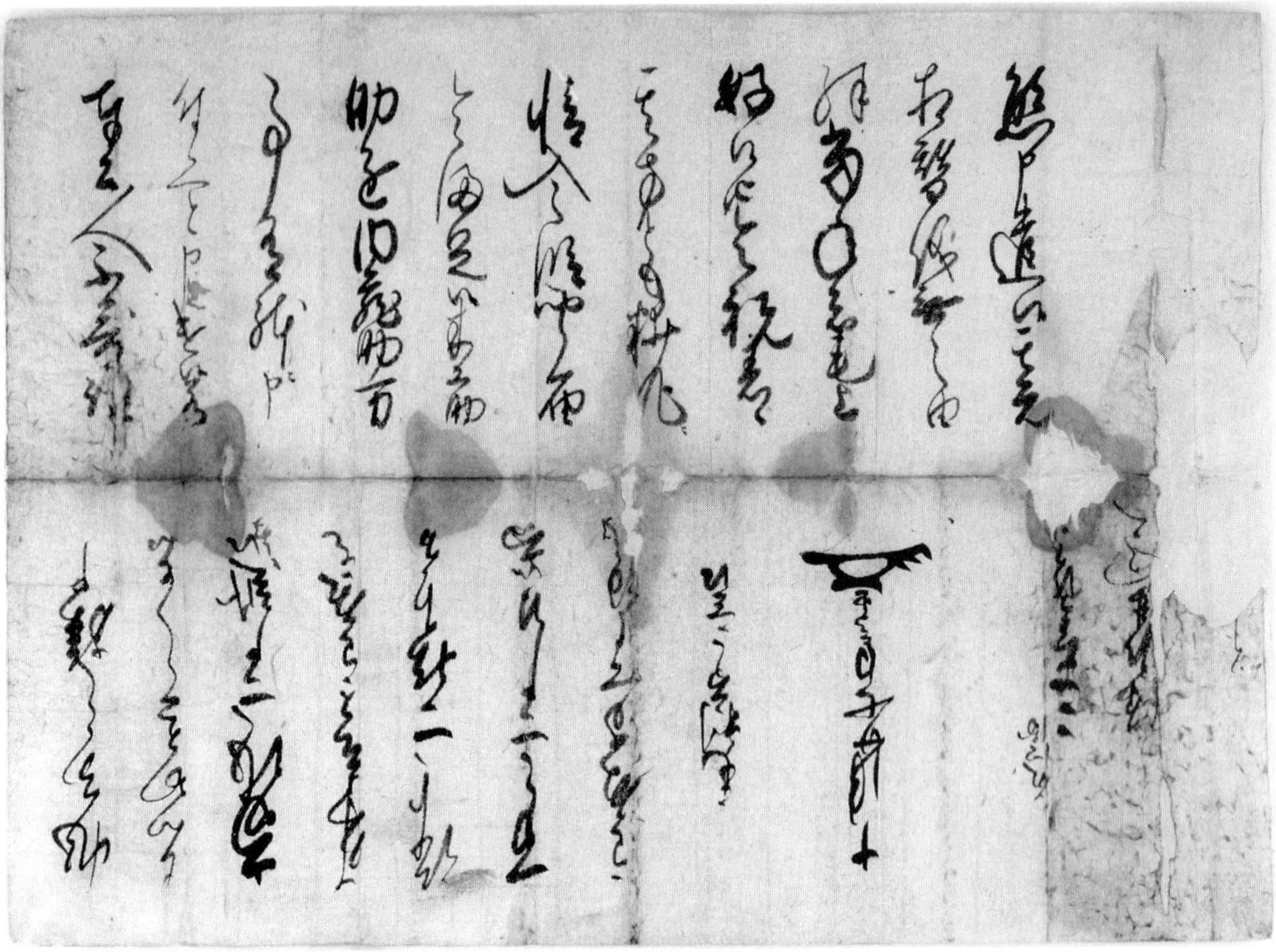

13（寛永十～寛文四年）十月廿七日 蒲江浦三太郎・源左衛門宛 毛利市三郎高直書状

（温故知新録古御書写118）

【釈文】

態申遣候其元
相替儀無之由
殊当年者毛上
好候由令祝着候
其方とも耕作ニ
情入候段聞届
令満足候木工助
助進内蔵助万
事有体ニ申
付候へと申遣候若
奉公人不寄誰

（以下、折返）
非分之族申
者於有之者
当地へ可申越候
来春者主殿其
許へ可指下候間
万〻可申付候尚
主殿方可申候謹言
毛利市三郎
十月廿七日 高直（花押）

（ウハ書）
蒲江浦
三太郎可多へ
源左衛門可多へ

【訓文】

態(わざわざ)申し遣わし候。そこ元、相変わる儀これ無き由、殊に、当年は、毛上(けあがり)、好く候由、祝着せしめ候。その方ども、耕作に情入れ候段、聞き届け、満足せしめ候。木工助・助進・内蔵助、万事、有り体に申し付け候へと申し遣わし候。もし、奉公人、誰に寄らず、非分の族、申す者これあるにおいては、当地へ申し越すべく候。来春は、主殿、そこ許へ、差し下し候間、万々、申し付くべく候。尚、主殿方、申すべく候。謹言。

十月二十七日　　毛利市三郎　高直（花押）

蒲江浦
　三太郎方へ
　源左衛門方へ

（ウハ書）

【注解】

蒲江浦三太郎　蒲江浦御手洗第三代当主の三太郎信常(のぶつね)。『御手洗氏系図』には、「(三郎右衛門信浄(のぶきよ)) 嫡男三太郎信常(つね)妻ハ杉原氏法号ハ蒲岩宗江居士」とある。佐伯市教育委員会『温故知新録』一には、「蒲江浦」を「古江浦」としている。

源左衛門　未詳。

毛利市三郎高直　毛利豊後佐伯第三代藩士。寛永八年、江戸に誕生。母は清光院殿。父は佐伯第二代藩士高成。異腹の兄毛利数馬（次郎八・高明）がいたが、母が正室（佐久間備前守御息女）ということで、市三郎を嫡子とし、次郎八は弟とされた。寛永九年五月、肥後熊本城主加藤忠広が改易となり、七月、父高成（三十歳）は、居城受取役として出馬し、十一月七日、熊本において死去。二歳の高直が家督を継承したが、この折、跡目相続をめぐる争いがあり、藩祖高政の弟吉安知行の二千石（佐伯堅田村・床木村）は、公儀に差し上げ、この二千石は幕府領佐伯藩預り地とされ、残り一万八千石のはずであったが、実際の地高は二万石ある旨申し立てて、御跡式二万石を拝領した。

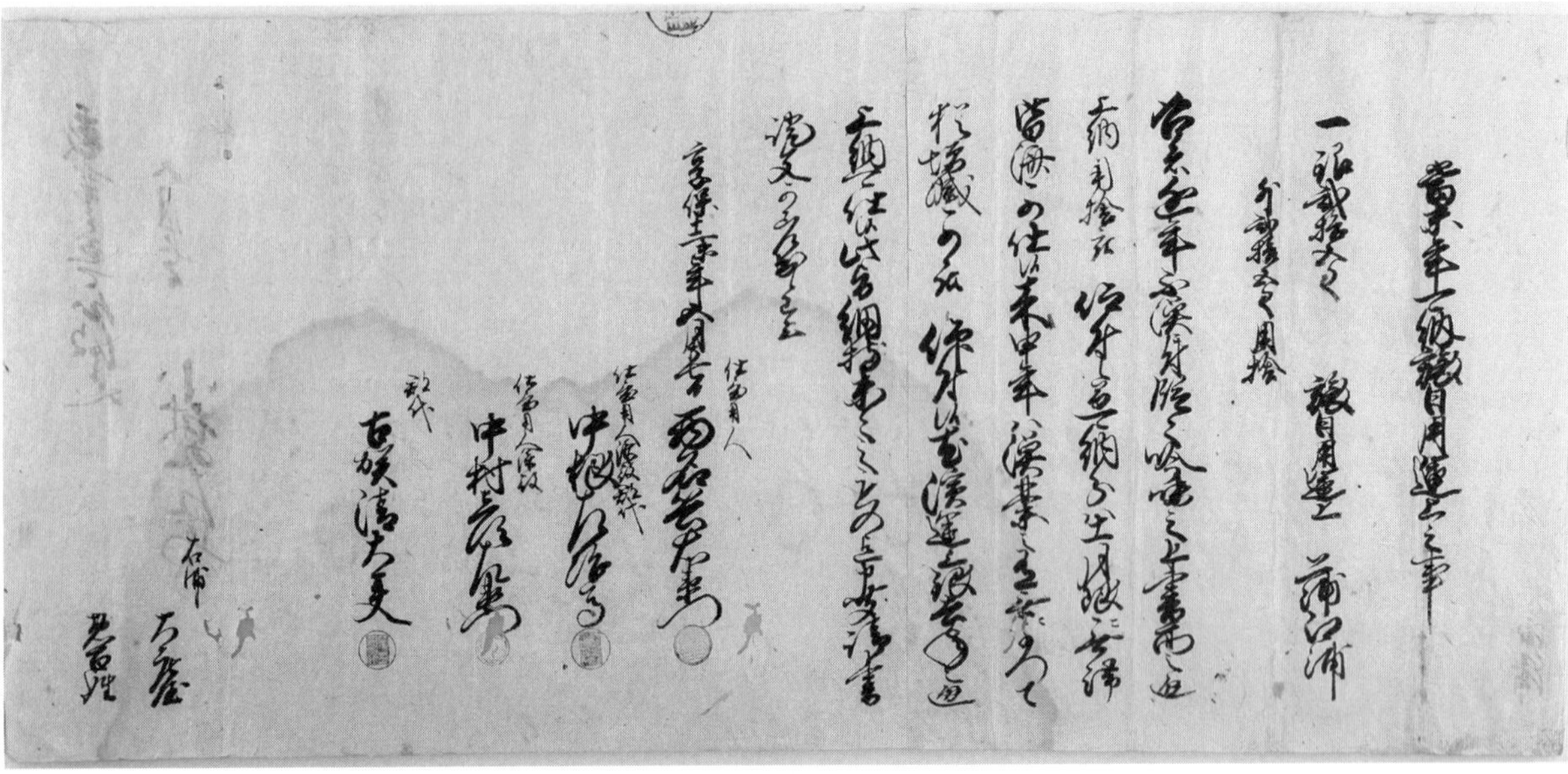

14　享保十二年五月廿七日　西名兵右衛門ほか連署　当未年可納旅日用運上之事

【釈文】

当未年可納旅日用運上之事

一銀弐拾五匁　旅日用運上　蒲江浦

外弐拾五匁用捨

右者近年不漁ニ付段〻吟味之上書面之通
上納用捨被　仰付候間可納分ハ十一月限ニ無滞
皆済可仕候来申年ハ漁業之有無ニよつて
猶増減可被　仰付候尤浜運上銀去年之通

（紙継目）

上納可仕候此旨網持末〻之毛の迄申聞請書
証文可差出候已上

享保十二未年五月廿七日　（仕置用人）西名兵右衛門（印）
（仕置用人添役郡代）中根左治馬（印）
（仕置用人添役）中村彦左衛門
（郡代）古賀清大夫（印）

（右浦）大庄屋
惣百姓

（裏書）「表書之通可心得者也
五月廿七日　小林九左衛門（印）」

（紙継目）（印）

（端裏書）「蒲江浦」

【訓文】

当未年、納むべき旅日用（ひよう）運上の事

一、銀二十五匁　旅日用運上　蒲江浦

外、二十五匁、用捨（ようしゃ）

右は、近年、不漁に付き、段々、吟味の上、書面の通り、上納用捨、仰せ付けられ候間、納むべき分は、十一月限りに、滞りなく、皆済仕るべく候。来る申年は、漁業の有無によって、猶、増減、仰せ付けらるべく候。もっとも、浜運上銀、去年の通り、上納仕るべく候。この旨、網持、末々の者まで、申し聞かせ、請書証文、差し出すべく候。以上。

享保十二未年（一七二七）五月二十七日

仕置用人　西名兵右衛門◯（印）

仕置用人添役郡代　中根左治馬◯（印）

仕置用人添役　中村彦左衛門

郡代　古賀清大夫◯（印）

右浦　大庄屋

惣百姓

（裏書）「表書の通り、心得べき者なり。

五月二十七日　小林九左衛門◯（印）」

（紙継目）――◯（印）――

（端裏書）「蒲江浦」

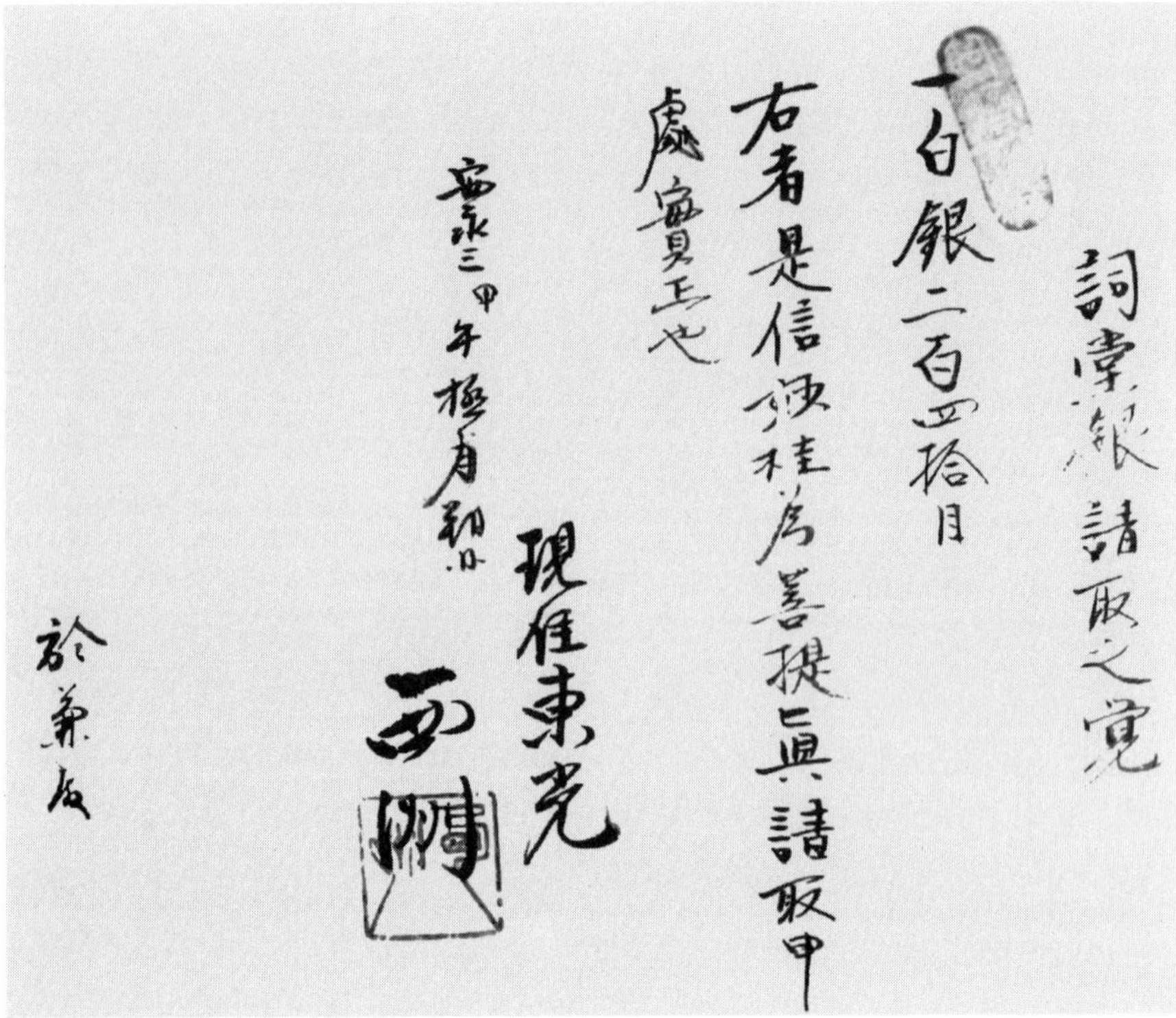

15 安永三年十二月一日　於兼宛　現住東光西洲「祠堂銀請取之覚」

【釈文】

詞（祠）堂銀請取之覚

（印）

一白銀二百四拾目

右者是信妙桂為菩提真請取申

処実正也

現住東光

安永三甲午極月朔日　西　洲 □（印）

（※「洲」字ノ上ニ角印アリ）

於兼殿

【訓文】

祠堂銀受取の覚

（印）

一、白銀二百四十目

右は、是信妙桂、菩提真のため、請取り申す処、実正なり。

現住東光

安永三甲午極月（十二月）朔日　西　洲 □（印）

於兼殿

【注解】

於兼　御手洗氏内室ヵ。

西洲　豊後国海部郡蒲江浦東光寺第十一世西州祖謙。なお、東光寺の歴代は、次の通り。

開山	無説円真	八世	盛南祖郁	十五世	荊業玄嵗
二世	槐州祖安	九世	賢嶺祖道	十六世	文渓玄哲
三世	別外守益	十世	独箭恵諾	十七世	月真惟淳
四世	天外祖蓮	十一世	西州祖謙	十八世	碩道惟精
五世	義山祖豊	十二世	文渓元愚	十九世	宏道　詮
六世	禅外宗悦	十三世	大羽東儀	二十世	端道　甫
七世	松洲慈貞	十四世	豊田良穀		（以下略）

祠堂銀　祠は祠の当て字。祠堂銀。祠堂金・祠堂銭・無尽財・長生銭ともいう。先祖代々の供養ために祠堂修復の名目で寺院に喜捨する金銭。

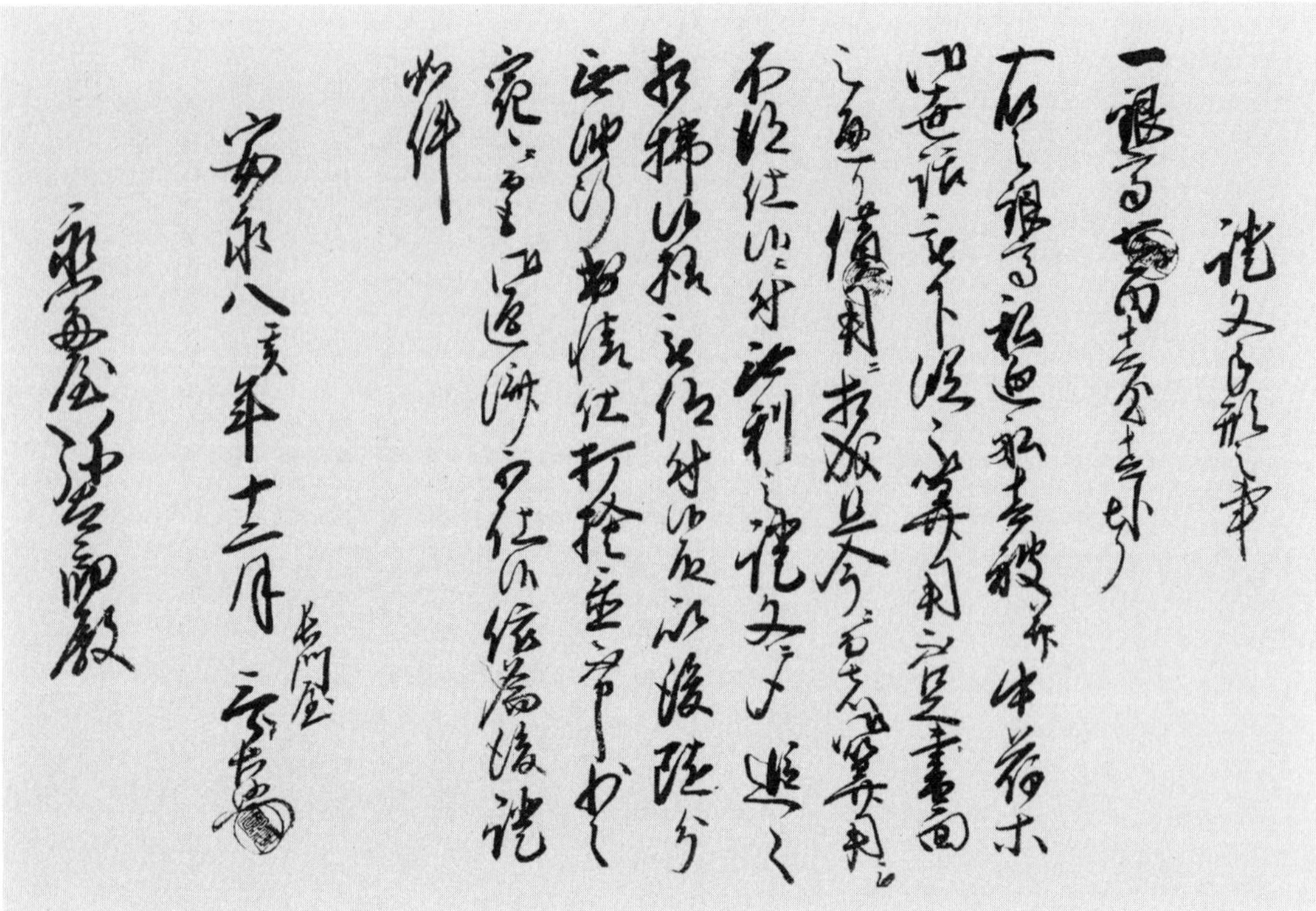

16 安永八年十二月　長門屋三郎右衛門証文手形之事

【釈文】

証文手形之事

一銀高七百壱匁壱分七り(厘)　（※「七百」に掛けて〇印あり）
右之銀高私廻船壱艘并中荷抔
御世話被下段ゝ算用不足書面
之通り借用ニ相成只今ニ而者御算用毛　（※「借用」に掛けて〇印あり）
不得仕候ニ付無利之証文ニシテ追ゝ
相払候様被仰付候故以後随分
無油断出情(精)仕打捨置不申少ゝ
宛、ニ而も御返済可仕候依為後証
如件

安永八亥年十二月　長門屋 三郎右衛門(印)〇

永富屋弥太郎殿

【訓文】

証文手形の事

一、銀高七百一匁一分七厘
右の銀高、私廻船一艘、ならびに、中荷など、御世話下され、
段々、算用不足、書面の通り、借用に相成り、只今にては、
御算用も仕り得ず候に付き、無利の証文にして、追々、相払

ひ候様、仰せ付けられ候故、以後、随分、油断無く出精仕り、打ち捨て置き申さず、少々ずつにても、御返済仕るべく候。依って、後の為の証、件の如し。

安永八亥年（一七七九）十二月　　　　長門屋 三郎右衛門㊞

永富屋弥太郎殿

【注解】

安永八亥年　己亥（つちのとい）。西暦一七七九年。後花園天皇朝。徳川将軍家治の治世。この年一月、幕府は、小判・小粒金を蓄え、南鐐一朱銀のみを用いる傾向を戒めた。十月、桜島、大噴火。十一月、光格天皇、即位。この頃、洒落本・黄表紙が流行した。

長門屋三郎右衛門　未詳。

永富屋弥太郎　御手洗氏カ。

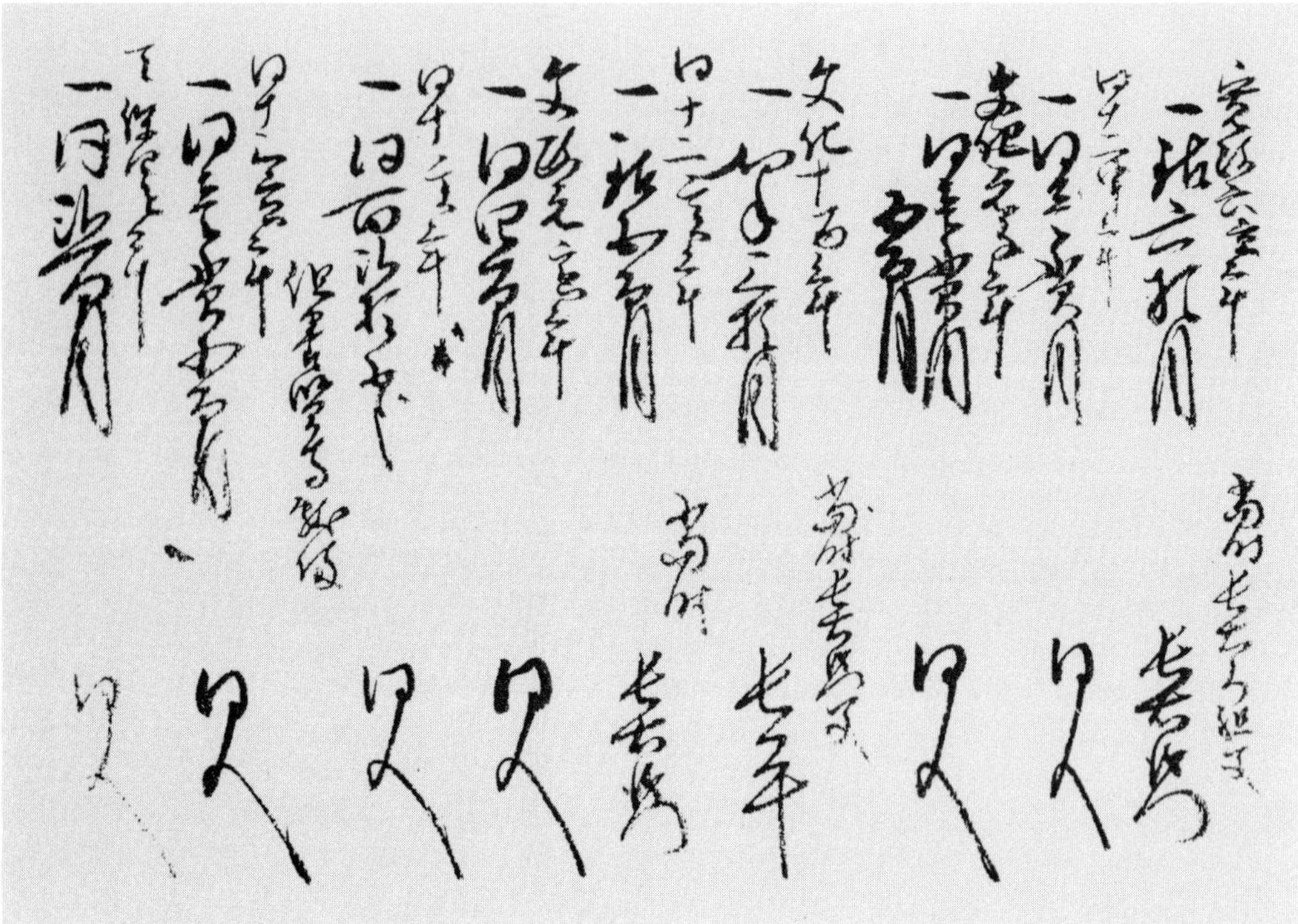

17 寛政六〜天保四年　長右衛門ほか　養賢寺献備銀等書留

【釈文】

寛政六寅年　　　当時長右衛門祖父
一銀六拾目　　　長右衛門
同十二申年
一同壱貫目　　　同人
文化元子年
一同壱貫目　　　同人
五百目
文化十酉年　　　当時長右衛門父
一切手三拾目　　長平
同十二亥年　　　当時
一銀五百目　　　長右衛門
文政元寅年
一同四百目　　　同人
同十亥年
一同百弐拾五匁　同人
但養賢寺献備
同十三寅年
一同壱貫五百目　同人
天保四巳年
一同弐百目　　　同人

【訓文】

寛政六寅年（一七九四）
一、銀六十目　当時、長右衛門祖父
長右衛門

同十二申年（一八〇〇）
一、同一貫目　同人

文化元子年（一八〇四）
一、同一貫目　同人
五百目

文化十酉年（一八一三）
一、切手三十目　当時、長右衛門父
長平

同十二亥年
一、銀五百目　当時
長右衛門

文政元寅年（一八一八）
一、同四百目　同人

同十亥年（一八二七）
一、同百二十五匁　同人
但し、養賢寺献備。

同十三寅年
一、同一貫五百目　同人

天保四巳年（一八三三）
一、同二百目　同人

【注解】

寛政六年　甲寅（きのえとら）。西暦一七九四年。光格天皇朝。徳川将軍家斉の治世。佐伯藩主は、第八代高標（たかすえ）。前年七月、松平定信が、老中を辞職。家斉の親政となった。この年九月、幕府は、酒造制限令を緩和した。

長右衛門祖父長右衛門　未詳。

同十二申年　寛政十二年庚申（かのえさる）。西暦一八〇〇年。光格天皇朝。徳川将軍家斉の治世。佐伯藩主は、第八代高標（たかすえ）。この年閏四月、伊能忠敬は、蝦夷地の測量に向かった。七月、幕府は、五街道分間絵図作成を始めた。

文化元子年　甲子（きのえね）。西暦一八〇四年。光格天皇朝。徳川将軍家斉の治世。佐伯藩主は、第九代高誠（たかのぶ）。一月、幕府は、諸大名に、ロシア船来航につき、警戒を命じた。二月、伊能忠敬は、幕命により、伊勢・紀伊・山陽・山陰沿岸の測量に向かった。

文化十酉年　癸酉（みずのととり）。西暦一八一三年。光格天皇朝。徳川将軍家斉の治世。佐伯藩主は、第十代高翰（たかなか）。七月、幕府は、諸大名に、米価下落につき、大坂廻米を前年の半額とし、残り半額を国元に囲穀させた。

当時長右衛門父長平　未詳。

同十二亥年　文化十二年乙亥（きのとい）。西暦一八一五年。光格天皇朝。徳川将軍家斉の治世。佐伯藩主は、第十代高翰。四月、伊能忠敬は、幕命により、伊豆七島へ、測量隊を派遣した。九月、幕府は、諸大名に、大坂廻米の二割削減を命じた。

当時長右衛門　未詳。

文政元寅年　文化十五年。戊寅（つちのえとら）。西暦一八一八年。仁孝天皇朝。徳川将軍家斉の治世。佐伯藩主は、第十代高翰。四月二十二日、文政と改元。この月、真文二分判を鋳造した。

同十亥年　文政十年丁亥（ひのとい）。西暦一八二七年。

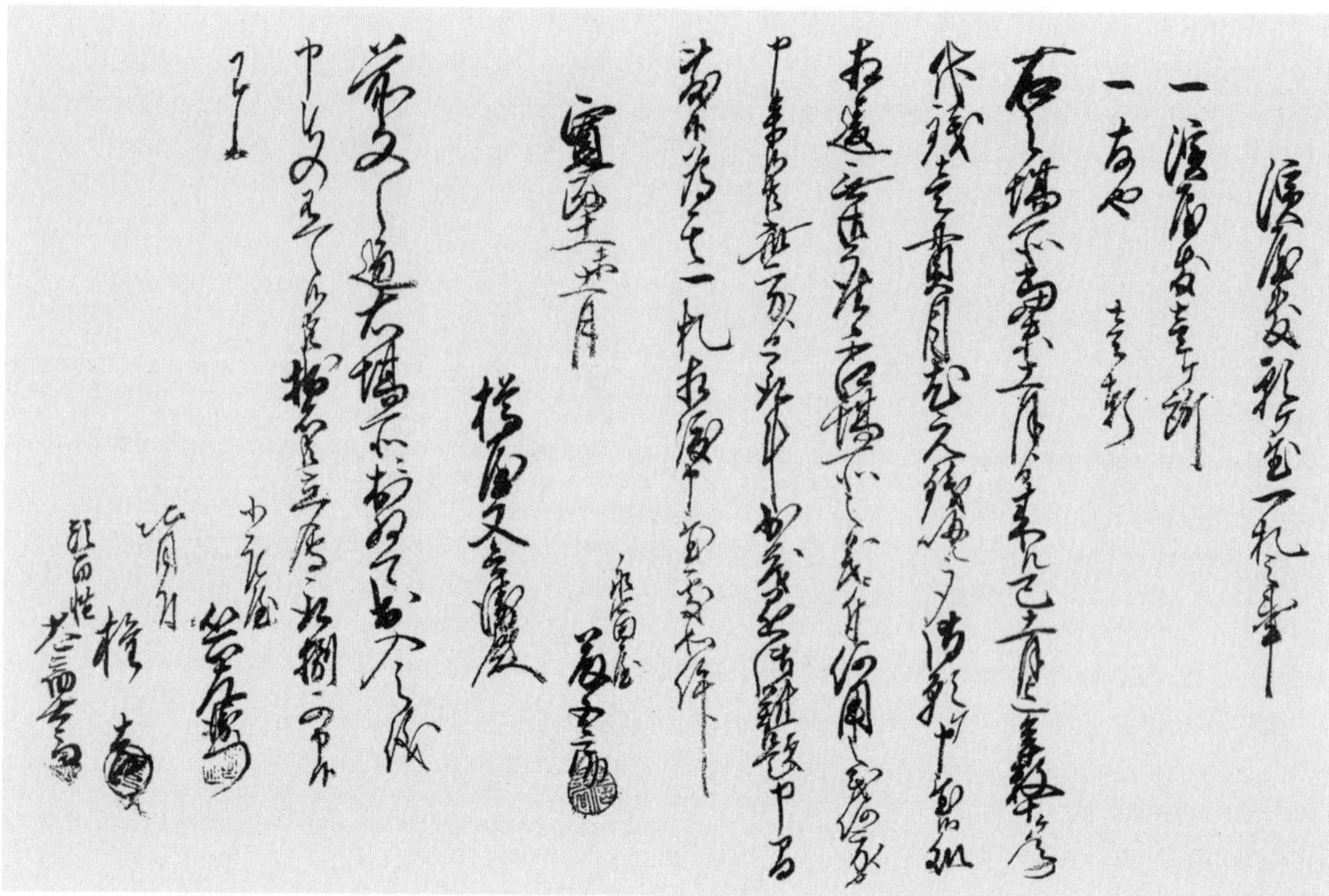

18 寛政十一年十一月 永富屋藤五郎 浜屋敷預ケ置一札之事

【釈文】

浜屋敷預ケ置一札之事

一浜屋敷壱ケ所

一なや　壱軒

右之場所当未十一月ヨリ来ル巳十一月迄年数十ケ年
代銭壱貫目尤元銭帰シニシテ御預ケ申置候処
相違無御座候右場所之義ニ付何用之義何方ヨリ
申参候共此方ヨリ取計少茂懸御難題申間
敷候為其一札相渡申置処如件

寛政十一未十一月

永富屋
藤五郎◯(印)

榴屋又兵衛殿

前文之通右場所ニおゐて出入之儀
申毛の有之候共拙者共立会取捌可申候

已上

小庄屋
兵左衛門□(印)

地目付
権　吉◯(印)

頭百姓
太郎右衛門◯(印)

【訓文】

浜屋敷、預ケ置く、一札の事。

一、浜屋敷、一ケ所

一、納屋　一軒

右の場所、当未（ひつじ）十一月より、来たる巳十一月まで、年数十カ年、代銭一貫目。もっとも、元銭返しにして、御預ケ申し置き候ところ、相違、御座なく候。右場所の儀につき、何用の義、何方より申し参り候とも、この方より取り計らひ、少しも御難題、懸け申すまじく候。その一札として、相渡し申し置くところ、件の如し。

寛政十一未十一月　　永富屋 藤五郎◯㊞

楢屋又兵衛殿

前文の通り、右場所に於ひて出入の儀、申す者これあり候とも、拙者ども立ち合ひ、取り捌き申すべく候。

以上

小庄屋 兵左衛門□㊞

地目付 権　吉◯㊞

頭百姓 太郎右衛門◯㊞

【注解】

寛政十一年　己未（つちのとひつじ）。西暦一七九九年。光格天皇朝。徳川家斉の治世。佐伯藩主は、第八代高標（たかすえ）。一月、幕府は、「寛政重修諸家譜」の編纂に着手した。この月、幕府は、松前藩から東蝦夷地の支配権を取上げ、七カ年直轄地とし、松平忠明らに、蝦夷地巡視を命じた。

永富屋藤五郎　未詳。蒲江浦屋号一覧表に、永富屋御手洗保五郎が見える。

なや　納屋。農漁村の道具などを収納したり、加工作業をする付属建築物。室町時代中期頃から安土桃山時代を通じて、海産物収納のために海岸に建てられた倉庫の意で用いられ、江戸時代には、農漁村の道具などを収納したり加工作業をする付属建築物や、領主の蔵屋敷を経由しない民間の流通機構にのった商品を取り扱った倉庫をいうようになった。また、近江大津では、魚問屋の意で用いられ、明治時代には、飯場・蛸部屋を納屋と呼んだりした。

楢屋又兵衛　未詳。

19 享和二年六月　御手洗弥太郎　乍恐口上書

【釈文】

乍恐口上書

一私義段〻不如意ニ罷成り高借ニ差及如何様共
難仕御座候ニ付私所持之持高田畑立山并
家屋敷壱ケ所差出組中役人共江当時
百姓に者難渋之時節ニハ候得共如何様共取斗
呉候様去夏之比（ころ）相頼置候
一同秋頃迄右訳相分不申候ニ付役人共寄合仕
先達而相頼置候義如何致相談呉候哉之旨
相咄候処本郷小庄屋方へ引取可申談様
申之候ニ付何分宜敷致相談呉候様相頼申候
処右相談後役人共私方へ罷越し候ニ付如何
致相談呉候や与相尋候処未相談相極り
不申候由申之候
（紙継目　中間脱アリ）
一其後度〻寄合仕相頼候得共兎角熟談不仕
なをさりニ罷成候
一彼是仕候内年末ニ罷成り御上納并内借差つとひ
難渋ニ相成候ニ付又〻寄合仕兼而相頼置候通
相談相極宜敷取斗呉候様相頼候得共

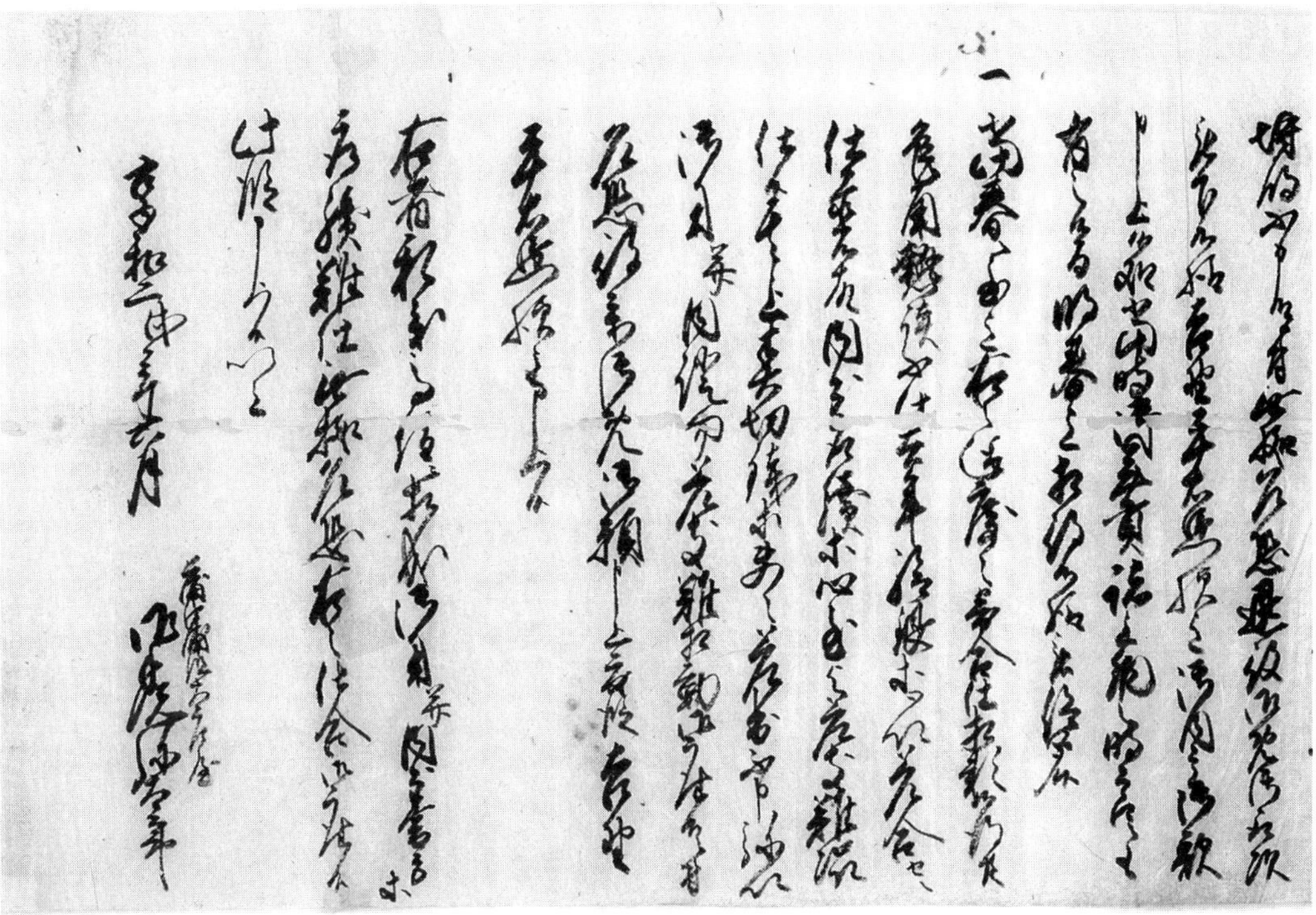

埒明不申候ニ付無拠乍恐退役御免御取次
被下候様吉野平右衛門様迄御内〻ニ御願
申上候処当時御年貢諸上納之時節ニも
有之候間明春迄相待候様被仰聞候
一当春ニ至迄右之趣度〻寄合仕相頼候得共
兎角熱談不仕去年給銀抔ヲ以差合セニ
仕置候故内分取続抔心至与差支難渋
仕候其上春切銭抔夫〻差出不申弥以
御用并内証向差支難相勤御座候ニ付
乍恐役義御免御願申上度段吉野
平右衛門様迄申上候

右者私義高借ニ相成御用并内分書方抔
取続難仕無拠乍恐右之仕合御座候
此段申上候以上
亨和二戌年六月　　蒲江浦組人庄屋　御手洗弥太郎

【訓文】

恐れ乍ら口上書(こうじょうしょ)

一、私儀、段々、不如意に罷り成り、高借に差し及び、如何様とも仕り難く御座候につき、私所持の持高田畑・立山(たてやま)、ならびに、家屋敷一カ所、差出し、組中役人どもへ、当時、百姓には難渋の時節には候得ども、如何様とも、取り計らひくれ候様、去る夏のころ、相頼み置き候。

一、同秋ごろまで、右訳、相分かり申さず候に付き、役人ども寄り合ひ仕り、先達て、相頼み置き候儀、如何、相談致しくれ候哉(や)の旨、相咄し候ところ、本郷小庄屋方へ引き取り、申し談ずべき様、申し候に付き、何分、宜しく相談致しくれ候様、相頼み申し候ところ、右、相談後、役人ども、私方へ、罷り越し候に付き、如何、相談致しくれ候やと、相尋ね候ところ、未だ、相談、相決まり申さず候由、申し候。

（紙継目　中間脱アリ）

一、その後、度々、寄合(よりあひ)仕り、相頼み候得ども、兎角、熱談(ねつだん)仕(つかまつ)らず、等閑(なおざり)に罷り成り候。

一、かれこれ仕り候うち、年末に罷り成り、御上納、ならびに、内借差(さし)つどひ、難渋に相成り候に付き、又々、寄合　仕(つかまつ)り、兼ねて相頼み置き候通り、相談相極(あいき)め、宜しく取り計らひくれ候様、相頼み候得ども、埒明き申さず候に付き、拠(よ)ん所なく、恐れながら、退役御免、御取次(とりつ)ぎ下され候様、吉野平右衛門様まで、御内々に御願ひ申し上げ候ところ、当時、御年貢諸上納の時節にもこれあり候間、明春まで相待ち候様、仰せ聞かせられ候。

一、当春に至るまで、右の趣(おもむき)、度々寄合仕り、相頼み候得ども、兎角熱談仕らず、去年の給銀などを以て、差(さし)合わせに仕り置き候故(ゆえ)、内分取り続き抔(など)、心至りと差し支へ、難渋仕り候。その上、春、切銭など、それぞれ差出し申さず、弥(いよいよ)以て、御用ならびに内証向き、差支(さしつか)へ、相勤め難く御座候に付き、恐れながら、役儀御免、御願ひ申し上げ度(た)き段、吉野平右衛門様まで、申し上げ候。

右は、私儀、高借に相成り、御用ならびに内分書方など、取続き仕り難く、拠んどころなく、恐れながら、右の仕合に御座候。この段、申し上げ候。以上。

享和二戌年六月　　蒲江浦組大庄屋　御手洗弥太郎

【注解】

享和二年　西暦一八〇二年。光格天皇朝。徳川十一代将軍家斉の治世。家斉は、前代からの権臣田沼意次を排し、白河藩主松平定信を老中首座として寛政の改革を行ったが、寛政五（一七九三）年、定信の失脚後は、家斉の親政となり、幕政が弛んだ。この年七月、酒造制限令を出し、天明八（一七八八）年酒造高より半減を命じたが、十二月には、酒造制限を解除し、酒造米高十分の一役米の上納を命じた（翌年中止）。

御手洗弥太郎　蒲江浦御手洗第十代弥太郎信房であろう。『御手洗家系図』には、「法号真観宗禅居士　世寿三十歳　妻野村五郎右エ門妹　後亦妻嘉蔵」とある。

口上書　口書（くちがき）ともいう。武家・僧侶・神官以上は口上書、足軽以下百姓・町人は口書と称した。江戸時代、裁判や取調の際、双方の主張や取調に対する返答を、その口調通りに書き、当事者の爪判を押した調書。訴訟関係者の口述筆記。

立山　狩猟用の山林。一般に、立山は、建山・館山・館林・立林・立野・立藪ともいい、領主が保護栽植させるため、立入を禁止した藩有山林のことであるが、狩猟用の山林をも立山という。

寄合　合議によって事項を決定し、あるいは会談・会食すること。

小庄屋　江戸時代、大庄屋に対する村庄屋の別称。

差つとひ　差湊（さしつどう）は、停滞・輻湊の意。

吉野平右衛門　未詳。

切銭　切賃（きりちん）・切替銭（きりかえせん）・替賃・両替銭・打賃・打銭ともいう。金銀貨を銭に切り替える手数料。中世では、切賃・替賃といい、両替屋の両替手数料。南北朝時代から見られ、室町時代後期になると、和利ともいい、両替は銭を主としていた。江戸時代になると、貨幣制度の整備により、金銀貨も加わった。

20 享和二年七月 御手洗（八代目）弥太郎「東光寺普請料勘定に付き乍憚口上書」

【釈文】

乍憚口上書

当浦東光寺普請料之儀安永四未年組中相談仕
壱人前月壱文宛浦〻組頭共江取立させ右之者共手前ヨリ
年〻暮ニ請取申候処相違無御座候尤安永四未
歳ヨリ天明元丑年迄七ケ年之間取立高三貫五百
七匁七分壱厘出来仕候年〻借主も無御座候故私方へ
預り置候ニ付自分ヨリ壱ケ月壱歩之利足相加元利
合七貫四百九拾八匁九分弐厘ニ相成申候且又祖父弥太郎
ヨリ壱貫三百九拾目別家惣右衛門方ヨリ三百目二口合
壱貫六百九拾目詞（祠）堂銀ニ差出候分共ニ惣合九貫
百八拾八匁九分弐厘ニ相成申候右之内ニ而六貫八百
八拾三匁三分八厘天明元丑年東光寺庫裏普
請料諸払仕申候右払残弐貫三百五匁五分
四厘私方へ預り置申候其後寅年ヨリ又〻方丈
普請仕度奉存候ニ付寅年ヨリ亥年迄拾ケ年
之間組内ヨリ取立高六百拾三匁六分弐厘取立申候
払残り預り分ニも拾ケ年以前迄者年〻利足相加来候

得共組内役人共江相談仕利留メ仕申候尤私共ヨリ差出候
詞(祠)堂銀之儀者普請料之内ニ相加ヘ諸払之内ニ
仕候得共東光寺江正銭ニ而差出不申候ニ付詞(祠)堂銀
ニハ相成不申候由東光寺只今ノ隠居ヨリ前以別家
惣右衛門江挨拶御座候ニ付最早詞(祠)堂銀ニ者
得差上不申候左候得者私共両家ヨリ詞(祠)堂之心当ニ而
差出置候銀ニも自分ヨリ利足相加ヘ置候ニ付銀高
も相増申候右詞(祠)堂銀之儀者差出不申様ニ相成
申候故右惣高之内ニ而此分元利引申候得者
庫裏普請諸払仕残銀者格別無御座様
奉存候勿論組内ヨリ両度之取立高者四貫百
弐拾壱匁三分三厘私方ヘ預り置申候庫裏普請
料諸入用分ハ六貫八百八拾三匁三分八厘私
方ヨリ払出申候元来組内ヨリ取立仕候銀高者
四貫目余之所普請諸入用払出者六貫目
余ニ而御座候右銀高取立ヨリ相増候義者預り銀
詞(祠)堂銀共ニ利足相加ヘ勘定仕候故如此御座候
乍憚此段申上候以上

戌
七月　　蒲江浦組大庄屋
　　　　　御手洗弥太郎

【訓文】

憚り乍ら口上書

当浦東光寺普請料の儀、安永四（一七七五）未年、組中、相談仕り、一人前、月一文ずつ、浦々組頭どもへ、取立てさせ、右の者ども、手前より、年々、暮に、請取り申し候ところ、相違、御座なく候。

もっとも、安永四未年より、天明元丑年まで、七カ年の間、取立て高三貫五百七匁七分一厘、出来仕り候。年々、借主も御座なく候故、私方へ、預かり置き候に付き、自分より、一カ月一歩の利息、相加へ、元利合わせて、七貫四百九十八匁九分二厘に相成り申し候。且つ又、祖父弥太郎より、一貫三百九十目、別家惣右衛門方より、三百目、二口、合わせて、一貫六百九十目、祠堂銀に差出し候分ともに、惣合九貫百八十八匁九分二厘に相成り申し候。右の内にて、六貫八百八十三匁三分八厘、天明元（一七八一）丑年、東光寺庫裏（くり）普請料、諸払ひ仕り申し候。右、払ひ残り二貫三百五匁五分四厘、私方へ預かり置き申し候。その後、寅年（天明二）より、またまた、方丈普請、仕り度（たく）、存じ奉り候に付、寅年より、亥年（寛政三）まで、十カ年の間、組内より、取立（とりたて）高六百十三匁六分二厘、取立て申し候。払ひ残り預かり分にも、十カ年以前までは、年々、利息、相加へ来たり候得ども、組内役人どもへ、相談仕り、利止め仕り申し候。もっとも、私どもより差出しさうらふ祠堂銀の儀は、普請料の内に、相加へ、諸払の内に仕り候得ども、東光寺へ、正銭にて差出し申さず候に付き、祠堂銀には、相成り申さず候由、東光寺ただいまの隠居より、前もって、別家惣右衛門へ、挨拶、御座候に付き、最早、祠堂銀には差上げ得申さず候。左候得ば、私ども両家より、祠堂の心当てにて差出し置きさうらふ銀にも、自分より、利息、相加へ置き候に付き、銀高も、相増し申し候。右、祠堂銀の儀は、差出し申さざる様に相成り申し候故、右、惣高の内にて、この分、元利、引き申し候得ば、庫裏普請、諸払ひ仕り、残銀は、格別、御座なき様、存じ奉り候。勿論、組内より、両度の取立高は、四貫百二十一匁三分三厘、私方へ預り置き申し候。庫裏普請料諸入用分は、六貫八百八十三匁三分八厘、私方より払ひ出し申し候。元来、組内より取り立て仕りさうらふ銀高は、四貫目余の所、普請諸入用払ひ出しは、六貫目余にて御座候。右、銀高取り立てより相増し候義は、預り銀・祀堂銀ともに、利息、相加へ、勘定仕り候故、此の如く御座候。

憚りながら、この段、申し上げ候。以上。

蒲江浦組大庄屋

戌（享和二年）七月　御手洗弥太郎

【注解】

享和二年　壬戌（みずのえいぬ）。西暦一八〇二年。光格天皇朝。徳川将軍家斉の治世。この年七月、伊能忠敬は、幕命により、陸奥・出羽・越後の沿岸の測量に向かった。しかし、この月、諸国に洪水が発生し、江戸も大洪水に見舞われた。

御手洗（八代目）弥太郎　『御手洗氏系図』に、

「養子弥太郎
　　法名大運祖乗居士
　御手洗惣右衛門悴
　　妻又三郎女
　　法号孝室恵戒禅尼
女子
次男平三郎
三男安之丞
四男三郎次
　女子」

とある。

安永四未年　乙未（きのとひつじ）。西暦一七七五年。後桃園天皇朝。徳川将軍家治の治世。この年四月、アメリカ独立戦争勃発。この月、幕府は参勤供衆の員数を制限した。六月、関八州綿実仲買人を定め脇売を禁じた。

壱文　寛永通宝一枚。文（もん）は、漢の五銖銭に始まる貨幣単位。唐の開元通宝銭を標準とする円形穴あき銭は、一銭二銭と数えられたが、日本の民間では、一文二文と呼ぶようになった。寛永通宝は、寛永十三年以降、江戸幕府が鋳造した銭で、鋳造した年代に関係なく寛永通宝といった。一文銭と四文銭があった。鋳造場所は、全国各地の銭座で、素材は、銅・鉄・真鍮で、数百種類あって、江戸時代の代表的な銭貨であった。

三貫五百七匁七分壱厘　銀を秤量して通貨として用いる場合の単位は、貫・匁・分・厘・毛であった。ちなみに、天明元年の米価は、五月、肥後米一石文字銀五十～五十七匁、十一月は、五十四～五十六匁であった。

祖父弥太郎　御手洗六代目弥太郎。

別家惣右衛門　『御手洗氏系図』によると、御手洗八代目弥太郎は、御手洗惣右衛門悴で、七代目弥太郎の養子となって、御手洗家の家督となっている。

祠堂銀　祠堂は、①祖先の霊をまつるところ、②ほこら・やしろ、③持仏堂・位牌堂・仏殿・寺院などの意味で用いられ、祠堂銀（祠堂金・祠堂銭・無尽財・長生銭ともいう）は、先祖代々の供養のために祠堂修復の名目で寺院に喜捨する金銭。

天明元丑年…寅年　天明元年は、辛丑。西暦一七八一年。安永十年四月二日、天明と改元。寅年は、天明二年が壬寅。文化十一年の東光寺棟札に、「天明元辛丑之春□(?)□与文代同　一壬寅六月□(?)庫下造営ニ掛り漸其冬霜月ニ成就」とある。

亥年　寛政三年。辛亥。西暦一七九一年。光格天皇朝。徳川将軍家斉の治世。この年一月、銭湯の男女混浴が禁止された。九月、幕府は、外国船の近海出没の報告を受け、外国船渡来の際の処置を諸大名に再令した。

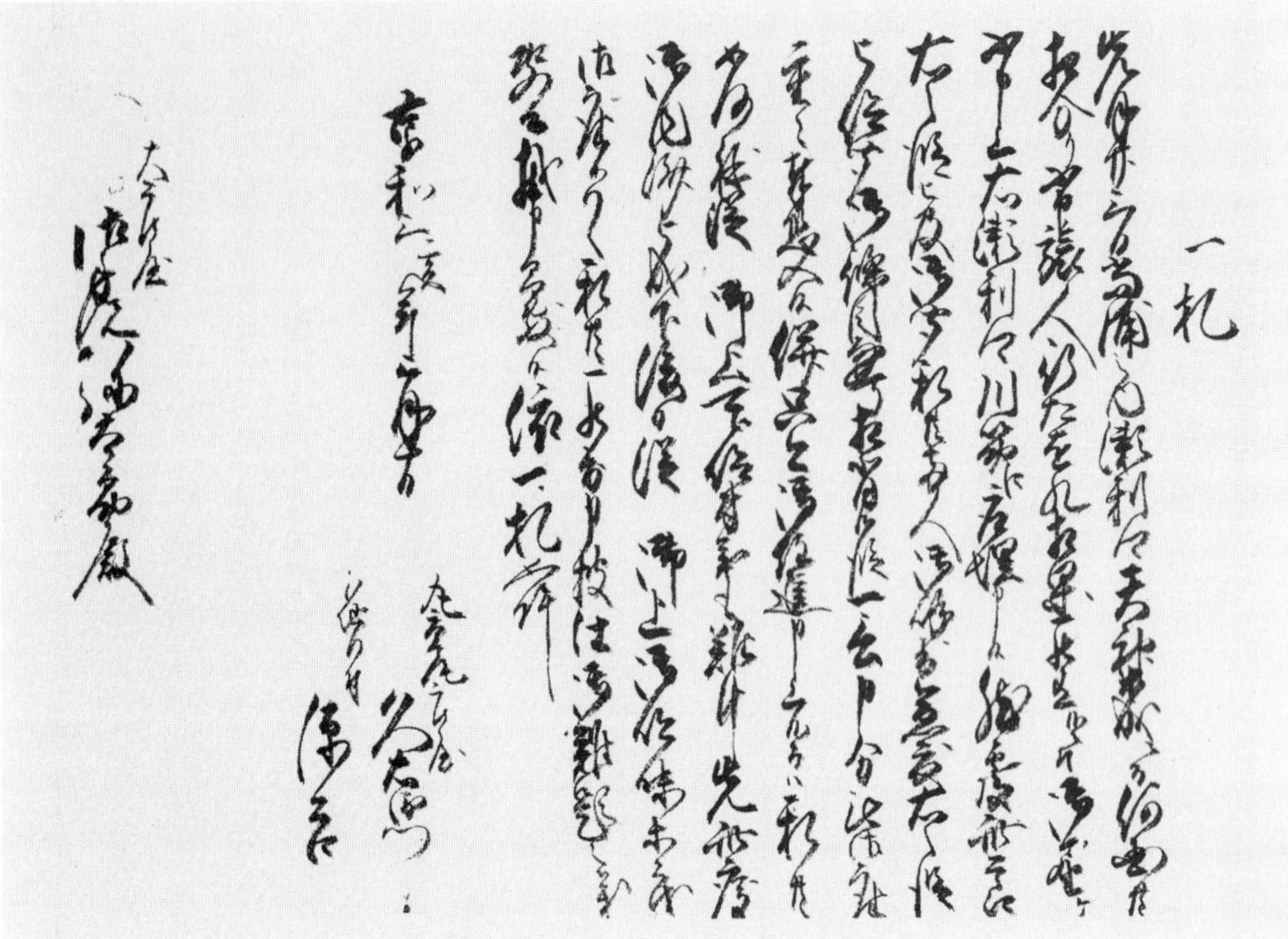

21 享和三年三月十日 大庄屋御手洗弥太郎宛 丸市尾庄屋久右衛門ほか「旅人行倒一札」

【釈文】

一札

先月廿三日当浦之内瀬利郷天神森ニ而何国共
相分り不申旅人行たをれ相果罷有候ニ付御届ケ
不申上右瀬利郷川筋江取埋申候然処此節
右之段被及御聞私共両人御呼出急度右之段
被仰聞御条目通り相背候段一言申分無御座
重〻奉恐入候併只今御注進申上候而ハ私共
如何体従　御上可被仰付義も難計先此度
御内済被成下後日従　御上御吟味抔茂
御座候ハヽ私共罷出申披仕御難題之義
決而掛申間敷候依一札如件

丸市尾庄屋
享和三亥年三月十日　久右衛門
同地目付
源　吉

大庄屋
御手洗弥太郎殿

【訓文】

一札

先月二十三日、当浦の内、瀬利郷天神森にて、何国とも相分り申さざる旅人、行倒れ相果て、罷り有り候につき、御届け申し上げず、右、瀬利郷川筋へ、取埋め申し候。然る処、この節、右の段、御聞に及ばれ、私ども両人、御呼び出し、急度、右の段、仰せ聞され、御条目通り、相背き候段、一言の申し分、御座なく、重々、恐れ入り奉り候。併（しかしながら）、只今、御注進申し上げ候ては、私ども、如何体、御上より仰せ付けらるべき儀も計り難く、先（ま）ず、この度、御内済、成し下され、後日、御上より、御吟味なども、御座候はば、私ども、罷り出で、申し抜き仕り、御難題の儀、決して掛け申すまじく候。依って、一札、件の如し。

享和三亥年三月十日　丸市尾（まるいちび）庄屋　久右衛門

同地目付　源　吉

大庄屋

御手洗弥太郎殿

【注解】

享和三年　癸亥（みずのとい）。西暦一八〇三年。光格天皇朝。徳川十一代将軍家斉の治世。毛利佐伯藩主は、第九代高誠（たかのぶ）。家斉は、前代からの権臣田沼意次を排し、白河藩主松平定信を老中首座として寛政の改革を断行したが、寛政五（一七九三）年、定信失脚後は、家斉の親政となり、幕政が弛（ゆる）んだ。この年四月、幕府は、絵双紙の出版・販売を制限した。この年、浮世絵師喜多川歌麿が処罰された。

大庄屋御手洗弥太郎　蒲江浦御手洗八代目弥太郎。

丸市尾　豊後国海部郡のうち、豊後水道に面する名護屋湾の湾奥部に位置する浦。

瀬利郷天神森　未詳。明治八年五月、丸市尾浦字柿ノ本に鎮座する富尾神社は、浦之迫天神社・東天神社・通り山鎮座愛宕神社・芹川鎮座厳島神社・滝内重戸鎮座山神社の五社を合祀して村社となった。

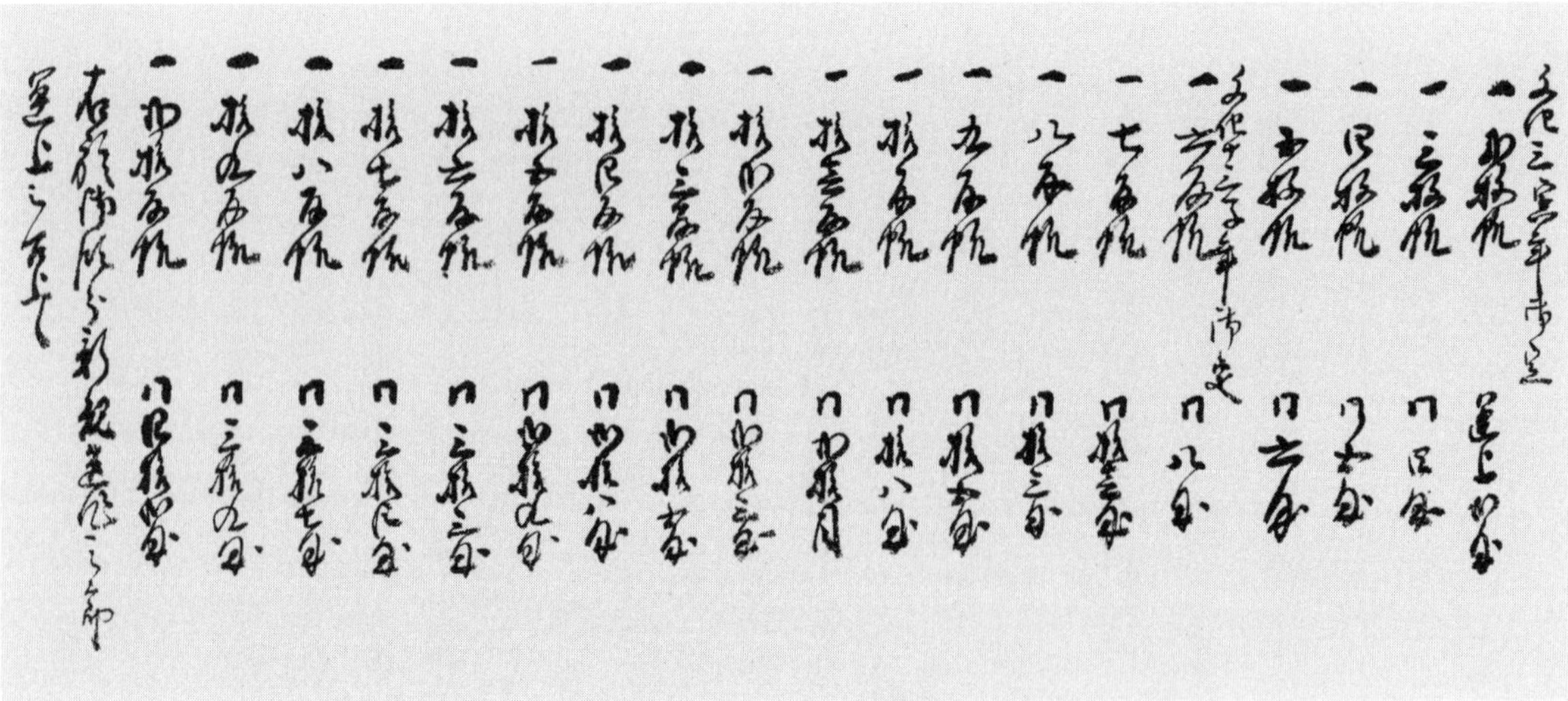

22 文化三・同十三年　新規造作船運上定

【釈文】

文化三寅年御定

一　弐枚帆　　運上弐匁
一　三枚帆　　同四匁
一　四枚帆　　同五匁
一　五枚帆　　同六匁

文化十三子年御定

一　六反帆　　同八匁
一　七反帆　　同拾壱匁
一　八反帆　　同拾三匁
一　九反帆　　同拾五匁
一　拾反帆　　同拾八匁
一　拾壱反帆　同弐拾目
一　拾弐反帆　同弐拾三匁
一　拾三反帆　同弐拾五匁
一　拾四反帆　同弐拾八匁
一　拾五反帆　同弐拾九匁
一　拾六反帆　同三拾三匁
一　拾七反帆　同三拾四匁
一　拾八反帆　同三拾七匁

一　拾九反帆　　同三拾九匁
一　弐拾反帆　　同四拾弐匁
右於御領分新規造作之節
運上被召上候

【訓文】

文化三（一八〇六）寅年御定
一、二枚帆　　運上二匁
一、三枚帆　　同四匁
一、四枚帆　　同五匁
一、五枚帆　　同六匁
文化十三（一八一六）子年御定
一、六反帆　　同八匁
一、七反帆　　同十一匁
一、八反帆　　同十三匁
一、九反帆　　同十五匁
一、十反帆　　同十八匁
一、十一反帆　　同二十目
一、十二反帆　　同二十三匁
一、十三反帆　　同二十五匁
一、十四反帆　　同二十八匁
一、十五反帆　　同二十九匁
一、十六反帆　　同三十三匁
一、十七反帆　　同三十四匁
一、十八反帆　　同三十七匁
一、十九反帆　　同三十九匁
一、二十反帆　　同四十二匁
右、御領分において、新規造作の節、運上、召上げられ候。

【注解】

文化三　丙寅。西暦一八〇六年。光格天皇朝。徳川将軍家斉の治世。毛利佐伯藩主は、第九代高誠（たかのぶ）。一月、幕府は、ロシア船来着の際の取扱処置を諸大名に指令した。

同十三年　文化十三年。丙子。西暦一八一六年。光格天皇朝。徳川将軍家斉の治世。毛利佐伯藩主は、第十代高翰（たかなか）。この年四月から閏八月にかけて、江戸では、疫病が流行。閏八月には、畿内・東海道は、風雨・洪水にみまわれた。

運上　雑税（小物成）の一つ。主に商・工・漁・鉱・運送業などの営業に従事する者に賦課した。一定の税率をもって課したところに、冥加との相違がある。運上の種類には、各種あり、幕府領・私領により、また、地域により、税率・基準・方法などが異なっていた。

帆　マストに張り上げ、風を含ませて船を進ませる船具。帆に生ずる風圧力によって推進する船舶を総称して帆船という。

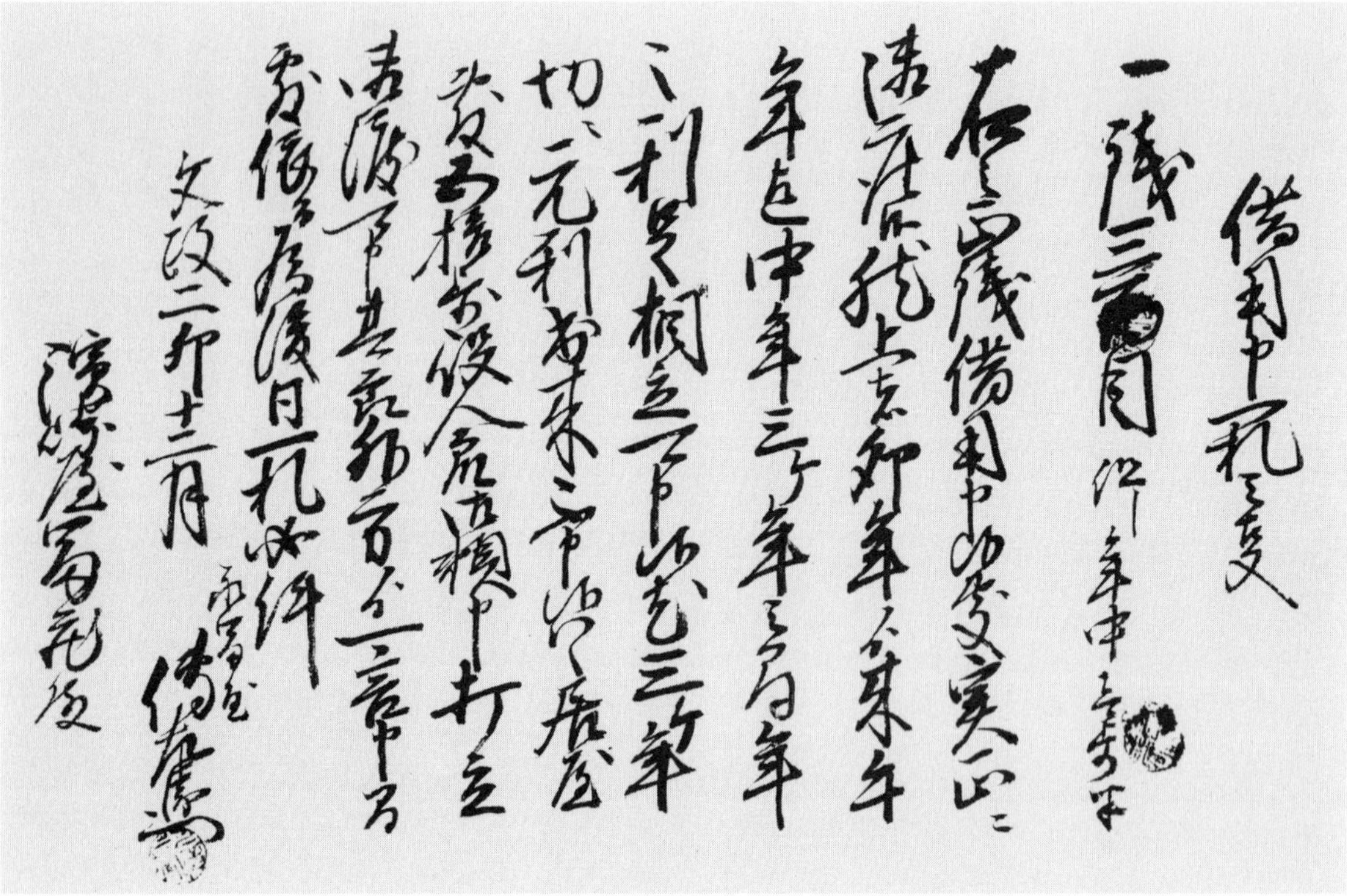

23 文政二年十二月 浜崎屋富蔵宛 永富屋伝左衛門銭三百目

借用証文

【釈文】

借用申一札之事

一銭三㊞百目　但し年中壱歩半 ㊞

右之正銭借用申候処実正ニ
御座候然上者卯年ヨリ来午
年迄中年三ヶ年之間年
之利足相立可申候尤三ヶ年
切ニ元利出来不申候ハヽ居屋
敷五拾歩役人衆御頼申打立
御渡可申其節外方ヨリ一言申間
敷依而為後日一札如件

文政二卯十二月　永富屋
伝左衛門 ㊞

浜崎屋富蔵殿

【訓文】

借用申す一札の事

一、銭三百目（〇印） 但し、年中一歩半 〇(印)

右の正銭、借用申し候ところ、実正に御座候。然る上は、卯(文政二)年より来る午(文政五)年まで、中年三カ年の間、年の利息、相立て申すべく候。もっとも、三カ年切に元利、出来申さず候はば、居屋敷五十歩、役人衆御頼み申し、打立て、御渡し申すべく、その節、外方より、一言申す間敷く、依って、後日の為、一札、件の如し。

文政二卯十二月　　永富屋
　　　　　　　　　伝左衛門〇(印)

浜崎屋富蔵殿

【注解】

文政二年　己卯(つちのとう)。西暦一八一九年。光格天皇朝。徳川将軍家斉の治世。佐伯藩主は、第十代高翰(たかなか)。閏四月、幕府は、財政改革を予告し、銅座の真鍮吹立を止め、勝手吹を許し、六月には、小判・一分判を改鋳し、草文小判・一分判を鋳造し、七月、全国に諸物価引下げを命じた。

浜崎屋富蔵　文化十（一八一三）年十二月の蒲江浦東光寺棟札に、大願主浜崎屋清三郎が見える。富蔵については、未詳。

永富屋伝左衛門　寛政十一年十一月、永富屋藤五郎が、楢屋又兵衛から、浜屋敷一カ所・友屋一軒を抵当として、銭一貫目を借用している。伝左衛門については、未詳。

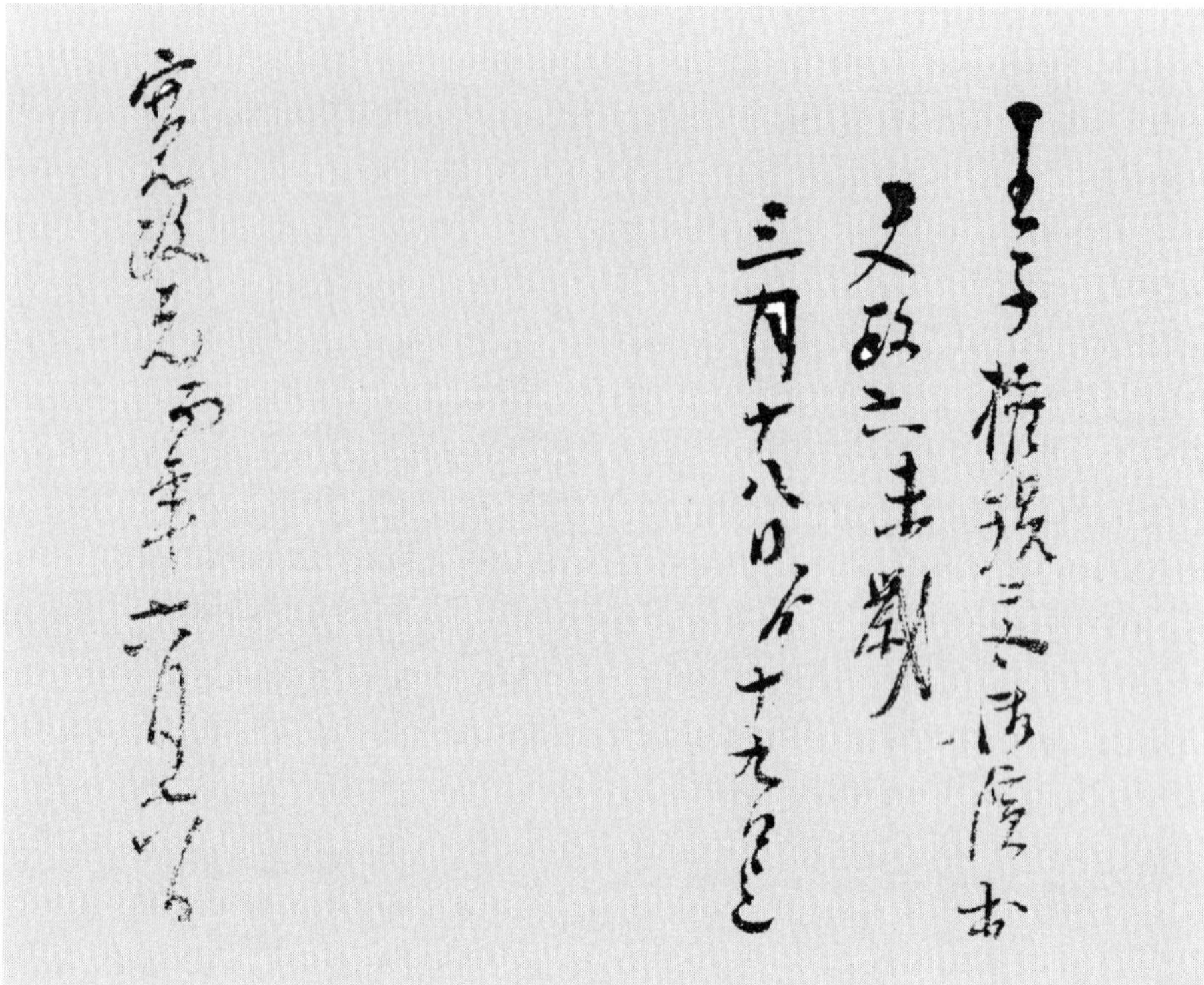
王子権現宮御浜出
文政六未歳
三月十八日ヨリ十九日迄
寛政元酉年六月六日

24 文政六年三月十八日より 王子権現宮御浜出書留

【釈文】

王子権現宮御浜出

文政六未歳

三月十八日ヨリ十九日迄

寛政元酉年六月六日

【訓文】

王子権現宮御浜出(おはまいで)

文政六未歳

三月十八日より、十九日まで。

寛政元(一七八九)酉年六月六日

【注解】

文政六年　癸未(みずのとひつじ)。西暦一八二三年。仁孝天皇朝。徳川将軍家斉の治世。この年九月、幕府は、五カ年の倹約を命じた。

王子権現　豊後国海部郡蒲江浦字地下ノ上に鎮座する王子神社。天長二（八二五）年、紀州熊野の人七戸が熊野宮御分霊を奉持して蒲江浦に祭祀したという。慶長七（一六〇二）年七月二十七日、正殿一宇を建立。寛文二（一六六二）年十一月、願主御手洗三太郎信吉らが、正殿を改築。延宝三（一六七五）年、日向佐土原城主が、参勤登船の際、蒲江浦港に入港し、順風祈願をした。直ちに御神徳があり、それ以来、信仰されたという。正徳三（一七一三）年十月、正殿ならびに拝殿を改築。正徳五年十月二十一日、神殿を改築。工匠倉橋住人、友沢吉左衛門政行。宝暦三（一七五三）年十月、佐土原城主が、絵馬を奉納した。狩野法眼の作という。宝暦八年十二月、神楽殿を建立。安永四（一七七五）年十一月五日、佐伯藩主毛利和泉守が参拝した。明治六（一八七三）年、郷社に列した。明治九年九月二十日、地下鎮座の素戔嗚命（八坂神社）を合祀。同年、地下鎮座の猿田彦命（猿田彦神社）・丸山鎮座の崇徳院（金比羅神社）・ニガキ鎮座の加具土命（愛宕神社）を合祀。大正元（一九一二）年八月三日、向浜鎮座の事代主命（恵美須神社）を合祀した。

御浜出　おはまいで。王子神社の御神幸祭か。ただし、現今は、三月三日・四日に、例祭として神幸祭が行われている。一般に、浜出（はまいで）は、浜に出ること・浜で遊ぶことの意であるが、幸若舞の浜出は、別名を蓬莱山といい、梶原源太が左衛門に任ぜられ、鎌倉で盛大な祝賀の宴を張り、蓬莱山を飾って杯を回し、江島参詣に事よせて、浜出をし、船上に舞台を設けて曲を尽くした。

寛政元酉年六月六日　寛政元年は、己酉（つちのととり）。西暦一七八九年。光格天皇朝。徳川将軍家斉の治世。天明七（一七八七）年、松平定信が老中となり、同七月から、いわゆる寛政の改革を断行した。天明九年一月二十五日、寛政と改元。この月、幕領に郷蔵を建て、貯穀を命じた。ここに見える寛政元年六月六日が何の日かについては、未詳。この年九月、幕府は、最初の棄捐令（幕府や諸藩の家臣の財政難を救済するため債権者に対し債権をすてさせた法令）を発し、諸大名に、囲米（籾の貯蓄）を命じた。

25 天保五年十一月六日　御手洗源太夫「御元祖様御書壱通添書土台」

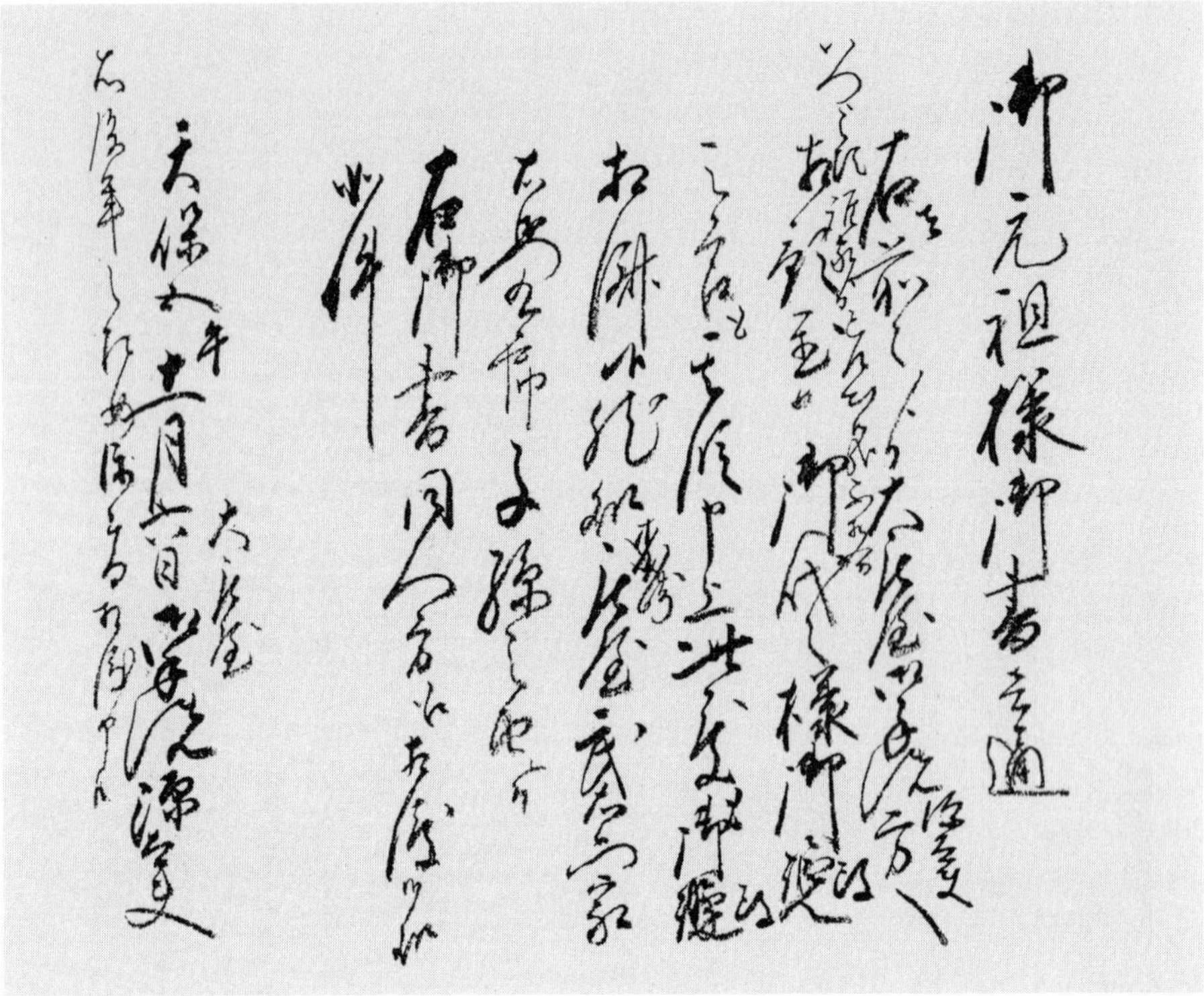

【釈文】

御元祖様御書壱通

右前(者)〻ヨリ大庄屋御手洗(源太夫)方へ
いつ之頃誰家ヨリ差出候哉不相分
相預置候　御代〻様御覧(改)
之節其(も)段申上此度御覧(も改)
相済候然処(森崎)庄屋武右衛門家
右衛門九郎子孫之由ニ付
右御書同人方江相渡候処
如件

大庄屋
天保五午十一月六日　御手洗源太夫
右後年之ため添書相渡申候

【訓文】

御元祖様御書、一通

右は、前々より、大庄屋御手洗源太夫方へ、何時の頃、誰家より差出し候や、相分からず、相預かり置き候。御代々様御改めの節も、その段申し上げ、この度も、御改め、相済ませ候。然るところ、森崎庄屋武右衛門家右衛門九郎、子孫の由に付き、右、御書、同人方へ相渡し候ところ、件（くだん）の如し。

天保五午十一月六日　　大庄屋　御手洗源太夫

右、後年のため、添書、相渡し申し候。

【注解】

天保五年　西暦一八三四年。仁孝天皇朝。徳川第十一代家斉の治世。当時、幕府・諸藩は、領主財政の窮迫・武士の貧困化・農村の荒廃・一揆・打毀・都市の困窮化など、封建社会の基礎を揺るがす事象が顕著になり、根本的な政治改革を迫られていた。

御手洗源太夫　蒲江浦御手洗氏第十一代嘉蔵信正（源太夫信榮）であろう。

御元祖様御書壱通　御元祖様は、豊後佐伯藩初代藩主毛利高政。『温故知新録』古御書写22に、慶長十四年（一六〇九）十二月六日の森崎右衛門九郎宛毛利高政触書がある。ここに見える御元祖様御書壱通というのは、この『温故知新録』に収録されている慶長十四年十二月六日の毛利高政触書のことであろう。これによると、荒地田畠起は、去年のように人数に応じて割付けさせるのでなく、今年からは個人の裁量次第とし、他所・他国からの移住者の定住を推進し、開発した荒地田畠をふたたび荒らすことのないようにと諭し、代官・給人などの横暴があれば目安をもって申し上げるようにと奨め、未進方（年貢未納者）に耕作の農具を入れさせたり、奉公に出すことを禁止し、また、武道を奨励し、逃亡しそうな小百姓からは人質を取ることなどを八カ条にして触れ出している。

森崎庄屋武右衛門家右衛門九郎　森崎は、豊後国海部郡のうち、豊後水道に面した猪串湾奥の海岸部に位置する浦。蒲江浦九浦の一。永祿四（一五六一）年九月十五日の田村宗切所領坪付案（『大友家文書録』）に、「もりさき　一所　浦」と見える。慶長六（一六〇一）年、佐伯藩領。はじめ竹野浦組。慶長十四（一六〇九）年、毛利高政触書に、森崎浦の右衛門九郎に宛てた、荒地開墾など八カ条が見える（『温故知新録』古御書写22）。

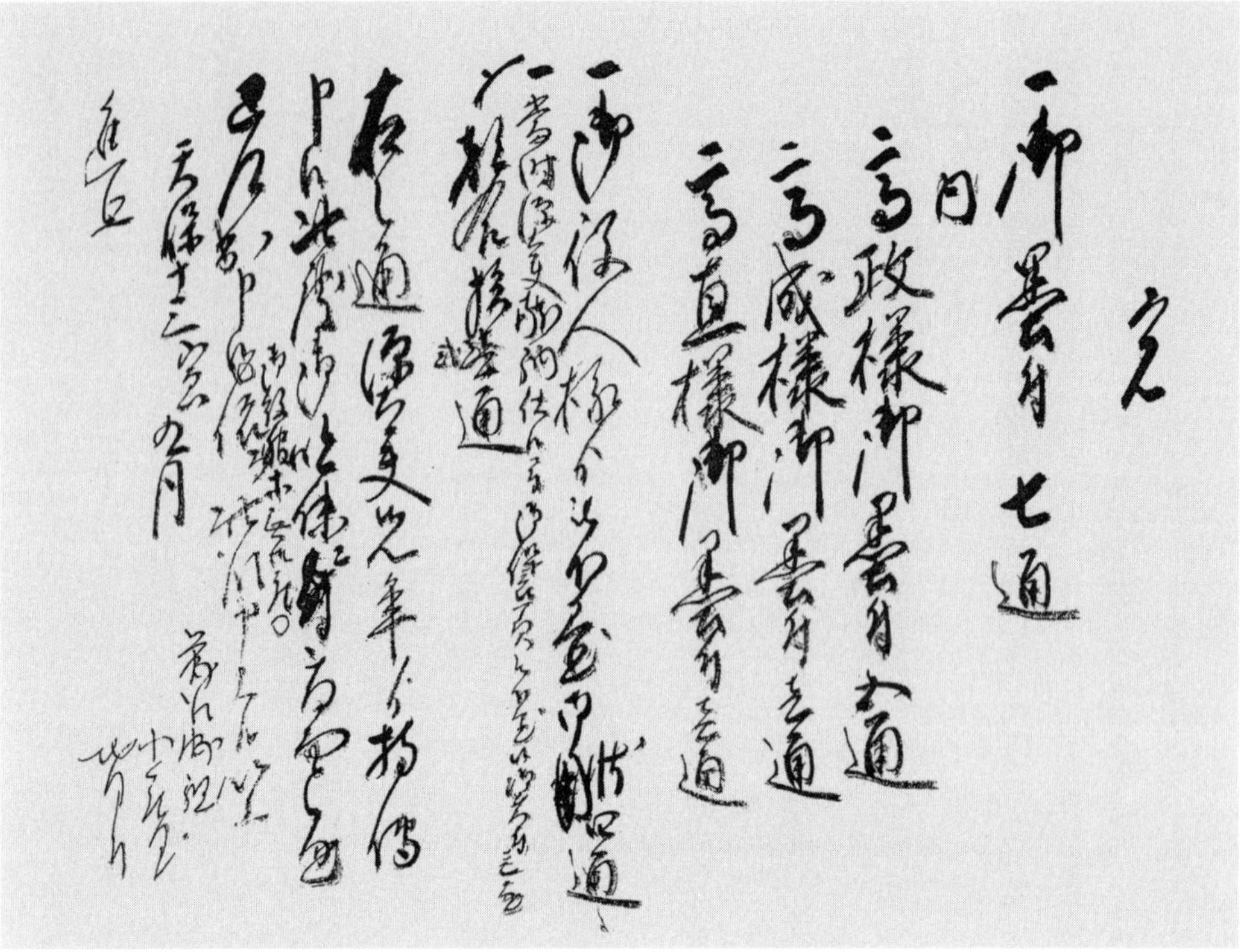

26 天保十三年九月 御手洗源太夫所持御墨付等覚

【釈文】

覚

一御墨付　七通

内

高政様御墨付五通

高成様御墨付壱通

高直様御墨付壱通

一御役人様ヨリ被下置御用（状）四通

一当時源太夫献納仕候間御褒美被下置候御書付壱通

〆都合拾壱（弐）

右之通源太夫先年ヨリ持伝

申候此度御吟味ニ付書面之通

　御紋服抔無御座候○

差出申候○依而此段申上候以上

天保十三寅九月　蒲江浦組

　　　　　　　　　小庄屋

　　　　　　　　地目付

進上

【訓文】

覚

一、御墨付（おすみつき）　七通

内

高政様御墨付　五通

高成様御墨付　一通

高直様御墨付　一通

一、御役人様より、下し置かるる御状　四通

一、当時、源太夫、献納仕り候に付き、御褒美、下し置かれさうらふ御書付　一通

〆　都合十二通

右の通り、源太夫、先年より、持ち伝へ申し候。この度、御吟味に付き、書面の通り、差出し申し候。御紋服など、御座なく候。よって、この段、申し上げ候。以上。

天保十三寅九月　蒲江浦組

小庄屋

地目付

進上

【注解】

御墨付　主君の花押（かおう）の押してある文書。室町時代以降、将軍や大名など主君や主筋から与えられた文書を御判物（ごはんもつ）（ゴハンモノとも読む）・御墨付などといった。その文書の末尾に、将軍や大名が墨で自分の名乗を書き、書判を付した。軍功や所領安堵などの重要な場合に用いられ、土地の領有は、この墨付または朱印状による安堵（保証）によって確実なものとなったので、最も重要な資産文書であった。なお、江戸時代には、狭義には、将軍の花押のあるもののみを御墨付といい、朱印状よりも大切にされた。

高政様御墨付五通　蒲江浦御手洗家には、①慶長十三年十二月三日蒲江玄太夫ほか宛・毛利高政触書、②慶長十六年ヵ十一月廿七日蒲江源太夫宛・毛利高政触書、③元和三年ヵ十二月廿六日蒲江源太夫宛・毛利高政書状、④元和九年九月十九日蒲江玄太夫宛・毛利高政触書、⑤年未詳十月三日蒲江源太夫宛・毛利高政触書の五通が現存している。なお、ほかに、年未詳十月三日丸市尾二郎四郎宛毛利高政触書一通も現存している。

高成様御墨付壱通　蒲江浦御手洗家に、寛永七年三月朔日蒲江浦庄屋源太夫ほか宛・毛利高成小物成宥状、一通が現存している。

高直様御墨付壱通　蒲江浦御手洗家に、（寛永十〜寛文四年）十月廿七日蒲江浦三太郎ほか宛・毛利高直書状、一通が現存している。

御役人様ヨリ被下置御状四通　蒲江浦御手洗家には、①元和三年頃九月十二日蒲江玄太夫ほか宛・毛利給氏等連署奉書、②元和九年ヵ九月十二日蒲江玄太夫ほか宛・毛利給氏等連署奉書、③寛永六年ヵ二月廿五日蒲江浦玄太夫宛・毛利兵部等連署奉書、④寛永六年ヵ閏二月三日蒲江源太夫宛・毛利右馬助元勝書状、が現存している。

当時源太夫献納仕候間御褒美被下置候御書付壱通　未詳。

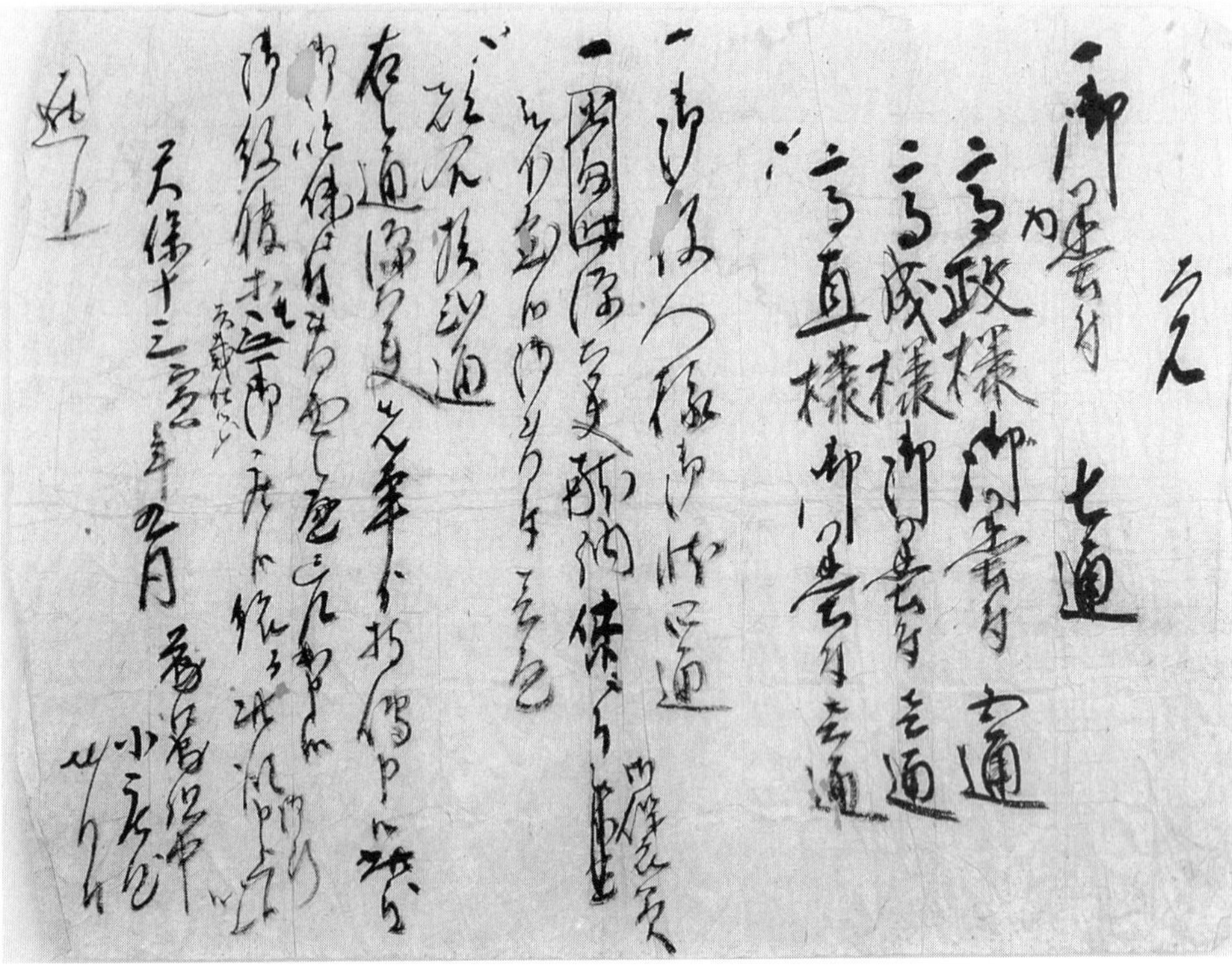

27 天保十三年九月 御手洗源太夫所持御墨付等覚（乙）

【釈文】

覚

一御墨付　七通

内

高政様御墨付　五通

高成様御墨付　壱通

高直様御墨付　壱通

〆

一御役人様御状四通

一当時源太夫献納仕候ニ付御褒美被下置

被下置候御書付　壱通

〆

都合拾弐通

右之通源太夫先年ヨリ持伝申候此度

御吟味ニ付書面之通差出申候

御紋服抔者無御座候依而此段御断申上候

頂戴仕候へとも

以上

天保十三寅年九月　蒲江浦組中

小庄屋

進上　地目付

【訓文】

覚

一、御墨付（おすみつき）　七通

内

高政様御墨付　五通

高成様御墨付　一通

高直様御墨付　一通

〆

一、御役人様御状　四通

一、源太夫、献納仕り候に付き、御褒美下し置かれ候御書付

一通

〆　都合十二通

右の通り、源太夫、先年より、持ち伝へ申し候。この度、御吟味に付き、書面の通り、差出し申し候。御紋服などは、頂戴仕り候へども御座なく候。よって、この段、御断り申し上げ候。以上。

天保十三寅年九月　蒲江浦組中

小庄屋

地目付

進上

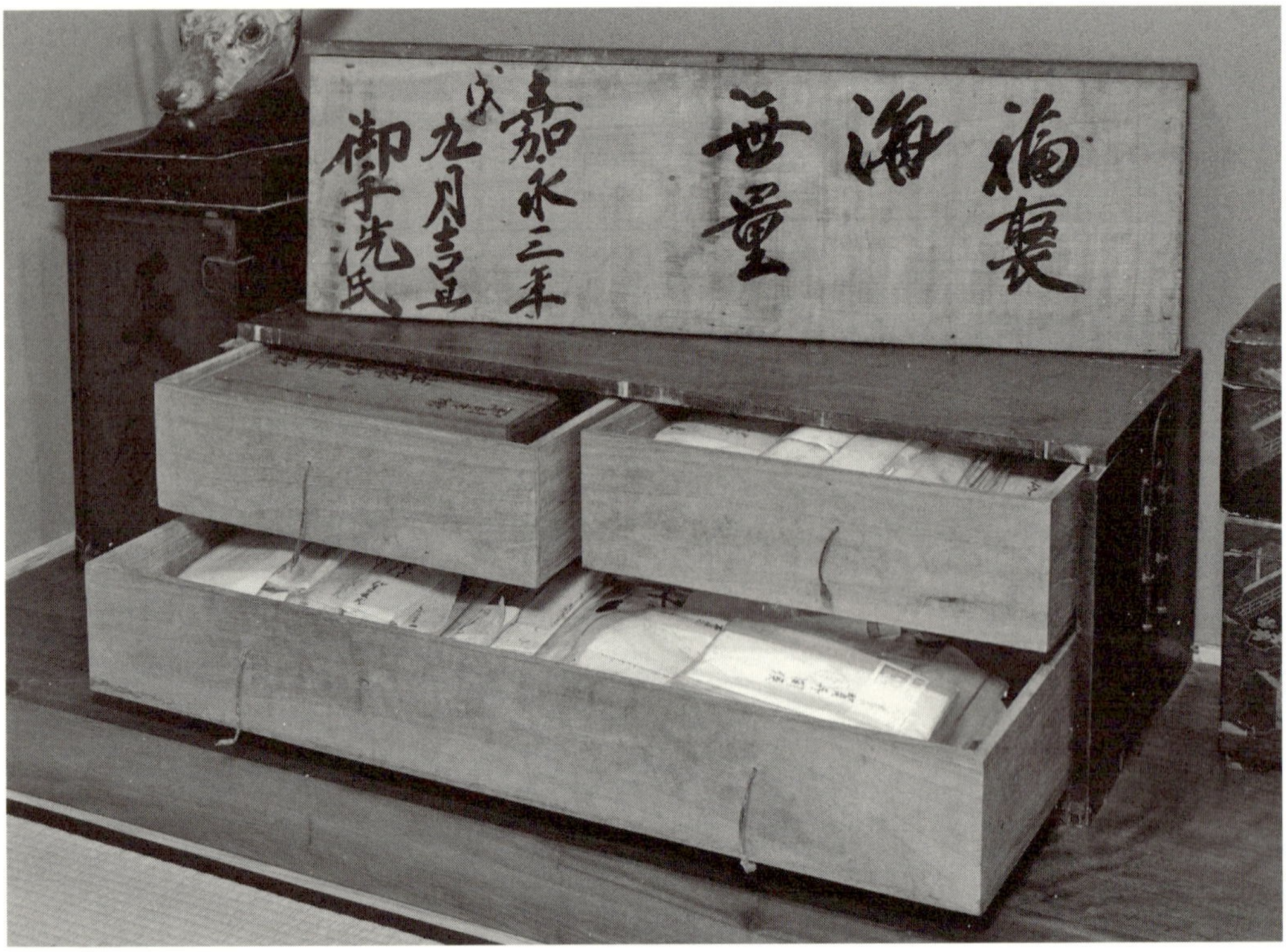

28 嘉永三年九月 御手洗家古文書箪笥蓋背面墨書

【釈文】

福聚
海
無量

嘉永三年
戌
九月吉旦
御手洗氏

【訓文】

福聚海無量（ふくじゅかいむりょう）
嘉永三年戌九月吉旦　御手洗氏

【注解】

福聚海無量　福寿海無量とも書く。福徳の集まることが、海のように広大だということ。もと、法華経普門品で、観音の福徳をたたえた語。すなわち、万行・万徳の計量すべからざることをいう。法華経普門品に「具二一切功徳一、慈眼視二衆生一、福聚海無量、是故応二頂礼一」とある。

29 嘉永五年二月　御手洗栄信家伝来鏡并地蔵尊等由来書置
稿本

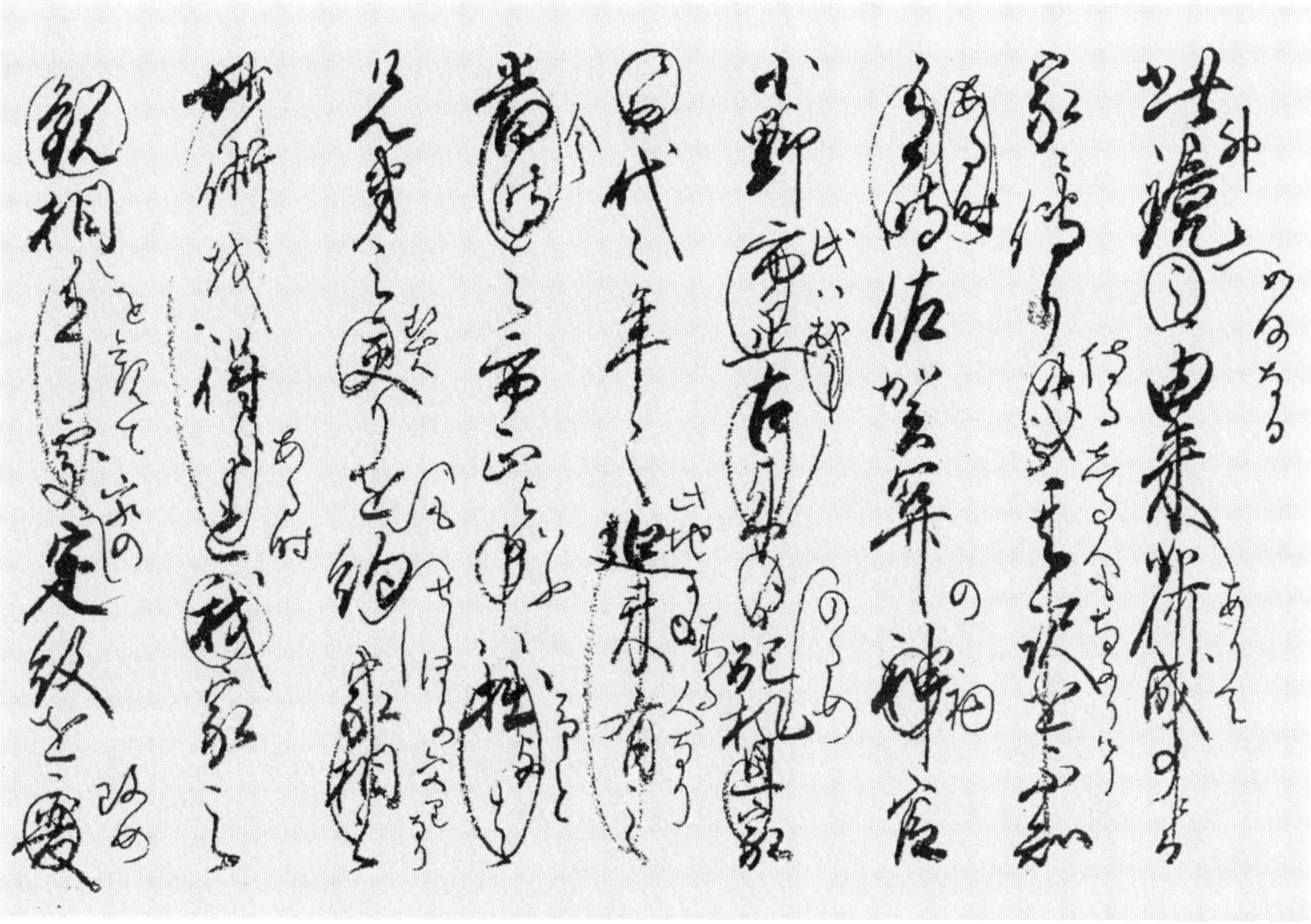

【釈文】

此鏡（神）／之由来（如何なる）／如何成事ニ而（ありて）
家ニ伝り候哉其訳を不知（侍る　志る人もな可りケり）
有時（ある時）佐賀関神官（の祠）
小野市正（氏ハむ可し）古来ヨリ配札／旦家（の多め）
ニ而代々年々廻来有之（此地にも来る人なり）
当時（今）之市正与申ハ（いふ）拙与者（予と）
兄弟之交りを（契）／約（も）／し家相之（せしほとの交里なり）
妙術越得ら連我家之（ある時）
観相／有し処（を観て家の）／定紋を変（改め）

【訓文】

この神鏡、如何なる由来ありて、家に伝わり侍る。知る人もなかりけり。

佐賀関の祠官小野氏は、配札のため、代々年々、この地に来る人なり。今の市正（いちのかみ）といふは、予と兄弟の契りをも約せし程の交わりなり。

ある時、家の相を観て、家の定紋を改め

【釈文】

ら連候歟(し可)又ハ相伝之金物
紛失以多し候歟与被申又(たる可とい者れ多れとも)
其比別府堀田(さほと心にも可けさ里しに)之井上
佐源太与申易者(卜筮家)是茂
年々廻来(ニまゐら連ケるニより禍福の)有之家運之
卜筮(占ひ)相／頼／候処(みケるに)市正同様之(と同し起)
判断有之(なり)定(さて)紋ハ家系ニも
有之通り(記し多る如く)三ツ巴ニ而変候訳(別に改め多る)
無之(事もなし)金物紛失与申ハ何品ニ而

【訓文】

られしか、または、相伝の金物、紛失いたしたるかと言はれたれども、さほど、心にも懸けざりしに、そのころ、別府堀田の井上佐源太と申す卜筮家、これも、年々に参られけるにより、禍福の占ひ、頼みけるに、市正と同じき判断なり。さて、定紋は、家系にも記したる如く、三つ巴にて、別に改めたる事もなし。金物、紛失とは、何品

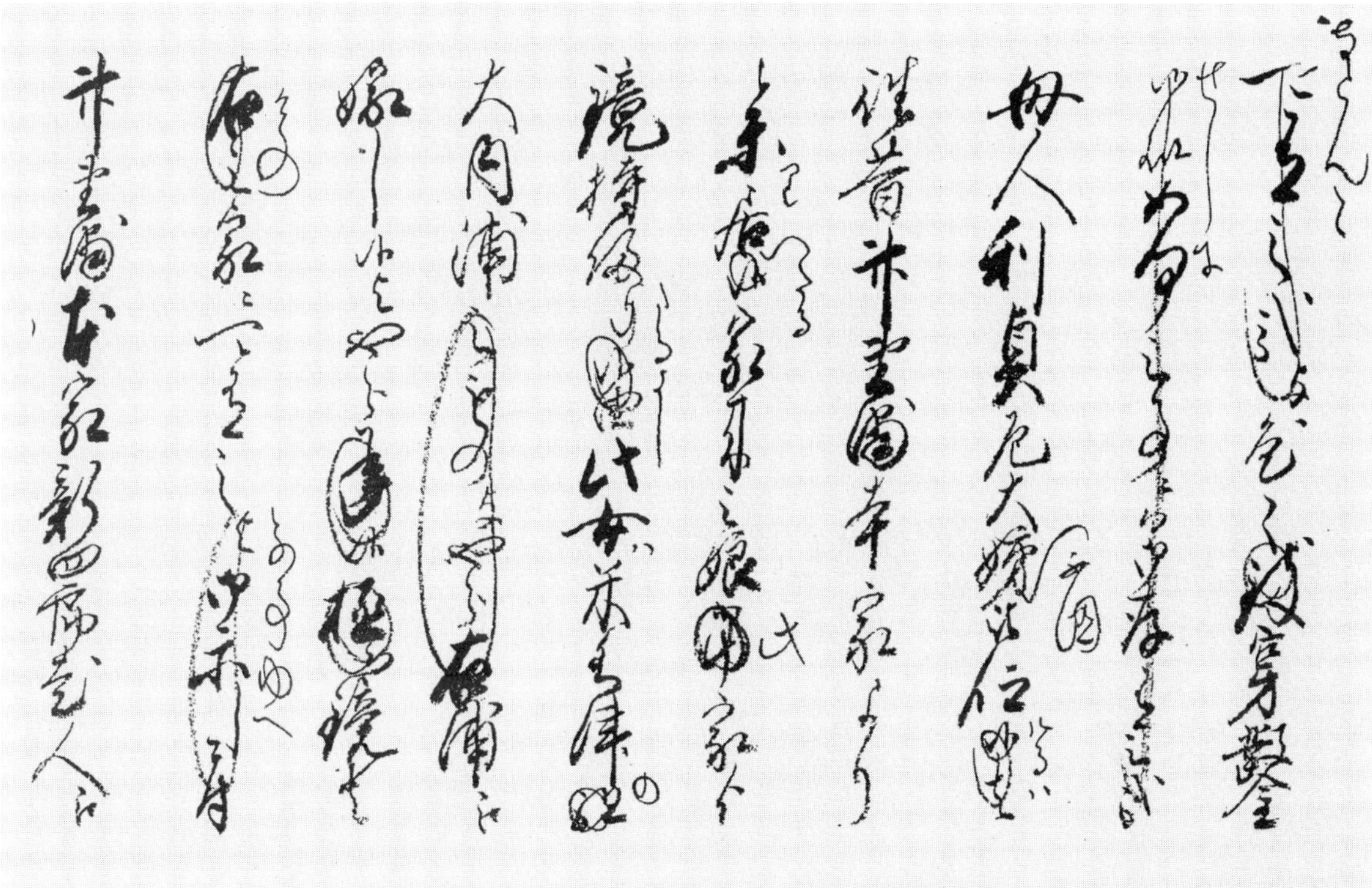

【釈文】

可有之哉(ならんと)与色〻致穿鑿
候処(せしに)如何之事ニ而御存有之哉
母人利貞尼大姉／(不図)被仰候者(ケるハ)
往昔竹野浦本家より
参居(里)／(多る)候家来之娘当(此)家コリ
鏡持帰り候由(多るよし)此女(ハ)米水津(の)組
大内浦之毛の与やら右浦江
嫁し候与やら承候極而鏡者
右之(その)家ニ可有之与御示しニ付(との事ゆへ)
竹野浦本家新四郎老人江

【訓文】

ならんと、色々、穿鑿せしに、母人利貞尼大姉、ふと、仰せられけるは、「往昔、竹野浦本家より参り居りたる家来の娘、この家より、鏡、持ち帰りたる由。この女は、米水津(よのうづ)の大内浦浦へ嫁し候とやら。鏡は、その家にこれあるべし」との事故(ゆえ)、竹野浦本家新四郎老人へ、

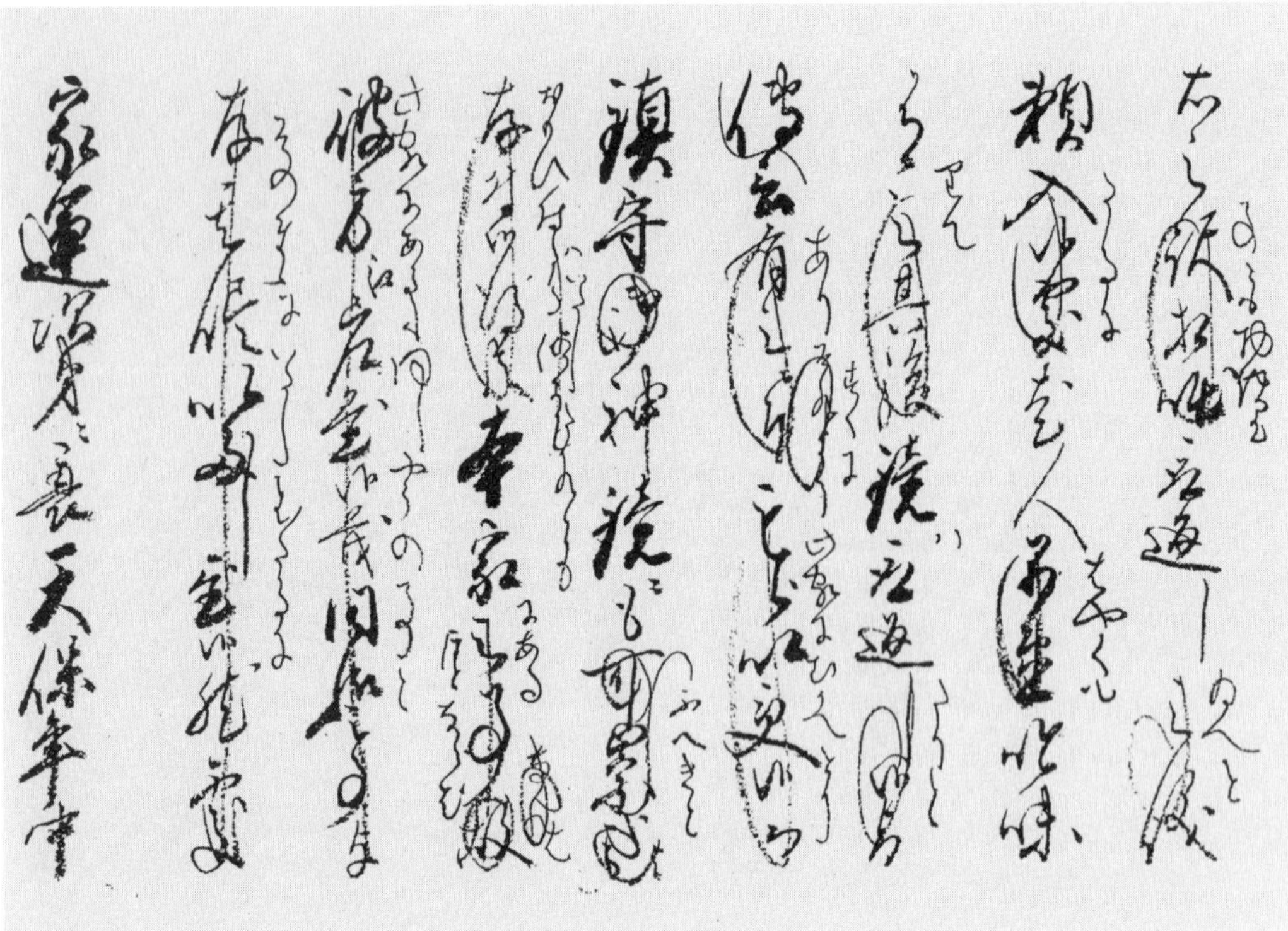

【釈文】

右之訳相咄取返し之儀（事とも物語候て／給へと）
頼入候処老人早速吟味（多るに／者やくも）
有之其後鏡 取返し候与（里て／ハ／多りと）
伝「言有之ニ付 毛ら以受候而（ありそれより／春く尓／此家にむ可へとり）
鎮守御神鏡ニも可祟「らる（ふへきと／与）
存付候得共本家之事故（おもひ付多るとのよし／ハい多し多れとも／く／にある なれ者）
彼方江差置候茂同様之事与（此家にあるも同しやうの事と／ほとなら者）
存其儘以多し置候然処（そのまゝにい多し置多るに）
家運次第ニ衰天保年中

【訓文】

右の事ども、物語候ひて、「取り返し給へ」と頼みたるに、老人（御手洗新四郎）、はやくも、吟味ありて、「鏡は取り返したり」と言ひ伝へあり。すぐに、この家に迎へ取り、鎮守神鏡にも崇（うやま）ふべきと思ひつきは致したれども、本家にあるほどならば、この家にあるも同じ様の事と、そのままに致し置きたるに、家運、次第に衰へ、天保年中（一八三〇～四四年）、

【釈文】

（御）役儀茂被召上如何（且）奈る
（思ひ）寄立事〈など何も心にま可せ須〉企候而も　八九ニシテ
成就無之追ゝ衰微し天
困窮大方ふ成（なら春）此砌延岡
御領分古江浦ニ鳴川
地蔵尊与（ハ）申右（其）浦之内
鳴川与申川ヨリあ可らセ給ふ
尊像奈り右古江浦ニ天
年来（多）病身奈る男あり
此尊像ニ（を）専信仰し奉り

【訓文】

御役儀も召し上げられ、且つ、思ひ立つ事など、何も心にまかせず、追々、衰微して、困窮、大方ならず。この砌（みぎり）、延岡領古江浦に、鳴川地蔵尊と申すは、その浦の鳴川と申す川より、上がらせ給ふ尊像なり。古江浦にて、年来、多病なる男あり。この尊像を信仰し奉り

【釈文】

ケ連ハ（イキ） 不思議ニ地蔵尊

此男ニ移（乗り）らセ給ひ天

諸人之吉凶（禍福）を告さセ給ふ与

遠近之（人々）参詣夥しく（可りケり）

此ふし我家運衰候而

歎ヶ敷開運之御示し抔

有之間敷哉与伺候処（へハ）

家之守護たる処之金毛の

【訓文】

ければ、地蔵尊（じぞうそん）、この男に乗り移らせ給ひて、諸人の吉凶禍福を告げさせ給ふと、遠近の人々、参詣夥（おびただ）しかりけり。この節、我が家運、衰へ候て、歎かわしく、開運の御示し等これあるまじき哉と、伺ひ候へば、家の守護たる金物

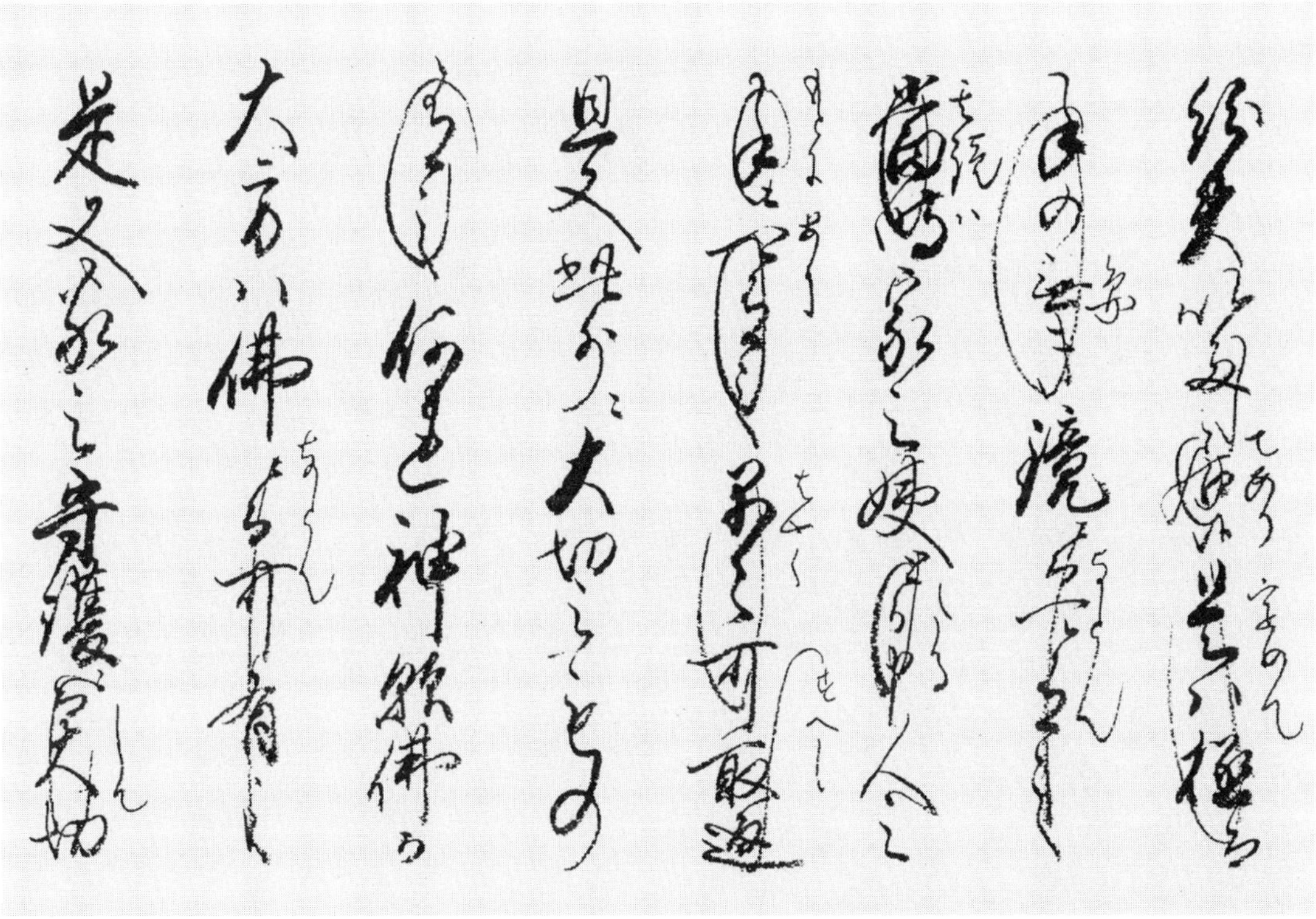

【釈文】

紛失以多し居候（てあり） 是ハ極而（定めて）
手の無（円）き鏡ニ而可有之（ならん）
当時（其鏡ハ）家之姨と可申（多る）人之
手ニ（もとに）可有之（あり） 早々（者やく）可取返／（春へし）
且又此外ニ大切之毛の
有之何連神願仏可
大方ハ仏ニ而可有之（ならん）
是又家之守護ニ而（して）大切

【訓文】

紛失いたしてあり。定めて、円鏡ならん。その鏡は、家の姨（おば）たる人のもとにあり。早く、取り返すべし。且つ又、この外に、大切のもの、何れ神願仏か、大方は、仏ならん。これ又、家の守護にして、

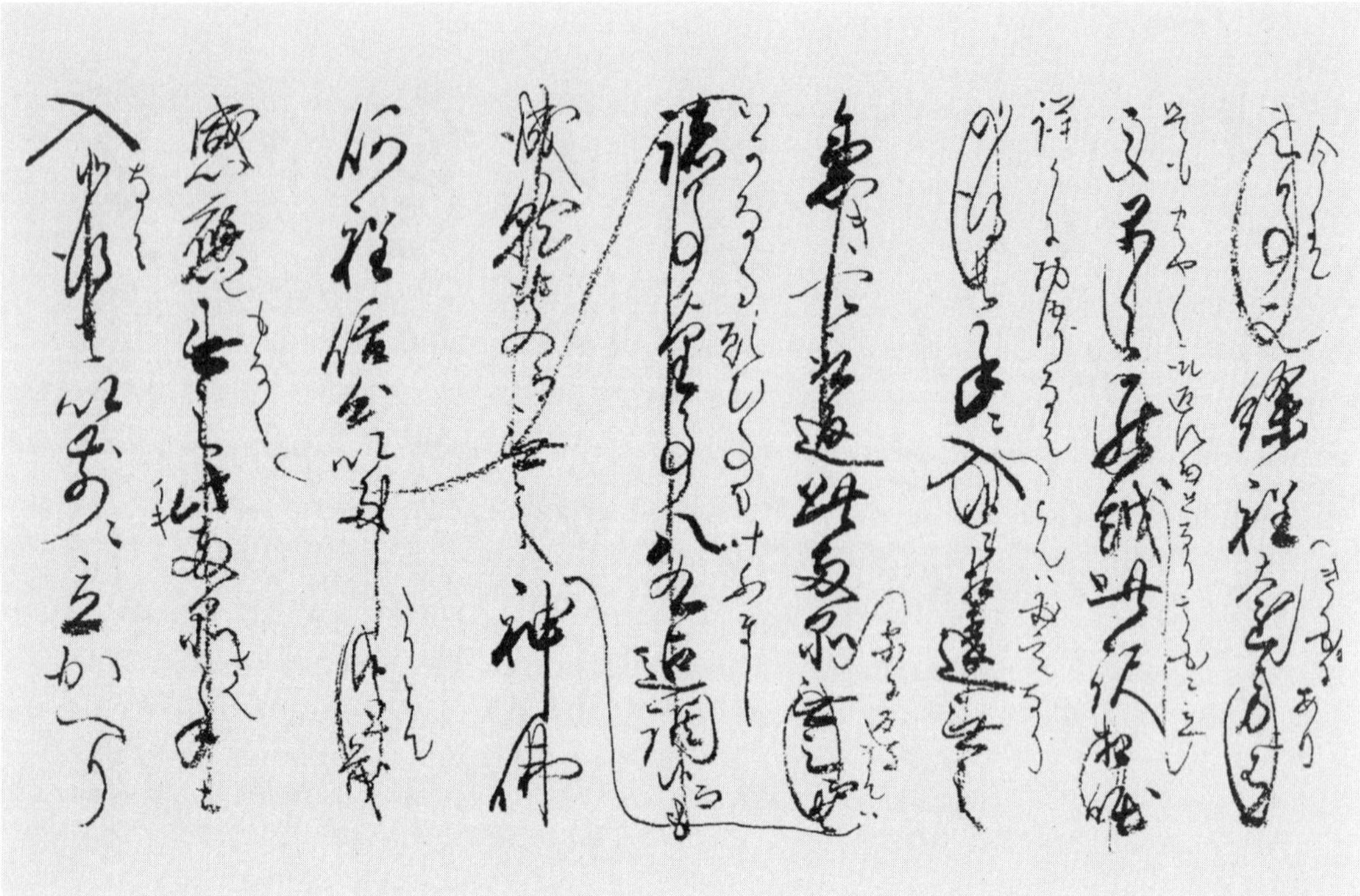

【釈文】

今にて　き国にあり
之事也余程遠／方ニ有
是も者やく取返須扁きなり其国ニ立
之早ミ罷「越此訳相咄」
詳可に物語りな者　らんハ必定なり
候得者手ニ／入候　ニ相違無之
急き可取返此両品／無之而者
家に返るまてハ
い可なる願ひ事者叶ふまし
諸事望事八九迄調候而も
成就決而　無之　神仏
何程信心以　多し候と茂
もなく　多りとて
感応　無之此両品手ニ
イキ　さへ
な者
入候得者以前ニ立かへり

【訓文】

今にて、余程、遠き国にあり。これも早く取り返すべきなり。その国に立ち越し、この訳、詳(つまびら)かに物語りなば、手に入らんは必定なり。この両品、家に返るまでは、神仏、何ほど、信心いたしたりとて、感応もなく、いかなる願ひ事は、叶ふまじ。この両品さへ、手に入りなば、以前に立ち返り

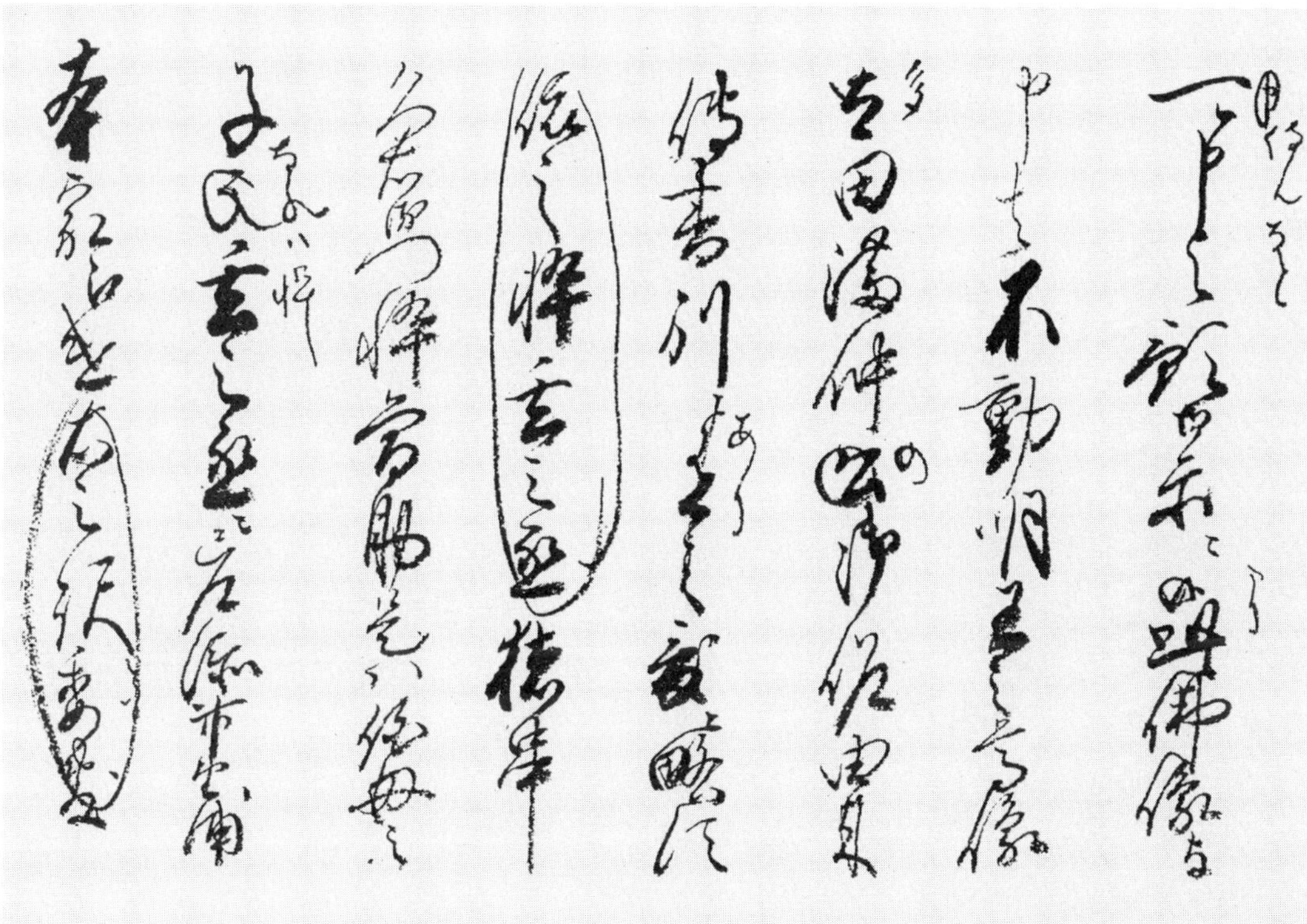

【釈文】

可申与（申侍んなと）預御示ニ候（多り）此仏像与
申者不動明王之尊像
太（多）田満仲公（の）御作由来
伝書別ニ有之（あり）爰ニ略須
依之悴玄之丞猪串
久右衛門悴曾助是ハ伯母之
子也（なれハ悴）玄之丞ニ差添竹野浦
本家江遣右之訳委敷

【訓文】

侍んなど申すべしと、御示しに預かりたり。この仏像と申すは、不動明王（ふどうみょうおう）の尊像。多田満仲の御作由来伝書、別にあり。爰に略す。猪串久右衛門悴曾助、これは、伯母の子なれは、悴玄之丞に差し添へ、竹野浦本家へ遣わし、

【釈文】

相咄無故鏡毛ら以受（ハむ可へ）
持帰り候（多り）折節関市正
被参り合（候て）活法之術ニ而（をもて）
撰ら連候（考へ多るに）処此鏡ニ相違無（ひ）
之如何ニも此鏡家越出候（なし）（になくてハ）
而者難相成（よろし可ら須）大切之事ニ候（にして）
随分信仰可有之（春へしといへり）扨又
此訳御示し有之候古江浦
地蔵尊怖入事ニ而可奉

【訓文】

鏡は、迎へ帰りたり。折節、市正（小野）、参り合ひ候て、活法（かっぽう）の術を以て、考へたるに、この鏡に違ひなし。如何にも、この鏡、家になくては、よろしからず。大切にして、随分、信仰すべし、と云へり。

さて又、この訳、御示し、これあり候。古江浦地蔵尊、恐れ入る事にて、〔尊敬し〕奉るべき

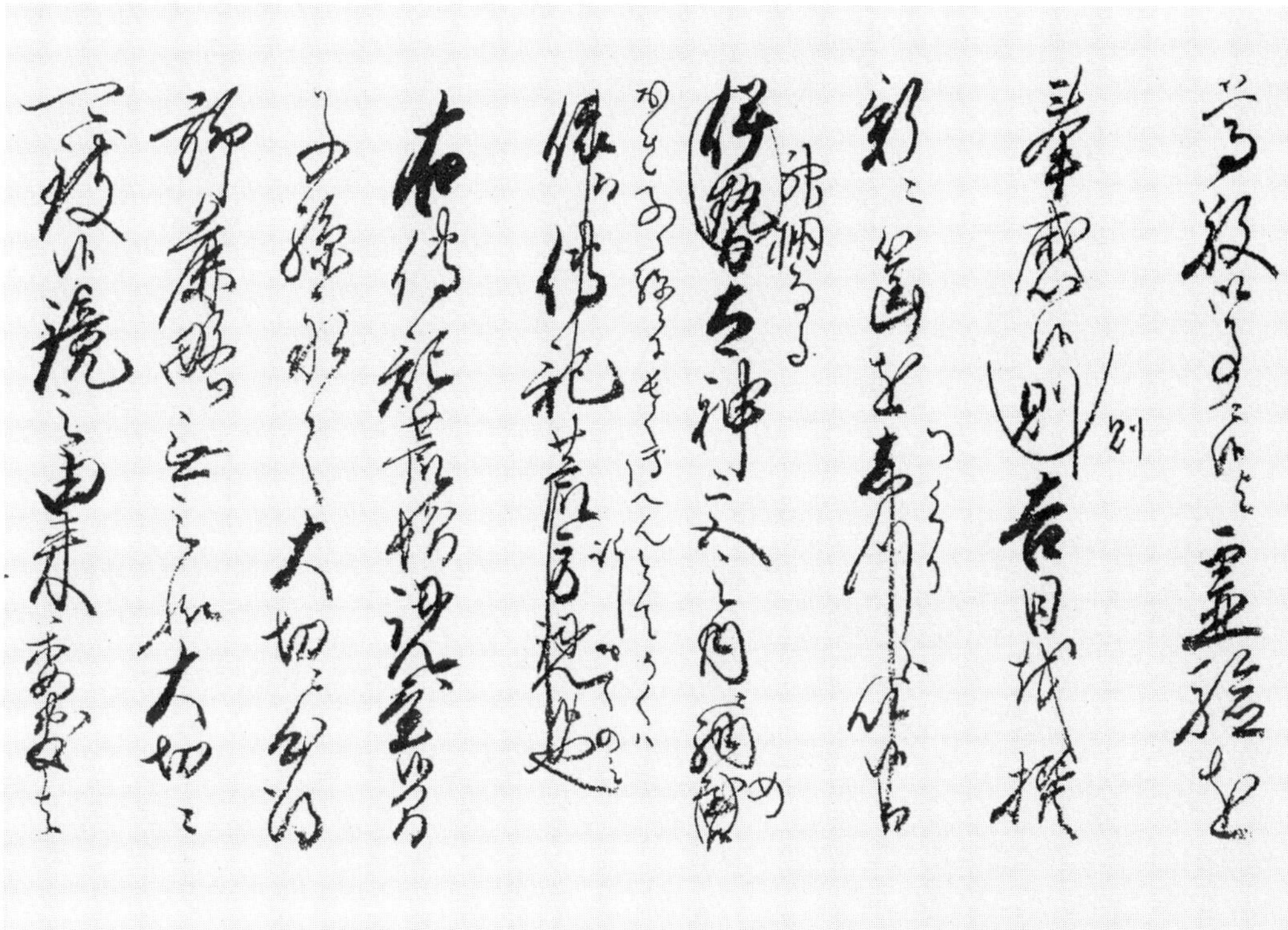

【釈文】

尊敬御事ニ候与霊験を
奉感候則吉日越撰（則）
新ニ筐を志川ら以候而（つくり）
伊勢太神宮之内ニ納置候（神棚なる）（め）（おき子ゝ孫ゝに長く伝へんと可く八）
依而伝記荒方認候也（記しおくのミ）
右伝記荒増認置候間
子孫永く大切ニ心得
聊麁略無之様大切ニ
可致候鏡之由来委敷者

【訓文】

尊敬し〔奉るべき〕御事に候と、霊験を感じ奉り候。則ち、吉日を撰び、新たに、筐を作り、神棚なる大神宮の内に納め置き、子々孫々に、永く伝へんとて、斯くは、記し置くのみ。
右、伝記、あらまし、認め置き候間、子孫、永く、大切に心得、聊か〔も〕麁略、これなき様、大切に致すべく候。鏡の由来、委敷くは、

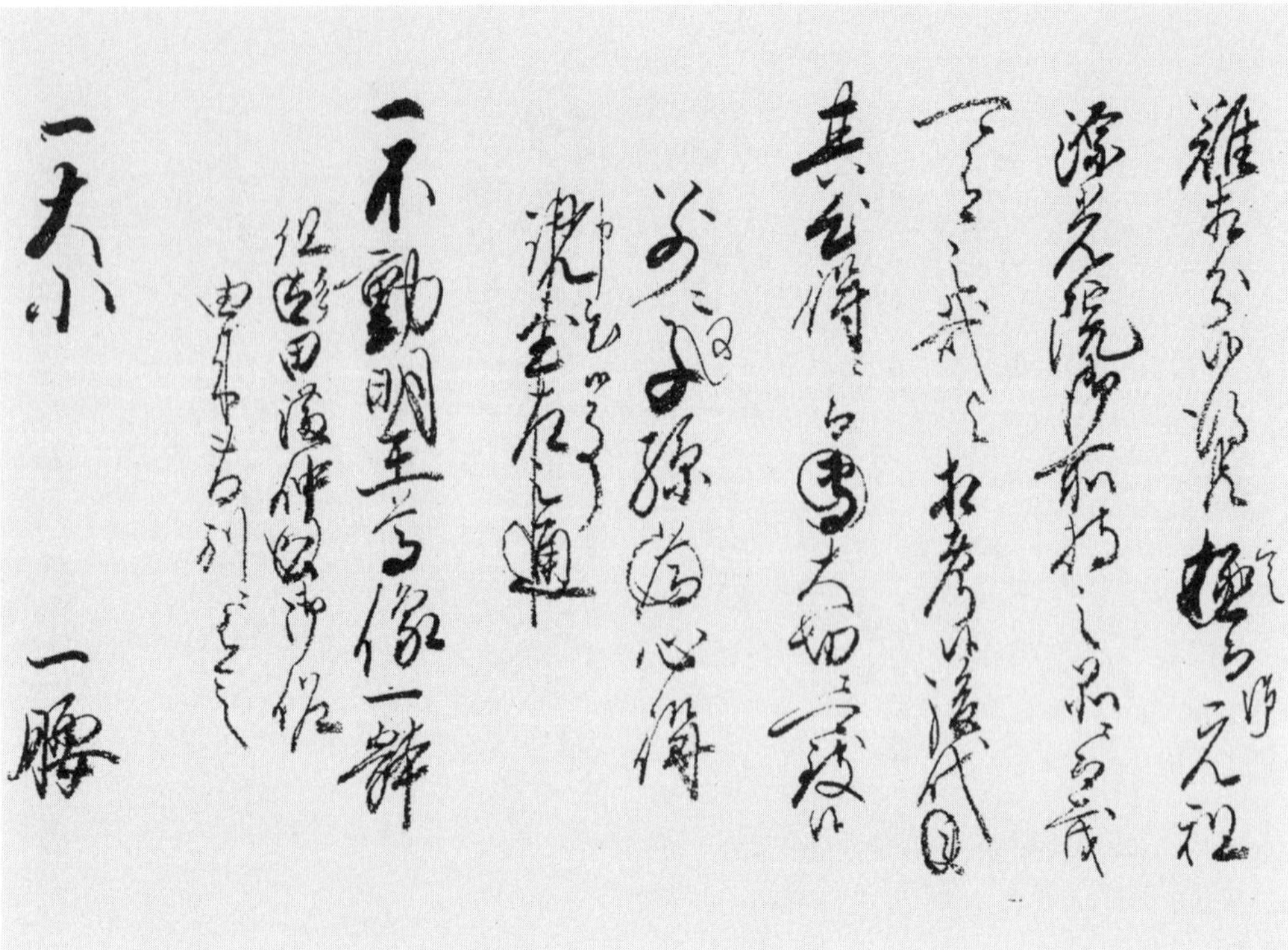

【釈文】

難相分候得共極（定）而（御）元祖
源光院御所持之品ニ而茂
可有之哉与相考候後代之
其心得ニ而専大切ニ可致候
別ニ（又）子孫為心得
認置（申置候事）左之通

一不動明王尊像一体
但太（多）田満仲公御作
由来書別ニ有之
一大小　一腰

【訓文】

相分かり難く候得ども、定めて、御元祖源光院、御所持の品にても、これあるべきやと、相考へ候。後代、その心得にて、大切に致すべく候。
別に、また、子孫心得、申し置き候事。
一、不動明王尊像　一体
但し、多田満仲御作。由来書（ゆらいがき）、別にこれあり。
一、大小（だいしょう）　一腰

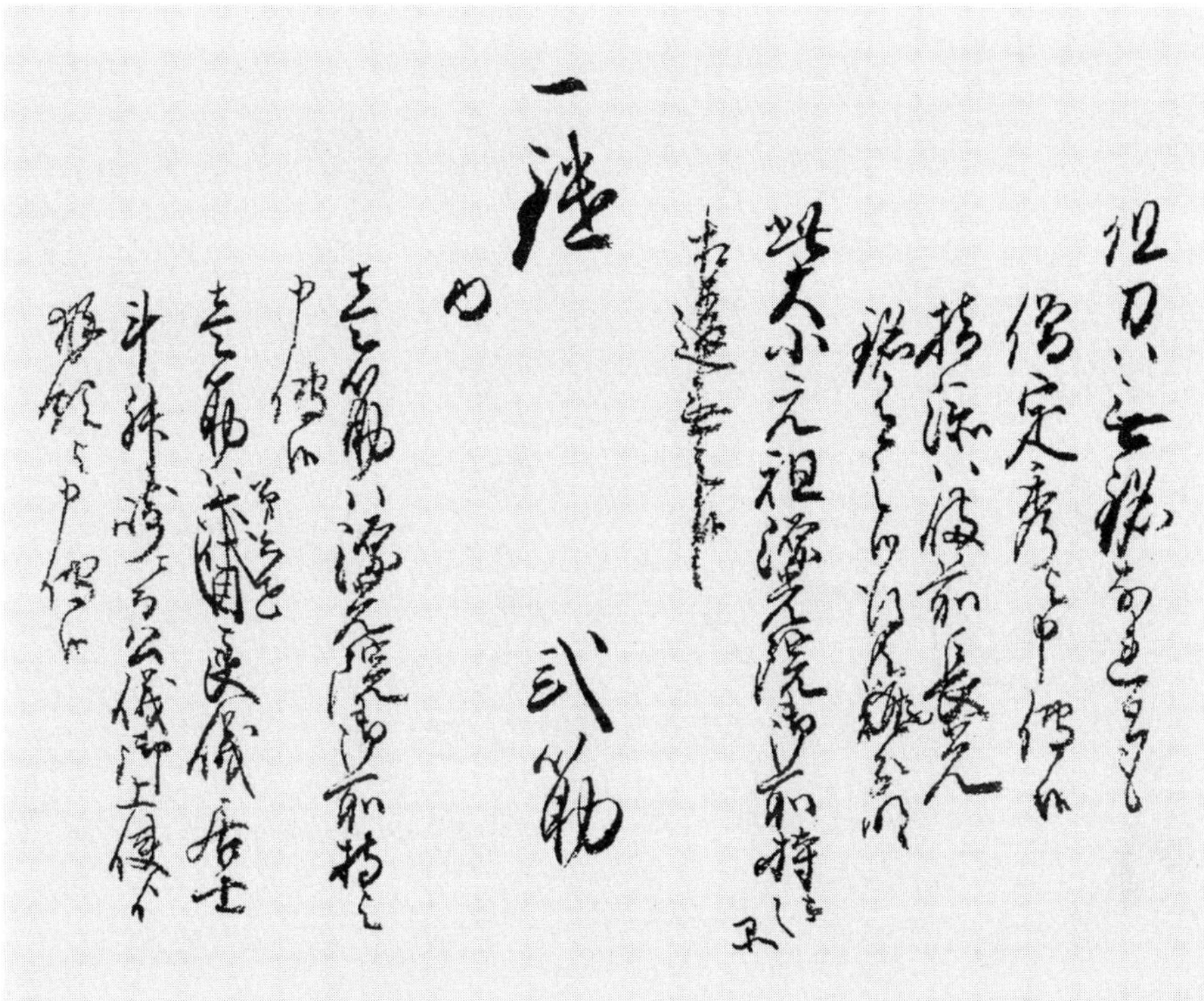

【釈文】

但刀ハ無銘な連とも
　僧定秀与申伝候
　指添ハ備前長光
　　銘有之候得共難不分明
此大小元祖源光院御所持ニ之品
相違無之候

一鑓　　内　　弐筋
壱筋ハ源光院御所持与
申伝候
壱筋ハ六代目（第六世）良儀居士
斗枡崎ニ而公儀御上使ヨリ
拝領与申伝候

【訓文】

但し、刀は無銘なれども、僧定秀（じょうしゅう）と申し伝へ候。
差添（さしぞえ）は、備前長光（ながみつ）。銘、これあり候得ども、分明ならず。
　この大小、元祖源光院、御所持の品。

一、鑓　　内　　二筋
一筋は、源光院、御所持と申し伝へ候。
一筋は、第六世良儀居士、斗枡崎（とますざき）にて、公儀御上使より、拝領と申し伝へ候。

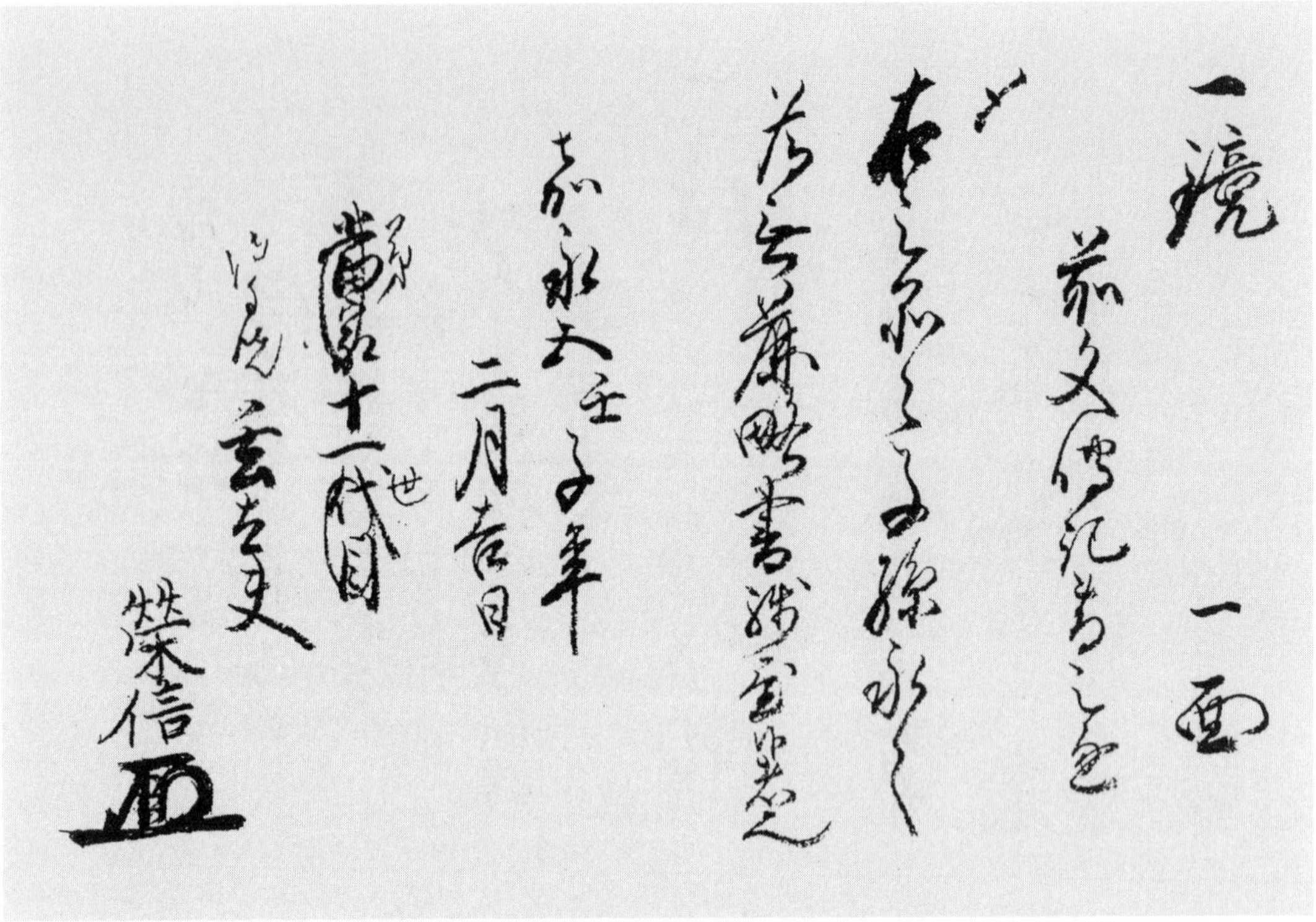

【釈文】

一鏡　　　　一面

　前文伝記書之通

〆

右之品〻子孫永く

為無麁略書残置候者也

嘉永五壬子年

　二月吉日

当家十一代目（「当家」に「第」、「代」に「世」と傍書）

御手洗　源太夫

　　栄信（花押）

【訓文】

一、鏡　　　　一面

　前文伝記書の通り。

〆

右の品々、子孫、永く麁略無きため、書き残し置き候ものなり。

嘉永五壬子年（一八五二）二月吉日

第十一世

御手洗源太夫栄信（花押）

30 万延元年十一月 蒲江浦組玄太夫宛 代官所覚

【釈文】

覚

蒲江浦組本郷百姓
玄太夫

一平日脇指勝手次第
但其身一代
一瓦庇
一傘
但当人斗

右者以御蔭渡世
取続候ニ付為冥加
金五拾両致献納候ニ付
書面之通別段被成
御免候間其分可
相心得候以上

万延元申年
十一月十三日御代官所（朱印）

【訓文】

覚

蒲江浦組本郷百姓
玄太夫

一、平日、脇指（わきざし）、勝手次第。
但し、その身一代。
一、瓦庇。
一、傘。
但し、当人ばかり。

右は、御蔭を以て、渡世取続き候に付き、冥加として、金五十両、献納致し候に付き、書面の通り、別段、御免なされ候間、その分、相心得べく候。以上。

万延元申年
十一月十三日　御代官所（朱印）

31 万延元年十一月 蒲江浦組玄太夫宛 褒美覚

【釈文】

覚

蒲江浦組本郷

百姓

玄太夫

右者 御蔭を以渡世
取続候付為冥加
金五拾両差上候段
奇特之志神妙之至ニ候
依之為御褒美
御料理之上毎歳
年始御礼被為
受候段被
仰出候誠ニ冥加ニ
相叶候仕合難有
可奉存候以上

申
十一月十三日

【訓文】

覚

蒲江浦組本郷

百姓

玄太夫

右は、御蔭を以て、渡世、取続き候に付、冥(みょう)加金(がきん)として、五十両、差しあげ候段、奇特の志、神妙の至りに候。これによって、御褒美として、御料理の上、毎歳、年始御礼、受け為され候段、仰せ出され候。誠に、冥加に相叶ひ候仕合(しあ)わせ、有り難く存じ奉るべく候。以上。

(万延元年)申
十一月十三日

32 慶応元年十二月 蒲江浦組玄太夫宛 代官所覚

【釈文】

覚

蒲江浦組
本郷百姓
玄太夫

一桐御紋附御上下
　但年始
　御上下之節其外表立候節
　着用
一紬地壱反
　但年始五ヶ日着用
一平日刀勝手次第
　但其身一代
一瓦庇
一傘
　但当人斗
右者　御蔭ヲ以渡世
取続候付為冥加
金百両致献納候付
書面之通別段被成
御免候間其分
可相心得候以上
慶応元丑年十二月　御代官所

【訓文】

覚

蒲江浦組
本郷百姓
玄太夫

一、桐御紋付（きりもんつき）・御上下（かみしも）
　但し、年始、
　御上下の節、その外、表立ち候節、着用。
一、紬（つむぎ）地、一反
　但し、年始五ヶ日、着用。
一、平日、刀勝手次第
　但し、その身一代。
一、瓦庇
一、傘
　但し、当人ばかり。
右は、御蔭を以て、渡世、取り続き候に付、冥加金として、百両、献納致し候に付、書面の通り、別段、御免成され候間、その分、相心得べく候。以上。
　慶応元丑年十二月　御代官所

33 慶応元年十二月五日　蒲江浦組玄太夫宛　褒美覚

【釈文】

覚

蒲江浦組
本郷百姓
玄太夫

右者　御蔭を以渡世
取続候付為冥加
金百両差上候段達
御聴奇特之志
神妙之至
思召候依之為御褒美
御料理之上毎歳
年始御礼被為
受桐御紋付御上下
紬地壱反被下置候段
被　仰出候誠ニ冥加
相叶候仕合難有
可奉存候以上

丑
十二月五日

【訓文】

覚

蒲江浦組
本郷百姓
玄太夫

右は、御蔭を以て、渡世、取続き候に付、冥加金として、百両、差しあげ候段、御聴に達し、奇特の志、神妙の至りに思し召され候。依って、御褒美として、御料理の上、毎歳、年始御礼、受けなされ、桐御紋付・御上下（かみしも）、紬地一反、下し置かれ候段仰せ出され候。誠に、冥加、相叶ひ候仕合わせ、有り難く存じ奉るべく候。以上。

（慶応元年）丑
十二月五日

34 明治三十三年三月 御手洗退蔵 毛利家より御書七通受取覚

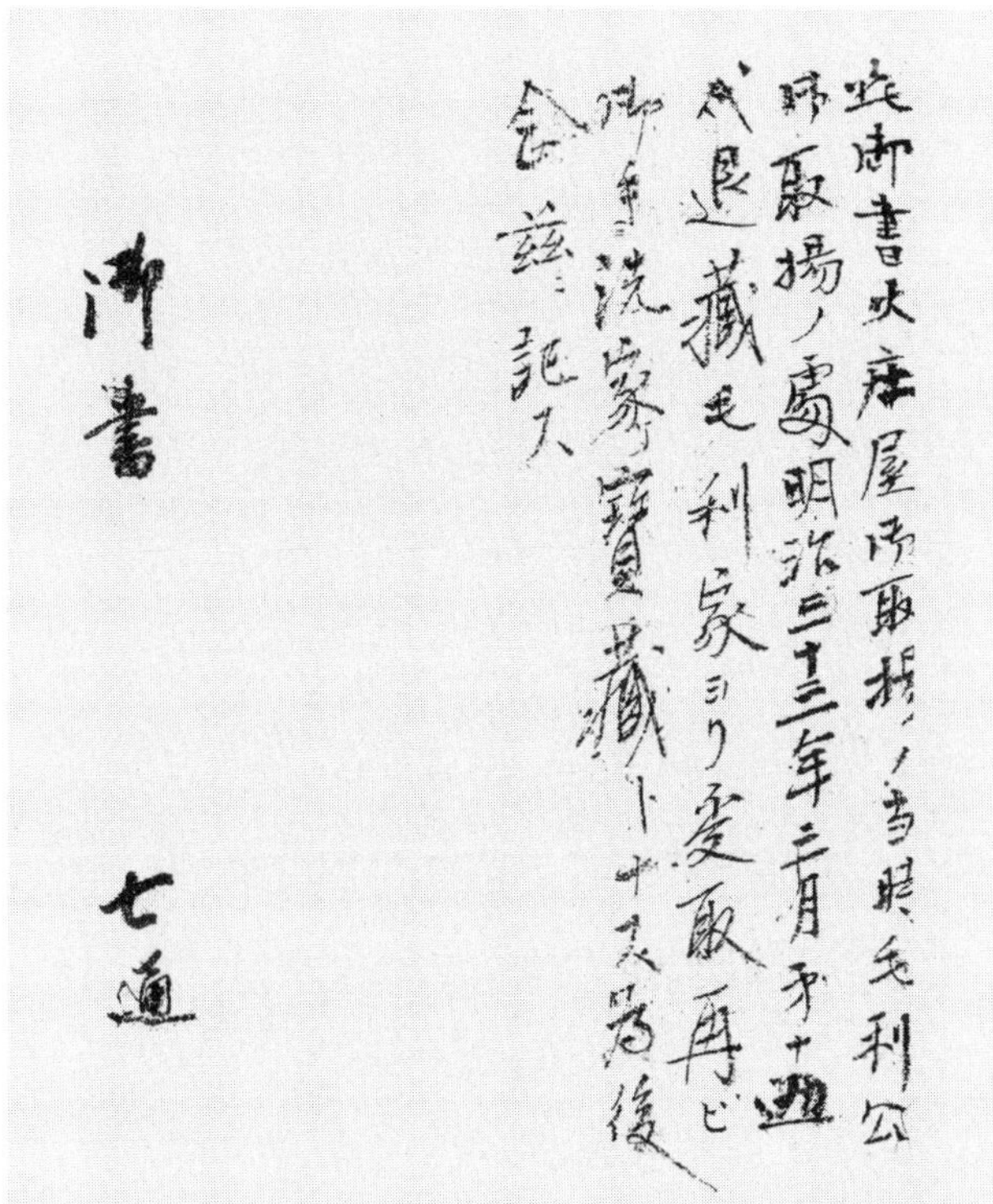

此御書大庄屋御取揚ノ当時毛利公
御取揚ノ処明治三十三年三月第十四
代退蔵毛利家ヨリ受取再ビ
御手洗家宝蔵トナス為後
念茲ニ記ス

御書　　七通

【釈文】

此御書大庄屋御取揚ノ当時毛利公
御取揚ノ処明治三十三年三月第十四（五）
代退蔵毛利家ヨリ受取再ビ
御手洗家宝蔵トナス為後
念茲ニ記ス

御書　　　　七通

【訓文】

この御書、大庄屋、御取り上げの当時、毛利公御取り上げの処、明治三十三年三月、第十四代退蔵、毛利家より受け取り、再び、御手洗家宝蔵となす。後念のため、茲に記す。

御書　　　　七通

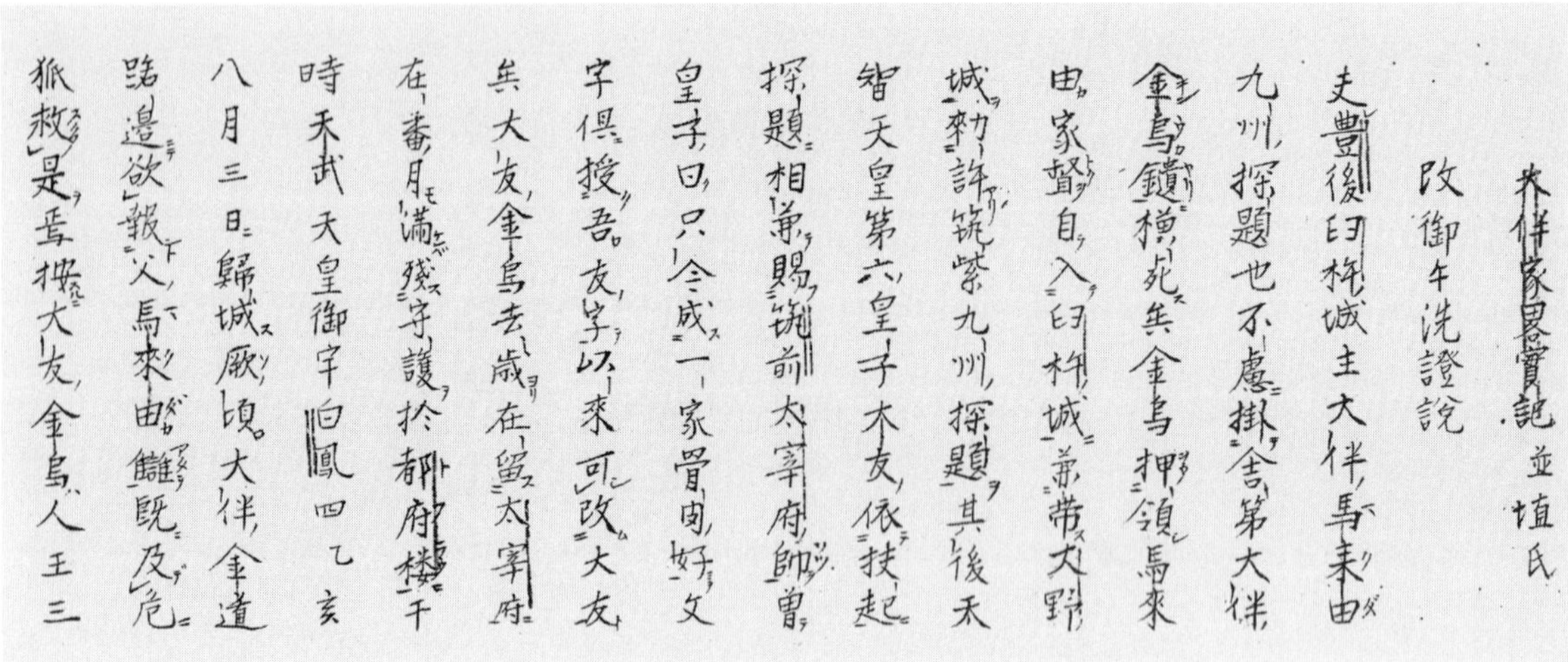

参考1　大伴家略実記並埴氏改御手洗証説

【釈文】

大伴家畧実記並埴氏

改御手洗証説

夫レ豊後臼杵ノ城主大伴ノ馬来田

九州ノ探題也不慮ニ掛テ舎第(弟)大伴ノ

金烏カ鑓ニ横死矣ス金烏押領シ馬来

田カ家督ヲ自ラ入テ臼杵ノ城ニ兼帯ス大野ノ

城ヲ勅許アリ筑紫九州ノ探題ヲ其後天

智天皇第六ノ皇子大友ノ依テ扶起ニ

探題ニ相兼テ賜フ筑前太宰府ノ帥ヲ曾テ

皇子ノ曰ク只今成ス一家骨肉ノ好ミヲ文

字倶ニ授ク吾カ友ノ字ヲ以来可シ改ム大友ト

矣大友ノ金烏去々歳ヨリ在留ス太宰府ニ

在番ノ月モ満ケレバ残ス守護ヲ於都府楼ニ于

時天武天皇御宇白鳳四乙亥

八月三日ニ帰城ス厥頃ロ大伴ノ金道

路辺ニテ欲レ報ント父ノ馬来田カ讎ヲ既ニ及デ危ニ

狐救フ是焉ヲ按スルニ大友ノ金烏ハ人王三

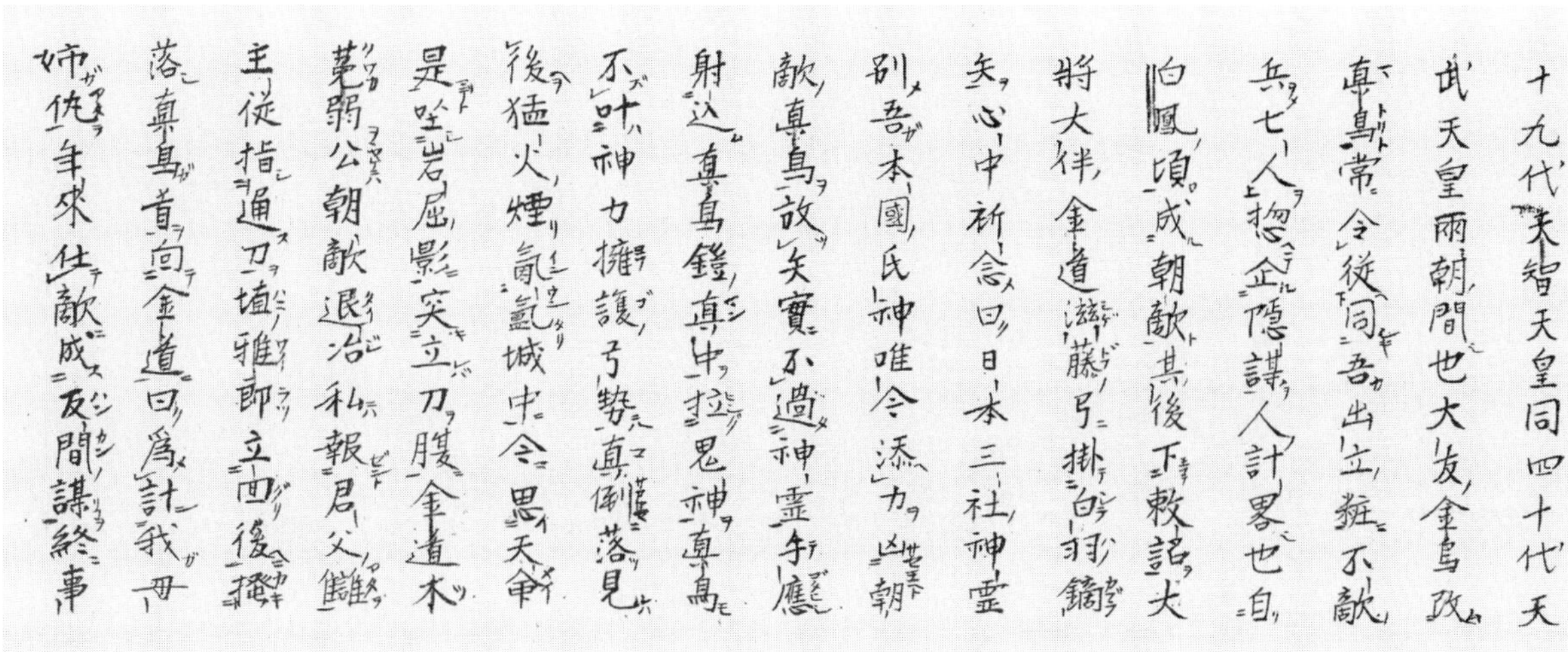

十九代天智天皇同四十代天
武天皇両朝間也大友金烏改
真鳥常令従同吾出立粧不敵
兵七人惣企隠謀人計略也自
白鳳頃成朝敵其後下勅詔大
将大伴金道滋藤弓掛白羽鏑
矢心中祈念曰日本三社神霊
別吾本国氏神唯今添力凶朝
敵真鳥放矢実不過神霊手応
射込真鳥鎧真中拉鬼神真鳥
不叶神力擁護弓勢真倒落見
後猛火煙氤氳城中今思天命
是坐岩屈影突立刀腹金道木
菟弱公朝敵退治私報君父讎
主従指通刀埴雅郎立回後掻
落真鳥首向金道曰為計我母
姉仇年来仕敵成反間謀終事

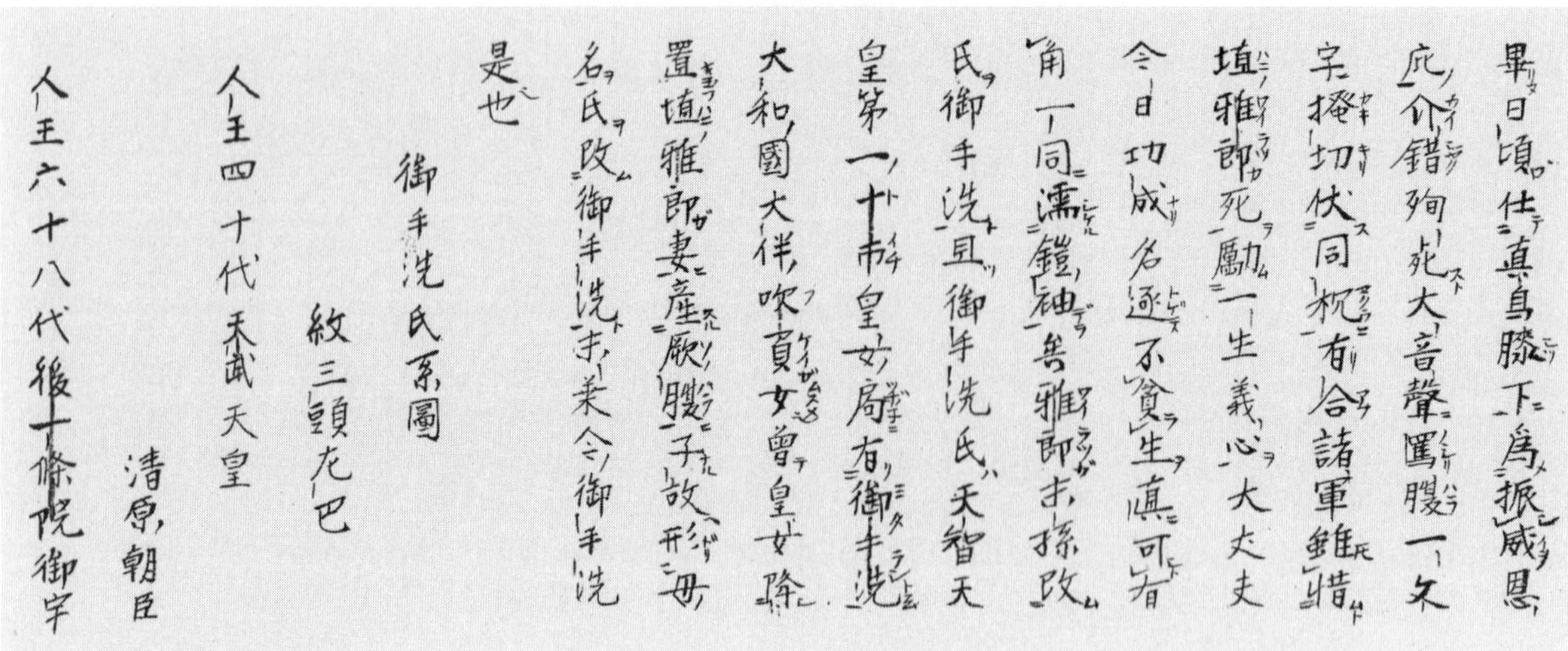

畢リヌ日頃ロ仕テ真鳥膝下ニ為メ振シ威ヲ恩
庇ノ介錯殉死スト大音声罵腹一文
字ニ搔切伏ス同枕ニ有合諸軍雖モ惜ムト
埴雅郎死ヲ励ム一生義心ヲ大丈夫
今日功成名遂不貪ラ生真ヲ可シト有
角一同ニ濡シケル鎧ノ袖デヲ矣雅郎末孫改ム
氏ヲ御手洗ト且ツ御手洗氏ハ天智天
皇第一ノ十市皇女局ニ有リ御手洗ト云
大和ノ国大伴ノ吹負女曾テ皇女降シ
置埴雅郎ガ妻ニ産スル厥ノ腹ニ子ナル故ヘ形ドリ母ノ
名ヲ氏ヲ改ム御手洗ト末葉今ノ御手洗
是也

御手洗氏系図（以下略）

【訓文】

大伴家略実記ならびに埴(はに)氏改め御手洗証説

それ、豊後臼杵の城主大伴馬来田(おおとものまくだ)は、九州の探題なり。不慮に、舎弟大伴金鳥(おおとものきんう)が鑓(やり)に掛かりて、横死す。金鳥、馬来田が家督を押領(おうりょう)し、自ら、臼杵の城に入りて、大野の城を兼帯す。筑紫九州の探題を勅許あり。その後、天智天皇第六の皇子大友の扶起に依って、探題に相兼ねて、筑前太宰府の帥(そつ)を賜ふ。かつて、皇子の曰く、「只今、一家骨肉の好(よしみ)を成す。文字、倶に、吾が友の字を授く。以来、大友と改むべし」と。
大友金烏、去々歳より、太宰府に在留す。在番の月も満ちければ、守護を都府楼に残す。時に、天武天皇御宇、白鳳四乙亥八月三日に、帰城す。その頃、大伴金道、路辺にて、父の馬来田が讎を報ぜんと欲す。すでに、危に及んで、狐、これを救ふ。按ずるに、大友金烏は、人王三十九代天智天皇・同四十代天武天皇両朝の間なり。大友金烏、真鳥と改む。常に吾が出で立ちの粧に同じき不敵の兵をして七人を従へしむ。惣べて、隠謀を企つる人の計略なり。白鳳の頃より、朝敵となる。その後、勅詔を下し賜ふ。大将大伴金道、滋籐の弓に、白羽の鏑矢を掛けて、心中、祈念して曰く、日本三社の神霊、別して吾が本国の氏神、唯今、力を添へ、朝敵の真鳥を凶させ給へ、と矢を放つ。実に、神霊に過たず、手応し、真鳥が鎧の真ん中を射込む。鬼神を拉ぐ真鳥も、神力擁護の弓勢には叶はず、真っ逆様に落つ。後を見れば、猛火の煙り、城中に氤氳たり。今、天命これまでと思ひ、岩窟の影に坐し、刀を腹に突き立てれば、金道、木菟弱、公には朝敵退治、私には君父の讎を報ぜんと、主従、刀を刺し通す。埴稚郎、後に立回り、真鳥が首を掻き落とし、金道に向ひて曰く、「我が母姉が仇を計らんために、年来、敵に仕へて反間の謀を成す。終に事畢りぬ。日頃、真鳥膝下に仕へて威を振るいし恩比の為め、介錯、殉死す」と大音声に罵り、腹一文字に掻き切り、同枕に伏す。有り合ふ諸軍、埴稚郎が死を惜しむと雖も、一生義心を励む大丈夫、今日、功成り名遂げて、生を貪らず、真に斯くあるべしと、一同に鎧の袖を濡らしける。稚郎が末孫、氏を御手洗と改む。且つ、御手洗氏は、天武天皇第一の十市皇女の局に、御手洗といふあり。大和国大伴吹負が女。曾て、皇女、埴稚郎が妻に降し置き給ふ。その腹に産する子なる故、母の名を形どり、氏を御手洗と改む。末葉、今の御手洗、是なり。

【注解】

大伴家略実記並埴氏改御手洗証説　未詳。大伴氏は、古代の天皇家に匹敵する畿内の豪族だったが、大和朝廷の成立発展期に、来目部・靫負部・佐伯部などの兵を率いて朝廷に仕え、物部氏とともに大連となり、大和朝廷の軍事力を担う有力な氏となった。その後、一時衰えたが、壬申の乱に、大海人皇子方について、再興し、その後、安麻呂・旅人らが活躍した。しかし、その子家持に至って、新興藤原氏に押されて衰運に向かい、弘仁十二（八二一）年、淳和天皇の名大伴をさけて伴と改姓した。応天門の変で善男が配流されて、以後、まったく衰えた。「埴」は、ねば土をいい、土器に使い、また、染色に使う。神代紀上第五段一書第二に、「土神埴山姫」が見える。また、土師を「はに」とも読む。

豊後臼杵ノ城主　臼杵は、豊後国海部郡のうち。隣国日向に臼杵郡があり、平安末期の宇佐八幡宮領に臼杵庄があるが、豊後国には、郡・郷名としての臼杵は史料に見えない。しかし、源平争乱期に、臼杵惟隆（維高）が活躍し、治承四年五月十一日の皇嘉門院物処分状に、最勝金剛院領として、「布こ　うすきへつき」（豊後臼杵戸次）が見える。臼杵城については、正平十七年九月条『大友家文書録』の綱文に、南朝方の軍勢に追われた鎮西管領斯波氏経および大友氏時の両名は高崎城（大分市）に逃れ、また、少弐冬資は岡城（竹田市）に、宗像・松浦の両勢は臼杵城に退いたとあるが、この記事は検討を要する。ここには、大伴馬来田を豊後臼杵城主としたり、九州探題などとしており、歴史としては、時代観が全くちぐはぐで、およそ、歴史的事実としては採用できない。しかし、こうした、一見荒唐無稽に思われる伝承の中にも、ある種の歴史的背景を反映していることもあるので、無下に斥けず、それなりの分析をしてみる必要がある。

大伴ノ馬来田（マクダ）　大伴連馬来田。望多・望陀連にも作る（天武紀十二年（六八三）六月条）。大伴連咋（咋子連・大伴連囓）の第二子、大伴金村の孫。吹負の兄。道足の父。崇峻四年（五九一）十一月、父囓は、任那再興のため筑紫に大将軍となって出陣したが、翌年、崇峻が殺されたので遠征を中止し、推古三年（五九五）七月、筑紫より帰った。天武元年（六七二）六月、壬申の乱に際し、心を吉野側によせ、病と称し、倭の家に退いていたが、大海人皇子が吉野を発し、東国に赴くに及び、倭には弟吹負を留めて、自らは皇子を追ってこれに合流した。天武十二年六月三日、没。天皇は、泊瀬王を派して弔い、壬申の功と先祖の功によって大紫位を授け、鼓をうち、笛を吹いて葬ったという（『日本書紀』）。大宝元年（七〇一）七月、壬申の乱功臣の論功行賞に、中功封一百戸を賜った。なお、馬来田は上総（望陀郡）の郡名。継体天皇と縁あるか。

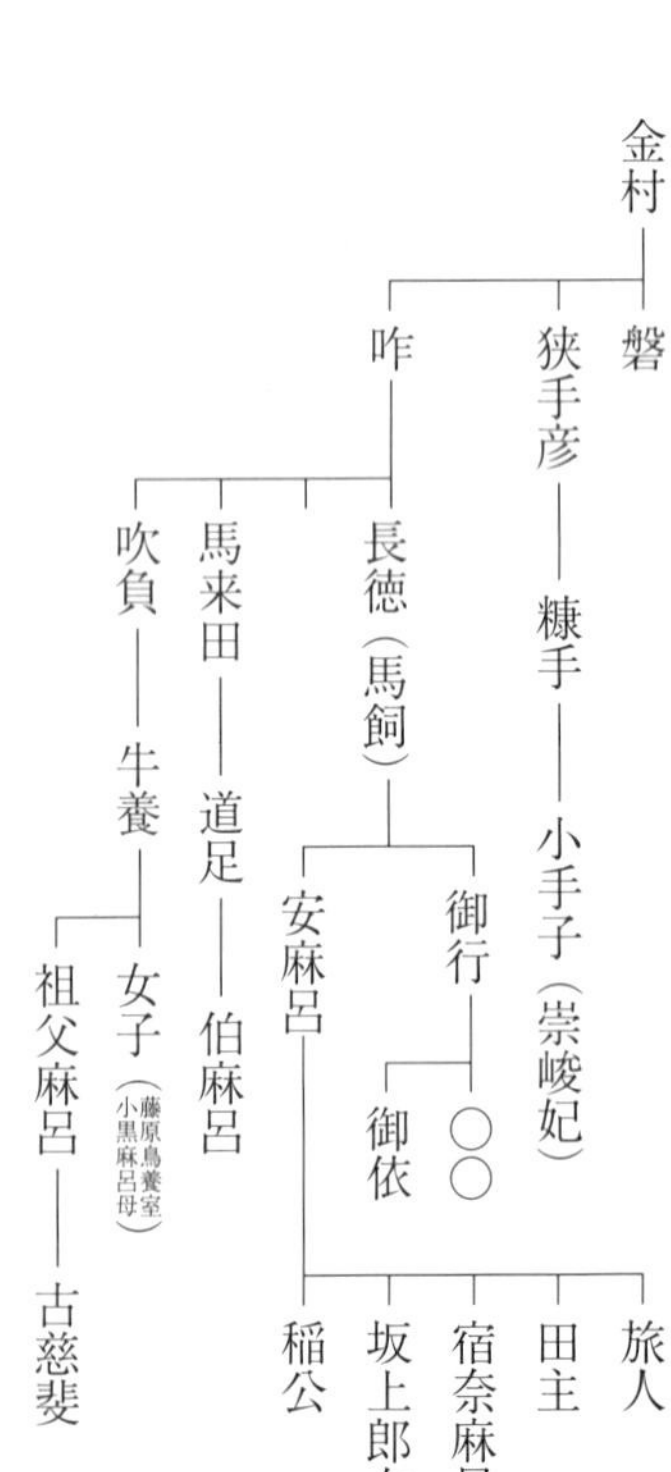

九州ノ探題　九州は、西海道の九カ国―筑前・筑後・豊前・豊後・肥前・肥後・日向・大隅・薩摩の総称。寺院で僧の資格考査を行う論議に際し、題を出してその返答の判定を行う役目を探題といったが、遠隔の要地の政治・軍事・裁判などの備えのために設置した幕府の職名として、探題が用いられている。九州には、永仁元年（一二九三）、蒙古襲来後、鎌倉幕府が、九州地方の行政・軍事・裁判を統轄するため、鎮西探題として北条兼時・時家を派遣した。永仁四年、北条実政が代わり、以後、政顕・随時を経て、元弘三年（一三三三）、北条英時の時、大友・島津氏に攻められて、鎮西探題は滅亡した。延元元年（一三三六）、足利尊氏は、九州に敗走し、再挙東上する際、一色範氏をとどめて九州経営にあたらせた。これは、鎌倉幕府の鎮西探題に倣ったもので、九州探題と呼ばれたが、はじめは、南朝方の征西将軍宮の軍に圧迫されて振るわず、建徳二年（一三七一）、今川貞世（了俊）が九州探題となり、ようやく、九州を制圧した。応永三年（一三九六）、渋川満頼が代わり、以後、同氏が世襲したが、応仁の乱後は、ほとんど、有名無実となった。

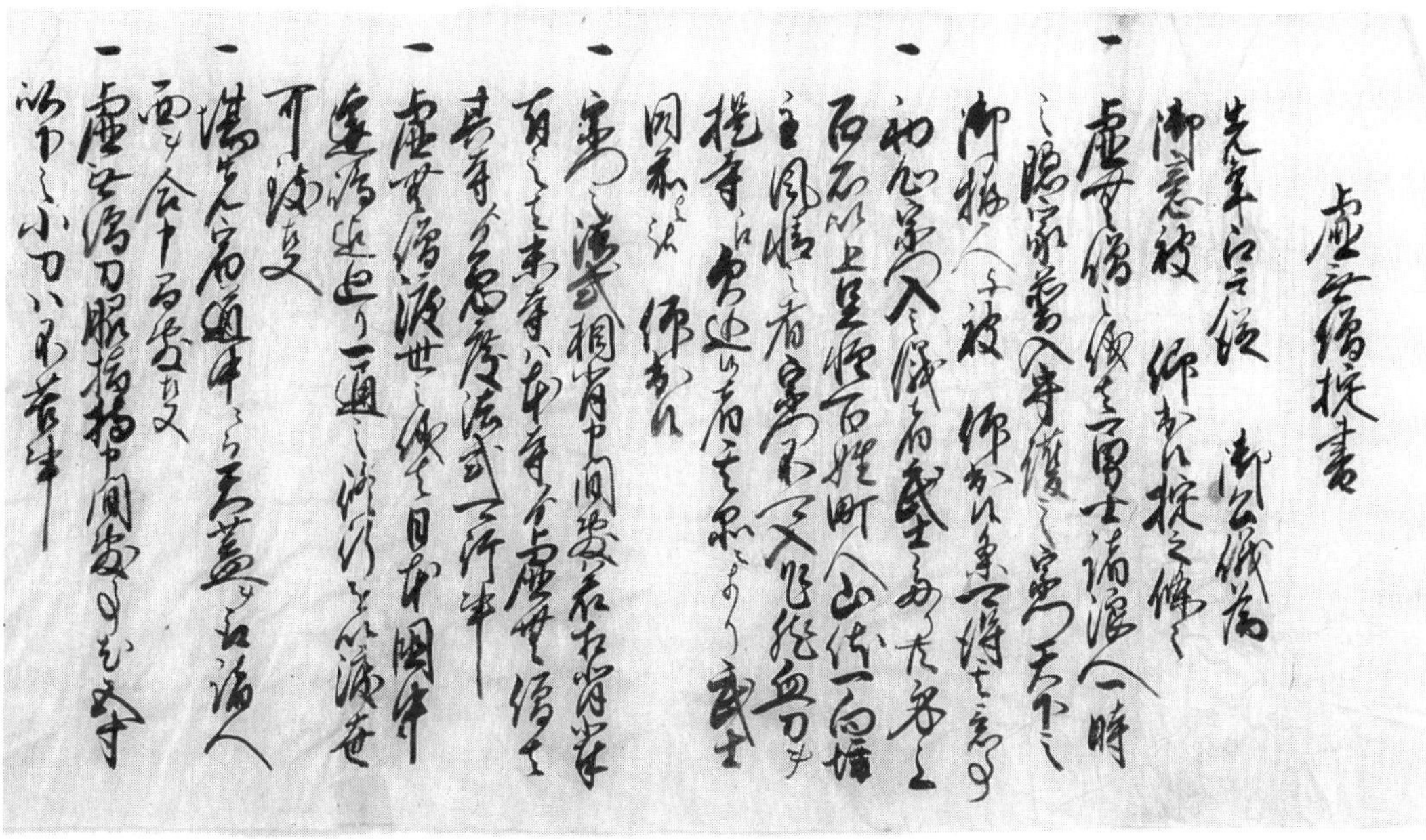

参考2　慶長十二年十二月　虚無僧掟書

【釈文】

虚無僧掟書

先年江戸従　御公儀為
御意被　仰出候掟之条々
一虚無僧之儀者勇士諸浪人一時
之隠家普入守護之宗門天下之
御拵人与被　仰出候条可得其意事
一初心宗門入之儀者武士多り共身上
百石以上足軽百姓町人山伏一向坊
主風情之者宗門不可入乍然血刀ヲ
提寺江欠込候者其品ニより武士
同前ニ被　仰出候
一宗門之法式相背申間敷若相背輩
有之者末寺ハ本寺ヨリ虚無僧者
其寺ヨリ急度法式可行事
一虚無僧渡世之儀者日本国中
遠嶋迄廻り一通之修行を以渡世
可致事
一場先宿道中ニ而天蓋ヲ取諸人
面ヲ合申間敷事
一虚無僧刀脇指持申間敷事尤五寸
以下之小刀ハ不苦事

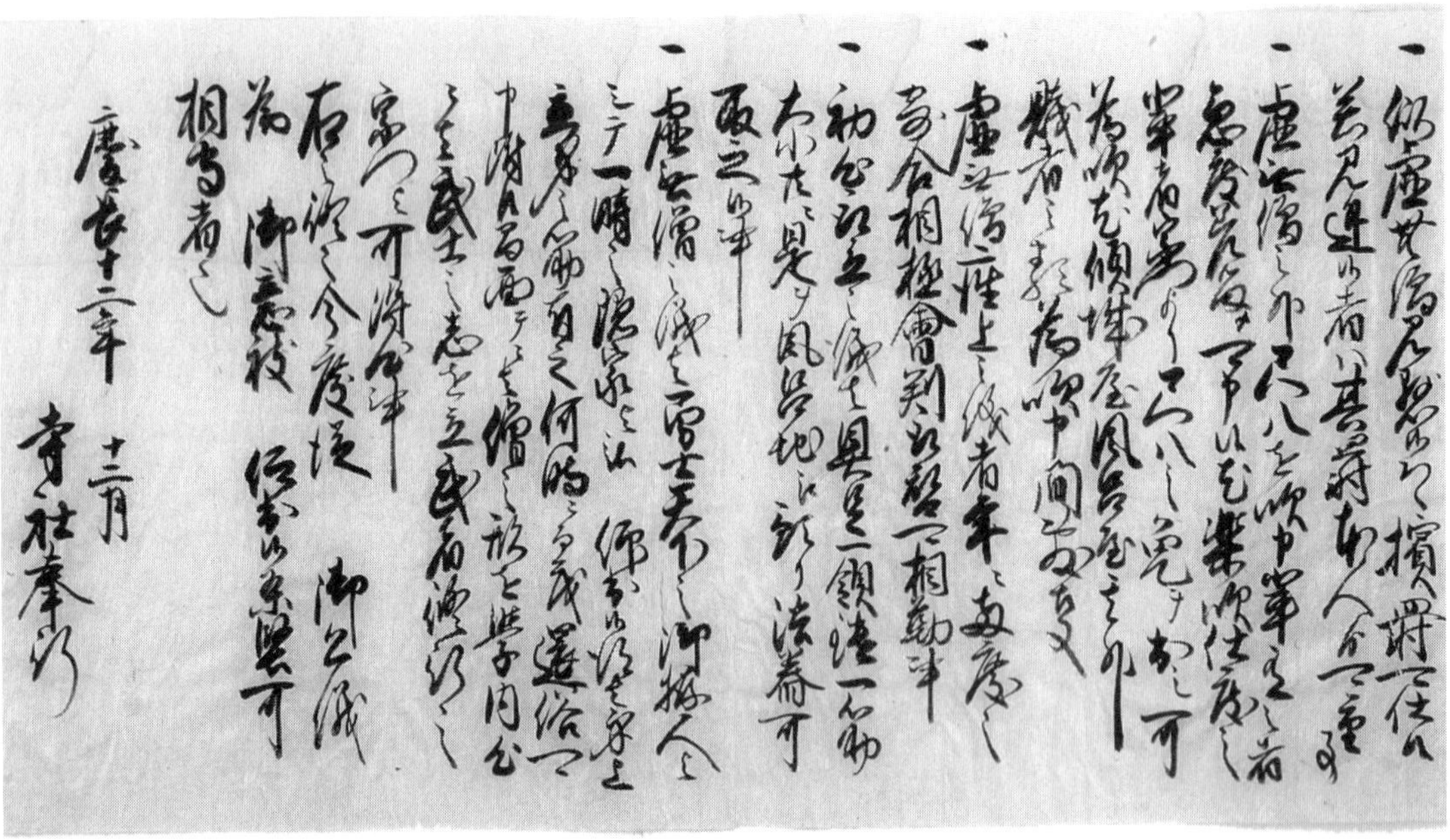

一似虚無僧見懸候ハヽ、擯罰可仕候
若見逃候者ハ其罰本人ヨリ可重事
一虚無僧之外尺八を吹申輩有之者
急度差留メ可申候尤楽吹仕度之
輩者宗門より尺八之免ヲ出シ可
為吹尤傾城屋風呂屋其外
賤者之類為吹申間敷事
一虚無僧座連之儀者年ニ両度之
寄合相極会判取替可相勤事
一初心取立之儀者具足一領鑓一筋
大小共ニ是ヲ風呂地江預り法券可
取之候事
一虚無僧之儀者勇士天下之御拵人与
シテ一時之隠家与被　仰出候得者身上
立身之筋有之何時ニ而茂還俗可
申附候間面テニ者僧之形を学内心
ニ者武士之志を立武者修行之
宗門与可得心事
右之条々今度従　御公儀
為　御意被　仰出候条堅可
相守者也
慶長十二年　十二月
寺社奉行

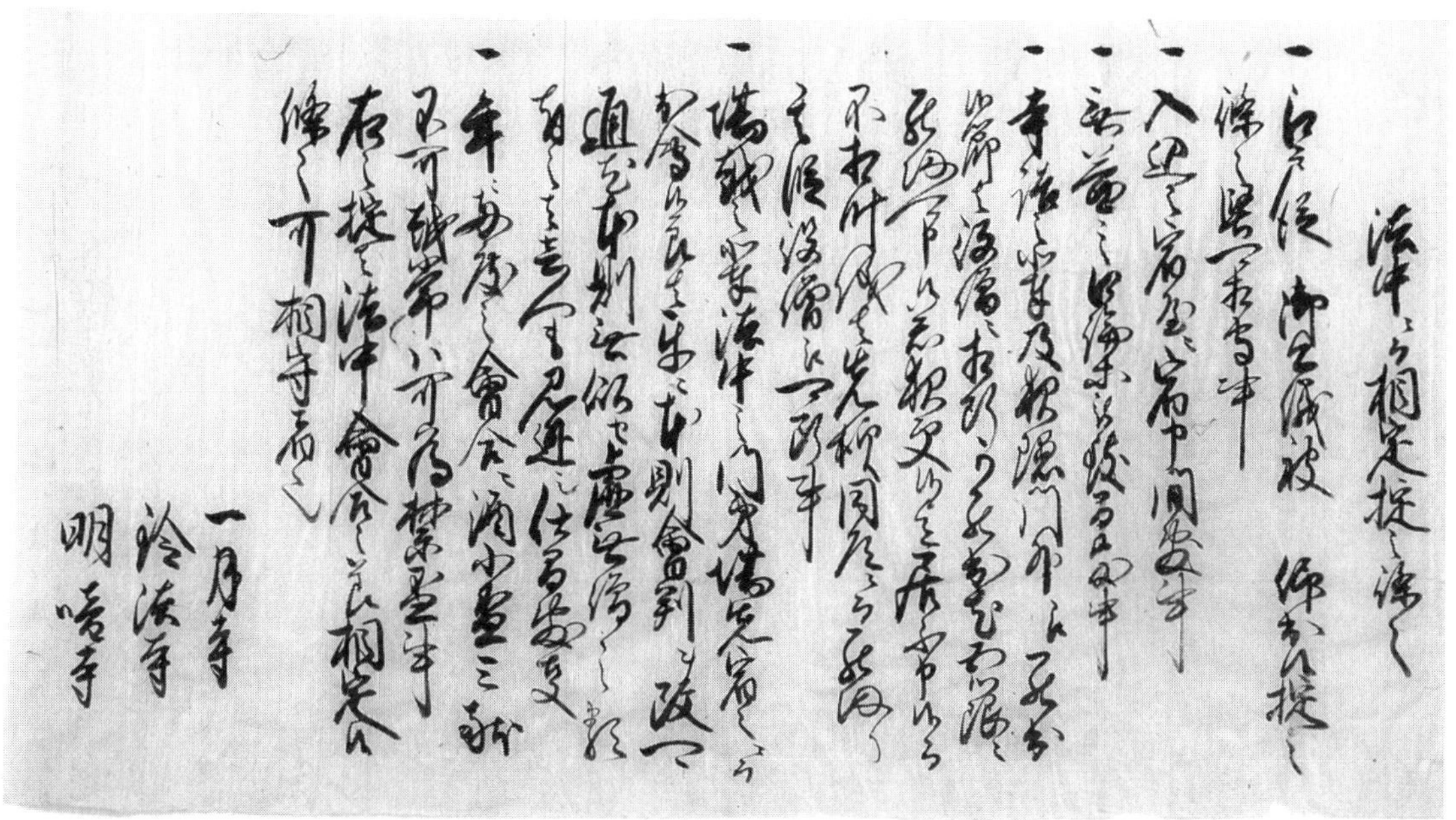

法中ニ而相定掟之条〻

一江戸従　御公儀被　仰出候掟之
条〻堅可相守事

一入込之宿屋ニ宿申間敷事

一無益之口論抔被致間敷事

一寺詰之輩及夜隠門外江罷出
候節者役僧ニ相断可罷出尤五ツ限ニ
罷帰可申候若夜更候迄居ふ申候而
不相叶儀者先様同道ニ而罷帰り
其段役僧江可断事

一場越之輩法中之門弟場先宿〻ニ而
出会候節者互ニ本則会判ヲ改可
通尤本則無似セ虚無僧之類
有之者壱人も見逃シ仕間敷事

一年ニ両度之会合ニ酒小盃三献
不可越常ハ可為禁盃事

右之掟者法中会合之節相定候
条〻可相守者也

一月寺
鈴法寺
明暗寺

【訓文】

虚無僧掟書

先年、江戸御公儀より御意として、仰せ出され候掟の条々

一、虚無僧の儀は、勇士・諸浪人、一時の隠家、普く、守護に入るの宗門・天下の御拵人と仰せ出され候条、その意を得べき事。

一、初心、宗門入の儀は、武士たりとも、身上、百石以上、足軽・百姓・町人・山伏・一向坊主風情の者は、宗門に入るべからず。然し乍ら、血刀を提げ、寺へ駆け込み候者は、その品により、武士同然に仰せ出され候。

一、宗門の法式、相背き申すまじく、若し、相背く輩これあらば、末寺は本寺より、虚無僧はその寺より、急度、法式に行うべき事。

一、虚無僧渡世の儀は、日本国中、遠島まで廻り、一通りの修行をもって、渡世致すべき事。

一、場先の宿・道中にて、天蓋を取り、諸人、面を合わせ申すまじき事。

一、虚無僧、刀・脇差し、持ち申すまじき事。もっとも、五寸以下の小刀は、苦しからざる事。

一、偽虚無僧、見掛け候はば、擯罰、仕るべく候。若し、見逃し候者は、その罰、本人より重かるべき事。

一、虚無僧の外、尺八を吹き申す輩これあらば、急度、差止め申すべく候。もっとも、楽吹き仕りたきの輩は、宗門より、尺八の免を出し吹かすべし。もっとも、傾城屋・風呂屋、その外、賤しき者の類は、吹かせ申すまじき事。

一、虚無僧座連の儀は、年に両度の寄合ひ相極め、会判、取替へ、相勤むべき事。

一、初心取立の儀は、具足一領・鑓一筋・大小ともに、これを風呂地へ預かり、法券、取るべく候事。

一、虚無僧の儀は、勇士、天下の御拵人として、一時の隠家と仰せ出されさうらへば、身上、立身の筋これあらば、何時にても、還俗、申し付くべく候間、表には僧の形を学び、内心には武士の志を立て、武者修行の宗門と心得べき事。

右の条々、今度、御公儀より、御意として、仰せ出され候条、堅く相守るべき者なり。

慶長十二年十二月　　寺社奉行

法中にて相定む掟の条々

一、江戸御公儀より仰せ出され候掟の条々、堅く相守るべき事。

一、入込みの宿屋に宿り申すまじき事。

一、無益の口論など致されまじき事。

一、寺詰めの輩、夜陰におよんで、門外へ罷り出で候節は、

役僧に相断り、罷り出づべし。もっとも、五つ(午後八時頃)限りに、罷り帰り申すべく候。若し、夜更け候まで居り申さず候ては相叶はざる儀は、先様同道にて罷り帰り、その段、役僧へ断るべき事。

一、場越への輩、法中の門弟、場先宿々にて出会ひ候節は、互ひに、本則会判を改め、通すべし。もっとも、本則なき偽虚無僧の類これあらば、一人も見逃し仕るまじき事。

一、年に両度の会合に、酒小盃三献、越すべからず。常は、禁盃たるべき事。

右の掟は、法中会合の節、相定めさうらふ条々、相守るべきものなり。

一月寺(いちげつじ)
鈴法寺
明暗寺

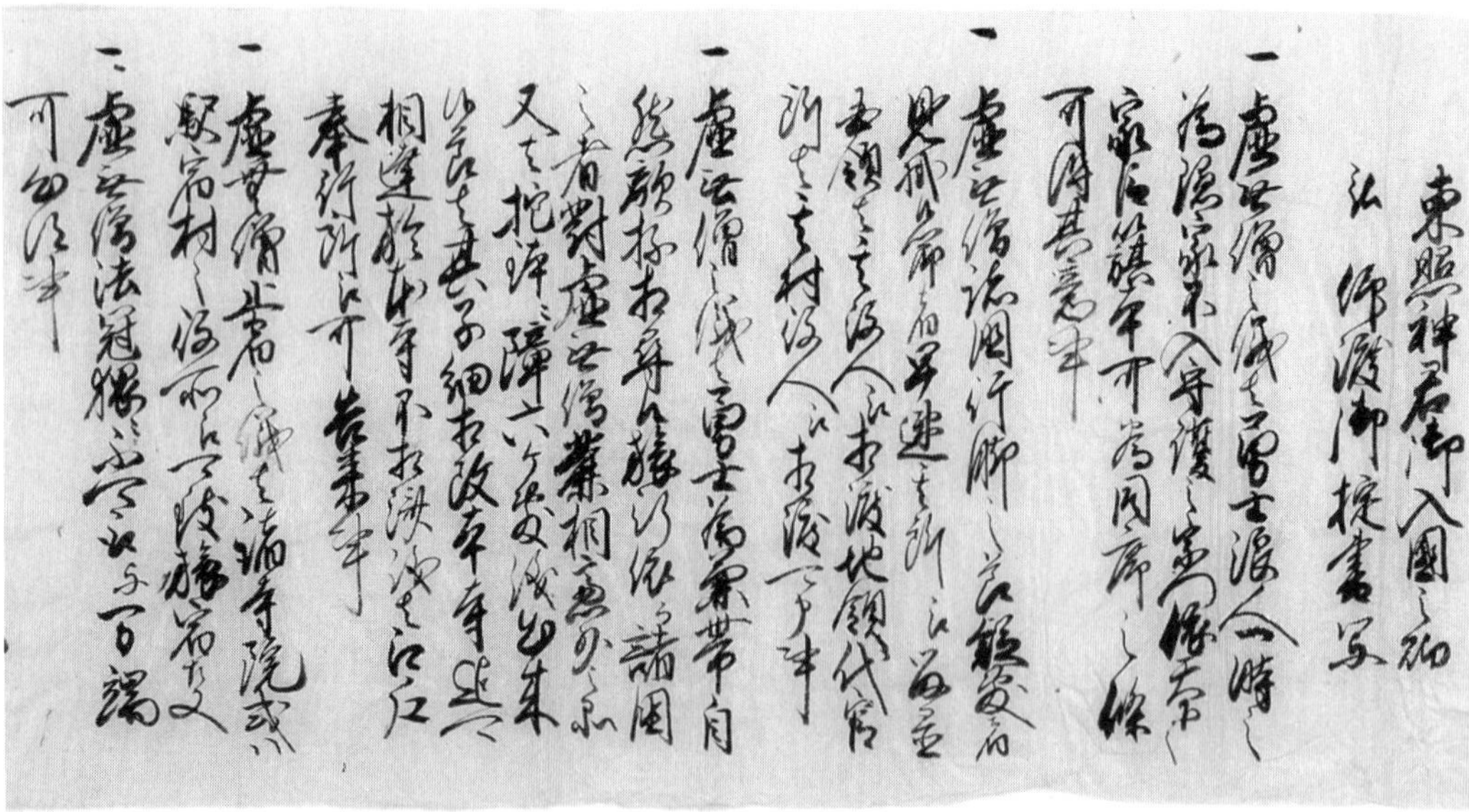

参考3 慶長十九年正月 諸国虚無僧寺宛 本多正純ほか連署

東照神君御入国之砌被仰渡御掟書写

【釈文】

東照神君御入国之砌
被　仰渡御掟書写
一虚無僧之儀者勇士浪人一時之
為隠家不入守護之宗門依天下之
家臣籏本可為同席之条
可得其意事
一虚無僧諸国行脚之節疑敷者
見掛候節者早速其所江留置
国領者其役人江相渡地頭代官
所者其村役人江相渡可申事
一虚無僧之儀者勇士為兼帯自
然敵抔相尋候旅行依而諸国
之者対虚無僧麁相慮外之品
又者挖〔ママ〕鉢ニ障六ケ敷儀出来
候節者其子細相改本寺迄可
相達於本寺不相済儀者江戸
奉行所江可告来事
一虚無僧止宿之義者諸寺院或ハ
駅宿村々役所江可致旅宿事
一虚無僧法冠猥ニ不可取与万端
可心得事

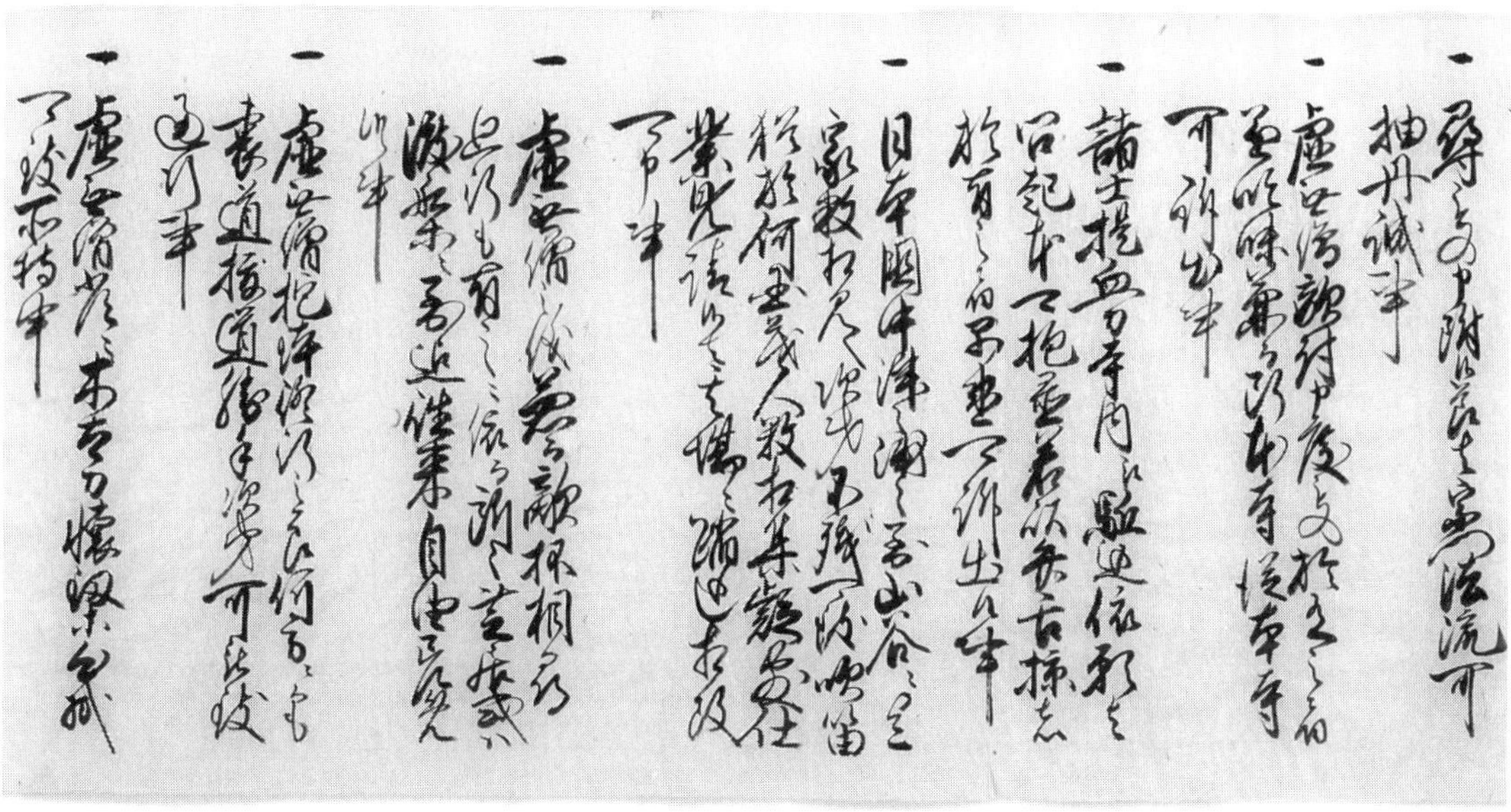

一尋毛の申附候節者宗門法流可
抽丹誠事
一虚無僧敵討申度毛の於有之者
遂吟味兼而断本寺従本寺
可訴出事
一諸士提血刀寺内江駈込依願者
問起本可抱置若以弁舌掠者
於有之者早速可訴出候事
一日本国中津〻浦〻至山谷ニ迄
家数相見へ次第不残可致吹笛
猶於何国茂人数相集疑敷仕
業見請候者其場ニ踏込相改
可申事
一虚無僧之儀兼而敵抔相尋
廻行も有之ニ依而所〻芝居或ハ
渡船抔ニ至迄往来自由差免
候事
一虚無僧抱〔ママ〕鉢修行之節何方ニ而も
裏道抜道勝手次第可被致
通行事
一虚無僧常〻木太刀懐釼抔心掛
可致所持事

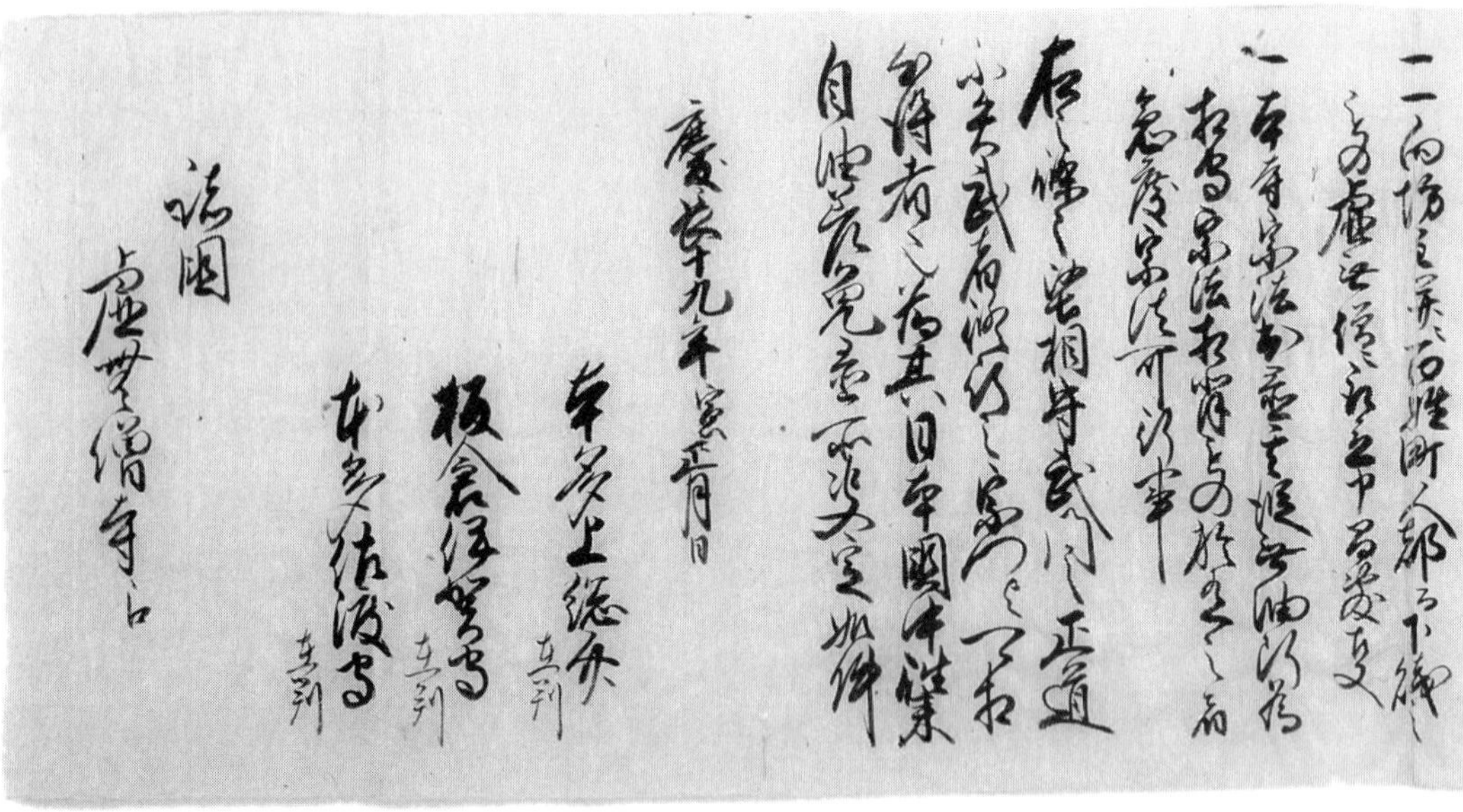

一一向坊主并ニ百姓町人都而下賤之
毛の虚無僧ニ取立申間敷事
一本寺宗法出置其段無油断為
相守宗法相背毛の於有之者
急度宗法可行事
右之条〻堅相守武門之正道
不失武者修行之宗門与可相
心得者也為其日本国中往来
自油(由)差免置所決定如件
慶長十九年寅正月日
本多上総(野)介
在判
板倉伊賀守
在判
本多佐渡守
在判
諸国
虚無僧寺江

【訓文】

＊傍線は徳川禁令考にない文字、（　）内は禁令考の表記、〔　〕内は禁令考により補った文字。

東照神君御入国の砌、仰せ渡さるる（れ候）御掟書写（扣）

一、虚無僧の儀は、勇士・浪人、一時の隠家として、守護不入の宗門。依って、天下の家臣・旗本、同席たるべきの条（諸士之席可定置）、その意を得べき事。

一、虚無僧、諸国行脚の節、疑わしき者、見掛け候節（時）は、早速、〔召捕〕その所へ留め置き、国領は、その役人へ相渡し、地頭代官所は、その村役人へ、相渡し申すべき事。

一、虚無僧の儀は、勇士、兼帯として、自然、敵など相尋ねさうらふ旅行。依って、諸国の者、虚無僧に対し、麁相・慮外の品または托鉢に障る難しき儀、出で来たり候節は、その子細、相改め、本寺まで、相達すべし。本寺において、相済まざる儀は、〔早速〕江戸奉行所へ告げ来べき事。

一、虚無僧、止宿の儀は、諸寺院、あるいは、駅宿村々役所へ、旅宿致すべき事。

一、虚無僧法冠、猥りに取るべからず（ざる者）と、万端、心得べき事。

一、尋ね者、申し付け候節は、宗門法流（諸派）、丹誠を抽んずべき事。

一、虚無僧、敵討ち申したき者これ有るにおいては、吟味を遂げ、かねて本寺へ断り、本寺より訴へ出ずべき事。

一、諸士、血刀を提げ、寺内へ駈込まば、願に依っては、〔其〕本を問ひ起こし、抱へ置くべし。若し、弁舌を以て、〔申〕掠む者これ有るにおいては、早速、訴へ出づべき事。

一、日本国中、津津浦々、山谷に至るまで、家数相見へ次第、残らず、吹笛、致すべし。猶、何国においても、人数相集まり、疑わしき仕業、見請け候はば、その場に踏込み、相改め申すべき事。

一、虚無僧の儀、かねて、敵など相尋ぬる廻行も、これ有るに依って、所々、芝居、あるいは、渡し船などに至るまで、往来自由、差免し候事。

一、虚無僧、托鉢修行の節、何方にても、裏道・抜道、勝手次第、通行、致さるべき事。

一、虚無僧、常々、木太刀・懐剣など、心掛け、所持いたすべき事。

一、〔虚無僧取立之儀諸士之外〕一向坊主、ならびに、百姓・町人、すべて、下賤の者、虚無僧に取立て申すまじき事（不可取立）。

（※本条、禁令考第二条にあり）

一、本寺宗法、出し置き、その段、油断なく、相守らせ（為相尋）、宗法、相背く者、これ有るにおいては、急度、宗法に行ふべき事。

右の条々、堅く相守り、武門の正道、失わず、武者修行の宗門と相心得べき者なり。そのため、日本国中、往来自由、差免し置く所、決定、件（くだん）の如し。

慶長十九年〔甲〕寅〔年〕正月　日

本多上野介（正純）在判（印）
板倉伊賀守（勝重）在判（印）
本多佐渡守（正信）在判（印）

諸国
虚無僧寺へ

参考文献

本書を成すにあたっては、実に数多くの先人の業績を利用させていただいた。本書は先人の努力の結晶の上に成り立っている。これらはできるだけ脚注に掲出するように努めたが、紙面の都合で充分行き届かなかったところもある。今改めて、ここに参考文献一覧を掲げて、先輩諸氏のすぐれた研究に敬意を表します。

原編者未詳（佐賀藩書継ヵ）・近藤瓶城編『歴代鎮西要略』文献出版、明治十六年（昭和五十一年復刻）
東京帝国大学編『大日本史料』第十二編之十五、東京帝国大学文科大学史料編纂掛、明治四十四年
鷲尾順敬『日本仏家人名辞書』東京美術、明治四十四年（平成四年覆刻）
『豊後国南海部郡神社明細牒』大分県行政資料、明治四十四年
東京帝国大学編『大日本史料』第十二編之十六、東京帝国大学文科大学史料編纂掛、大正二年
佐藤　巌『大分県人士録』大分県人士録発行所、大正三年
増田松五郎・写『王子神社御由緒』（孔版・仮綴）大正五年
物集高見・物集高量『広文庫』名著普及会、大正五年（昭和五十二年復刻）
石原保秀編『米価の変遷』モノグラム社、大正十四年二月～昭和十年五月（昭和五十二年復刻）
長野　潔『大分県政党史』豊州新報東京支局、大正十五年
姫野官一郎『朝鮮台湾支那豊国人奮闘史』豊国人奮闘史編纂社、昭和二年
古沢丈平編『二豊官民人士録』二豊新聞社、昭和四年
黒板勝美編『新訂増補国史大系』第三十八巻「徳川実紀」第一篇、吉川弘文館、昭和四年（平成十年新装版）
黒板勝美編『新訂増補国史大系』第三十九巻「徳川実紀」第二篇、吉川弘文館、昭和五年（平成十年新装版）
衛藤　庵『党人郷記』大分新聞社出版部、昭和八年
久多羅木儀一郎『大分県偉人伝』大分県教育会、昭和九年（『大分県人物志』として復刻、歴史図書社、昭和五十一年）
『大辞典』第22巻、平凡社、昭和十一年（平成六年覆刻）
『日本人名大事典』平凡社、昭和十二年（平成二年覆刻）
太田兵三郎ほか編『藤原惺窩』（日本教育思想体系9）日本図書センター、昭和十二年（昭和五十四年復刻）

平山小(右)文治著、増村隆也訳『鶴藩略史』佐伯史談会、昭和二十三年
増村隆也『佐伯郷土史』前編、佐伯史談会、昭和二十六年
『大分県政史　風土・沿革・通史篇』大分県政史刊行会、昭和三十一年
佐伯梅友校注『古今和歌集』（日本古典文学大系８）岩波書店、昭和三十三年
竹内理三ほか編『日本古代人名辞典』第二巻、吉川弘文館、昭和三十四年
続群書類従完成会編『群書解題』第三下、昭和三十七年
太田　亮『姓氏家系大辞典』（全三冊）角川書店、昭和三十八年
北川村役場編『北川村史』北川村役場、昭和三十八年
下中邦彦編『世界大百科事典』１～24、平凡社、昭和三十九～四十三年（昭和四十五年版）
北山茂夫『日本の歴史４　平安京』中央公論社、昭和四十年
土田直鎮『日本の歴史５　王朝の貴族』中央公論社、昭和四十年
山田平之丞「佐伯文庫」（『佐伯史談』第二号、佐伯史談会、昭和四十年）
栄田猛猪ほか編『大字典』（普及版）講談社、昭和四十年
黒板勝美編『尊卑分脈』第一～四篇・索引（全五冊）、吉川弘文館、昭和四十一～四十二年
松岡　進『瀬戸内水軍史』瀬戸内海文化研究所、昭和四十一年
坂本太郎ほか校注『日本書紀』上・下（日本古典文学大系67・68）岩波書店、昭和四十年
木原義邦編『北浦村史』北浦村教育委員会、昭和四十三年
豊田国男ほか編『杵築市誌』杵築市誌刊行会、昭和四十三年
『明治百年記念　佐伯昔と今』佐伯市教育委員会
藤本弘三郎編『日本社寺大鑑』寺院篇、名著刊行会、昭和四十五年
小田泰秀編『大分人脈』西日本新聞社、昭和四十五年
大久保貫之『史観臼杵石仏』いずみ印刷社、昭和四十六年
竹内理三編『鎌倉遺文』古文書編第二巻、東京堂出版、昭和四十七年（昭和五十一年版）
竹内理三編『鎌倉遺文』古文書編第五巻、東京堂出版、昭和四十八年（昭和五十一年版）
加藤正ほか編『国東町史』国東町史刊行会、昭和四十八年

山内武麒ほか『佐伯市史』池田利明、昭和四十九年
渡辺澄夫ほか編『大分県史料』26、昭和四十九年
高柳光寿・竹内理三編『角川日本史辞典』（第二版）角川書店、昭和四十九年
貴志正造訳注『全訳吾妻鏡』第一巻、新人物往来社、昭和五十一年
原田種純・今永正樹編『伊能忠敬　測量日記』九州ふるさと文献刊行会、昭和五十一年
新村出ほか編『広辞苑』（第二版補訂版）岩波書店、昭和五十一年
岩澤愿彦監修『系図纂要』（全三十冊・別冊三）名著出版、昭和五十二年（平成九年改訂）
羽柴弘ほか編『蒲江町史』大分県南海部郡蒲江町、昭和五十二年
御手洗一而『豊後御手洗一族物語　巴の鏡』応永－明応編、茗光社、昭和五十三年
佐藤正博・森　猛編『豊後国南海部郡蒲江町屋形島関係史料集』広雅堂書店、昭和五十三年
『角川日本地名大辞典』（全49巻）角川書店、昭和五十三～平成二年
大久保貴之「臼杵石仏」（久保田信雄編『臼杵史談』第七〇号、昭和五十八年）
佐脇貫一「佐伯地方の姓氏　1」（塩月佐一編『佐伯史談』第一二二号、昭和五十五年）
西元・写『王子神社棟札写記』昭和五十五年（手書コピー・仮綴）
丹羽基二『姓氏の語源』角川書店、昭和五十六年
御手洗一而『豊後御手洗一族物語　巴の鏡』明応－天文篇、茗光社、昭和五十六年
『大分県史　近世篇Ⅰ』昭和五十八年
緒方計佐美ほか『本匠村史』本匠村史編さん委員会、昭和五十八年
御手洗信夫『わが一生』社会保険出版社、昭和五十八年
佐脇貫一「佐伯地方の姓氏 12」（『佐伯史談』第一三五号、昭和五十九年）
景浦勉ほか『愛媛県史　古代Ⅱ・中世』昭和五十九年
歴史学研究会編『日本史年表』（新版）岩波書店、昭和五十九年
岡部忠夫『御手洗一族の系譜』日本系譜出版会、昭和五十九年
御手洗一而「御手洗姓氏についての考察」（塩月佐一編『佐伯史談』第一三七号、昭和五十九年）
後藤重巳「佐伯藩」（『三百藩藩主人名事典』四、昭和六十一年）

御手洗一而『御手洗一族物語　巴の鏡』天文－天正篇、茗光社、昭和六十一年
御手洗一而『御手洗一族物語　巴の鏡』天正－元和篇、茗光社、昭和六十一年
下中直也編『世界大百科事典』平凡社、昭和六十三年
竹田津源助ほか原著・清和藤吉ほか解読『万年記』（豊後国国東郡竹田津村庄屋記録）国見町役場、平成元年
『国書総目録』（補訂版）第一巻、岩波書店、平成元年
高宮昭夫ほか『米水津村誌』米水津村、平成二年
阿部猛ほか編『戦国人名事典』（コンパクト版）新人物往来社、平成二年
平野邦雄ほか『日本古代氏族人名辞典』吉川弘文館、平成二年
『国書総目録』（補訂版）著者別索引、岩波書店、平成三年
外山幹夫「解題」（犬塚盛純『歴代鎮西志』下巻、青潮社、平成三年）
国守進ほか『山口県姓氏歴史人物大辞典』平成三年
冨沢　泰『蒲江こそわがふるさと』朝日新聞社西部事業開発室、平成五年
岩切悦子ほか編『北浦町史　史料編第一巻』北浦町、平成六年
佐伯市教育委員会編『佐伯藩史料　温故知新録』一、平成七年
豊田寛三ほか編『大分県歴史人物事典』大分合同新聞社、平成八年
佐伯市教育委員会編『佐伯藩史料　温故知新録』二、平成九年
青木和夫ほか校注『続日本紀』五、岩波書店、平成十年
御手洗博之『御手洗宗家の歩み　文書編』平成十一年
片岡智ほか編『豊町史　資料編』、豊町教育委員会、平成十二年
森茂暁ほか『山口県史　史料編　中世2』、平成十三年
田辺聖子『姥ざかり花の旅笠――小田宅子の「東路日記」』集英社、平成十三年
森　猛『九州西瀬戸古代史論攷』海鳥社、平成十四年
浜田平士ほか『村の古文書』其の四・其の五、米水津村教育委員会、平成十六年
森　猛『九州西瀬戸中世史論攷』海鳥社、平成十六年
佐藤　巧『写真帖佐伯の今昔』四教堂塾、平成十七年

御手洗東洋（みたらいとうよう）

一九二二年　大分県南海部郡（現・佐伯市）蒲江浦に生まれる
一九四八年　東京慈恵会医科大学を卒業
一九四九年　第七回医師国家試験合格
一九五五年　医学博士の学位授与
　　東京慈恵会医科大学第二外科助手
一九五七年　蒲江町で御手洗医院を開業
一九六二年　御手洗病院とする
一九九〇年　日本外科学会認定医認定証交付
二〇〇三年　御手洗病院院長を退任
　　御手洗病院理事長
　　勲四等瑞宝章受章

医療・学校教育を通して地域社会の維持・発展に尽力、現在に至る

【主な経歴・各種受賞経歴】

佐伯市南海部郡医師会理事・議長・大分県医師会理事
蒲江小・中学校、大分県立蒲江高等学校校医
蒲江中学校・蒲江町連合ＰＴＡ会長
蒲江町社会教育委員長・蒲江町教育委員長
佐伯市南海部郡教育委員連合会会長
大分県教育委員連合会監事・理事・副会長
大分県公安委員会委員・委員長（委員・三期、委員長四期）

＊　＊

佐伯警察署長表彰「非行防止」
蒲江中・蒲江町連合・南海部郡連合ＰＴＡ感謝状、大分県連合ＰＴＡ会長表彰
大分県社会教育委員連絡協議会・佐伯市南海部郡学校保健会表彰
蒲江町功労者表彰
大分県学校保健会長・大分県教育委員会教育長表彰
蒲江町文化協会感謝状（蒲江八景歌碑寄贈）（二回）
南海部郡教育振興会会長表彰「教育功労者」（二回）
全国・大分県市町村教育委員会連合会感謝状
蒲江小・中学校東洋文庫寄贈による感謝状
文部大臣表彰「学校医功労」
県知事感謝状

舳艫千里　蒲江浦御手洗家の歩み

*

二〇〇六年五月十日　第一刷発行

*

著　者　御手洗東洋
編集協力　森　猛

*

発行者　西　俊明
発行所　有限会社海鳥社
福岡市中央区大手門三丁目六番一三号
電話〇九二（七七一）〇一三二
印　刷　有限会社九州コンピュータ印刷
製　本　日宝綜合製本株式会社